Allan Leinwand
Bruce Pinsky, CCIE #1045

Como configurar roteadores Cisco

Tradução
Eveline Vieira Machado

Revisão técnica
Deborah Rüdiger

Do original
Cisco Router Configuration, Second Edition

Authorized translation from the English language edition, entitled *Cisco Router Configuration, 2nd. Edition* by Pinsky, Bruce; Leinwand, Allan, published by Pearson Education, Inc., publishing as Cisco Press, Copyright© 2001 Cisco Press.

All rights reserved. No part of this book may be reproduced or transmitted in any form or by any means, electronic or mechanical, including photocopying, recording or by any information storage retrieval system, without permission from Pearson Education, Inc. Portuguese language edition published by Editora Ciência Moderna Ltda., Copyright© 2002.

Copyright© 2002 Editora Ciência Moderna Ltda.

Todos os direitos para a língua portuguesa reservados pela EDITORA CIÊNCIA MODERNA LTDA.

Nenhuma parte deste livro poderá ser reproduzida, transmitida e gravada, por qualquer meio eletrônico, mecânico, por fotocópia e outros, sem a prévia autorização, por escrito, da Editora.

Editor: Paulo André P. Marques
Supervisão Editorial: Carlos Augusto L. Almeida
Produção Editorial: Tereza Cristina N. Q. Bonadiman
Capa: Amarílio Bernard
Diagramação: Érika Loroza
Tradução: Eveline Vieira Machado
Revisão: Luiz Carlos de Paiva Josephson
Revisão Técnica: Deborah Rüdiger
Assistente Editorial: Daniele M. Oliveira

Várias **Marcas Registradas** aparecem no decorrer deste livro. Mais do que simplesmente listar esses nomes e informar quem possui seus direitos de exploração, ou ainda imprimir os logotipos das mesmas, o editor declara estar utilizando tais nomes apenas para fins editoriais, em benefício exclusivo do dono da Marca Registrada, sem intenção de infringir as regras de sua utilização.

FICHA CATALOGRÁFICA

Leinwand, Allan; Pinsky, Bruce
Como configurar roteadores Cisco
Rio de Janeiro: Editora Ciência Moderna Ltda., 2002.

Comunicação de dados; redes de computadores
I — Título

ISBN: 85-7393-193-0   CDD 001642

Editora Ciência Moderna Ltda.
Rua Alice Figueiredo, 46
CEP: 20950-150, Riachuelo – Rio de Janeiro – Brasil
Tel: (021) 201-6662/201-6492/201-6511/201-6998
Fax: (021) 201-6896/281-5778
E-mail: lcm@lcm.com.br

Os autores

Allan Leinwand é Presidente e Diretor Executivo Chefe da Proficient Networks, Inc. Anteriormente, como Diretor Tecnológico e Vice-presidente da Engineering for Digital Island, Inc., era responsável pela direção técnica da rede global e estratégia de distribuição do conteúdo da empresa. Antes da Digital Island, ele era Gerente de Engenharia de Consultoria na Cisco Systems, Inc.®, responsável pela construção da rede global das redes dos clientes. Ele se formou em Ciência da Computação na Universidade do Colorado em Boulder, em 1988, e, desde então, vem trabalhando na tecnologia de rede da Internet e em soluções para grandes empresas. Ele ministra cursos de rede de computadores na graduação da Universidade da Califórnia, Berkeley; publicou vários documentos sobre gerenciamento e construção de rede, é co-autor do texto *Network Management: A Practical Perspective*, segunda edição, da Addison-Wesley, e é co-inventor da tecnologia de roteamento patenteada.

Bruce Pinsky é Vice-presidente de Engenharia e Diretor-chefe de Tecnologia na Proficient Networks, Inc. Anteriormente, como Diretor-chefe de Informações, Vice-presidente da Solutions Engineering e Estrategista-chefe de rede da Digital Island, Inc., era responsável pela direção e distribuição da infra-estrutura da tecnologia da empresa e pesquisa tecnológica avançada. Antes da Digital Island, ele era o principal técnico de suporte de rede da Internet na Cisco System, Inc., responsável pela escalação das questões técnicas e complexas do cliente. Ele se formou em Ciência da Computação na California State University, Hayward, em 1988, e vem trabalhando com a tecnologia de rede da Internet e a integração dos sistemas para grandes empresas e firmas de consultoria desde antes. Um dos Cisco Certified Internetwork Engineers (CCIE #1045) originais, sua experiência varia da solução de problemas e análise de protocolos de rede até a construção, configuração, estação de trabalho e sistemas operacionais baseados no servidor. Ele ministra rotineiramente cursos sobre a configuração, construção, solução de problemas de rede e é co-inventor da tecnologia de roteamento patenteada.

Os revisores técnicos

Henry Benjamin, CCIE, CCNA, CCDA, B. Eng., é um Cisco Certified Internetwork Expert e engenheiro de rede IT na Cisco Systems, Inc. Ele tem mais de 10 anos de experiência nas redes Cisco, inclusive como planejar, construir e implementar grandes redes IP executando o IGRP, EIGRP e OSPF. No último ano, Henry concentrou-se na construção de arquitetura e na implementação nas redes internas Cisco na Austrália e na região da Ásia/Pacífico. Ele é autor de um livro dedicado a aprovar o exame escrito CCIE e ajudou em muitos outros títulos relacionados ao Cisco IOS. Henry tem graduação em Engenharia na Sydney University. Esta revisão é dedicada à sua mãe enferma.

Kevin Burgess vem elaborando construção, análise e manutenção de redes nos últimos 10 anos. Como Engenheiro de Rede com EDS nos últimos cinco anos, ele trabalhou em vários projetos no Canadá. Kevin tem certificados da Novell e Cisco e está trabalhando atualmente em seu CCIE.

André Paree-Huff, CCNP, MCSE+I, ASE, A+, Network+, I-Network+, vem atuando no campo de computadores há mais de oito anos. Exerce atualmente na Compaq Computer Corporation as atividades de Engenheiro de Suporte de Rede, Nível III, para o North America Customer Support Center em Colorado Springs, Colorado. André lida com soluções de problemas do hardware de rede, especializando-se nas camadas 2 e 3 do modelo OSI. André é co-autor de quatro manuais de tecnologia relacionados à rede e foi editor técnico de muitos outros. Atualmente está trabalhando em seu CCIE.

Dave Sumter, CCIE #4942, CCDP, esteve na indústria de rede por quase cinco anos e vem se concentrando unicamente nas soluções Cisco nos últimos três anos. Ele trabalha na Cisco Systems, Inc., na África do Sul. As tarefas atuais de Dave envolvem a construção de um *campus* de grande escala e de soluções WAN para clientes de empresas e do governo na África do Sul. Outras tarefas suas envolvem o treinamento contínuo de parceiros Cisco e a participação no exame dos candidatos CCIE no laboratório de roteamento e comutadores CCIE, na África do Sul.

Michael Truett, CCNP, é engenheiro de rede em uma grande organização especializada em VoIP. Ele está trabalhando atualmente em seu CCDP e CCIE. Sua capacidade está na área de construção de redes, implementação e solução de problemas para grandes redes em diferentes tipos de mídia, inclusive Frame Relay e satélite. Em suas horas livres, Michael também ministra várias aulas sobre roteadores e comutadores Cisco.

Dedicatória

Allan Leinwand gostaria de dedicar este livro a sua família e amigos, que deram apoio contínuo, sugestões, encorajamento e compreensão durante sua realização.

Bruce Pinsky gostaria de agradecer a todos os seus amigos e familiares, que deram apoio ajudando a tornar este livro uma realidade. Um agradecimento especial vai para sua esposa Paula e seus filhos, Eric e Kyle, por seu apoio incansável durante muitas noites e finais de semana dedicados ao término deste texto.

Agradecimentos

Gostaríamos de dizer obrigado aos esforços diligentes e persistentes de Tracy Hughes, à equipe inteira da Cisco Press e a nossos revisores técnicos pela ajuda em terminar este livro.

Sumário

Capítulo 1 - Como iniciar na rede da Internet 1
   Modelo de referência OSI 2
      Camada da aplicação 3
      Camada da apresentação 3
      Camada da sessão 3
      Camada do transporte 3
      Camada da rede 4
      Camada da ligação de dados 4
      Camada física 4
      Processo de troca de dados 5
   Tipos de dispositivos de rede da Internet 7
      Pontes e comutadores 7
      Roteadores 10
      Servidores de acesso 10
   Um exemplo de rede da Internet 11
   Resumo 12
   Referências 13

Capítulo 2 - O básico da configuração do dispositivo 15
   Etapas preliminares da configuração 16
      Porta do console 16
      System Configuration Dialog 17
   Sistema Help 22
   Modos não privilegiado e privilegiado 25
   Questões da configuração da memória 26
      Memória da configuração do dispositivo 27
      Memória Flash IOS 29
   Modo de configuração do usuário 33

Comandos da configuração 35
  Como remover os comandos da configuração 38
  Comandos da configuração default 38
  Mescla e substituição dos comandos da configuração 39
Resumo 41
Referências 42

Capítulo 3 - O básico das interfaces do dispositivo 43
Configuração básica da interface 43
  Comando show interfaces 44
  Comando encapsulation 45
  Comando shutdown 45
  Comando description 47
Tecnologias da rede local 48
  Ethernet e IEEE 802.3 49
  Fast Ethernet 50
  Subcomandos de configuração da interface Fast Ethernet e Ethernet 51
  Gigabit Ethernet 52
  Token Ring 52
  Subcomandos de configuração da interface Token Ring 54
  Fiber Distributed Data Interface 55
Tecnologias de rede remota e de rede de discagem 56
  High-Level Data Link Control 58
  Point-to-Point Protocol 59
  X.25 60
  Subcomandos de configuração da interface X.25 61
  Frame Relay 63
  Subcomandos de configuração da interface Frame Relay 64
  Asynchronous Transfer Mode 66
  Subcomandos de configuração da interface ATM 68
  Digital Subscriber Line 69
  Integrated Services Digital Network 71
  Subcomandos de configuração da interface ISDN 72
Resumo 74
Referências 76

Capítulo 4 - O básico do TCP/IP 77
Endereçamento TCP/IP 78
  Estrutura do endereço 78
Como configurar os endereços IP 83
  Configuração da interface LAN 86
  Configuração da interface WAN 89
  Como verificar a configuração do endereço IP 95
Configuração do roteamento IP 97
  Como configurar os comandos do roteamento IP 98
  Como verificar a configuração do roteamento IP 109
Como configurar os protocolos de roteamento IP 111
  Como configurar o Routing Information Protocol 115
  Como configurar o Cisco Interior Gateway Routing Protocol 117
  Como configurar o Open Shortest Path First Protocol 118
  Como configurar o Cisco IP Enhanced Interior Gateway Routing Protocol 121
  Como configurar o Border Gateway Protocol 122
  Como gerenciar as informações do protocolo de roteamento dinâmico 127

Como exibir as informações do protocolo de roteamento dinâmico 130
Como configurar o filtro IP através das listas de acesso 133
    Como definir a lista de acesso 134
    Como aplicar a lista de acesso 137
Como configurar os serviços de discagem IP básicos 139
    Como configurar a discagem assíncrona 140
    Discagem ISDN 148
Como verificar a conectividade IP e a solução de problemas 153
Como configurar outras opções IP 160
    Como configurar os serviços de nome do domínio 160
    Envio da transmissão pública IP 162
    Atribuição dinâmica de endereços com o servidor IOS DHCP 164
    Redundância IP com o Hot Standby Router Protocol 172
Resumo 176
Referências 183

Capítulo 5 - O básico do AppleTalk 185
Endereçamento AppleTalk e estrutura do endereço 187
Como configurar os endereços AppleTalk 191
    Configuração da interface LAN 192
    Configuração da interface WAN 195
    Como verificar a configuração do endereço AppleTalk 197
Configuração do roteamento AppleTalk 198
    Como configurar os comandos de roteamento AppleTalk 198
    Como configurar o roteamento estático 200
    Como verificar a configuração do roteamento AppleTalk 200
Como configurar os protocolos de roteamento AppleTalk 202
    Como configurar o AppleTalk RTMP 203
    Como configurar o AppleTalk EIGRP 204
Como configurar o filtro AppleTalk através de listas de acesso 206
    Como definir as listas de acesso 206
    Como aplicar as listas de acesso 208
Como configurar os serviços básicos de discagem AppleTalk 210
Como verificar a conectividade AppleTalk e solucionar problemas 212
Resumo 217
Referências 220

Capítulo 6 - O básico do IPX 221
Endereçamento IPX e estrutura do endereço 222
Como configurar os endereços IPX 224
    Configuração da interface LAN 224
    Configuração da interface WAN 227
    Como verificar a configuração do endereço IPX 229
Configuração do roteamento IPX 230
    Como configurar os comandos de roteamento IPX 230
    Como configurar o roteamento estático 231
    Como verificar a configuração do roteamento IPX 231
Como configurar os protocolos de roteamento IPX 232
    SAP 233
    Filtros SAP 234
    Como configurar o IPX RIP 236
    Como configurar o NLSP 237
    Como configurar o IPX EIGRP 239

Como configurar o filtro IPX através de listas de acesso 240
Como definir as listas de acesso 240
Como aplicar as listas de acesso 241
Como configurar os serviços básicos da discagem IPX 242
Como verificar a conectividade IPX e solucionar problemas 243
Como configurar o envio do pacote IPX tipo 20 246
Resumo 247
Referências 249

Capítulo 7 - As questões básicas administrativas e de gerenciamento 251

Controle do acesso básico 251
   Como conectar um terminal virtual usando o Telnet e o SSH 252
   Como ativar o servidor SSH 253
   Como verificar a configuração SSH 253
   Como assegurar a porta do console e os terminais virtuais 254
   Como ativar o AAA 256
   RADIUS 258
   TACACS+ 258
   RADIUS e TACACS+ comparados 259
Prevenção básica contra ataques 259
   Interceptação TCP 259
   Envio do caminho inverso com uma coerção 260
Registro básico 261
Gerenciamento básico da rede 264
Controle básico da hora 268
   Configuração manual da hora e data 269
   Network Time Protocol 270
   Simple Network Time Protocol 272
Resumo 273
Referências 276

Capítulo 8 - Configuração IOS completa para a rede ZIP 277

Roteador Kuala-Lumpur 278
Roteador SF-1 280
Roteador SF-2 282
Roteador SF-Core-1 284
Roteador SF-Core-2 287
Roteador San-Jose 290
Roteador Seoul-1 292
Roteador Seoul-2 296
Roteador Singapore 298
Servidor de acesso SingISDN 300
Servidor de acesso Sing2511 302
Resumo 305

Índice 307

Introdução

A Cisco Systems, Inc. é a fornecedora global líder de hardware e software de rede da Internet, com mais de 100 mil dispositivos distribuídos em redes da Internet públicas e privadas a cada ano. Na época da composição deste livro, esses dispositivos transportavam mais de 80% do tráfego público da Internet. O objetivo deste livro é ajudar os usuários Cisco iniciantes com a administração básica de seus dispositivos de rede da Internet.

Cada um desses dispositivos tem o software do sistema operacional patenteado Cisco, chamado de Cisco Internetwork Operating System (IOS). O software Cisco IOS é um sistema operacional de tempo real complexo que consiste em diversos subsistemas e dezenas de milhares de possíveis parâmetros de configuração. Usando descrições cronológicas simples e exemplos práticos, este livro se concentra no software Cisco IOS relativo à configuração, operação e manutenção de dispositivos de rede da Internet. Além de cobrir os aspectos gerais do IOS, iremos considerá-lo no contexto dos três protocolos de rede mais populares usados atualmente: Transmission Control Protocol/Internet Protocol (TCP/IP), Internetwork Packet Exchange (IPX) da Novell Inc. e AppleTalk da Apple Computer Inc.

Objetivos

O objetivo central deste livro é tornar o software Cisco IOS fácil de configurar, operar e manter para os usuários iniciantes. A documentação IOS que acompanha cada produto Cisco abrange diversos CD-ROMs e oferece uma visão completa de cada comando, com todas as opções relevantes. A documentação geralmente intimida e confunde as pessoas quando elas estão tentando configurar um produto Cisco para uma rede básica da Internet.

Este livro pretende servir como um parceiro de suporte mais concentrado para a documentação disponível cobrindo os comandos IOS mais usados e as opções mais populares. Através de muitos exemplos, ilustrações e saída da configuração do software Cisco IOS, explicamos o uso do IOS para vários usuários e configurações de rede da Internet. Uma rede da Internet de exemplo para uma empresa fictícia, a Zoom Integrated Products (ZIP), é um contexto no livro para ajudar a ilustrar os conceitos. Quando apresentarmos os comandos da configuração e a estratégia, também iremos implementá-los para os dispositivos específicos e a topologia da rede ZIP.

Público

Este livro é para todo usuário iniciante do software Cisco IOS. Os usuários avançados também acharão essa referência valiosa devido aos muitos exemplos e dicas para usar os recursos IOS comuns.

Supomos que o leitor tenha alguma base geral dos vários tipos de equipamento de rede da Internet, como dispositivos de entrada e saída, pontes, comutadores e roteadores. A cobertura dos detalhes complexos desses tipos de equipamentos está fora do escopo desta publicação, mas iremos revisá-los rapidamente em relação ao software Cisco IOS. Do mesmo modo, as introduções completas para o TCP/IP, AppleTalk e IPX são deixadas para os textos adequados já disponíveis, alguns referidos no final de cada capítulo. Ao invés de duplicar as referências atuais sobre equipamento e protocolos de rede específicos da Internet, este livro se concentra no uso dessas tecnologias pelos produtos que executam o software Cisco IOS.

Organização

O Capítulo 1, "Como iniciar na rede da Internet", revisa o modelo de referência OSI e dá uma visão ampla dos tipos gerais de dispositivos de rede da Internet em questão neste livro: pontes, comutadores e roteadores. O capítulo conclui descrevendo uma rede da Internet de exemplo completa para a empresa fictícia Zoom Integrated Products (ZIP).

O Capítulo 2, "O básico da configuração do dispositivo", descreve as informações básicas necessárias sobre um dispositivo Cisco, começando com sua configuração diretamente. Os assuntos tratados incluem: como acessar a porta do console, a configuração básica do terminal, o modo de configuração do software Cisco IOS, a ajuda contextual, o modo privilegiado e a estrutura de comandos da configuração IOS. Este capítulo também explica algumas das características físicas de um dispositivo Cisco, tais como acessar a memória de acesso aleatório (RAM), gravar as informações da configuração na RAM não-volátil (NVRAM) e transferir as imagens do software Cisco IOS para a memória Flash.

O Capítulo 3, "O básico das interfaces do dispositivo", explica o que você precisa saber sobre os vários tipos de interface de rede encontrados em um dispositivo Cisco. O capítulo apresenta cada um dos tipos de interface seguintes e dá exemplos de como configurar o software Cisco IOS para cada um: Ethernet, Fast Ethernet, Gigabit Ethernet, Token Ring, Fiber Distributed Data Interface (FDDI), High-Level Data Link Control (HDLC), Point-to-Point Protocol (PPP), X.25, Frame Relay, Asynchronous Transfer Mode (ATM), Digital Subscriber Loop (DSL) e Integrated Services Digital Network (ISDN). O capítulo inclui explicações sobre como usar os comandos do software Cisco IOS para examinar o status e a condição da interface.

O Capítulo 4, "O básico do TCP/IP", explica o básico do Internet Protocol (IP): sub-rede e roteamento. O capítulo também mostra como usar o software Cisco IOS para configurar os endereços IP, roteadores IP, protocolos de roteamento IP (RIP, IGRP, OSPF, EIGRP e BGP4), a segurança da rede IP e o IP de discagem. As outras nuanças do IP no software Cisco IOS, como a configuração Domain Name Service (DNS), o envio da transmissão pública IP, os serviços DHCP e a redundância, são também explicadas.

O Capítulo 5, "O básico do AppleTalk", cobre vários tópicos, começando com uma visão geral do conjunto de protocolos AppleTalk. O capítulo abrange, portanto, a configuração IOS das faixas de cabos AppleTalk, zonas, protocolos de roteamento (RTMP e EIGRP), a segurança da rede AppleTalk e o AppleTalk de discagem.

O Capítulo 6, "O básico do IPX", primeiramente oferece uma visão geral dos componentes do protocolo Novell Internetwork Packet Exchange (IPX): os números da rede, o Service Advertising Protocol (SAP) e o roteamento. A seguir, temos uma explicação sobre como usar o IOS para configurar os endereços IPX, os diversos métodos de encapsulação LAN, as rotas, os protocolos de roteamento (RIP, NLSP e EIGRP), a segurança da rede IPX e o IPX de discagem.

O Capítulo 7 "As questões básicas administrativas e de gerenciamento", explica outros itens básicos da configuração no IOS que você precisa compreender. Esses itens incluem o controle do acesso, uso do Secure Shell (SSH) para acessar um dispositivo IOS, registro de mensagens, os protocolos de gerenciamento da rede e o controle do clock/calendário. O capítulo mostra como configurar o Simple Network Management Protocol, o Terminal Access Controller Access Control System (TACACS e TACACS+), o Remote Authentication Dial-In User Service (RADIUS) e o Network Time Protocol (NTP).

O Capítulo 8, "Configuração IOS completa para a rede ZIP", fornece as configurações IOS completas para toda a rede ZIP de exemplo. Esse capítulo resume os exemplos de configuração vistos no texto.

Recursos e elementos do livro

Este livro utiliza vários elementos e convenções para ajudar a apresentar informações o mais claramente possível e para reiterar os principais conceitos. Uma convenção já notada é a prática de usar uma única rede de exemplo no livro como um contexto para as amostras da configuração. Você poderá encontrar uma ilustração da rede ZIP no verso da capa frontal para obter uma referência conveniente.

Naturalmente, o código da configuração forma um elemento central deste livro. Fragmentos de código são apresentados com uma tipologia distinta (monoespacejada) para facilitar a identificação. A entrada que deve ser digitada pelo usuário é destacada em negrito nos fragmentos de código. Os termos de código individuais, que aparecem nos parágrafos, são apresentados em negrito.

Os outros elementos usados neste texto são os seguintes:

- **Notas** – Os comentários separados relativos à análise imediata, mas que podem ser ignorados sem perda da compreensão ou da continuidade.
- **Dicas** – Os comentários separados que descrevem uma maneira eficiente de atalho ou opcional para usar a tecnologia.
- **Referências adicionais** – As passagens separadas que identificam as fontes de informações adicionais nos tópicos do texto.
- **Tabelas de resumo dos comandos** – A referência e a reiteração dos novos comandos mais importantes e da sintaxe introduzida; aparecem nos finais dos capítulos relevantes.

Uma breve história da Cisco Systems

Os Cisco Systems originaram-se das atividades de Len e Sandy Bosack, marido e mulher trabalhando em departamentos diferentes na Stanford University. Eles precisavam permitir que seus sistemas de computação se comunicassem. Ao desenvolver uma solução para esse problema, eles construíram um dispositivo denominado *servidor de porta* (gateway). O servidor de porta ajudava as máquinas nos dois departamentos na Stanford University a se comunicarem usando o Internet Protocol (IP). Isso foi em meados dos anos 80.

Pouco depois desse feito, Len e Sandy promoveram a oportunidade de tentar elaborar um produto de servidor de porta comercial. O primeiro desenvolvimento e instalação de produção para o Cisco foi na sala dos Bosacks. Em 1984, a cisco Systems, Inc. foi fundada, surgindo uma nova era na rede da Internet.

Observe o *c* minúsculo no nome original da empresa; há muitos boatos e explicações sobre ele. Foi interpretado como uma tentativa de confundir os editores quando eles iniciavam uma sentença com o nome da empresa; um erro cometido pelos advogados rascunhando o nome da empresa; um pedaço de papel rasgado que originalmente informava San Francisco Systems, Inc.; e simplesmente um nome que fosse único. Não compartilhamos dessa verdade aqui, porque preferimos manter o mistério vivo – escolha a resposta que preferir. Em 1992, o nome da empresa foi mudado oficialmente para Cisco Systems, Inc. A mudança para o *C* maiúsculo foi satisfeita com alguma hesitação devido à credibilidade da cisco, mas hoje o nome Cisco Systems, Inc. é usado pela maioria, exceto talvez pelos engenheiros intransigentes da época da cisco Systems.

O primeiro produto de porta da Cisco foi o Advanced Gateway Server (AGS), seguido logo do Mid-Range Gateway Server (MGS), do Compact Gateway Server (CGS), do Integrated Gateway Server (IGS) e do Advanced Gateway Server Plus (AGS+). Eles são agora conhecidos como os antigos produtos da sopa de letrinhas da empresa. A próxima geração de produtos começou a surgir em 1993 com os roteadores da série Cisco 4000, que foi logo seguida pelas séries de roteadores 7000, 2000 e 3000. A família dos produtos Cisco continua a se desenvolver atualmente, seguindo a convenção de usar números do projeto em vez de nomes, com produtos como os roteadores Cisco 12000 e comutadores Catalyst 6500.

Em meados dos anos 90, a Cisco começou a diversificar sua linha de produtos de roteadores até outros produtos de rede da Internet, como os comutadores LAN, comutadores ATM, produtos de rede WAN, conectividade IBM e outros mais.

Com toda a diversificação dos produtos Cisco, a complexidade inerente ao software Cisco IOS e o vasto crescimento da implementação de rede da Internet, os construtores e gerentes de rede podem se sentir esmagados com a quantidade de informações que eles precisam examinar para começar a configurar uma rede com dispositivos Cisco. Basicamente, este livro tem por objetivo separar o essencial necessário para configurar o software Cisco IOS da vasta quantidade de informações e documentação disponíveis. Nosso objetivo, ao redigir este livro, era tornar os produtos impressionantes da Cisco, que desde o início têm solucionado problemas de rede da Internet, tão acessíveis para os iniciantes quanto o são para os usuários experientes do IOS.

CAPÍTULO 1

Modelo de referência OSI — Revise as sete camadas de tarefas que fazem com que os sistemas de comunicações operem.

Tipos de dispositivos de rede da Internet — Os principais dispositivos em uma rede da Internet: pontes, comutadores, roteadores e servidores de acesso.

Exemplo de rede da Internet — Uma topologia de rede da Internet específica que é usada como um exemplo no livro.

Como iniciar na rede da Internet

Este capítulo ajuda a começar a aprender sobre a rede da Internet. Compreender esse tópico complexo é a primeira etapa para entender o Cisco Internetwork Operating System (IOS). O IOS fornece a inteligência que os produtos Cisco requerem para executar suas várias tarefas da rede da Internet. O IOS é um sistema operacional com uma interface do usuário patenteada, conjunto de comandos, sintaxe da configuração etc. O IOS está para os dispositivos Cisco assim como o Windows 2000 está para os computadores pessoais compatíveis com a IBM. O IOS é executado em todos os produtos Cisco analisados neste texto.

Encorajamos que você tenha uma boa noção dos princípios de rede da Internet examinados neste capítulo antes de tentar entender as complexidades do Cisco IOS. *Rede da Internet* é um termo usado para descrever a coleção de protocolos e dispositivos que interoperam nas redes de dados. Este capítulo fornece a compreensão básica do assunto; não é para dar uma cobertura completa do assunto (que poderia precisar de vários livros para cobrir completamente). Se você precisar de uma introdução mais extensa para a rede da Internet, alguns textos bons são citados na seção "Referências" no final deste capítulo.

Quando terminar este capítulo, deverá se sentir confortável com o modelo de rede da Internet OSI e terá uma compreensão básica de como as pontes, comutadores, roteadores e servidores de acesso trabalham. O Capítulo 2, "O básico da configuração do dispositivo", apresentará o básico de como configurar um dispositivo Cisco.

Modelo de referência OSI

O modelo de referência Open System Interconnection (OSI) é um princípio de rede da Internet que você terá que compreender para avaliar como os dispositivos Cisco operam. O modelo de referência OSI é um modelo arquitetural, com sete camadas, desenvolvido pela Internet Organization for Standardization (ISO) e International Telecommunications Union-Telecommunications (ITU-T). É usado universalmente para ajudar as pessoas a entenderem a funcionalidade da rede. O modelo de referência OSI adiciona estrutura a muitas complexidades envolvidas no desenvolvimento do software de comunicações. O desenvolvimento do software de comunicações envolve muitas tarefas, inclusive lidar com diversos tipos de aplicações, estratégias de transmissão e propriedades da rede física. Sem estrutura, o software de comunicações poderia ser difícil de escrever, alterar e suportar.

NOTA *A ISO é uma organização internacional fundada para promover a cooperação nos desenvolvimentos tecnológicos, particularmente no campo das comunicações. O ITU-T, por outro lado, é uma organização global que rascunha padrões para todas as áreas das comunicações análogas e digitais internacionais. O ITU-T lida com os padrões das telecomunicações.*

O modelo de referência OSI é dividido em sete camadas distintas. Cada camada executa uma tarefa específica e distinta que ajuda os sistemas de comunicações a operarem. A camada trabalha de acordo com um conjunto de regras, que é denominado *protocolo*. Além de seguir as regras do protocolo, cada camada fornece um conjunto de serviços para outras camadas no modelo. As sete camadas do modelo de referência OSI são a aplicação, apresentação, sessão, transporte, rede, ligação de dados e as camadas físicas, como mostrado na Figura 1-1. Nas seções seguintes, revisaremos rapidamente cada camada, começando com a da aplicação.

Aplicação	Camada 7
Apresentação	Camada 6
Sessão	Camada 5
Transporte	Camada 4
Rede	Camada 3
Ligação de dados	Camada 2
Física	Camada 1

Figura 1-1 *O modelo de referência OSI contém sete camadas.*

Camada da aplicação

A camada da aplicação fornece a interface para o sistema de comunicações, que o usuário vê. Muitas aplicações comuns são usadas atualmente em um ambiente de rede da Internet, como os navegadores web, os clientes File Transfer Protocol (FTP) e o correio eletrônico. Um exemplo de comunicação da camada da aplicação é um navegador web carregando um documento de um servidor web. O navegador web e o servidor são aplicações iguais na camada da aplicação que se comunicam diretamente entre si para a recuperação do documento. São despercebidos para as seis camadas inferiores do modelo de referência OSI, que estão trabalhando para produzir as comunicações necessárias.

Camada da apresentação

A camada da apresentação lida com a sintaxe dos dados como se eles estivessem sendo transferidos entre duas aplicações em comunicação. A camada da apresentação fornece um mecanismo para transmitir a apresentação desejada dos dados entre as aplicações. Muitas pessoas supõem que a aparência do ambiente da área de trabalho de um computador, como o modo como todas as aplicações são e interagem uniformemente em um computador da Apple Computer, Inc., é um exemplo de camada da apresentação. Na verdade, não é uma camada da apresentação, mas uma série de aplicações usando a interface de um programador comum. Uma camada da apresentação comum em uso atualmente é a Abstract Syntax Notation One (ASN.1), que é usada por protocolos como o Simple Network Management Protocol (SNMP) para apresentar a estrutura dos objetos nos bancos de dados de gerenciamento da rede.

Camada da sessão

A camada da sessão permite que duas aplicações sincronizem suas comunicações e troquem dados. Essa camada divide a comunicação entre dois sistemas em unidades de diálogo e fornece pontos maiores e menores de sincronização durante essa comunicação. Por exemplo, uma grande transação do banco de dados distribuída entre diversos sistemas poderia usar os protocolos da camada da sessão para assegurar que a transação esteja progredindo na mesma velocidade em cada sistema.

Camada do transporte

A camada do transporte, a Camada 4, é responsável pela transferência dos dados entre duas entidades de camada da sessão. Existem diversas classes de protocolos da camada do transporte, desde aquelas que fornecem mecanismos de transferência básicos (como serviços não confiáveis), até as que asseguram que a seqüência de dados que chegam no destino esteja na devida ordem, aplicam a multiplexação nos diversos fluxos de dados, fornecem um mecanismo de controle do fluxo e asseguram a confiabilidade.

Como você verá na próxima seção, alguns protocolos da camada da rede, chamados de protocolos sem conexão, não asseguram que os dados chegarão no destino na ordem na qual foram enviados pela fonte. Algumas camadas do transporte lidam com isso colocando devidamente em seqüência os dados antes de lidar com eles na camada da sessão. A *multiplexação* dos dados significa que a camada do transporte pode lidar simultaneamente com diversos fluxos de dados (que poderia ser de diferentes aplicações) entre dois sistemas. O *controle do fluxo* é um mecanismo que a camada do transporte pode usar para regular a quantidade de dados enviados da fonte para o destino. Os protocolos da camada do transporte geralmente acrescentam confiabilidade a uma sessão fazendo com que o sistema de destino envie confirmações de volta para o sistema fonte quando ele recebe os dados.

Neste texto, iremos analisar os três protocolos de transporte comumente usados: Transmission Control Protocol (TCP) que é usado na Internet, Streams Packet Exchange (SPX) da Novell e AppleTalk Transport Protocol (ATP) da Apple.

Camada da rede

A camada da rede, que roteia os dados de um sistema para outro, fornece o endereçamento para usar na rede da Internet. O Internet Protocol (IP) define o endereçamento global para a Internet; a Novell define o endereçamento patenteado para o Internetwork Packet Exchange (IPX), sua arquitetura do cliente/servidor; e o AppleTalk da Apple usa o Datagram Delivery Protocol (DDP) e o endereçamento patenteado para a comunicação entre suas máquinas na camada da rede. Nos capítulos posteriores, iremos explorar as particularidades de cada um desses tipos de endereços da camada da rede.

Os protocolos da camada da rede roteiam os dados da fonte para o destino e ficam em uma das duas classes, baseados na conexão ou sem conexão. As camadas da rede baseadas na conexão roteiam os dados de uma maneira parecida com o uso de um telefone. Elas começam a se comunicar fazendo uma chamada ou estabelecendo uma rota da fonte para o destino. Elas enviam os dados na rota dada em seqüência e então terminam a chamada ou fecham a comunicação. Os protocolos da rede sem conexão, que enviam os dados que têm informações de endereçamento completas em cada pacote, operam como o sistema postal. Cada carta ou pacote tem um endereço de fonte e de destino. Cada correio intermediário ou dispositivo de rede lê seu endereçamento e toma uma decisão separada sobre como rotear os dados. A carta ou os dados vão de um dispositivo intermediário para outro até que atinjam o destino. Os protocolos de rede sem conexão não garantem que os pacotes chegarão no destino na mesma ordem na qual foram enviados. Os protocolos do transporte são responsáveis pela seqüência dos dados na devida ordem para os protocolos da rede sem conexão.

Camada da ligação de dados

A Camada 2, a camada da ligação de dados, fornece a conexão da rede física com a camada da rede, assim permitindo um fluxo confiável dos dados na rede. A Ethernet, Fast Ethernet, Token Ring, Frame Relay e Asynchronous Transfer Mode (ATM) são todos protocolos da Camada 2, comumente usados hoje. Como você verá neste texto, o endereçamento da camada da ligação de dados é diferente do endereçamento da camada da rede. Os endereços da camada da ligação de dados são exclusivos para cada segmento lógico da ligação de dados, embora o endereçamento da camada da rede seja usado na rede da Internet.

Camada física

A primeira camada do modelo de referência OSI é a camada física. A camada física diz respeito às interfaces físicas, elétricas e mecânicas entre os dois sistemas. A camada física define as propriedades do meio da rede, como a fibra, cobre com par trançado, cobre coaxial, satélite etc. Os tipos de interface da rede padrões encontrados na camada física incluem os conectores V.35, RS-232C, RJ-11, RJ-45, AUI e BNC.

NOTA *Muitas pessoas adicionam uma oitava camada à parte superior do modelo de referência OSI — a camada política. Embora usada de brincadeira, o termo camada política é geralmente preciso porque todas as camadas inferiores do modelo de referência OSI são encapsuladas na estratégia envolvida na organização que constrói uma rede de dados.*

Processo
de troca de dados

Essas sete camadas funcionam juntas para fornecerem um sistema de comunicações. A comunicação ocorre quando um protocolo em um sistema, que está localizado em uma certa camada do modelo, se comunica diretamente com sua camada correspondente em outro sistema. A camada da aplicação de um sistema fonte se comunica logicamente com a camada da aplicação do sistema de destino. A camada da apresentação do sistema fonte transmite os dados para a camada de apresentação do sistema de destino. Essa comunicação ocorre em cada uma das sete camadas do modelo.

Essa comunicação lógica entre as camadas correspondentes da pilha de protocolos não envolve muitas conexões físicas diferentes entre os dois sistemas de comunicações. As informações, que cada protocolo deseja enviar, são encapsuladas na camada das informações do protocolo sob ela. O processo de encapsulação produz um conjunto de dados chamado *pacote*.

NOTA *A encapsulação dos dados é o processo no qual as informações em um protocolo são integradas ou contidas na seção de dados de outro protocolo. No modelo de referência OSI, cada camada encapsula a camada imediatamente acima dela quando os dados descem na pilha de protocolos.*

Começando na fonte, como mostrado na Figura 1-2, os dados específicos da aplicação são encapsulados nas informações da camada da apresentação. Para a camada da apresentação, os dados da aplicação são dados genéricos sendo apresentados. A camada da apresentação transmite seus dados para a camada da sessão, que tenta manter a sessão sincronizada. A camada da sessão transmite os dados para a camada do transporte, que transporta os dados do sistema fonte para o sistema de destino. A camada da rede adiciona as informações de roteamento e de endereçamento ao pacote e transmite-o para a camada da ligação de dados. A camada da ligação de dados fornece uma estrutura para o pacote e a conexão com a camada física.

Na Camada 1, como mostrado na figura, a camada física envia os dados como bits em um meio, como cobre ou fibra. Então o pacote atravessa a rede de destino da Camada 1 até a Camada 7. Cada dispositivo no caminho lê apenas as informações necessárias para levar os dados da fonte para o destino. Cada protocolo cancela a encapsulação dos dados do pacote e lê as informações enviadas pela camada correspondente no sistema fonte.

Como exemplo, considere o que ocorre quando você abre uma página Web usando um navegador Web. Dado um URL, como www.telegis.net, seu navegador pede ao TCP para abrir uma conexão confiável com o servidor Web que está localizado em www.telegis.net. (Muitas aplicações que usam o TCP pulam as camadas da apresentação e da sessão, como fizemos neste exemplo.) Então o TCP pede que a camada da rede (IP) roteie um pacote do endereço fonte IP para o endereço IP de destino. A camada da ligação de dados obtém esse pacote IP e encapsula-o de novo para o determinado tipo de ligação de dados deixando o sistema fonte, como Ethernet. A camada física transporta o sinal do sistema fonte para o próximo sistema na rota até o destino, como um roteador.

O roteador cancela a encapsulação da camada da ligação de dados; lê as informações da camada da rede; encapsula novamente o pacote, se necessário, para colocá-lo na próxima ligação de dados na rota até o destino; e roteia o pacote devidamente.

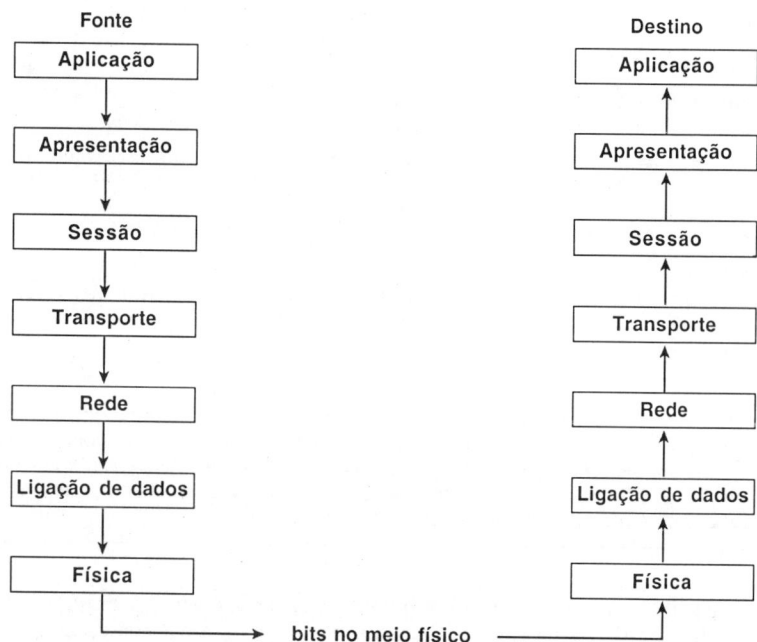

Figura 1-2 O fluxo de dados de uma aplicação fonte até uma aplicação de destino através das sete camadas do modelo de referência OSI.

Esse processo continua até que o pacote atinja o endereço IP de destino. No endereço IP de destino, a camada de ligação de dados cancela a encapsulação do pacote, vê que o endereço IP de destino é o sistema local e transmite os dados no pacote IP para a camada de transporte. A camada do transporte assegura a confiabilidade da conexão e transmite os dados de seu navegador Web para o servidor Web www.telegis.net. Então o servidor Web responde à solicitação de seu navegador Web e envia uma página Web de dados de volta para seu navegador (usando o mesmo processo, mas com os endereços fontes e de destino IP invertidos).

Os dispositivos Cisco tratados neste livro operam nas camadas físicas, da ligação de dados e da rede do modelo de referência OSI e lê as informações nessas camadas para transportar os dados de um local para outro. Neste livro, iremos nos referir a essas camadas e explicaremos como o Cisco IOS usa as informações do protocolo em cada camada. Alguns dispositivos Cisco, como pontes e comutadores, operam na camada da ligação de dados. Outros dispositivos Cisco, como roteadores, operam na camada da rede, como apresentado na Figura 1-3. Descreveremos os vários tipos de dispositivos de rede da Internet na próxima seção.

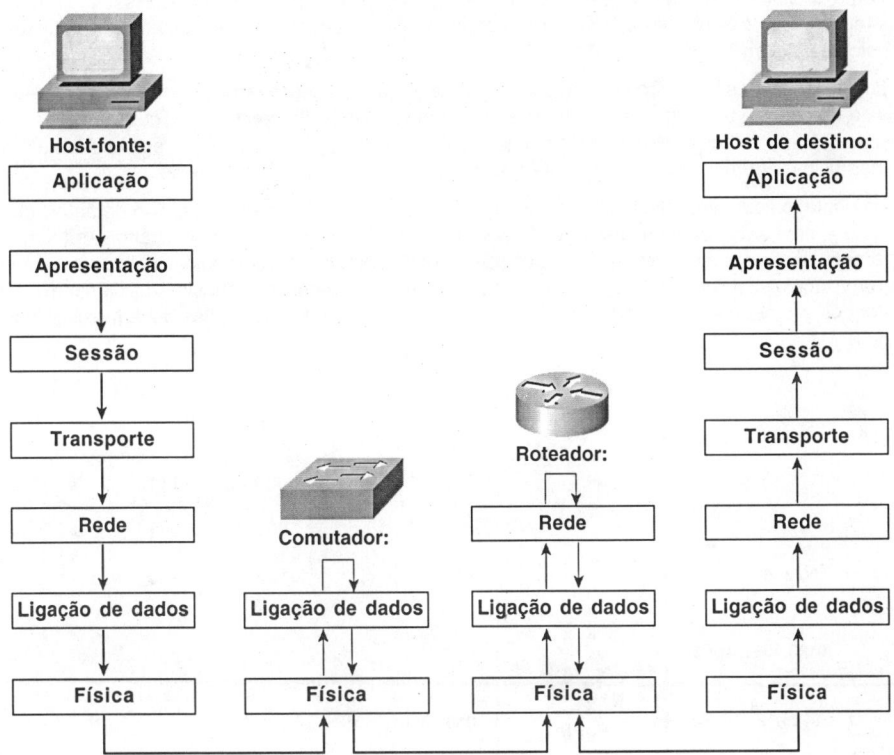

Figura 1-3 *Uma representação dos dados do modelo de referência OSI que viajam de um host-fonte, através de um comutador Cisco, de um roteador Cisco e então até um host de destino.*

Tipos de dispositivos de rede da Internet

Os dispositivos Cisco ficam em três categorias principais: pontes e comutadores, roteadores e servidores de acesso. Analisaremos as pontes e os comutadores primeiro.

Pontes e comutadores

Uma *ponte* é um dispositivo de rede que opera na camada da ligação de dados. Uma ponte conecta diversos segmentos da rede da camada da ligação de dados em um único segmento de rede lógico. Há muitos tipos de pontes:

- Transparente ou de aprendizado
- Encapsulação
- Conversão
- Rota fonte
- Rota fonte de conversão

Embora o Cisco IOS implemente cada um desses tipos de ponte, iremos analisar apenas os três primeiros tipos de ponte neste livro. As pontes de rota fonte e rota fonte de conversão são usadas no ambientes Token Ring.

A ponte permite a separação física e lógica do tráfego quando necessário para reduzir os carregamentos do tráfego em um segmento de rede. A principal vantagem da ponte é assegurar a confiabilidade disponibilidade, dimensionamento e gerenciamento da rede segmentando uma rede lógica em diversas partes físicas. Iremos examinar a fonte em relação ao roteamento neste texto.

Uma ponte executa sua função examinando as informações da camada da ligação de dados em cada pacote e enviando o pacote para outros segmentos físicos apenas se necessário. As informações referentes a quais pacotes enviar para quais segmentos da rede são aprendidas pela ponte e mantidas em uma tabela de envio. A tabela de envio inclui uma lista de endereços conhecidos da camada da ligação de dados e o segmento da rede associado ao local onde esses dispositivos devem existir, como na Figura 1-4.

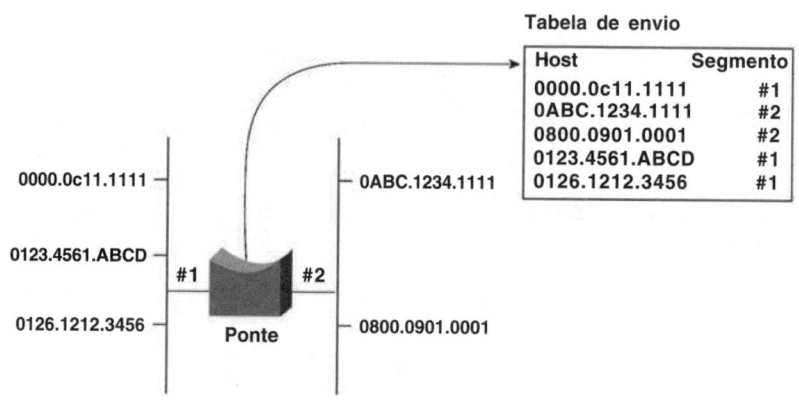

Figura 1-4 *A tabela de envio mapeia os endereços da ligação de dados para os segmentos da rede física.*

As pontes se comunicam entre si para determinar o melhor método de enviar os pacotes em um certo destino da camada da ligação de dados usando um Spanning Tree Protocol. Esse protocolo permite que as pontes construam uma topologia sem loops na qual enviar os pacotes. Uma *topologia sem loops* uma topologia que assegure que um pacote atinja todo segmento de uma rede exatamente uma vez é necessário em um ambiente de ponte para evitar perturbações da transmissão e para evitar que diversas pontes paralelas enviem um pacote diversas vezes em um certo segmento. Uma *perturbação da transmissão* é um evento do segmento da rede no qual um *pacote de transmissão* – ou seja, um pacote destinado para cada estação no segmento – é enviado em um loop contínuo até que o segmento fique sobrecarregado com o tráfego.

A forma mais simples de ponte, uma *ponte transparente*, pode lidar com a conexão de apenas protocolo da camada da ligação de dados. As *pontes de encapsulação* e de *conversão* podem ser consideradas pontes transparentes, com a funcionalidade adicional de permitir que diferentes protocolos da camada da ligação de dados interoperem.

Uma ponte de encapsulação encapsula uma estrutura da camada da ligação de dados inteira em outra camada da ligação de dados, que permite que uma ponte transparente entre camadas da ligação de dados semelhantes ocorra quando são separadas fisicamente por uma segunda e diferente camada da ligação de dados. Por exemplo, duas pontes de encapsulação, cada uma com a porta Ethernet e a porta serial, podem ligar os segmentos da rede Ethernet quando são conectados por uma ligação serial. A ligação serial é um meio diferente da Camada 2 que é Ethernet. A ponte de encapsulação permite que o quadro Ethernet inteiro seja ligado de um segmento a outro quando separado pela ligação serial porque a ponte encapsula o quadro Ethernet no protocolo da ligação de dados da ligação serial. O resultado é que os dispositivos nos dois segmentos Ethernet ,que são reunidos pelas pontes de encapsulação, acreditam que todos os dispositivos estão anexados a um único segmento Ethernet lógico.

Outro tipo de ponte é uma ponte de conversão. Uma ponte de conversão executa a função de uma ponte transparente entre diferentes tipos de protocolos da camada da ligação de dados. Por exemplo, uma ponte de conversão pode converter quadros Ethernet em quadros Token Ring na camada da ligação de dados. Se os dois dispositivos estiverem em meios diferentes conectados por uma ponte de conversão, eles parecerão estar em um segmento de rede lógico. A interconexão transparente dos dois meios diferentes pode fornecer a conectividade necessária para os dois dispositivos que precisam se comunicar unicamente na camada da ligação de dados.

Um *comutador* Cisco é basicamente uma ponte com diversas portas que executa o IOS. Um comutador, que funciona na camada da ligação de dados, executa as mesmas ações básicas de uma ponte. A diferença essencial entre uma ponte e um comutador não é técnica, mas está no pacote.

Um comutador pode ter mais portas que uma ponte, custa menos por porta que uma ponte e possui funções de gerenciamento incorporadas que uma ponte não tem. E mais, quando você examinar a funcionalidade das fontes e dos comutadores no contexto do modelo de referência OSI, eles não serão diferentes. Muitos comutadores têm diversas portas suportando um único protocolo da camada da ligação de dados, como Ethernet, e um número menor de portas da camada da ligação de dados com alta velocidade usadas para conectar meios mais rápidos, como ATM ou Fast Ethernet. Se um comutador tiver duas ou mais interfaces diferentes para dois ou mais protocolos da camada da ligação de dados, poderá ser considerado uma ponte de conversão. Muitos comutadores atualmente têm interfaces que operam em diversas velocidades, como Ethernet, Fast Ethernet e Gigabit Ethernet.

A Figura 1-5 mostra uma pequena rede da Internet com comutadores.

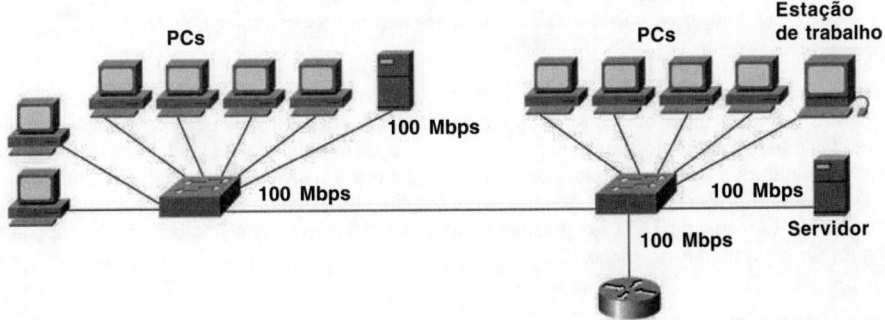

Figura 1-5 *Uma pequena rede da Internet com comutadores.*

Roteadores

Um *roteador* é um dispositivo que direciona os pacotes na rede com base nas informações da camada da rede. Iremos nos concentrar nos três protocolos da camada da rede neste livro: IP, IPX e AppleTalk. Um roteador compreende o endereçamento da camada da rede em um pacote e tem algoritmos, chamados de protocolos de roteamento, que constroem tabelas para determinar a rota que um pacote deve adotar para atingir seu destino final. Para um roteador com diversos protocolos – um que compreende diversos formatos de endereçamento da camada da rede e protocolos de roteamento, como um roteador Cisco – o roteador mantém uma tabela de roteamento separada para cada protocolo da camada da rede que está sendo roteado, como apresentado na Figura 1-6.

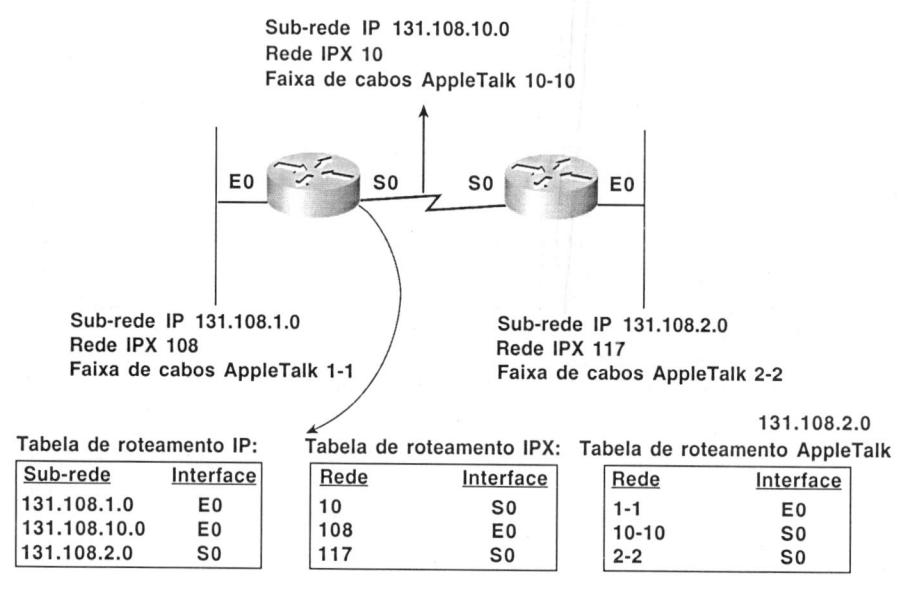

Figura 1-6 *Um roteador com diversos protocolos mantém uma tabela de roteamento para cada um de seus protocolos da camada da rede.*

Uma ponte ou comutador conecta duas ou mais redes físicas em uma única rede lógica, ao passo que um roteador conecta duas ou mais redes lógicas e roteia entre elas usando informações que são construídas roteando os protocolos e mantidas em tabelas de roteamento. As vantagens de um roteador (quando comparadas a usar qualquer tipo de ponte) são que ele divide física e logicamente uma rede em diversas partes gerenciáveis, permite um controle dos pacotes roteados e roteia diferentes protocolos da camada da rede ao mesmo tempo. Neste livro, iremos analisar muitas opções de configuração do roteador no Cisco IOS.

Servidores de acesso

Um *servidor de acesso*, também chamado *servidor de comunicações*, é um dispositivo que conecta dispositivos assíncronos a uma rede. Uma aplicação comum de um servidor de acesso é conectar um computador que se comunica com um modem com a Internet. O servidor de acesso combina as funções de um roteador com as funções de um protocolo assíncrono.

Se uma máquina conectar um servidor de acesso através de uma interface assíncrona, o servidor de acesso fornecerá o software que permite à máquina parecer estar na rede. Por exemplo, um servidor de acesso pode ter 16 portas assíncronas e uma única porta Ethernet. Qualquer dispositivo que conectar uma porta assíncrona parecerá estar na Ethernet onde o servidor de acesso reside, permitindo que as pessoas, que executam o IP, IPX ou AppleTalk, trabalhem a partir de uma máquina remota, exatamente como fariam se estivessem na rede local. Iremos analisar a configuração e as funções dos servidores de acesso neste livro.

Um exemplo de rede da Internet

A Figura 1-7 mostra a rede que usamos como exemplo neste livro.

Essa rede é usada para examinar o uso do Cisco IOS nos seguintes ambientes:

- ♦ Várias tecnologias de rede local (LAN), como Ethernet, Fast Ethernet, Gigabit Ethernet, Token Ring e Fiber Distributed Data Interface (FDDI). (Veja o Capítulo 3, "O básico das interfaces do dispositivo".)
- ♦ Várias tecnologias de rede remota (WAN) síncrona e assíncrona, como HDLC, PPP, Frame Relay, ATM e ISDN. (Veja o Capítulo 3.)
- ♦ Roteamento IP. (Veja o Capítulo 4, "O básico do TCP/IP".)
- ♦ Roteamento IPX. (Veja o Capítulo 6, "O básico do IPX".)
- ♦ Roteamento AppleTalk. (Veja o Capítulo 5, "O básico do AppleTalk".)

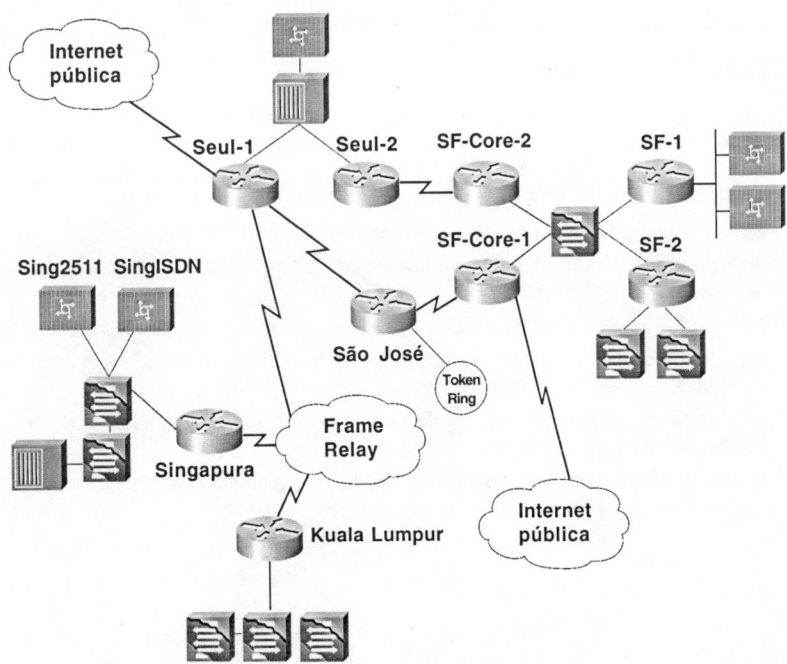

Figura 1-7 A rede da Internet da Zoom Integrated Products.

Esta rede pertence a uma empresa fictícia denominada Zoom Integrated Products (ZIP). A ZIP, que tem seus escritórios em São Francisco, Califórnia, fabrica componentes para a indústria de semicondutores. Suas sedes de venda asiáticas estão localizadas em Seul, Coréia. Os escritórios e sedes de venda asiáticas têm conexões com a Internet pública. A ZIP também tem instalações de fábrica em Singapura e Kuala Lumpur, Malásia.

A rede ZIP usa o Frame Relay para conectar Singapura e Kuala Lumpur com Seul. Seul tem recursos de discagem ISDN BRI. Em seus escritórios, a rede ZIP tem uma rede principal Gigabit Ethernet e três segmentos de rede Fast Ethernet – dois para conexões com alta velocidade para os conjuntos de escritórios e um para a LAN, onde os servidores de acesso residem para os usuários de discagem da empresa. Há servidores de acesso adicionais para os usuários de discagem locais em Seul e Singapura. Os escritórios são conectados a suas sedes de venda através de ligações HDLC redundantes. Uma instalação da fábrica de montagem, que está localizada em São José, Califórnia tem duas ligações HDLC – uma para os escritórios e outra para as sedes de venda em Seul. A instalação de São José usa uma rede Token Ring no andar de montagem.

A ZIP usa vários protocolos de rede da Internet em sua rede, inclusive AppleTalk, IP e IPX. Os comutadores Cisco são usados para a conectividade da área de trabalho e os roteadores interconectam cada site e cada local. (Cada roteador é identificado pelo nome na Figura 1-7.) A maioria dos locais tem pelo menos um servidor de acesso para os usuários de discagem remotos.

A rede da Internet ZIP é representativa de muitas redes da Internet no mundo no sentido de que usa vários protocolos de camada da rede e protocolos de rede remota, usa uma combinação de roteamento e comutadores e tem servidores de acesso para lidar com as conexões de dispositivos assíncronos. Embora seja apenas um exemplo, essa rede e suas complexidades são típicas da distribuição de rede da Internet de hoje. Quando avançarmos neste livro, usaremos a rede ZIP como um exemplo e mostraremos como configurar todos os dispositivos Cisco IOS necessários para tornar essa rede fictícia uma realidade.

Resumo

Tendo completado este capítulo, você deverá se sentir confortável com o modelo de rede da Internet OSI e deverá ter uma compreensão básica de como as pontes, os comutadores, os roteadores e os servidores de acesso funcionam. A seguir, o Capítulo 2 apresentará o básico da configuração de um dispositivo Cisco. Lembre-se dos seguintes conceitos centrais deste capítulo:

- ◆ O Cisco IOS é o sistema operacional que executa os dispositivos Cisco.
- ◆ Os dispositivos Cisco tratados neste livro operam em três camadas do modelo de referência IOS: física, ligação de dados e rede.
- ◆ O Cisco IOS usa as informações do protocolo em cada camada do modelo de referência OSI.
- ◆ As pontes e os comutadores operam na camada da ligação de dados e conectam diversos segmentos de rede da camada da ligação de dados em um único segmento de rede lógico.
- ◆ Os roteadores operam na camada da rede e direcionam os pacotes na rede com base nas informações da camada da rede.
- ◆ Os servidores de acesso conectam os dispositivos assíncronos a uma rede, permitindo que o dispositivo pareça estar na rede.

Referências

As seguintes referências exploram mais os assuntos neste capítulo:

Halsall, F. *Data Communications, Computer Networks, and Open Systems*, Fourth Edition. Reading, Massachusetts: Addison-Wesley Publishing Company, 1996.

Perlman, R. *Interconnections: Bridges, Routers, Switches and Internetworking Protocols*, Second Edition. Reading, Massachusetts: Addison-Wesley Publishing Company, 1999.

Peterson, L. and B.S. Davie. *Computer Networks: A Systems Approach*, Second Edition. San Francisco, California: Morgan Kaufmann Publishers, 1999.

CAPÍTULO 2

Etapas preliminares da configuração – O básico da configuração de um dispositivo Cisco que executa o IOS, começando com o que fazer quando você recebe o dispositivo embalado.

Sistema Help – Como usar o sistema Help (Ajuda) no IOS.

Modos não privilegiado e privilegiado – Os dois níveis do usuário predefinidos para acessar um dispositivo Cisco.

Questões da configuração da memória – A descrição dos dois tipos de memória encontrados nos dispositivos Cisco, NVRAM e memória Flash.

Modo de configuração do usuário – O método IOS para executar a configuração dinâmica a partir de um prompt do usuário, da memória ou de um servidor.

Comandos da configuração – A estrutura dos comandos de configuração usados pelo IOS e os exemplos de comandos básicos da configuração.

O básico da configuração do dispositivo

Este capítulo explica o básico da configuração Cisco IOS, que é usado no resto deste livro. Começaremos com a questão fundamental de configurar um dispositivo depois de ele estar "fora da caixa" e falaremos sobre os componentes mais fundamentais do IOS, inclusive os recursos Help, a configuração da memória e a estrutura dos comandos da configuração. A rede ZIP, que foi apresentada no capítulo anterior, serve como um contexto para os exemplos de configuração do dispositivo.

Etapas preliminares da configuração

Todos os dispositivos IOS são configurados com a configuração mínima possível da fábrica. Por exemplo, as pontes e os comutadores são configurados para enviar e executar uma árvore de faixa em todas as portas, mas não são configurados para os recursos avançados, como a filtragem. Para os roteadores e os servidores de acesso, a Cisco fornece uma configuração mínima que requer que você forneça a entrada antes dos dispositivos poderem executar suas funções. Quando você recebe seu roteador ou servidor de acesso, todas as interfaces no dispositivo estão desativadas ou inativas de modo administrativo.

Para configurar um dispositivo Cisco, primeiro conecte-o à tomada elétrica e localize o fio na parte de trás do dispositivo. Se você ligar o interruptor de energia (algumas vezes identificado como 1), o dispositivo será ligado e mostrará os LEDs de status no painel dianteiro.

Uma exceção notável a essa convenção é os populares roteadores da série Cisco 2500. Essa série específica de roteadores não tem nenhum LED de status na frente de seus dispositivos para mostrar que estão ligados, mas seus dispositivos têm um LED de status atrás, próximo à porta do console auxiliar (AUX).

NOTA *Muitos LEDs associados a outros componentes do dispositivo, como as interfaces LAN ou WAN, podem não ser ligados até que você os tenha configurado. Não é possível configurar as interfaces LAN ou WAN sem energia e sem fornecer os devidos comandos da configuração IOS.*

Porta do console

A próxima etapa na configuração de um dispositivo IOS é localizar a porta do console. Todo dispositivo Cisco tem uma porta do console que é usada para acessar o dispositivo a partir de um terminal anexado diretamente. A porta do console é geralmente uma porta RS-232C ou RJ-45 identificada como "Console".

Depois de localizar a porta do console, você precisará anexar um terminal dedicado ou PC com um emulador do terminal. A Cisco fornece os cabos necessários para conectar a porta do console a cada dispositivo. Se você tiver um terminal dedicado para conectar ao seu dispositivo, poderá usar um conector RS-232C no terminal, conectar isso a um cabo RJ-45 e, então, anexar esse conjunto diretamente ao dispositivo.

Alguns dispositivos, como o roteador Cisco 7500, requerem que você use um conector RS-232C em ambas as extremidades do cabo RJ-45, ao passo que outros dispositivos, como a série Cisco 2500, não. Se você pretende usar um PC para conectar o dispositivo, poderá ter que anexar um conector DB-9 à porta serial de seu PC e então usar o cabo RJ-45 para conectar seu dispositivo. Se seu dispositivo IOS tiver uma porta do console RJ-45 (como um roteador da série Cisco 2500 ou da série Cisco 3600), precisará apenas do devido conector do RJ-45 até seu console (geralmente um conector RS-232C ou computador pessoal (geralmente um conector DB-9).

Depois de estabelecer a conexão física de seu terminal ou PC com o dispositivo, precisará configurar o terminal para que se comunique com o dispositivo devidamente. Você deverá definir seu terminal (ou programa de emulação do terminal em seu PC) para suportar as seguintes definições:

- Emulação VT100
- Transmissão 9600
- Sem paridade
- 8 bits de dados
- 1 bit de fim

Depois dessas definições estarem corretas, deverá ligar seu dispositivo. Deverá ver um banner parecido com este código a partir de um roteador Cisco 7206:

```
System Bootstrap, Version 12.1(1), SOFTWARE
Copyright (c) 1986-2000 by cisco Systems

Restricted Rights Legend
Use, duplication, or disclosure by the Government is
subject to restrictions as set forth in subparagraph
(c) of the Commecial Computer Software - Restricted
Rights clause at FAR sec. 52.227-19 and subparagraph
(c) (1) (ii) of the Rights in Technical Data and Computer
Software clause at DFARS sec. 252.227-7013.
        cisco Systems, Inc.
        170 West Tasman Drive
        San Jose, California 95134-1706
Cisco Internetwork Operating System Software
IOS (tm) 7200 Software (C7200-P-M), RELEASE SOFTWARE 12.0(5)
```

As pontes e os comutadores que executam o IOS podem ou não mostrar um banner parecido com este, dependendo do modelo do dispositivo e de sua funcionalidade. Independentemente do banner mostrado, você deverá ver alguma saída em seu terminal ou emulador do terminal quando ligar o dispositivo. Dependendo de sua emulação do terminal e definições, poderá ter que pressionar a tecla Enter ou Return no teclado de seu terminal antes de ver alguma saída.

Se não vir nenhuma saída em seu terminal ou emulador do terminal, verifique as conexões e assegure que as definições do terminal estejam corretas. Você poderá também querer consultar o *Getting Started Guide* da Cisco, que é enviado com cada dispositivo.

O System Configuration Dialog

Durante a ligação inicial, todos os roteadores e servidores de acesso entram no modo System Configuration Dialog. Esse modo interativo aparece na tela do console e faz perguntas para ajudá-lo a configurar os itens básicos no IOS. O System Configuration Dialog solicita primeiro os parâmetros globais do sistema e então os parâmetros específicos da interface.

Ao entrar no modo System Configuration Dialog, você deverá ver o seguinte código:

```
- - - System Configuration Dialog - - -
At any point you may enter a question mark '?' for help.
Refer to the 'Getting Started' Guide for additional help.
Use ctrl-c to abort configuration dialog at any prompt.
Default settings are in square brackets '[ ]'.
Would you like to enter the initial configuration dialog? [yes]:
```

> **NOTA** Os prompts e as opções da interface mostrados aqui podem não ser exatamente iguais aos apresentados em seu roteador. O IOS personaliza o System Configuration Dialog automaticamente, dependendo da plataforma e das interfaces instaladas em seu roteador. Este exemplo foi feito usando um roteador da série Cisco 2500.

Então você poderá pressionar Return ou Enter para iniciar o System Configuration Dialog:

```
Would you like to enter the initial configuration dialog? [yes]:
First, would you like to see the current interface summary? [yes]:
```

O seguinte resumo da interface é para um dispositivo direto da fábrica Cisco; não foi configurado ainda. Portanto, todas as interfaces são mostradas como não configuradas (indicadas por NO na coluna OK?). As interfaces não têm endereços IP atribuídos, portanto essa coluna mostra um valor **unassigned** (não atribuído) para cada interface. A coluna Method (Método) refere-se ao modo como a interface foi configurada, como por exemplo manualmente ou automaticamente a partir da rede. No momento, as interfaces não estão definidas. As duas últimas colunas referem-se ao status da interface e ao protocolo de ligação dos dados que está sendo executado na interface. Por default, em um novo dispositivo, todas as interfaces começam com um status **down** (inativo) e com um protocolo da camada da ligação de dados **down**.

```
Interface        IP-Address      OK?   Method    Status    Protocol
Ethernet0        unassigned      NO    not set   down      down
Serial0          unassigned      NO    not set   down      down
```

Interpretando mais o resumo da interface, Ethernet é uma interface de rede local (LAN) e serial é uma interface de rede remota (WAN). O nome da interface Ethernet0 indica a primeira LAN Ethernet no dispositivo e o nome da interface Serial0 indica a primeira WAN serial no dispositivo. A Cisco identifica o dispositivo com esses nomes nas portas físicas no lado de fora da unidade. Os vários tipos de interfaces LAN e WAN são analisados no Capítulo 3, "O básico das interfaces do dispositivo".

As próximas etapas preocupar-se-ão em configurar o nome do dispositivo, um nome lógico para associar a esse hardware físico e as senhas para o dispositivo. Iremos começar com o nome do dispositivo. Use o roteador Singapura da rede ZIP como um dispositivo de amostra a ser configurado:

```
Configuring global parameters:
    Enter host name [Router]: Singapore
```

> **DICA** O IOS aceita a resposta mostrada entre colchetes ([ ]) como a entrada default para as perguntas. Este exemplo mostra as respostas defaults sendo fornecidas para o esclarecimento.

Capítulo 2 - O básico da configuração do dispositivo | 19

Como verá na próxima seção deste capítulo, os dois níveis de comandos no IOS são privilegiados e não privilegiados. Você terá que configurar uma senha para cada dispositivo. Essa senha é a chave para entrar no modo privilegiado. As senhas privilegiadas devem ser mantidas confidenciais e tratadas igualmente como as senhas do superusuário ou do administrador do sistema. É muito recomendado que você use o método enable secret (ativar secreto) e não o antigo método enable password (ativar senha) de definição da senha, pois o comando **enable secret** usa um algoritmo de criptografia unidirecional. Para facilitar todas as opções IOS, você definirá ambos os métodos neste exemplo, mas todos os exemplos no resto deste texto usarão o método enable secret. Deverá definir enable secret para !zippy2u e enable password para !zippy4me:

```
The enable secret word is a one-way cryptographic secret that is used
instead of the enable password word when it exists.
      Enter enable secret:    !zippy2u
The enable password is used when there is no enable secret
and when using older software and some boot images.
      Enter enable password:  !zippy4me
```

Um terminal virtual é uma conexão do terminal lógica com um dispositivo IOS. Por default, todos os dispositivos IOS permitem cinco sessões Telnet do terminal virtual simultâneas (numeradas de zero a quatro). Quando o dispositivo IOS estiver ativo em uma rede, você poderá usar o programa Telnet para acessar todas as funções IOS a partir do terminal virtual da mesma maneira como acessa o dispositivo a partir da porta do console. Por exemplo, poderá usar um terminal virtual para conectar um roteador e então entrar no modo de comando privilegiado com a senha enable secret. Neste ponto, definirá a senha virtual terminal (terminal virtual) para todas as cinco sessões do terminal virtual para Zipmein:

```
Enter virtual terminal password: Zipmein
```

Definimos todas as senhas do terminal virtual para serem iguais, porque quando os usuários conectam um roteador, eles geralmente não especificam o terminal virtual que desejam conectar e conectam o primeiro disponível.

As próximas etapas em Systems Configuration Dialog envolvem definir os protocolos desejados. Você deverá ativar o Simple Network Management Protocol (SNMP) em seu dispositivo agora. A configuração SNMP é mais explicada no Capítulo 7, "As questões básicas administrativas e de gerenciamento". No momento, ative o SNMP e aceite a string public da comunidade default:

```
Configure SNMP Network Management? [yes]: yes
      Community string [public]: public
```

O System Configuration Dialog agora perguntará se você deseja configurar o protocolo DECnet, o protocolo da camada da rede da Digital Equipment Corporation. Como você não precisa desse protocolo na rede ZIP, digite **no** (não):

```
Configure DECnet? [no]: no
```

Você está usando o AppleTalk com redes com diversas zonas. (O AppleTalk é mais analisado no Capítulo 5, "O básico do AppleTalk".)

```
Configure AppleTalk? [no]: yes
    Multizone networks? [no]: yes
```

Também estará usando o protocolo Novell IPX na rede ZIP:

```
Configure IPX? [no]: yes
```

O Internet Protocol (IP) é o principal protocolo na rede da empresa ZIP, portanto você irá ativá-lo aqui. Quando ativá-lo, o IOS pedirá que selecione um protocolo de roteamento IP que é usado pelos roteadores para transmitir informações de roteamento. Não ativará o Interior Gateway Routing Protocol (IGRP) como seu protocolo de roteamento. Mostraremos como configurar os protocolos de roteamento IP no Capítulo 4, "O básico do TCP/IP".

```
Configure IP? [yes]:
    Configure IGRP routing? [yes]: no
```

Depois da seção sobre protocolos, o comando de configuração IOS pedirá informações sobre cada interface específica no dispositivo. Para cada interface LAN e WAN no dispositivo, serão solicitadas informações específicas do protocolo. Os vários tipos de interfaces LAN e WAN são tratados no Capítulo 3 e as particularidades do protocolo, como o endereçamento IP, os números da rede IPX e as faixas de cabos AppleTalk, são tratadas nos capítulos subseqüentes. O roteador ZIP em Singapura tem uma única interface LAN Ethernet e uma única interface WAN Frame Relay. Você irá configurar o IP, IPX e AppleTalk em cada uma como a seguir:

```
Configuring interface parameters:
Configuring interface Ethernet0:
```

A seguinte interrogação perguntará se a interface sendo configurada está em uso – ou seja, se você deseja que a interface esteja ativada e não desativada administrativamente. Você deverá ativar as interfaces Ethernet0 e Serial0 para o roteador Singapura:

```
Is this interface in use? [no]: yes
```

Deverá informar o roteador para executar o protocolo IP nessa interface e usar o endereço IP 131.108.1.1 e a máscara de sub-rede 255.255.255.128 para a Ethernet0. Os detalhes do endereçamento IP, sub-rede e configuração são tratados no Capítulo 4.

```
Configure IP on this interface? [no]: yes
    IP address for this interface: 131.108.1.1
Number of bits in subnet field [0]: 9
    Class B network is 131.108.0.0, 9 subnet bits; mask is /25
```

A rede ZIP em Singapura também executa o Novell IPX e o AppleTalk. Para ativar esses protocolos, você precisará fornecer um número da rede IPX e uma faixa de cabos AppleTalk. Os detalhes do IPX são tratados no Capítulo 6, "O básico do IPX". O AppleTalk é tratado no Capítulo 5.

```
Configure IPX on this interface? [no]: yes
    IPX network number [1]: 4010
  Configure AppleTalk on this interface? [no]: yes
    Extended AppleTalk network? [no]: yes
    AppleTalk starting cable range [0]: 4001
```

Você também precisará configurar a interface Serial0 no roteador com os mesmos protocolos da camada da rede como a seguir:

```
Configuring interface Serial0:
    Is this interface in use? [no]: yes
  Configure IP unnumbered on this interface? [no]: no
    IP address for this interface: 131.108.242.6
    Number of bits in subnet field [0]: 14
      Class B network is 131.108.0.0, 8 subnet bits; mask is /30
  Configure IPX on this interface? [no]: yes
    IPX network number[2]: 2902
  Configure AppleTalk on this interface? [no]: yes
    Extended AppleTalk network? [no]: yes
    AppleTalk network number [1]: 2902
```

A saída de executar o System Configuration Dialog é um script de comando de configuração que é interpretado pelo dispositivo. O próprio System Configuration Dialog não configura o dispositivo, mas cria um script de comando de configuração, que é então interpretado pelo dispositivo e usado para a configuração. É a linguagem que você precisa compreender para configurar todos os produtos Cisco IOS. O resto deste texto explora essa linguagem de script. Provavelmente você já poderá fazer conexões entre as perguntas feitas pelo System Configuration Dialog e o seguinte script de comando da configuração.

O seguinte script de comando da configuração será criado:

```
hostname Singapore
enable secret 5 $2zu6m7$RMMZ8em/.8hksdkkh78p/T0
enable password !zippy4me
line vty 0 4
password Zipmein
snmp-server community public
ip routing

ipx routing
appletalk routing

no decnet routing

!
interface Ethernet0
ip address 131.108.1.1 255.255.255.128
ipx network 4010
appletalk cable-range 4001-4001
appletalk discovery
no mop enabled
!
interface Serial0
ip address 131.108.242.6 255.255.255 252
```

```
ipx network 100
appletalk cable-range 2902-2902
no mop enabled
!
end
Use this configuration? [yes/no]: yes
[OK]
Use the enabled mode 'configure' command to modify this configuration.
Press RETURN to get started!
```

Quando pressionar a tecla Return, o roteador fornecerá o seguinte prompt:

```
Singapore>
```

Neste ponto, você entrou no modo EXEC ou no modo usado para executar os comandos no IOS. Primeiro iremos considerar o sistema Help antes de entrar no modo EXEC.

O Sistema Help

O sistema Help no IOS está disponível no modo EXEC para ajudá-lo a enviar comandos para um dispositivo. O sistema Help é contextual, significando que a ajuda dada depende do que você está tentando fazer com o IOS. Por exemplo, se você fornecer **?** no prompt do dispositivo, as seguintes informações aparecerão:

```
Singapore>?
Exec commands:
  <1-99>            Session number to resume
  access-enable     Create a temporary Access-List entry
  access-profile    Apply user-profile to interface
  attach            attach to system component
  clear             Reset functions
  connect           Open a terminal connection
  disable           Turn off privileged commands
  disconnect        Disconnect an existing network connection
  enable            Turn on privileged commands
  exit              Exit from the EXEC
  help              Description of the interactive help system
  lock              Lock the terminal
  login             Log in as a particular user
  logout            Exit from the EXEC
  mls               exec mls router commands
  mrinfo            Request neighbor and version information from a
                    multicast router
  mstat             Show statistics after multiple multicast traceroutes
  mtrace            Trace reverse multicast path from destination to source
  name-connection   Name an existing network connection
  pad               Open a X.29 PAD connection
  ping              Send echo messages
 --More--
```

Capítulo 2 - O básico da configuração do dispositivo | 23

É a primeira e única tela de ajuda disponível e a saída foi limitada neste exemplo. Para obter uma listagem completa dos comandos EXEC, você talvez queira consultar o Cisco IOS Software Command Summary, que pode ser encontrado em www.cisco.com/univercd/ cc/td/doc/product/software/ios121/ 121cgcr/index.htm. Note que os comandos IOS são listados no lado esquerdo da tela de ajuda e uma pequena explicação de cada um é listada à direita. Alguns comandos são executados em uma única palavra; o sistema Help comunica isso mostrando que sua única opção é fornecer um retorno automático depois do comando, indicado por <cr> no vídeo:

```
Singapore>lock   ?
<cr>

Singapore>lock
```

Quando você usa o sistema Help, o IOS não requer que repita o comando depois de pedir ajuda. No exemplo anterior, a palavra **lock** é repetida pelo IOS automaticamente depois da tela Help aparecer.

Também poderá usar o sistema Help para encontrar as opções de término disponíveis para um dado comando EXEC. Como verá neste texto, o IOS tem muitos comandos disponíveis para mostrar o status atual do dispositivo. Muitos desses comandos começam com **show**. Nas informações a seguir, você poderá ver todas as possíveis opções depois de digitar a palavra **show**:

```
Singapore>show   ?
  alps              Alps information
  backup            Backup status
  bootflash:        display information about bootflash: file system
  bootvar           Boot and related environment variable
  calendar          Display the hardware calendar
  cef               Cisco Express Forwarding
  ces               CES Show Commands
  clock             Display the system clock
  context           Show context information about recent crash(s)
  dialer            Dialer parameters and statistics
  disk0:            display information about disk0: file system
  disk1:            display information about disk1: file system
  drip              DRiP DB
  dss               DSS information
  flash:            display information about flash: file system
  fras-host         FRAS Host Information
  history           Display the session command history
  hosts             IP domain-name, lookup style, nameservers, and host table
  ipc               Interprocess communications commands
  location          Display the system location
  management        Display the management applications
  microcode         show configured microcode for downloadable hardware
  mls               multilayer switching information
  modemcap          Show Modem Capabilities database
  mpoa              MPOA show commands
  ncia              Native Client Interface Architecture
  ppp               PPP parameters and statistics
  rmon              rmon statistics
  rtr               Response Time Reporter (RTR)
  sessions          Information about Telnet connections
  sgbp              SGBP group information
  slot0:            display information about slot0: file system
```

```
slot1:            display information about slot1: file system
snmp:             snmp statistics
syscon            System Controller information
tacacs            Show tacacs+ server statistics
terminal          Display terminal configuration parameters
traffic-shape     traffic rate shapping configuration
users             Display information about terminal lines
version           System hardware and software status
vpdn              VPDN information
```
`Singapore>show`

Note que o IOS repete a parte inicial do comando digitado para que você não tenha que repeti-lo.

O sistema Help no IOS também completa os comandos parciais quando você usa a tecla Tab. Se você fornecer um comando EXEC não ambíguo e pressionar a tecla Tab, o IOS irá completá-lo. Como exemplo, mostraremos o comando **show sessions**, que permite ver todas as sessões Telnet em um dispositivo IOS:

Se você fornecer

`Singapore>show sess`

e então pressionar a tecla Tab, o IOS completará o comando:

`Singapore>show sessions`

Se fornecer um comando ambíguo, como

`Singapore> show s`

o IOS não poderá completar o comando. É uma string ambígua, possivelmente significando **show sessions** ou **show snmp**. Pressionar a tecla Tab neste ponto fará com que o terminal envie um aviso sonoro na maioria dos sistemas.

DICA Você não terá que usar o comando completo no nível EXEC no IOS – uma string não ambígua tem como default o devido comando. Isso significa que os comandos **show sess** e **show sessions** produzirão a mesma saída.

O comando **show sessions** é diferente do comando **session**. O comando **session** permite que você conecte uma sessão do console virtual de um módulo do hardware no dispositivo IOS. Alguns dispositivos IOS terão diversos módulos de hardware se cada um tiver seu próprio acesso do console virtual. Os exemplos disso são o Route Switch Module (RSM) e o módulo Asynchronous Transfer Mode (ATM) em um comutador Catalyst. Você poderá especificar o módulo que deseja conectar usando o comando **session** seguido do número do módulo. Por exemplo, se tiver um módulo ATM como o terceiro módulo (geralmente no terceiro slot do dispositivo) em um comutador Catalyst que executa o IOS, poderá fazer o seguinte para acessar o módulo:

`Router>session 3`

```
Trying  ATM-3...
Connected  to  ATM-3.
Escape  character  is  `^]'.

ATM>
```

Agora você estabeleceu uma sessão com o módulo ATM. É diferente de uma sessão Telnet com o próprio roteador e todos os comandos que você acionar agora serão executados pelo módulo ATM.

Modos não privilegiado e privilegiado

Você pode executar dois níveis básicos de comandos a partir do modo EXEC. O primeiro nível é o modo não privilegiado. O modo não privilegiado é indicado no prompt do dispositivo com um caractere *maior que* (>) depois do nome do dispositivo, como o seguinte:

```
Singapore>
```

Neste modo, você pode examinar o status do dispositivo IOS mas não pode alterar nenhum parâmetro.

O segundo nível de comandos compreende os comandos privilegiados, também conhecidos como *modo de ativação*. Para entrar no modo privilegiado, você terá que conhecer a senha **enable secret** no sistema. Então poderá fornecer o comando EXEC **enable** para alternar do modo não privilegiado para o privilegiado:

```
Singapore>enable
Password:
Singapore#
```

No exemplo anterior, quando solicitada uma senha, você forneceu a senha enable secret (neste caso, **!zippy2u**), que não é repetida no terminal. Um dispositivo IOS no modo privilegiado altera o caractere > no prompt para uma *cerquilha* (#). Para ir do modo privilegiado para o não privilegiado, use o comando EXEC **disable**:

```
Singapore#disable
Singapore>
```

Observe que, no modo privilegiado, mais comandos estão disponíveis do que no modo não privilegiado, como indicado pelo sistema Help:

```
Singapore#?
Exec  commands:
        <1-99>              Session number to resume
        access-enable       Create a temporary Access-List entry
        access-profile      Apply user-profile to interface
        access-template     Create a temporary Access-List entry
        attach              attach to system component
        bfe                 For manual emergency modes setting
        calendar            Manage the hardware calendar
        cd                  Change current directory
        clear               Reset functions
        clock               Manage the system clock
```

```
configure            Enter configuration mode
connect              Open a terminal connection
copy                 Copy from one file to another
debug                Debugging functions (see also 'undebug')
delete               Delete a file
dir                  List files on a filesystem
disable              Turn off privileged commands
disconnect           Disconnect an existing network connection
enable               Turn on privileged commands
erase                Erase a filesystem
exit                 Exit from the EXEC
format               Format a filesystem
help                 Description of the interactive help system
lock                 Lock the terminal
login                Log in as a particular user
logout               Exit from the EXEC
microcode            microcode commands
mkdir                Create new directory
mls                  exec mls router commands
more                 Display the contents of a file
mpoa                 MPOA exec commands
mrinfo               Request neighbor and version information from a multicast router
mstat                Show statistics after multiple multicast traceroutes
mtrace               Trace reverse multicast path from destination to source
name-connection      Name an existing network connection
ncia                 Start/Stop NCIA Server
no                   Disable debugging functions
pad                  Open a X.29 PAD connection
ping                 Send echo messages
ppp                  Start IETF Point-to-Point Protocol (PPP)
pwd                  Display current working directory
reload               Halt and perform a cold restart
rename               Rename a file
--More--
```

Note que a saída anterior foi cortada para abreviar.

Questões da configuração da memória

Das três partes da memória em um dispositivo IOS, duas mantêm a configuração do dispositivo. A terceira mantém o sistema operacional IOS. A diferença entre os comandos da configuração e o sistema operacional IOS é que os comandos da configuração são usados para configurar o dispositivo e o sistema operacional IOS é o software executado no dispositivo.

Você aprenderá sobre os dois tipos de memória que mantêm os comandos da configuração IOS – a memória de acesso aleatório (RAM) e a memória de acesso aleatório não volátil (NVRAM) – nesta seção. Também aprenderá a carregar o sistema operacional IOS em um terceiro tipo de memória no dispositivo, a memória de leitura apenas eletronicamente programável e apagável (EEPROM), também conhecida como memória Flash. Para executar qualquer comando relacionado à memória em um dispositivo, você precisará estar no modo privilegiado (como mostrado nos exemplos seguintes).

Memória da configuração do dispositivo

A configuração atual ou em execução de um dispositivo IOS pode ser vista usando o comando EXEC **show running-config**. A saída desse comando lista os comandos da configuração IOS que o dispositivo está executando, como a seguir:

```
Singapore#show running-config

Current configuration:
hostname Singapore
enable secret 5 $2zu6m7$RMMZ8em/.8hksdkkh78p/T0
enable password !zippy4me
line vty 0 4
password Zipmein
snmp-server community public

ip routing
ipx routing
appletalk routing
no decnet routing
!
interface Ethernet0
ip address 131.108.1.1 255.255.255.128
ipx network 4010
appletalk cable-range 4001-4001
appletalk discovery
no mop enabled
!
--More--
```

A saída foi cortada para abreviar.

A configuração de execução de um dispositivo é mantida na RAM, que será apagada se o dispositivo perder energia. Você terá que gravar a configuração atual na NVRAM, chamada de startup-config (configuração da inicialização), se quiser que o dispositivo retome a mesma configuração da execução depois de um ciclo de energia. O comando EXEC **copy**, que copia do primeiro local da memória para o segundo, é usado para gravar a configuração da execução na NVRAM:

```
Singapore#copy running-config startup-config
[OK]
Singapore#
```

Agora você gravou a configuração da execução atual na RAM como a configuração de inicialização na NVRAM. Poderá usar o comando **copy** da maneira inversa também, copiando da configuração de inicialização para a configuração de execução como abaixo:

```
Singapore#copy startup-config running-config
[OK]
Singapore#
```

Poderá querer copiar sua configuração de inicialização para sua configuração de execução para que possa voltar para sua configuração de inicialização depois de fazer alterações da configuração em um dispositivo. Por exemplo, imagine que tenha feito algumas alterações da configuração em um dispositivo. Você observa o comportamento do dispositivo e decide que as alterações estavam incorretas. Se não copiou sua configuração de execução para a configuração de inicialização, poderá copiar sua configuração de inicialização para sua configuração de execução. Quando copiar da configuração de inicialização na NVRAM para a de execução na RAM, saiba que uma mescla dos comandos da configuração IOS pode ocorrer (veja a seção "Mescla e substituição dos comandos da configuração", posteriormente, neste capítulo).

Se quiser exibir a configuração de inicialização, envie o comando EXEC **show startup-config**:

```
Singapore#show startup-config

Using 1240 out of 7506 bytes
!
hostname  Singapore
enable  secret  5  $2zu6m7$RMMZ8em/.8hksdkkh78p/T0
enable  password  !zippy4me
line vty 0 4
password  Zipmein
snmp-server  community  public

ip  routing
ipx  routing
appletalk  routing
no  decnet  routing
!
interface  Ethernet0
ip  address  131.108.1.1  255.255.255.128
ipx  network  4010
appletalk  cable-range  4001-4001
appletalk  discovery
no  mop  enabled
!
--More--
```

A saída foi cortada para abreviar. Note que a primeira linha da configuração de inicialização mostra a quantidade de NVRAM que a configuração usa e a NVRAM total no dispositivo.

A configuração de inicialização coincide com a configuração de execução depois de um comando **copy running-config startup-config** ser enviado. Porém, se você configurar o dispositivo (como explicado na próxima seção) e não gravar uma configuração de execução alterada na configuração de inicialização, o dispositivo voltará para a última configuração gravada na configuração de inicialização na próxima vez em que fizer o ciclo de energia.

Você poderá apagar a configuração de inicialização usando o comando **erase startup-config**:

```
Singapore#erase  startup-config
Erasing  the  nvram  filesystem  will  remove  all  files!  Continue?  [confirm]
[OK]
Singapore#
```

Capítulo 2 - O básico da configuração do dispositivo | 29

Agora, se você recarregar seu roteador desligando a energia ou usando o comando EXEC privilegiado **reload**, a configuração de inicialização do dispositivo estará em branco. Essa seqüência de eventos – apagar a configuração de inicialização e recarregar o dispositivo – faz com que o dispositivo IOS comece com o System Configuration Dialog, como analisado anteriormente neste capítulo.

Memória Flash IOS

A memória Flash é o local onde um dispositivo Cisco mantém imagens IOS executáveis binárias que constituem o sistema operacional do dispositivo. Não confunda imagens IOS com configurações IOS. Como viu anteriormente no capítulo, uma configuração IOS informa ao dispositivo sua configuração atual, ao passo que uma imagem IOS é o programa binário real que analisa e executa a configuração.

Dependendo da quantidade de memória Flash que você instalou e do tamanho da imagem IOS que deseja armazenar na memória Flash, seu dispositivo poderá manter diversas imagens IOS. Se você tiver diversas imagens IOS em um dado dispositivo, poderá configurar qual imagem o dispositivo executará depois de um recarregamento. Poderá copiar as imagens IOS recebidas do Cisco para seus dispositivos IOS usando vários protocolos diferentes de transferência de arquivos baseados no TCP/IP, inclusive o Trivial File Transfer Protocol (TFTP), o File Transfer Protocol, (FTP) e o protocolo de cópia remota (rcp) UNIX. Iremos analisar o uso do TFTP e FTP para transferir a imagem do software IOS para seu dispositivo. Embora o rcp seja um protocolo disponível, ele requer a configuração de seu dispositivo baseado no IOS e de seu servidor rcp, que está além do escopo deste texto. E mais, o uso do rcp apresenta certos riscos de segurança que são melhores endereçados com um IOS adicional e a competência da rede.

Decidir se é para usar o TFTP ou o FTP para transferir a imagem IOS de um servidor para seu dispositivo IOS depende de vários fatores:

- ◆ A disponibilidade do TFTP ou FTP em seu servidor ou estação de trabalho (como fornecido por seu administrador do servidor). Se seu administrador do servidor não permitir o TFTP, por exemplo, você precisará contar com o FTP para executar a transferência.

- ◆ O tipo de conexão da rede que está disponível a partir de seu servidor para seu dispositivo IOS. Se seu servidor estiver em uma LAN que está conectada diretamente ao seu dispositivo IOS, o TFTP será executado adequadamente e o tempo de transferência provavelmente não será excessivo. Se seu servidor estiver a várias LANs ou WANs de distância, o FTP será executado melhor e reduzirá o tempo de transferência da imagem IOS do servidor para o dispositivo.

- ◆ O nível de segurança que você deseja manter para a transferência de sua imagem IOS a partir do servidor. O TFTP não requer nenhum tipo de identificação ou autenticação para executar a transferência. O FTP requer um nome de usuário e senha para executá-la.

NOTA   *Recomendamos que você entre em contato com seu canal de suporte Cisco local para ajudá-lo a determinar qual imagem IOS executar em seus roteadores.*

Como usar o TFTP
para a transferência da imagem IOS

Antes de poder transferir uma imagem IOS para seu dispositivo, você precisará ter o arquivo de imagem IOS em um servidor TFTP. Se fizer isso, use o comando **copy tftp flash** para iniciar a transferência. No exemplo a seguir, copiaremos a imagem IOS c2500-i-1.120-5.P.bin para o roteador Singapura. Note que o roteador Singapura mostra o conteúdo atual da memória Flash e então solicita o endereço IP do servidor TFTP e o nome da imagem IOS antes de confirmar o processo de cópia. Como uma etapa final, o dispositivo verifica se o arquivo foi carregado sem erro:

```
Singapore#copy tftp flash
System flash directory:
File  Length   Name/status
  1   2980876       c2500-is-mz.111-3.P.bin
[2980876 bytes used, 5407732 available, 8388608 total]
IP address or name of remote host [255.255.255.255]? 131.108.20.45
Name of file to copy ? c2500-i-1.120-5.P.bin
Copy c2500-i-1.120-5.P.bin from 131.108.20.45 into flash memory? [confirm]
Loading from 131.108.20.45:
!!!!!!!!!!!!!!!!!!!!!!!!!!!!!!!!!!!!!!!!!!!!!!!!!!!!!!!!!!!!!!!!!!!!!!!!!!!!!!
!!!!!!!!!!!!!!!!!!!!!!!!!!!!!!!!!!!!!!!!!!!!!!!!!!!!!!!!!!!!!!!!!!!!!!!!!!!!!!
!!!!!!!!!!!!!!!!!!!!!!!!!!!!!!!!!!!!!!!!!!!!!!!!!!!!!!!!!!!!!!!!!!!!!!!!!!!!!!
!!!!!!!!!!!!!!!!!!!!!!!!!!!!!!!!!!!!!!!!!!!!!!!!!!!!!!!!!!!!!!!!!!!!!!!!!!!!!!
!!!!!!!!!!!!!!!!!!!!!!!!!!!!!!!!!!!!!!!!! [OK - 1906676/4194240 bytes]
Verifying via checksum... vvvvvvvvvvvvvvvvvvvvvvvvvvvvvvvvvvvvvvvvvvvv
vvvvvvvvvvvvvvvvvvvvvvvvvvvvvvvvvvvvvvvvvvvvvvvvvvvvvvvvvvvvvvvvvvvvvvvvv
vvvvvvvvvvvvvvvvvvvvvvvvvvvvvvvvvvvvvvvvvvvvvvvvvvvvvvvvvvvvvvvvvvvvvvvvv
vvvvvvvvvvvvvvvvvvvvvvvvvvvvvvvvv
Flash verification successful. Length = 1906676, checksum = 0x12AD
```

> **NOTA** — Todos os comandos EXEC, que usam a rede para executar uma ação, retornam um caractere de ponto de exclamação *(!)* quando bem-sucedidos e um ponto *(.)* quando não têm sucesso.

Se você quiser executar a inversão do processo anterior – a saber, copiar uma imagem IOS da memória Flash em um dispositivo para um servidor TFTP – use o comando EXEC **copy flash tftp**. Recomendamos que mantenha uma cópia de todas as suas imagens IOS em um servidor e faça backups desses arquivos regularmente. Ao atualizar as imagens IOS, é imperativo ter a última imagem IOS de trabalho conhecida para sua rede em um servidor. Essa precaução permite voltar a uma imagem IOS funcional usando o comando **copy tftp flash** no caso de um aviso IOS imprevisto.

Você poderá exibir o conteúdo da memória Flash a qualquer momento usando o comando EXEC **show flash**:

```
Singapore>show flash
System flash directory:
File  Length   Name/status
  1   1906676       c2500-i-1.120-5.bin
[1906676 bytes used, 6481932 available, 8388608 total]
8192K bytes of processor board System flash
```

Capítulo 2 - O básico da configuração do dispositivo | 31

NOTA   *Alguns dispositivos Cisco IOS executam a imagem IOS a partir da memória Flash e não podem sobregravar a imagem enquanto ela está sendo executada. Esses dispositivos Cisco IOS usam o sistema de ajuda do carregamento Flash para copiar as imagens IOS a partir de um servidor TFTP.*

Como usar o FTP para a transferência da imagem IOS

Diferente do TFTP, o FTP requer um nome de usuário e senha para identificar e autenticar o dispositivo IOS e seu administrador para o servidor FTP antes da transferência da imagem do software IOS. Os dois métodos são usados para fornecer o nome de usuário e a senha para a transferência:

- Especificar o nome de usuário e a senha como parte do comando EXEC **copy ftp**
- Predefinir o nome de usuário e senha através dos comandos de configuração globais **ip ftp username** e **ip ftp password**

O primeiro é útil quando muitos indivíduos diferentes executam atualizações da imagem do software para o roteador. O último é útil quando apenas um indivíduo executa as atualizações ou quando uma conta de conexão específica e senha forem configuradas para expressar a finalidade de transferir as imagens do software IOS. Em qualquer caso, o nome do usuário e senha correspondentes têm de existir em seu servidor FTP antes de o processo de transferência ser iniciado. Nos exemplos a seguir, o nome de usuário FTP é joebob e a senha FTP é getmysoftware.

Como, no TFTP, antes de você poder transferir uma imagem IOS para seu dispositivo, precisará ter o arquivo da imagem IOS em um servidor FTP. Se fizer isso, use o comando EXEC privilegiado **copy ftp://username:password flash** para especificar o nome de usuário e senha para a autenticação e para iniciar a transferência. Substituindo nosso nome de usuário e senha selecionados, o comando ficaria como **copy ftp://joebob: getmysoftware flash**. No exemplo a seguir, iremos copiar a imagem IOS c2500-i-1.120-5.P.bin para o roteador Singapura. Note que o roteador Singapura mostra o conteúdo atual da memória Flash e então solicita o endereço IP do servidor FTP e o nome da imagem IOS antes de confirmar o processo de cópia. Opcionalmente, o endereço IP do servidor FTP e o nome da imagem IOS também podem ser especificados como parte do comando **copy**, parecido com o nome de usuário e a senha, como **ftp://username:password@ ftpservername/ios-image-name**. Como uma etapa final do processo de transferência, o dispositivo verificará se o arquivo foi carregado sem erro:

```
Singapore#copy   ftp://joebob:getmysoftware   flash
System   flash   directory:
File   Length   Name/status
     1      2980876      c2500-is-mz.111-3.P.bin
[2980876   bytes   used,   5407732   available,   8388608   total]
IP   address   or   name   of   remote   host   [255.255.255.255]?   131.108.20.45
Name   of   file   to   copy   ?   c2500-i.1.120-5.P.bin
Copy   c2500-i-1.120-5.P.bin   from   131.108.20.45   into   flash   memory?   [confirm]
Loading   from   131.108.20.45:
!!!!!!!!!!!!!!!!!!!!!!!!!!!!!!!!!!!!!!!!!!!!!!!!!!!!!!!!!!!!!!!!!!!!!!!!!!
!!!!!!!!!!!!!!!!!!!!!!!!!!!!!!!!!!!!!!!!!!!!!!!!!!!!!!!!!!!!!!!!!!!!!!!!!!
!!!!!!!!!!!!!!!!!!!!!!!!!!!!!!!!!!!!!!!!!!!!!!!!!!!!!!!!!!!!!!!!!!!!!!!!!!
!!!!!!!!!!!!!!!!!!!!!!!!!!!!!!!!!!!!!!!!!!!!!!!!!!!!!!!!!!!!!!!!!!!!!!!!!!
!!!!!!!!!!!!!!!!!!!!!!!!!!!!!!!!!!!!!   [OK   -   1906676/4194240   bytes]
Verifying   via   checksum...   vvvvvvvvvvvvvvvvvvvvvvvvvvvvvvvvvvvvvvvv
vvvvvvvvvvvvvvvvvvvvvvvvvvvvvvvvvvvvvvvvvvvvvvvvvvvvvvvvvvvvvvvvvvvvvvvvvv
vvvvvvvvvvvvvvvvvvvvvvvvvvvvvvvvvvvvvvvvvvvvvvvvvvvvvvvvvvvvvvvvvvvvvvvvvv
vvvvvvvvvvvvvvvvvvvvvvvvvvvvvvvvvvvvvvvvvvvvvvvvvvvvvvvvvvvvvvvvvvvvvvvvvv
vvvvvvvvvvvvvvvvvvvvvvvvvvvvvvvvvv
Flash   verification   successful.   Length   =   1906676,   checksum   =   0x12AD
```

Como analisado anteriormente, o nome de usuário e a senha podem ser definidos na configuração de execução antes de iniciar a transferência da imagem IOS e opcionalmente podem ser armazenados na configuração de inicialização para um uso futuro. O nome de usuário e a senha FTP são definidos usando os comandos de configuração globais **ip ftp username** e **ip ftp password**. No exemplo abaixo, iremos configurar o roteador Singapura com o nome de usuário FTP joebob e a senha getmysoftware e então iniciaremos uma transferência da imagem IOS:

```
Singapore#configure terminal
Singapore(config)#ip ftp username joebob
Singapore(config)#ip ftp password getmysoftware
Singapore(config)#^Z
Singapore#copy ftp flash
System flash directory:
File  Length   Name/status
  1   2980876  c2500-is-mz.111-3.P.bin
[2980876 bytes used, 5407732 available, 8388608 total]
IP address or name of remote host [255.255.255.255]? 131.108.20.45
Name of file to copy ? c2500-i-1.120-5.P.bin
Copy c2500-i-1.120-5.P.bin from 131.108.20.45 into flash memory? [confirm]
Loading from 131.108.20.45:
!!!!!!!!!!!!!!!!!!!!!!!!!!!!!!!!!!!!!!!!!!!!!!!!!!!!!!!!!!!!!!!!!!!!!!!!!
!!!!!!!!!!!!!!!!!!!!!!!!!!!!!!!!!!!!!!!!!!!!!!!!!!!!!!!!!!!!!!!!!!!!!!!!!
!!!!!!!!!!!!!!!!!!!!!!!!!!!!!!!!!!!!!!!!!!!!!!!!!!!!!!!!!!!!!!!!!!!!!!!!!
!!!!!!!!!!!!!!!!!!!!!!!!!!!!!!!!!!!!!!!!!!!!!!!!!!!!!!!!!!!!!!!!!!!!!!!!!
!!!!!!!!!!!!!!!!!!!!!!!!!!!!!!!!!!!! [OK - 1906676/4194240 bytes]
Verifying via checksum... vvvvvvvvvvvvvvvvvvvvvvvvvvvvvvvvvvvvvvvvvvvv
vvvvvvvvvvvvvvvvvvvvvvvvvvvvvvvvvvvvvvvvvvvvvvvvvvvvvvvvvvvvvvvvvvvvvvvvv
vvvvvvvvvvvvvvvvvvvvvvvvvvvvvvvvvvvvvvvvvvvvvvvvvvvvvvvvvvvvvvvvvvvvvvvvv
vvvvvvvvvvvvvvvvvvvvvvvvvvvvvvvvvvvvvvvvvvvvvvvvvvvvvvvvvvvvvvvvvvvvvvvvv
vvvvvvvvvvvvvvvvvvvvvvvvvvvvvvvv
Flash verification successful. Length = 1906676, checksum = 0x12AD
```

> **NOTA** Uma análise completa dos modos de configuração IOS e dos métodos está contida na seção "Modo de configuração do usuário", a seguir.

Como no exemplo anterior, o roteador Singapura mostra o conteúdo atual da memória Flash e solicita o endereço IP do servidor FTP e o nome da imagem IOS antes de confirmar o processo de cópia. Como uma etapa final do processo de transferência, o dispositivo verifica se o arquivo foi carregado sem erro.

Como no TFTP, é possível executar o inverso do processo anterior – a saber, copiar uma imagem IOS da memória Flash em um dispositivo para um servidor FTP – usando o comando EXEC **copy flash ftp**. Como no processo anterior, você terá que especificar o nome de usuário e a senha necessários para a transferência FTP como parte do comando **copy** ou predefinindo-os na configuração de execução. Independentemente do processo de transferência, recomendamos que mantenha uma cópia de todas as suas imagens IOS em um servidor e faça backups desses arquivos regularmente. Quando estiver atualizando as imagens IOS, é imperativo ter a última imagem IOS funcional para sua rede em um servidor. Essa precaução permite voltar para uma imagem IOS funcional usando o comando **copy ftp flash** no caso de um aviso IOS imprevisto.

Como gerenciar o espaço da memória Flash

Todos os comandos que transferem as imagens do software IOS para a memória Flash irão avaliar o espaço disponível e pedirão que você apague ou compacte o conteúdo da memória Flash existente para criar um espaço adicional, se requerido. Poderá haver vezes em que gostaria de apagar todo ou apenas parte do conteúdo existente da memória Flash independente do processo de transferência. Poderá apagar o conteúdo inteiro da memória Flash usando o comando EXEC privilegiado **erase flash**. Para apagar uma imagem IOS específica da memória Flash, use o comando **delete**. Por exemplo, para apagar a imagem IOS c2500-i-1.120.5.bin da memória Flash, use o comando privilegiado EXEC **delete c2500-i.1.120-5.bin**. Nos dispositivos Cisco, que têm uma placa de memória Flash externa (geralmente localizada em um slot chamado slot0), o comando **delete** marcará apenas um arquivo da imagem IOS para a eliminação; não executará de fato a eliminação e assim irá liberar o espaço na memória Flash. Você terá que executar o comando **squeeze** para completar o processo de eliminação do arquivo.

Modo de configuração do usuário

Para configurar um dispositivo IOS, você terá que usar o comando privilegiado EXEC **configure**. O comando **configure** tem três opções:

- Configurar a partir do terminal
- Configurar a partir da memória
- Configurar a partir da rede

> **DICA** No modo não privilegiado, no modo privilegiado e no modo de configuração do usuário, o IOS permite que você repita os comandos sem redigitá-los. Para tanto, suba ou desça na pilha de comandos existentes até atingir o comando que deseja repetir. Quando atingi-lo, pressione a tecla Return. O comando será repetido na linha de comandos atual. Na maioria dos terminais, a tecla com seta para cima sobe e a tecla com seta para baixo desce na pilha de comandos anteriores. Se as teclas com seta não funcionarem em seu terminal, você poderá subir na pilha de comandos anteriores com Ctrl+P (anterior) e descer com Ctrl+N (próximo).

Quando você digita o comando **configure**, o IOS pergunta qual das três opções deseja usar, como a seguir:

```
Singapore#configure
Configuring from terminal, memory, or network [terminal]?
```

O default, que é a primeira opção, permite configurar o dispositivo IOS a partir de seu terminal em tempo real. Os comandos serão executados pelo IOS imediatamente depois de fornecê-los:

```
Singapore#configure
Configuring from terminal, memory, or network [terminal]?
Enter configuration commands, one per line. End with CTRL+Z.
Singapore(config)#
```

Então o dispositivo mudará o prompt para mostrar que você está no modo de configuração e permitirá que forneça os comandos de configuração. Quando tiver terminado de fornecer os comandos, acione Ctrl+Z(^Z). No exemplo a seguir, irá alterar o nome do dispositivo de Singapore (Singapura) para Seoul (Seul) usando o comando de configuração global **hostname**:

```
Singapore#configure
Configuring from terminal, memory, or network [terminal]?
Enter configuration commands, one per line. End with CTRL+Z.
Singapore(config)#hostname Seoul
Seoul(config)#^Z
Seoul#
```

Como pode ver no prompt, o comando entra em vigor imediatamente para mudar o nome de host do dispositivo. Você não precisa gravar essa nova configuração de execução na configuração de inicialização para ativar o comando.

A segunda opção, configurar a partir da memória, permite copiar o conteúdo da configuração de inicialização do dispositivo, que está armazenado na NVRAM, para a configuração atual. Essa opção será útil se você tiver mudado um parâmetro da configuração em tempo real e quiser voltar para a configuração anterior gravada na configuração de inicialização. Este comando **configure** executa a mesma função do comando **copy startup-config running-config** visto na seção anterior:

```
Seoul#configure
Configuring from terminal, memory, or network [terminal]? memory

Singapore#
```

A terceira opção, configurar a partir da rede, permite carregar um arquivo de configuração a partir de um servidor que executa o TFTP:

```
Singapore#configure
Configuring from terminal, memory, or network [terminal]? network
Host or network configuration file [host]?
Address of remote host [255.255.255.255]? 131.108.20.45
Name of configuration file [singapore-confg]?
Configure using singapore-confg from 131.108.20.45? [confirm]
Loading singapore-confg !![OK]

Singapore#
```

No comando **configure** anterior, aceitamos os defaults do IOS mostrados entre colchetes ([ ]) pressionando um retorno automático como uma resposta para a pergunta.

O TFTP é um protocolo que permite ao dispositivo IOS consultar um arquivo específico a partir de um host que executa um servidor TFTP. O TFTP usa o protocolo IP, portanto você precisará gravar o roteamento IP configurado entre o dispositivo IOS e o servidor TFTP para essa opção funcionar devidamente. Veja o Capítulo 4 para obter mais informações sobre a configuração do roteamento IP.

Ao configurar um dispositivo IOS a partir de um servidor TFTP, o dispositivo tem como default tentar carregar um arquivo com o nome do dispositivo seguido da string **–confg**. Neste caso, o dispositivo denominado Singapore tenta sem sucesso carregar o arquivo **singapore-confg** por default.

```
Singapore#configure
Configuring from terminal, memory, or network [terminal]? network
Host or network configuration file [host]?
Address of remote host [255.255.255.255]? 131.108.20.45
Name of configuration file [singapore-confg]?
Configure using singapore-confg from 131.108.20.45? [confirm]
Loading singapore-confg ... [time out]

Singapore#
```

Um dispositivo pode falhar em carregar um arquivo de configuração por causa de problemas com a conectividade da rede IP ou de uma violação TFTP.

Comandos da configuração

Os comandos da configuração são usados para configurar um dispositivo IOS. Como visto na seção anterior, os comandos da configuração podem ser fornecidos a partir do terminal, carregados da configuração de inicialização ou carregados através de um arquivo usando o TFTP e o comando EXEC **configure**. Todos os comandos da configuração têm de ser fornecidos no dispositivo IOS no modo de configuração, não no nível EXEC. Um comando da configuração fornecido no prompt do dispositivo é incorreto:

```
Singapore#hostname Seoul
                 ^
% Invalid input detected at '^' marker.
```

Um comando da configuração fornecido no modo de configuração é correto:

```
Singapore#configure
Configuring from terminal, memory, or network [terminal]?
Enter configuration commands, one per line. End with CTRL+Z.
Singapore(config)#hostname Seoul
Seoul(config)#^Z
Seoul#
```

Todos os comandos IOS ficam em uma das três categorias:

- Comandos globais
- Comandos maiores
- Subcomandos

Um comando global é um comando da configuração que afeta a configuração IOS geral. Neste capítulo, você viu alguns comandos globais no script do comando de configuração feito pelo System Configuration Dialog, incluindo **hostname**, **enable secret** e **ip routing**. Cada um desses comandos altera a configuração IOS sem precisar de comandos adicionais. O comando **hostname** define o nome do dispositivo, o **enable secret** define a senha enable secret usada para entrar no modo privilegiado e o **ip routing** ativa o roteamento IP.

Um comando maior é um comando que permite que subcomandos configurem o dispositivo. Um comando maior não configura o dispositivo IOS em si. No exemplo a seguir, o comando **interface Ethernet0** é um comando maior que informa ao IOS que os subcomandos subseqüentes se relacionam especificamente a uma interface LAN denominada Ethernet0. Neste exemplo, o subcomando **ip address** atribui um endereço IP a Ethernet0:

```
Singapore#configure
Configuring from terminal, memory, or network [terminal]?
Enter configuration commands, one per line. End with CTRL+Z.
Singapore(config)#interface Ethernet0
Singapore(config-if)#ip address 131.108.1.1 255.255.255.128
Seoul(config-if)#^Z

Singapore#
```

No exemplo anterior, o IOS interpreta **interface Ethernet0** como um comando maior. Ele mostra isso mudando o prompt de configuração para Singapore(config-if) para refletir que os comandos subseqüentes são subcomandos para a interface. O comando **interface Ethernet0** não configura o dispositivo em si – requer que os subcomandos completem a configuração.

Um comando maior requer o contexto de um subcomando para configurar o dispositivo. O subcomando **ip address 131.108.1.1 255.255.255.128** requer uma interface para ser devidamente interpretado. A combinação de um comando maior e um subcomando é a devida combinação para configurar um dispositivo IOS.

A partir do IOS 12.0, alguns comandos maiores IOS têm um nível adicional de subcomandos de configuração. Por exemplo, em uma interface ATM, que iremos analisar mais no Capítulo 3, você especificará a interface com o comando maior **interface atm 0**. Poderá então especificar o identificador de caminho virtual permanente e o identificador de circuito virtual para essa interface a fim de usar com o subcomando **pvc[*nome*]*vpi/vci***. Esse subcomando tem um nível adicional de subcomando que permite especificar a qualidade ATM do serviço associado a VPI/VCI. Por exemplo, aqui definimos uma interface ATM para ter o VPI/VCI igual a 5/42 com uma qualidade do serviço da taxa de transferência não especificada (UBR) para 384 kbps:

```
Router#configure
Configuring from terminal, memory, or network [terminal]?
Enter configuration commands, one per line. End with CTRL+Z.
Router(config)#interface atm0
Router(config-if)#pvc 5/42
Router(config-if)#ubr 384
Router(config-if)#^Z

Router#
```

Esta configuração aparece no roteador como a seguir (toda a saída exceto a configuração anterior foi cortada):

```
Router#show running-config

Current configuration:
!
interface ATM0
     pvc 5/42
          ubr 384
!
```

Capítulo 2 - O básico da configuração do dispositivo | 37

Como visto na seção anterior, você pode configurar o dispositivo IOS a partir de um arquivo de configuração carregado através do protocolo TFTP usando o comando **configure** e selecionando a opção Network. Esse arquivo de configuração tem de ser um arquivo de texto que contenha os comandos globais desejados, os comandos maiores e os subcomandos para configurar o dispositivo. Ao carregar o arquivo de configuração, o dispositivo interpreta os comandos de configuração imediatamente e executa-os, exatamente como se você tivesse digitado os comandos usando o comando **configure** e a opção Terminal.

Ajuda da configuração

O sistema Help do IOS está disponível enquanto você está configurando um dispositivo. Use o comando de ponto de interrogação (?) para encontrar as opções de configuração disponíveis a qualquer momento durante a configuração do dispositivo. No exemplo a seguir, esse recurso encontra os comandos globais disponíveis em um dispositivo no modo de configuração:

```
Singapore(config)#?
Configure commands:
    aaa                      Authentication, Authorization and Accouting.
    access-list              Add an access list entry
    alias                    Create command alias
    arp                      Set a static ARP entry
    async-bootp              Modify system bootp parameters
    banner                   Define a login banner
    boot                     Modify system boot parameters
    bridge                   Bridging Group.
    buffers                  Adjust system buffer pool parameters
    busy-message             Display message when connection to host fails
    cdp                      Global CDP configuration subcommands
    chat-script              Define a modem chat script
    clock                    Configure time-of-day clock
    config-register          Define the configuration register
    default-value            Default character-bits values
    dialer-list              Create a dialer list entry
    dnsix-dmdp               Provide DMDP service for DNSIX
    dnsix-nat                Provide DNSIX service for audit trails
    downward-compatible      Generate a configuration compatible with older
    -config                  software
    enable                   Modify enable password parameters
    --More--
```

Note que a saída anterior foi cortada para abreviar. Você poderá também usar o sistema Help para encontrar os subcomandos da configuração disponíveis ao fornecer um comando. Neste exemplo, encontrará os subcomandos disponíveis para o protocolo IP ao configurar a interface Ethernet0:

```
Singapore#configure
Configuring from terminal, memory, or network [terminal]?
Enter configuration commands, one per line. End with CTRL+Z.
Singapore(config)#interface Ethernet0
Singapore(config-if)#ip ?
Interface IP configuration subcommands:
    access-group         Specify access control for packets
    accounting           Enable IP accounting on this interface
    address              Set the IP address of an interface
```

```
bandwidth-percent          Set EIGRP bandwidth limit
broadcast-address          Set the broadcast address of an interface
directed-broadcast         Enable forwarding of directed broadcasts
gdp                        Gateway Discovery Protocol
hello-interval             Configure IP-EIGRP hello interval
helper-address             Specify a destination address for UDP broadcasts
hold-time                  Configure IP-EIGRP hold time
irdp                       ICMP Router Discovery Protocol
mask-reply                 Enable sending ICMP Mask Reply messages
mobile                     Mobile Host Protocol
mtu                        Set IP Maximum Transmission Unit
policy                     Enable policy routing
probe                      Enable HP Probe support
proxy-arp                  Enable proxy ARP
rarp-server                Enable RARP server for static arp entries
redirects                  Enable sending ICMP Redirect messages
rip                        Router Information Protocol
route-cache                Enable fast-switching cache for outgoing packets
--More--
```

Observe que a saída anterior foi cortada para abreviar.

Como remover os comandos da configuração

Para remover um comando da configuração de um dispositivo IOS, adicione a palavra-chave **no** ao seu início. O seguinte exemplo mostra como remover o endereço IP da interface Ethernet0:

```
Singapore#configure
Configuring from terminal, memory, or network [terminal]?
Enter configuration commands, one per line. End with CTRL+Z.
Singapore(config)#interface Ethernet0
Singapore(config-if)#no ip address 131.108.1.1 255.255.255.0
Singapore(config-if)#^Z

Singapore#
```

Para a remoção de qualquer comando global, comando maior ou subcomando, siga o mesmo procedimento.

Comandos da configuração default

Os comandos da configuração default Cisco IOS não aparecem em **show running-config** ou **show startup-config**. Se você fornecer um comando de configuração default, o dispositivo irá aceitá-lo sem erro. Por exemplo, como verá no próximo capítulo, todas as interfaces seriais nos roteadores Cisco têm como default a encapsulação High-Level Data Link Control (HDLC). Fornecer o subcomando de configuração da interface **encapsulation hdlc** para uma interface serial não resultará em uma nova linha da configuração no roteador.

Todos os comandos IOS também têm uma configuração default. Você poderá usar o comando de configuração **default** como um precursor para qualquer comando global, comando maior ou subcomando para retornar o valor da configuração para sua configuração default. Muitos comandos da configuração IOS estão desativados por default, portanto a forma default é igual à forma **no**, como na seção anterior. Por exemplo, as seguintes configurações também removerão o endereço IP de Ethernet0 do roteador Singapura:

```
Singapore#configure
Configuring from terminal, memory, or network [terminal]?
Enter configuration commands, one per line. End with CTRL+Z.
Singapore(config)#interface Ethernet0
Singapore(config-if)#default ip address
Singapore(config-if)#^Z

Singapore#
```

Em oposição, alguns comandos estão ativados por default com uma configuração específica. Nestes casos, o comando **default** ativa o comando com a configuração default:

```
Singapore#configure
Configuring from terminal, memory, or network [terminal]?
Enter configuration commands, one per line. End with CTRL+Z.
Singapore(config)#default hostname
Singapore(config-if)#^Z

Router#
```

Neste exemplo, o comando **hostname** é ativado por default com o nome do dispositivo definido para Router.

Mescla e substituição dos comandos da configuração

Um novo comando da configuração pode substituir um comando existente, neste caso o IOS remove automaticamente o comando existente. Por outro lado, um novo comando pode mesclar-se a um existente ao invés de substituí-lo. Como um exemplo de comandos mesclados, é possível configurar dois comandos **snmp-server** diferentes em um dispositivo. Imagine que você execute a seguinte configuração:

```
Singapore#configure
Configuring from terminal, memory, or network [terminal]?
Enter configuration commands, one per line. End with CTRL+Z.
Singapore(config)#snmp-server community public
Singapore(config)#^Z

Singapore#
```

Neste ponto, decide mudar a configuração **snmp-server** do dispositivo, portanto executa a seguinte configuração:

```
Singapore#configure
Enter configuration commands, one per line. End with CTRL+Z.
Configuring from terminal, memory, or network [terminal]?
Singapore(config)#snmp-server community zipnet
Singapore(config)#^Z

Singapore#
```

Como é possível ter diversos comandos **snmp-server**, esse segundo comando **snmp-server** é mesclado na configuração atual e ambos os comandos estão ativos, como mostrado na seguinte parte de **show running-config**:

```
!
snmp-server   community   public
snmp-server   community   zipnet
!
```

Para substituir o primeiro comando da configuração **snmp-server** pelo segundo, faça o seguinte:

```
Singapore#configure
Configuring from terminal, memory, or network [terminal]?
Enter configuration commands, one per line. End with CTRL+Z.
Singapore(config)#no  snmp-server community public
Singapore(config)#    snmp-server community zipnet
Singapore(config)#^Z

Singapore#
```

Um exemplo de comando que não mescla é o comando **hostname** que define o nome de um dispositivo. No exemplo seguinte, iremos configurar um novo nome para o roteador Singapura:

```
Singapore#configure
Configuring from terminal, memory, or network [terminal]?
Enter configuration commands, one per line. End with CTRL+Z.
Singapore(config)#hostname   Sing-router
Sing-router(config)#^Z

Sing-router#
```

O comando **hostname** irá substituir imediatamente a configuração anterior. A configuração de execução mostra apenas um comando **hostname**:

```
!
hostname  Sing-router
!
```

Lembre-se dessa questão IOS ao adicionar comandos de configuração a uma configuração existente.

Resumo

Agora que você compreende os comandos básicos da configuração e as etapas, no próximo capítulo, verá a configuração das interfaces. Lembre-se dos seguintes pontos-chave sobre a configuração básica do dispositivo:

◆ Recomenda-se que você use a categoria enable secret da senha ao definir uma senha privilegiada para o IOS.

◆ O sistema Help, que está disponível no modo EXEC, fornece informações sobre quais comandos EXEC estão disponíveis, o que fazem e quais são suas opções de término (veja a Tabela 2-1). O sistema Help também fica disponível enquanto você configura um dispositivo.

◆ No modo não privilegiado, você pode examinar o status de um dispositivo IOS mas não mudar seus parâmetros. No modo privilegiado, pode definir e alterar os parâmetros do dispositivo.

◆ Os dois tipos de memória que mantêm os comandos de configuração IOS são RAM e NVRAM. A configuração de execução é mantida na RAM. Ela será apagada se o dispositivo perder energia. A configuração mantida na NVRAM não é apagada quando o dispositivo é desligado; é aquela para a qual o dispositivo volta depois de ligar de novo.

◆ Você pode configurar um dispositivo a começar do terminal em tempo real, a partir da memória (NVRAM) ou da rede.

◆ Adicione a palavra-chave **no** ao início de um comando de configuração se quiser removê-lo da configuração do dispositivo.

◆ Quando adicionados a uma configuração do dispositivo existente, alguns comandos de configuração mesclam-se aos comandos existentes, ao passo que outros substituem os comandos existentes (veja a Tabela 2-2).

Tabela 2-1 *O resumo dos comandos EXEC para a configuração básica do dispositivo.*

Comando	Descrição
configure	Configura o dispositivo IOS a partir do terminal, rede ou memória
copy flash ftp	Copia o arquivo de imagem IOS da memória Flash para um servidor FTP
copy flash tftp	Copia o arquivo de imagem IOS da memória Flash para um servidor TFTP
copy ftp flash	Copia o arquivo de imagem IOS de um servidor FTP para a memória Flash
copy running-config	Grava a configuração de execução na NVRAM startup-config
copy startup-config running-config	Torna a configuração de iniciação da NVRAM a configuração de execução
copy tftp flash	Copia o arquivo de imagem IOS do servidor TFTP para a memória Flash
delete *imagem IOS*	Apaga a imagem IOS especificada da memória Flash
disable	Sai do modo privilegiado e entra no modo não privilegiado
enable	Entra no modo privilegiado

Tabela 2-1 *O resumo dos comandos EXEC para a configuração básica do dispositivo (continuação).*

Comando	Descrição
erase flash	Apaga o conteúdo inteiro da memória Flash
erase startup-config	Apaga a configuração de inicialização
lock	Bloqueia a sessão do terminal atual
session *módulo*	Estabelece uma sessão com o módulo especificado
show flash	Exibe o conteúdo da memória Flash
show running-config	Exibe a configuração executada no dispositivo
show sessions	Exibe as sessões atuais do usuário
show startup-config	Exibe a configuração gravada na NVRAM que o dispositivo usará na próxima iniciação
squeeze	Apaga o arquivo marcado para a eliminação na memória Flash

Tabela 2-2 *O resumo dos comandos de configuração para a configuração básica do dispositivo.*

Comando	Descrição
default *comando*	Define o comando para seu valor default
enable password *senha*	Define uma senha para a entrada no modo privilegiado
enable secret *secreto*	Define uma senha de criptografia unidirecional para a entrada no modo privilegiado
hostname	Define o nome de host do dispositivo
interface *tipo*	Especifica a interface a configurar
ip ftp password	Especifica a senha a usar para a autenticação ao usar o FTP para transferir imagens IOS e outras funções
ip ftp username	Especifica o nome de usuário a usar para a identificação ao utilizar o FTP para transferir imagens IOS e outras funções
no *comando*	Remove o comando de configuração

Referências

A documentação Cisco específica pode ser encontrada em Cisco Systems, Inc. Cisco Product Documention:

www.cisco.com/univercd/cc/td/doc/product/index.htm

CAPÍTULO 3

Configuração básica da interface – O básico da configuração da interface de um dispositivo no Cisco IOS.

Tecnologias da rede local – Uma pequena visão geral das tecnologias de rede local encontradas nos dispositivos Cisco, inclusive Ethernet/IEEE 802.3, Fast Ethernet, Gigabit Ethernet, Token Ring/IEEE 802.5 e FDDI.

Tecnologias de rede remota e de discagem – Uma pequena visão geral das tecnologias de rede remota e de discagem encontradas nos dispositivos Cisco, inclusive HDLC, PPP, X.25, Frame Relay, ATM, DSL e ISDN.

O básico das interfaces do dispositivo

Este capítulo explica o básico da tecnologia e da configuração para os vários tipos de interface encontrados nos dispositivos Cisco. As tecnologias LAN e WAN são consideradas. Escolhemos cobrir as cinco tecnologias LAN e as sete WAN que são largamente usadas.

Configuração básica da interface

Uma *interface* é uma conexão de um dispositivo Cisco com um meio de rede. Cada interface tem tecnologias subjacentes que são usadas para transferir dados em um meio físico, como cobre ou fibra. Os protocolos encontrados na camada física do modelo de referência OSI definem as características físicas da interface e do meio. Os protocolos que descrevemos neste capítulo, que operam na camada da ligação de dados (camada 2) do modelo de referência OSI, implementam a tecnologia para transmitir dados entre a camada da rede e a camada física.

Cada interface em um dispositivo Cisco é conhecida como *porta*. Os dispositivos Cisco identificam as portas de várias maneiras. Para os dispositivos Cisco com configuração fixa, as interfaces são numeradas seqüencialmente sem uma designação do slot. Por exemplo, em um roteador da série 2500, com uma Ethernet e duas interfaces seriais, as interfaces seriam conhecidas como ethernet0, serial0 e serial1.

Se o dispositivo for modular e tiver placas da interface intercambiáveis, as interfaces serão numeradas usando a sintaxe do tipo **slot/porta**. Por exemplo, uma interface Ethernet no slot 1, porta 2 seria conhecida como ethernet 1/2. Para configurar as interfaces, você terá que usar o comando maior **interface**. Esse comando, seguido do número da porta da interface ou da combinação slot/porta, é usado no modo de configuração. O seguinte exemplo mostra a configuração de uma interface Token Ring no slot 1, porta 0:

```
San-Jose#configure
Configuring from terminal, memory, or network [terminal]?
Enter configuration commands, one per line. End with CTRL+Z.
San-Jose(config)#interface tokenring 1/0
San-Jose(config-if)#^Z
```

> **NOTA** — O IOS muda o prompt do modo de configuração de **config** para **config-if** para indicar que você está configurando uma interface. O IOS geralmente muda o prompt do modo de configuração para dar dicas de contexto visuais durante a configuração.

Alguns roteadores Cisco têm placas Versatile Interface Processor (VIP). Cada placa VIP tem um ou dois slots para os adaptadores da porta. Um adaptador da porta é uma placa de circuito com interfaces que se insere em uma VIP. Cada adaptador da porta pode ter várias interfaces. Nesses tipos de dispositivos (atualmente apenas os roteadores da série 7000, 7500 e 12000), a sintaxe **type slot/port adapter/port** (tipo slot/porta adaptador/porta) é usada para especificar a interface. Por exemplo, se você quisesse se referir à segunda placa VIP, o primeiro adaptador da porta (número 0), a primeira interface Token Ring, usaria a sintaxe **token ring 2/0/1**.

O Comando show interfaces

O comando EXEC **show interfaces** permite ver o status de todas as interfaces em um dispositivo Cisco, como mostrado para uma interface Ethernet na seguinte saída:

```
Ethernet0 is up, line protocol is up
    Hardware is QUICC Ethernet, address is 0060.5cbc.0ef9 (bia 0060.5cbc.0ef9)
    MTU 1500 bytes, BW 10000 Kbit, DLY 1000 usec, rely 255/255, load 1/255
    Encapsulation ARPA, loopback not set, keepalive set (10 sec)
    ARP type: ARPA, ARP Timeout 04:00:00
    Last input 00:00:00, output 00:00:01, output hang never
    Last clearing of "show interface" counters never
    Queueing strategy: fifo
    Output queue 0/40, 0 drops; input queue 0/75, 0 drops
    5 minute input rate 1000 bits/sec, 1 packets/sec
    5 minute output rate 1000 bits/sec, 1 packets/sec
        116547 packets input, 13397137 bytes, 0 no buffer
        Received 3402 broadcasts, 0 runts, 0 giants
        0 input errors, 0 CRC, 0 frame, 0 overrun, 0 ignored, 0 abort
        0 input packets with dribble condition detected
        273769 packets output, 84816409 bytes, 0 underruns
        0 output errors, 1 collisions, 1 interface resets
        0 babbles, 0 late collision, 29 deferred
        0 lost carrier, 0 no carrier
        0 output buffer failures, 0 output buffers swapped out
```

Capítulo 3 - O básico das interfaces do dispositivo | 45

Analisaremos os vários tipos de informações na saída **show interfaces** neste livro. Para começar, note que a primeira linha da saída mostra o tipo de meio da interface (Ethernet) e o número da interface. O nome da interface é ethernet0, portanto podemos concluir que é um dispositivo de configuração fixo; não há nenhum slot, porta ou adaptador da porta. Uma interface, que é mostrada no estado ativado, está funcionando elétrica e normalmente e tem a devida sinalização dos cabos conectados. Outros possíveis estados para a interface estão inativos e desativados administrativamente. Uma interface inativa é operacional, mas não está se comunicando devidamente com o meio ao qual está anexada. Uma interface desativada administrativamente está configurada para ser finalizada e não é operacional. Veja a próxima seção "O Comando **shutdown**" para obter informações sobre como alterar o estado administrativo de uma interface.

O tipo de hardware físico da interface é mostrado na segunda linha do comando **show interfaces**, pois é o endereço da camada de ligação dos dados da interface. A quarta linha dessa saída mostra o tipo de encapsulação da interface. A encapsulação das interfaces de rede local (LAN) normalmente não requerem configuração, ao passo que a configuração das interfaces de rede remota (WAN), sim. A razão para essa diferença é que as interfaces LAN geralmente executam um único protocolo da camada da ligação de dados e as interfaces WAN podem executar muitos protocolos diferentes da camada da ligação de dados.

O Comando encapsulation

A encapsulação de uma interface define o formato dos dados enviados e o protocolo da ligação de dados para a interface. Você definirá a encapsulação de uma interface com o subcomando de configuração da interface **encapsulation**. Na seguinte saída, usamos o sistema Help (Ajuda) para examinar as encapsulações da interface disponíveis para a interface WAN serial0 e então definimos a interface para usar o protocolo High-Level Data Link Control (HDLC):

```
Singapore#configure
Configuring from terminal, memory, or network [terminal]?
Enter configuration commands, one per line. End with CTRL+Z.
Singapore(config)#interface serial 0
Singapore(config-if)#encapsulation ?
    atm-dxi         ATM-DXI encapsulation
    frame-relay     Frame Relay networks
    hdlc            Serial HDLC synchronous
    lapb            LAPB (X.25 Level 2)
    ppp             Point-to-Point protocol
    smds            Switched Megabit Data Service (SMDS)
    x25             X.25
Singapore(config-if)#encapsulation hdlc
Singapore(config-if)#^Z
```

Iremos explorar as outras encapsulações do protocolo WAN posteriormente neste capítulo.

O Comando shutdown

Se você quiser alterar o estado administrativo de uma interface de ativado para desativado ou desativado para ativado, use o comando de configuração **shutdown** ou **no shutdown**. Um dispositivo Cisco não transmite dados em uma interface que está desativada administrativamente. Na seguinte saída **show interfaces**, a primeira linha mostra que a interface serial0 está desativada administrativamente:

```
Serial0 is administratively down, line protocol is down
    Hardware is 4T/MC68360
    MTU 1500 bytes, BW 512 Kbit, DLY 20000 usec, rely 137/255, load 1/255
    Encapsulation HDLC, loopback not set, keepalive set (10 sec)
    Last input never, output never, output hang never
    Last clearing of "show interface" counters never
    Input queue: 0/75/0 (size/max/drops); Total output drops: 0
    Queueing strategy: weighted fair
    Output queue: 0/64/0 (size/threshold/drops)
            Conversations 0/1 (active/max active)
            Reserved Conversations 0/0 (allocated/max allocated)
    5 minute input rate 0 bits/sec, 0 packets/sec
    5 minute output rate 0 bits/sec, 0 packets/sec
        0 packets input, 0 bytes, 0 no buffer
        Received 0 broadcasts, 0 runts, 0 giants
        0 input errors, 0 CRC, 0 frame, 0 overrun, 0 ignored, 0 abort
        0 packets output, 0 bytes, 0 underruns
        0 output errors, 0 collisions, 0 interface resets
        0 output buffer failures, 0 output buffers swapped out
        0 carrier transitions
    DCD=down DSR=down DTR=down RTS=down CTS=down
```

Em seguida, usaremos o comando de configuração **no shutdown** para configurar a interface para ser operacional:

```
Singapore#configure
Configuring from terminal, memory, or network [terminal]?
Enter configuration commands, one per line. End with CTRL+Z.
Singapore(config)#interface serial 0
Singapore(config-if)#no shutdown
Singapore(config-if)#^Z
```

> **NOTA**   O comando de configuração IOS **no shutdown** é geralmente confuso para os usuários. Você está informando ao dispositivo para não finalizar a interface, mas usando uma negativa dupla, implica que ela deve ser ativada. É um uso difícil da língua inglesa e é mantido no Cisco IOS puramente por razões históricas (ou histéricas).

Agora, se os cabos para essa interface estiverem fornecendo as devidas entradas elétricas, a interface estará ativada administrativa e operacionalmente. Poderemos usar o comando de configuração **shutdown** para desativar administrativamente uma interface, como a seguir:

```
Singapore#configure
Configuring from terminal, memory, or network [terminal]?
Enter configuration commands, one per line. End with CTRL+Z.
Singapore(config)#interface serial 0
Singapore(config-if)# shutdown
Singapore(config-if)#^Z
```

O Comando description

Você pode usar o subcomando da interface **description** para adicionar uma descrição de texto à saída do comando **show interfaces**. Essa descrição de texto pode ter até 255 caracteres de comprimento.

> **DICA** — Recomendamos que você adicione uma descrição a cada uma de suas interfaces para documentar seu uso. Por exemplo, poderá adicionar um nome descritivo a uma interface LAN para o prédio, andar ou departamento que é atingido através da interface. Nas interfaces WAN, poderá querer descrever as extremidades da conexão e documentar os identificadores de circuito usados pelo provedor do circuito.

No seguinte exemplo, adicionaremos uma descrição à interface serial0, a interface WAN de Singapura até Malásia, na rede ZIP. A descrição mostra a encapsulação da ligação e o identificador do circuito.

```
Singapore#configure
Configuring from terminal, memory, or network [terminal]?
Enter configuration commands, one per line. End with CTRL+Z.
Singapore(config)#interface serial 0
Singapore(config-if)#description IETF frame relay PVCs on Circuit Z-
234987-12-MS-01
Singapore(config-if)#^Z
```

A descrição aparece na terceira linha do comando **show interfaces serial 0**:

```
Serial0 is administratively down, line protocol is down
      Hardware is 4T/MC68360
      Description: IETF frame relay PVCs on Circuit Z-234987-12-MS-01
      MTU 1500 bytes, BW 512 Kbit, DLY 20000 usec, rely 137/255, load 1/255
      Encapsulation HLC, loopback not set, keepalive set (10 sec)
      Last input never, output never, output hang never
      Last clearing of "show interface" counters never
      Input queue: 0/75/0 (size/max/drops); Total output drops: 0
      Queueing strategy: weighted fair
      Output queue: 0/64/0 (size/threshold/drops)
            Conversations 0/1 (active/max active)
            Reserved Conversations 0/0 (allocated/max allocated)
      5 minute input rate 0 bits/sec, 0 packets/sec
      5 minute output rate 0 bits/sec, 0 packets/sec
            0 packets input, 0 bytes, 0 no buffer
            Received 0 broadcasts, 0 runts, 0 giants
            0 input errors, 0 CRC, 0 frame, 0 overrun, 0 ignored, 0 abort
            0 packets output, 0 bytes, 0 underruns
            0 output errors, 0 collisions, 0 interface resets
            0 output buffer failures, 0 output buffers swapped out
            0 carrier transitions
            DCD=down  DSR=down  DTR=down  RTS=down  CTS=down
```

Tecnologias da rede local

Os dispositivos Cisco suportam diversas tecnologias LAN. Falaremos sobre as cinco tecnologias populares neste capítulo:

- Ethernet e IEEE 802.3
- Fast Ethernet
- Gigabit Ethernet
- Token Ring
- Fiber Distributed Data Interface

Cada um desses protocolos opera na camada da ligação de dados do modelo de referência OSI e cada um é usado em um ambiente LAN para transportar os dados ponto a ponto em velocidades de 4 Mbps a 1 Gbps. Esta seção apresenta rapidamente cada um desses protocolos. Se você quiser aprender sobre eles com profundidade, incluímos referências adicionais no final do capítulo.

Todos esses protocolos LAN compartilham um esquema de endereçamento da camada da ligação de dados comum. Os endereços são hexadecimais com 6 bytes exclusivos no mundo. Esses endereços são chamados de Media Access Control (MAC), também referidos como endereços do hardware, da estação ou físicos. Isso significa que todo dispositivo LAN no mundo tem um endereço da camada da ligação de dados exclusivo. O endereço é marcado na memória de leitura apenas (ROM) na própria placa da interface.

Para assegurar que cada interface obterá um endereço exclusivo, cada fabricante tem um prefixo com 20 bits do endereço com 6 bytes. Por exemplo, a Cisco foi atribuída ao prefixo com 20 bits 0060.5 (mostrado no formato hexadecimal, no qual cada dígito representa 4 bits). Então o fabricante pode atribuir os 28 bits restantes de qualquer maneira, contanto que cada endereço permaneça exclusivo.

O endereço da camada da ligação de dados exclusivo para cada interface LAN Cisco é visto na saída do comando **show interfaces** na segunda linha da saída. O endereço da ligação de dados para o roteador de Kuala Lumpur da rede ZIP pode ser visto na saída a seguir:

```
Kuala-Lumpur>show interface ethernet 0
Ethernet0 is up, line protocol is up
     Hardware is QUICC Ethernet, address is 0060.5cbc.0ef9 (bia 0060.5cbc.0ef9)
     MTU 1500 bytes, BW 10000 Kbit, DLY 1000 usec, rely 255/255, load 1/255
     Encapsulation ARPA, loopback not set, keepalive set (10 sec)
     ARP type: ARPA, ARP Timeout 04:00:00
     Last input 00:00:00, output 00:00:01, output hang never
     Last clearing of "show interface" counters never
     Queueing strategy: fifo
     Output queue 0/40, 0 drops; input queue 0/75, 0 drops
     5 minute input rate 1000 bits/sec, 1 packets/sec
     5 minute output rate 1000 bits/sec, 1 packets/sec
        116747 packets input, 13397137 bytes, 0 no buffer
        Received 3402 broadcasts, 0 runts, 0 giants
        0 input errors, 0 CRC, 0 frame, 0 overrun, 0 ignored, 0 abort
        0 input packets with dribble condition detected
        273769 packets output, 84816409 bytes, 0 underruns
        65959 output errors, 1 collisions, 1 interface resets
        0 babbles, 0 late collision, 29 deferred
        65959 lost carrier, 0 no carrier
        0 output buffer failures, 0 output buffers swapped out
```

NOTA É tecnicamente possível para o IOS usar um endereço da ligação de dados diferente em uma certa interface LAN do endereço marcado (bia) encontrado na ROM. A prática de alterar o bia para uma interface LAN é rara, mas é útil em algumas configurações complexas da rede.

Ethernet e IEEE 802.3

A Ethernet e o protocolo Institute of Electrical and Electronic Engineers (IEEE) 802.3 são os protocolos LAN mais comuns em uso atualmente. A Ethernet foi desenvolvida em meados da década de 1970 por pesquisadores no Xerox Palo Alto Research Center (PARC). A Xerox, a Digital Equipment Corporation e a Intel Corporation padronizaram-no em 1978. Mais tarde, o IEEE padronizou um protocolo parecido chamado IEEE 802.3. Os usos dos campos do quadro entre a Ethernet e o IEEE 802.3 diferem ligeiramente.

NOTA Muitos protocolos IEEE neste livro começam com o esquema de numeração 802, significando que o ano e o mês do comitê original foi formado.

A Ethernet e o IEEE 802.3 usam uma tecnologia de rede chamada carrier sense multiple access collision detect (CSMA/CD) para permitir acesso a um bus comum com 10 Mbps onde todos os dispositivos se comunicam. Diversos dispositivos em um bus CSMA/CD podem sentir quando há tráfego no bus comum (*sentido da portadora*) e detectam quando dois nós se comunicam ao mesmo tempo (*detecção de colisão*). O protocolo CSMA/CD também especifica como um dispositivo opera no caso de uma colisão.

Logicamente, um segmento Ethernet ou IEEE 802.3 parece ser um único fio chato no qual todos os dispositivos são anexados, como mostrado na Figura 3-1.

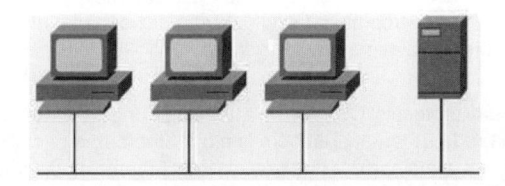

Figura 3-1 *Um segmento da rede Ethernet.*

Os dispositivos Ethernet ou IEEE 802.3 podem se comunicar no modo half duplex, um modo no qual o dispositivo pode enviar ou receber um quadro, mas não ambos ao mesmo tempo. Os segmentos Ethernet ou IEEE 802.3 comuns operam no modo half duplex. A Ethernet ou IEEE 802.3 full duplex é onde um dispositivo pode enviar e receber um quadro ao mesmo tempo. O modo full duplex está disponível apenas em uma topologia onde somente dois dispositivos estão conectados diretamente usando a Ethernet ou o IEEE 802.3, como um dispositivo conectado a um comutador Ethernet.

As pontes Cisco e comutadores podem ser usados para conectar logicamente os segmentos Ethernet e IEEE 802.3 usando uma ponte transparente, de conversão ou de encapsulação. Nesse ambiente, o dispositivo Cisco conecta dois ou mais segmentos LAN para criar um único segmento da camada da ligação de dados com segmentos físicos CSMA/CD separados ou domínios de colisão. A Figura 3-2 mostra a topologia física e lógica para um segmento Ethernet, que é ligado por ponte e comutado com dispositivos Cisco.

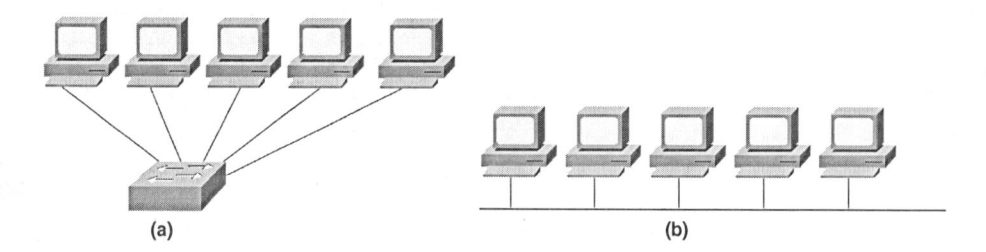

Figura 3-2 Um segmento da rede Ethernet mostrado física (a) e logicamente (b).

Você poderá usar os roteadores Cisco para separar os segmentos Ethernet lógica e fisicamente. Cada interface Ethernet teria seu próprio endereço e o roteador rotearia os pacotes com base nos protocolos da camada da rede entre as interfaces.

Fast Ethernet

O grande sucesso da Ethernet e do CSMA/CD levou recentemente ao desenvolvimento da Fast Ethernet. A Fast Ethernet é um protocolo CSMA/CD que opera em 100 Mbps, que é dez vezes a velocidade da Ethernet e do IEEE 802.3. O sucesso da Fast Ethernet foi basicamente devido ao fato de que o protocolo pode usar o mesmo meio físico (cobre, par trançado e fibra) da Ethernet padrão, tornando possível para muitas redes migrarem de 10 Mbps para 100 Mbps sem alterar a infra-estrutura física.

Como a Fast Ethernet é um protocolo CSMA/CD, a topologia lógica de uma rede Fast Ethernet é exatamente igual a de uma rede Ethernet. Também como a Ethernet, a Fast Ethernet pode operar no modo half duplex ou full duplex. A maioria dos dispositivos Fast Ethernet pode detectar automaticamente se o segmento ao qual estão conectados é Ethernet (10 Mbps) ou Fast Ethernet (100 Mbps) e também pode detectar o devido duplex (half duplex ou full duplex).

Os dispositivos Cisco têm interfaces Fast Ethernet em pontes, comutadores e roteadores. A Fast Ethernet geralmente é usada em um comutador como uma ligação de transmissão para as interfaces Ethernet. Uma topologia comum seria fazer com que um comutador conectasse dez segmentos Ethernet a um segmento Fast Ethernet e então conectasse o segmento Fast Ethernet a um roteador para acessar uma WAN, como mostrado na Figura 3-3.

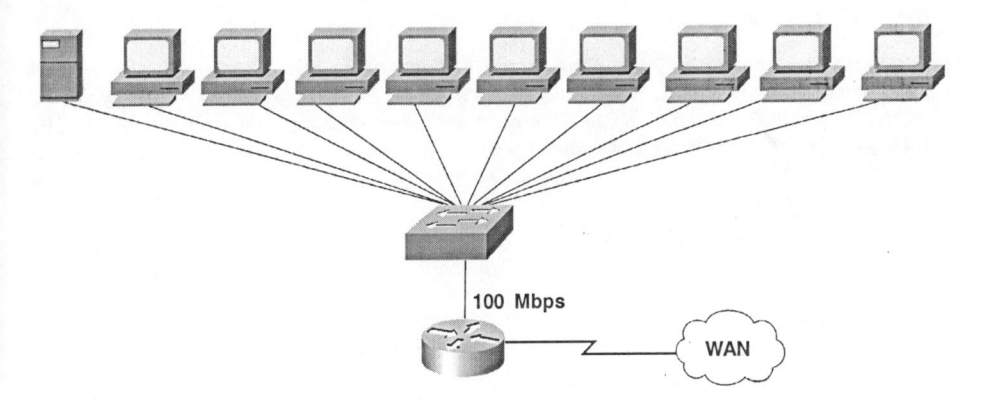

Capítulo 3 - O básico das interfaces do dispositivo | **51**

Figura 3-3 Um comutador Ethernet com uma ligação de transmissão Fast Ethernet com um roteador.

Subcomandos de configuração da interface Fast Ethernet e Ethernet

Em alguns roteadores da série Cisco 4000 e 7000, cada interface Ethernet e Fast Ethernet tem uma escolha dos tipos de meio para conectar o roteador. Use o subcomando de configuração da interface **media-type** para informar ao roteador qual tipo de conexão está ativa na interface. No exemplo a seguir, definiremos o tipo de meio para o roteador Seoul-1:

```
Seoul-1#configure
Configuring from terminal, memory, or network [terminal]?
Enter configuration commands, one per line. End with CTRL+Z.
Seoul-1(config)#interface ethernet 0
Seoul-1(config-if)#media-type 10baseT
Seoul-1(config-if)#^Z
```

As interfaces da unidade complementar (AUIs) e os conectores RJ-45 (chamados de 10BaseT pelo IOS para indicar fio de par trançado) são os tipos de meio válidos para as interfaces Ethernet e IEEE 802.3. As AUIs são conectores com 15 pinos. As interfaces independentes do meio (MIIs) e os conectores RJ-45 são os tipos de meio válidos para as interfaces Fast Ethernet.

Nas interfaces Fast Ethernet, você poderá definir manualmente o duplex usando o subcomando de configuração da interface **full-duplex**. Se você remover esse comando com o comando **no fullduplex**, a interface terá, como default, o modo half duplex. No próximo exemplo, iremos definir a porta Fast Ethernet no roteador Seoul-1 para full-duplex:

```
Seoul-1#configure
Configuring from terminal, memory, or network [terminal]?
Enter configuration commands, one per line. End with CTRL+Z.
Seoul-1(config)#interface ethernet 0
Seoul-1(config-if)#full-duplex
Seoul-1(config-if)#^Z
```

Gigabit Ethernet

Parecido com a Fast Ethernet, a Gigabit Ethernet (ou IEEE 802.3z) baseia-se no padrão Ethernet IEEE 802.3. A principal diferença, como o nome indica, é que a Gigabit Ethernet se comunica com dispositivos em 1 Gpbs. Do mesmo modo como a Fast Ethernet é dez vezes mais rápida que a Ethernet e o IEEE 802.3, a Gigabit Ethernet é dez vezes mais rápida que a Fast Ethernet. Porém, diferente da Fast Ethernet, a implementação da Gigabit Ethernet requer que alterações sejam feitas na interface física de um dispositivo.

A partir da camada da ligação de dados e, acima, na pilha de protocolos OSI, a Gigabit Ethernet opera de modo idêntico à Ethernet. Na camada física, a Gigabit Ethernet utiliza um tipo de interface já em uso por outra tecnologia LAN de alta velocidade chamada Fiber Channel. A Gigabit Ethernet combina a camada física Fiber Channel e o formato de quadro da camada da ligação de dados em uso pelo IEEE 802.3, Ethernet e Fast Ethernet. A Gigabit Ethernet usa o algoritmo CSMA/CD e pode operar no modo half duplex ou full duplex. O IEEE 802.3x define o padrão para a Gigabit Ethernet full duplex.

Os roteadores da série Cisco 7500 e os comutadores da série Catalyst 5500 suportam as interfaces Gigabit Ethernet. Nos roteadores da série 7500, uma única interface Gigabit Ethernet por slot é suportada atualmente. Se a interface Gigabit Ethernet estiver no slot 2 do roteador da série 7500, ela será conhecida como Gigabit Ethernet 2/0/0 (slot/adaptador da porta/porta), como visto no seguinte exemplo:

```
Router>show interface gigabitethernet 2/0/0
GigabitEthernet2/0/0 is up, line protocol is up
  Hardware is cyBus GigabitEthernet, address is 0000.0ca4.db61 (bia
  0000.0ca4.db61)
  Internet address is 10.0.0.2/8
  MTU 1500 bytes, BW 10000 Kbit, DLY 1000 usec, rely 255/255, load 1/255
       Encapsulation ARPA, loopback not set, keepalive set (10 sec)
       ARP type: ARPA, ARP Timeout 04:00:00
       Last input 00:00:00, output 00:00:01, output hang never
       Last clearing of "show interface" counters never
       Queueing strategy: fifo
       Output queue 0/40, 0 drops; input queue 0/75, 0 drops
       5 minute input rate 2300 bits/sec, 2 packets/sec
       5 minute output rate 3000 bits/sec, 3 packets/sec
          116547 packets input, 13397137 bytes, 0 no buffer
          Received 3402 broadcasts, 0 runts, 0 giants
          0 input errors, 0 CRC, 0 frame, 0 overrun, 0 ignored, 0 abort
          0 input packets with dribble condition detected
          273769 packets output, 84816409 bytes, 0 underruns
          65959 output errors, 1 collisions, 1 interface resets
          0 babbles, 0 late collision, 29 deferred
          65959 lost carrier, 0 no carrier
          0 output buffer failures, 0 output buffers swapped out
```

Token Ring

O Token Ring é uma tecnologia LAN desenvolvida pela International Business Machines (IBM) e padronizada como o protocolo IEEE 802.5. Como o nome sugere, o protocolo Token Ring opera em uma topologia de anel lógica, não em uma topologia bus como a Ethernet. O Token Ring usa um protocolo chamado captura de fichas para conceder acesso ao meio da rede física. O protocolo Token Ring foi implementado em duas velocidades, 4 Mbps e 16 Mbps.

O algoritmo é relativamente simples de compreender. Um dispositivo em uma rede Token Ring tem que capturar um pacote especial chamado ficha. Uma ficha atravessa o anel em uma direção lógica para a esquerda. Se um dispositivo tiver dados para enviar, quando vir a ficha passar no anel, poderá capturá-la. Depois de um dispositivo ter capturado a ficha, poderá transmitir um quadro no anel. Quando o quadro passar no anel, o sistema de destino copiará os dados no quadro. Quando o quadro enviado pelo dispositivo retornar à fonte original, ela removerá o quadro e colocará a ficha de volta no anel. Nas redes Token Ring com 16 Mbps, o sistema fonte libera uma nova ficha antes de receber o quadro de dados de volta usando um recurso chamado *liberação da ficha antecipada*.

Diferente do CSMA/CD, o protocolo de captura de fichas evita colisões porque apenas o dispositivo que capturou a ficha pode transmitir um quadro no Token Ring. E mais, é possível calcular o tempo máximo que um dispositivo terá que aguardar antes de poder transmitir um quadro, tornando o protocolo de captura de fichas determinista. Para algumas aplicações da rede, como as transações em tempo real, esse determinismo é uma exigência importante para um protocolo LAN. A topologia lógica de uma rede Token Ring é mostrada na Figura 3-4.

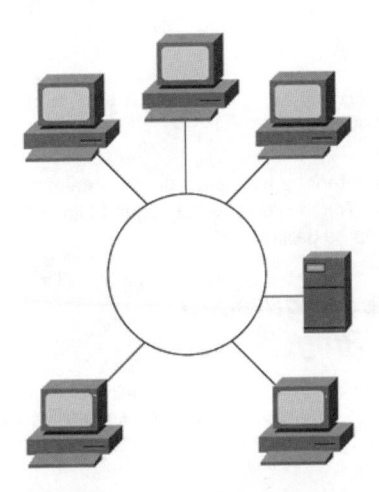

Figura 3-4 *A topologia Token Ring.*

NOTA A indústria de rede da Internet trava um debate sem fim sobre os méritos do CSMA/CD versus a captura de fichas. Não queremos entrar em uma briga religiosa, portanto nenhum julgamento sobre os méritos relativos de qualquer um dos protocolos é dado neste texto. Atualmente, o CSMA/CD domina claramente o mercado de protocolos LAN, independentemente dos méritos técnicos do CSMA/CD ou da captura de fichas.

A seguinte saída mostra o comando EXEC **show interfaces** para a interface Token Ring no roteador San-Jose, slot 1, porta 0:

```
San-Jose>show interfaces tokenring 1/0
TokenRing 1/0 is up, line protocol is up
   Hardware is 16/4 Token Ring, address is 5500.2000.dc27 (bia 5500.2000.dc27)
   MTU 8136 bytes, BW 16000 Kbit, DLY 630 usec, rely 255/255, load 1/255
   Encapsulation SNAP, loopback not set, keepalive set (10 sec)
   ARP type: SNAP, ARP Timeout 04:00:00
   Ring speed: 16 Mbps
   Single ring node, Source Route Bridge capable
   Group Address:0x00000000, Functional Address: 0x60840000
   Last input 00:00:01, output 00:00:01, output hang never
   Output queue 0/40, 0 drops; input queue 0/75, 0 drops
   Five minute input rate 0 bits/sec, 0 packets/sec
   Five minute output rate 0 bits/sec, 0 packets/sec
      16339 packets input, 1496515 bytes, 0 no buffer
      Received 9895 broadcasts, 0 runts, 0 giants
      0 input errors, 0 CRC, 0 frame, 0 overrun, 0 ignored, 0 abort
      32648 packets output, 9738303 bytes, 0 underruns
      0 output errors, 0 collisions, 2 interface resets, 0 restarts
      5 transitions
```

Na saída anterior, note que a interface está ativa operacionalmente, o endereço marcado da ligação de dados (bia) para a interface Token Ring está na segunda linha e a velocidade do anel com 16 Mbps para a interface é mostrada na sexta linha.

Subcomandos de configuração da interface Token Ring

Use o subcomando da interface de configuração IOS **ring-speed** para especificar se a interface Token Ring é de 4 Mbps ou de 16 Mbps. Todos os dispositivos em um Token Ring precisam operar na mesma velocidade; as configurações misturadas de alta velocidade não são permitidas pelo protocolo e podem levar a um anel inoperante.

Se você escolher usar o recurso de liberação de ficha antecipada em um anel com 16 Mbps, todos os dispositivos no Token Ring terão de ter esse recurso ativado. Se qualquer dispositivo (Cisco ou outro fabricante) em um Token Ring não estiver ativado para fazer a liberação da ficha antecipada, o anel inteiro não usará esse recurso. O subcomando da interface de configuração IOS **early-token-release** permite a liberação da ficha antecipada em uma interface.

No exemplo a seguir, definiremos uma interface Token Ring para operar com 16 Mbps e permitir a liberação de ficha antecipada:

```
San-Jose#configure
Configuring from terminal, memory, or network [terminal]?
Enter configuration commands, one per line. End with CTRL+Z.
San-Jose(config)#interface tokenring 1/0
San-Jose(config)#ring-speed 16
San-Jose(config)#early-token-release
San-Jose(config-if)#^Z
```

Fiber Distributed Data Interface

O Fiber Distributed Data Interface (FDDI) é outro protocolo LAN de captura de fichas. O comitê de padrões ANSI X3T9.5 padronizou o protocolo FDDI em meados da década de 1980. O FDDI é parecido com o Token Ring, mas em vez de usar uma arquitetura com um anel, usa um anel com duas fibras que transmite dados em direções opostas. O FDDI usa apenas um anel, chamado de anel primário, durante a operação normal. O FDDI usa o segundo anel, chamado de anel de backup, quando há uma falha no anel primário. Quando há uma interrupção no anel primário, os dispositivos mais próximos à interrupção entram no modo integrado e usam o anel de backup para formar um loop a fim de assegurar que o anel FDDI ainda será completado, como apresentado na Figura 3-5.

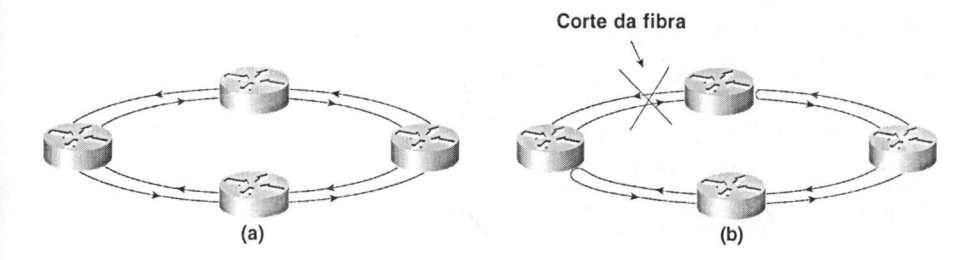

Figura 3-5 *A topologia FDDI no modo normal (a) e no modo integrado (b).*

Como a Fast Ethernet, o FDDI opera com 100 Mbps. Por causa dessa largura de banda com alta velocidade e sua redundância inerente, o FDDI é geralmente usado como uma ligação de transmissão com alta velocidade de um comutador para a rede principal de um roteador ou é usado como uma tecnologia de rede principal de um *campus*. As pontes Cisco, comutadores e roteadores suportam o FDDI para os protocolos da camada da rede transparente e de conversão da ponte, comutador e roteamento. Na rede ZIP, os escritórios em São Francisco estão usando o FDDI para interconectar roteadores em um prédio com diversos níveis. A saída de **show interfaces** para uma interface FDDI no roteador SF-Core-1 é como se segue:

```
SF-Core-1>show interfaces fddi 0/0
Fddi 0/0 is up, line protocol is up
    Hardware is cBus Fddi, address is 0000.0c06.8de8 (bia 0000.0c06.8de8)
    MTU 4470 bytes, BW 100000 Kbit, DLY 100 usec, rely 255/255, load 1/255
    Encapsulation SNAP, loopback not set, keepalive not set
    ARP type: SNAP, ARP Timeout 4:00:00
    Phy-A state is active, neighbor is B, cmt signal bits 008/20C, status ILS
    Phy-B state is connect, neighbor is unk, cmt signal bits 20C/000, status QLS
    ECM is insert, CFM is c_wrap_a, RMT is ring_op
    token rotation 5000 usec, ring operational 1d01
    Upstream neighbor 0000.0c06.8b7d, downstream neighbor 0000.0c06.8b7d
    Last input 00:00:08, output 00:00:08, output hang never
    Last clearing of "show interface" counters never
    Output queue 0/40, 0 drops; input queue 0/75, 0 drops
    Five minute input rate 5000 bits/sec, 1 packets/sec
    Five minute output rate 76000 bits/sec, 51 packets/sec
        852914 packets input, 205752094 bytes, 0 no buffer
        Received 126752 broadcasts, 0 runts, 0 giants
```

```
              0 input errors, 0 CRC, 0 frame, 0 overrun, 0 ignored, 0 abort
              8213126 packets output, 616453062 bytes, 0 underruns
              0 output errors, 0 collisions, 4 interface resets, 0 restarts
              5 transitions, 0 traces
```

Na saída anterior, note que a interface está ativa operacionalmente, o endereço marcado da ligação de dados (bia) para a interface FDDI está na segunda linha e a largura de banda (BW) com 100 Mbps é mostrada na terceira linha. As propriedades físicas de cada fibra (Phy-A é o anel primário, Phy-B é o anel de backup) são apresentadas na sexta e sétima linhas.

Tecnologias de rede remota e de rede de discagem

Os dispositivos Cisco suportam um grande número de tecnologias WAN e de discagem. Falaremos sobre as mais populares neste capítulo:

- High-Level Data Link Control (HDLC)
- Point-to-Point Protocol (PPP)
- X.25
- Frame Relay
- Asynchronous Transfer Mode (ATM)
- Digital Subscriber Line (DSL)
- Integrated Services Digital Network (ISDN)

Como os protocolos LAN que consideramos neste capítulo, esses protocolos WAN operam na camada da ligação de dados do modelo de referência OSI. Os protocolos WAN transferem dados em uma interface serial assíncrona e síncrona de um local para outro.

> **NOTA** As transmissões seriais síncronas são sinais digitais transmitidos com um clock preciso de um dispositivo para outro. Em oposição, a transmissão assíncrona não é feita com um clock preciso e conta com informações de controle (chamadas de bits de início e de fim) que indicam o início e o final dos dados.

O primeiro dos protocolos síncronos que consideramos, o HDLC, funciona apenas de ponto a ponto, conectando um dispositivo a outro com a encapsulação e endereçamento mínimos. O PPP, originalmente designado para as ligações seriais de ponto a ponto, desenvolveu-se no trabalho em ambientes síncronos e assíncronos. Os protocolos X.25, Frame Relay e ATM não funcionam em um ambiente de ligação serial restrito de ponto a ponto, mas usam circuitos virtuais para transmitir dados. O DSL é uma tecnologia que fornece codificação para as conexões seriais com alta velocidade na fiação de cobre convencional para distâncias limitadas. O ISDN é uma tecnologia WAN que usa a rede de telefone para digitalizar os dados. Pode operar em um ambiente de ponto a ponto ou com diversos pontos (um para muitos).

Um *circuito virtual* (*VC*) é um mecanismo de comunicação no qual o caminho para a transferência das informações é estabelecido antes dos dados serem enviados, um processo conhecido como fazer uma chamada. Todos os pacotes de dados relacionados à chamada seguem a mesma rota na rede, assegurando que os dados chegarão no destino na mesma ordem na qual foram enviados. No final da transferência de dados, a chamada é fechada. Os *circuitos virtuais comutados* (*SVCs*) são aqueles que podem ser estabelecidos e removidos quando requerido pela rede. Os *circuitos virtuais permanentes* (*PVCs*) são estabelecidos permanentemente pela rede e nunca são removidos.

Como veremos, os diversos circuitos virtuais (SVCs ou PVCs) podem residir em uma única interface serial de um roteador Cisco. Neste caso, cada circuito virtual pode ser tratado como uma interface separada, chamada de *subinterface*. As subinterfaces podem ser implementadas para qualquer protocolo WAN que use circuitos virtuais. Iremos examinar as vantagens e os detalhes das subinterfaces nos exemplos de configuração para o Frame Relay, posteriormente, neste capítulo.

Um sistema familiar análogo a um VC é o sistema de telefone. Cada chamada telefônica que fazemos pode ser considerada como um circuito virtual. Praticamente todas as chamadas telefônicas que fazemos são análogas aos SVCs. Mas se fizéssemos uma chamada uma vez e a deixássemos ativa para sempre, seria um PVC.

Os protocolos WAN Cisco que usam circuitos virtuais transmitem dados de duas formas diferentes, comutação do pacote e relé da célula. A *comutação do pacote* é um método de transmissão de dados que envia os dados em unidades com comprimento variável ou pacotes. A comutação do pacote na camada da ligação de dados obtém pacotes na camada da rede e encapsula-os com o endereço específico da camada da ligação de dados. Quando os pacotes da ligação de dados percorrem a rede, cada nó de comutação do pacote intermediário entre a fonte e o destino lê o endereço da ligação de dados no pacote e envia-o. O pacote percorre o caminho do circuito virtual estabelecido previamente até o endereço de destino da ligação de dados ser atingido. O Frame Relay e o X.25 usam a comutação do pacote.

O ATM e o Switched Multimegabit Data Service (SMDS – não tratado neste livro) convertem os dados do pacote em células com comprimento fixo e executam o relé da célula. O *relé da célula* é um método de transmissão de dados que os envia em unidades pequenas e com tamanho fixo ou células que podem ser processadas pelo hardware de uma maneira rápida e eficiente. A operação do relé da célula é parecida com a comutação do pacote, exceto que os dados do sistema fonte são primeiro convertidos em células com comprimento fixo em vez de pacotes. A Tabela 3-1 resume e compara os métodos de transmissão dos protocolos WAN tratados neste capítulo.

Tabela 3-1 *As características da transmissão do protocolo WAN.*

Protocolo	Ponto a ponto	Comutação do pacote	Relé da célula	Assíncrono	Síncrono
HDLC	sim	não	não	não	sim
PPP	sim	não	não	sim	sim
X.25	sim	sim	não	não	sim
Frame Relay	sim	sim	não	não	sim
ATM	sim	não	sim	não	sim
DSL	sim	não	não	não	sim
ISDN	sim	não	não	sim	sim

É importante lembrar das duas camadas de endereçamento que entram em questão quando a comutação do pacote ou o relé da célula estão transferindo dados no nível da rede, na rede. A comutação do pacote e os endereços de comutação da célula são encontrados na camada da ligação de dados do modelo de referência OSI. Eles não devem ser confundidos com os endereços da camada da rede, como os encontrados no IP, IPX e AppleTalk, que são vistos na camada da rede do modelo de referência OSI. É comum que os roteadores Cisco roteiem os pacotes da camada da rede, como os pacotes IP, em uma rede de comutação de pacotes como o Frame Relay.

Ao rotear esses pacotes da rede em uma rede de comutação de pacotes, o roteador usa os endereços IP na camada da rede para determinar como rotear o pacote para o próximo roteador no caminho até o destino final.

Então o roteador encapsula o pacote IP inteiro no Frame Relay, adicionando o endereçamento Frame Relay. O pacote é comutado nos comutadores na rede Frame Relay quando viaja em um único circuito virtual. Cada comutador Frame Relay usa o endereçamento Frame Relay do pacote para transferir mais o pacote no circuito da fonte até o roteador de destino. Os roteadores vêem a si mesmos diretamente anexados na rede Frame Relay; eles não vêem os comutadores Frame Relay como nós intermediários para o tráfego da camada da rede.

Essa mesma analogia pode ser usada para os protocolos LAN. Substitua os comutadores Frame Relay pelos comutadores Ethernet e o exemplo ainda será válido, com exceção de que a Ethernet não usa circuitos virtuais.

High-Level Data Link Control

O protocolo High-Level Data Link Control (HDLC) é um protocolo síncrono, com bits ordenados, desenvolvido pela International Organization for Standardization (ISO). O HDLC é usado para conectar diretamente um roteador Cisco a outro. Os roteadores Cisco têm o default de usar a encapsulação HDLC em todas as interfaces seriais síncronas.

O HDLC Cisco é uma versão patenteada do protocolo; não se comunica em uma ligação serial com o protocolo HDLC de outro revendedor. A natureza patenteada do Cisco HDLC é comum. As implementações HDLC de todos os revendedores são patenteadas porque o HDLC é um protocolo derivado do protocolo patenteado Synchronous Data Link Control (SDLC), que foi desenvolvido originalmente pela IBM. A seguinte saída do roteador de São José na rede ZIP mostra a interface serial0/0 usando a encapsulação HDLC:

```
San-Jose>show interface serial 0/0
Serial0/0 is up, line protocol is up
    Hardware is QUICC Serial
    MTU 1500 bytes, BW 1544 Kbit, DLY 20000 usec, rely 255/255, load 1/255
    Encapsulation HDLC, loopback not set, keepalive set (10 sec)
    Last input 00:00:00, output 00:00:03, output hang never
    Last clearing of "show interface" counters never
    Input queue: 0/75/0 (size/max/drops); Total output drops: 0
    Queueing strategy: weighted fair
    Output queue: 0/64/0 (size/threshold/drops)
        Conversations  0/6 (active/max active)
        Reserved Conversations 0/0 (allocated/max allocated)
    5 minute input rate 28000 bits/sec, 2 packets/sec
    5 minute output rate 1000 bits/sec, 2 packets/sec
        4396629 packets input, 1382566679 bytes, 2 no buffer
        Received 518019 broadcasts, 0 runts, 0 giants, 0 throttles
        1824 input errors, 661 CRC, 542 frame, 0 overrun, 0 ignored, 621 abort
```

```
4674425 packets output, 430814377 bytes, 0 underruns
0 output errors, 0 collisions, 10 interface resets
0 output buffer failures, 0 output buffers swapped out
2 carrier transitions
     DCD=up DSR=up DTR=up RTS=up CTS=up
```

Na saída anterior, observe que a encapsulação da interface serial é HDLC (a encapsulação default para todas as interfaces seriais Cisco), como mostrado na quarta linha. (Note também que usamos uma forma não ambígua do comando **show interfaces serial 0/0** no exemplo anterior.)

Point-to-Point Protocol

O Point-to-Point Protocol (PPP) é outro protocolo WAN da ligação de dados suportado pelos dispositivos Cisco. O PPP foi designado como um protocolo aberto que seria usado para trabalhar com vários protocolos da camada da rede, como IP, IPX e AppleTalk. Você poderá considerar o PPP como a versão não patenteada do HDLC, embora o protocolo subjacente seja bem diferente. O PPP funciona na encapsulação assíncrona e síncrona porque usa um flag para indicar o início e o fim de um quadro. Esse flag é usado nas encapsulações assíncronas para indicar o início ou o final de um quadro e é usado como uma encapsulação síncrona baseada em bits.

O PPP conta com o Link Control Protocol (LCP), que estabelece, configura e testa as conexões da ligação de dados para serem usadas pelo PPP. O Network Control Protocol (NCP) é uma série de protocolos – um para cada camada da rede suportada pelo PPP – para estabelecer e configurar diferentes protocolos da camada da rede para operarem no PPP. Para o IP, IPX e AppleTalk, as designações NCP são IPCP, IPXCP e ATALKCP, respectivamente.

Subcomandos de configuração da interface PPP

Você poderá usar o subcomando de configuração da interface IOS **encapsulation ppp** para ativar o PPP síncrono em uma interface serial. No exemplo a seguir, iremos configurar o PPP síncrono na interface serial1/1 do roteador de São José:

```
San-Jose#configure
Enter configuration commands, one per line. End with CTRL+Z.
Configuring from terminal, memory, or network [terminal]?
San-Jose(config)#interface serial 1/1
San-Jose(config-if)#encapsulation ppp
San-Jose(config-if)#^Z
```

Note que usamos uma forma não ambígua do comando maior **interface serial1/1** e uma forma não ambígua do subcomando da interface **encapsulation ppp** no exemplo anterior.

A seguinte saída do roteador de São José na rede ZIP mostra a interface serial1/1 usando a encapsulação PPP:

```
Serial1/1 is up, line protocol is up
   Hardware is HD64570
   MTU 1500 bytes, BW 1544 Kbit, DLY 20000 usec, rely 255/255, load 1/255
   Encapsulation PPP, loopback not set, keepalive not set
   LCP Open
   Open: IPCP
```

```
Last input 0:00:01, output 0:00:01, output hang never
Last clearing of "show interface" counters never
Input queue: 0/75/0 (size/max/drops); Total output drops: 0
Queueing strategy: weighted fair
Output queue: 0/64/0 (size/threshold/drops)
        Conversations 0/4 (active/max active)
        Reserved Conversations 0/0 (allocated/max allocated)
5 minute input rate 0 bits/sec, 0 packets/sec
5 minute output rate 0 bits/sec, 0 packets/sec
        1433 packets input, 117056 bytes, 0 no buffer
        Received 0 broadcasts, 0 runts, 0 giants, 0 throttles
        0 input errors, 0 CRC, 0 frame, 0 overrun, 0 ignored, 0 abort
        714 packets output, 150299 bytes, 0 underruns
        0 output errors, 0 collisions, 11 interface resets
        0 output buffer failures, 0 output buffers swapped out
        0 carrier transitions
```

Na quinta linha da saída anterior, você pode ver que o LCP está aberto. A sexta linha mostra que o IPCP está aberto também. Poderemos deduzir do fato de o IPCP estar aberto porque o PPP está configurado para encapsular os pacotes IP nessa interface.

X.25

O X.25 é um protocolo de comutação de pacotes que suporta os SVCs e os PVCs que foram desenvolvidos pela primeira vez na década de 1970. A International Telecommunications Union (ITU) é uma agência das Nações Unidas que administra o protocolo X.25. Por causa da aceitação internacional do X.25, ele pode ser o protocolo WAN mais usado no mundo atualmente.

Como todos os protocolos de comutação de pacotes, o X.25 define basicamente uma rede para as comunicações de dados parecida com a rede telefônica e transmite dados usando circuitos virtuais. A comunicação entre os dois dispositivos começa com um dispositivo chamando o outro para estabelecer um SVC ou PVC, prossegue com a transferência de dados e finaliza com o término da chamada. O protocolo X.25 define uma comunicação de ponto a ponto entre o equipamento do terminal de dados (DTE) e o de término do circuito de dados (DCE). Os DTEs (como os roteadores Cisco) conectam os DCEs (como os modems), que conectam um ou mais comutadores WAN X.25 e, finalmente, outro DTE.

> **NOTA** *O equipamento de término do circuito de dados (DCE) é um dispositivo que forma o final da rede da interface do usuário para a rede. O DCE fornece uma conexão física com a rede, envia o tráfego e fornece um sinal de* clock *que é usado para sincronizar a transmissão dos dados entre os dispositivos DCE e DTE. O equipamento do terminal de dados (DTE) é um dispositivo na extremidade do usuário de uma interface da rede para o usuário que serve como uma fonte de dados, destino ou ambos. O DTE conecta uma rede de dados através de um dispositivo DCE (por exemplo: um modem) e geralmente usa os sinais do* clock *gerados pelo DCE.*

Uma chamada em uma rede X.25 começa com o DTE de origem fazendo uma chamada para o DCE ao qual está conectado. Os comutadores X.25 na rede decidem como rotear a chamada da origem para o destino. Todos os dados então são comutados do DTE de origem para o DTE de destino na rede X.25, como aparece na Figura 3-6.

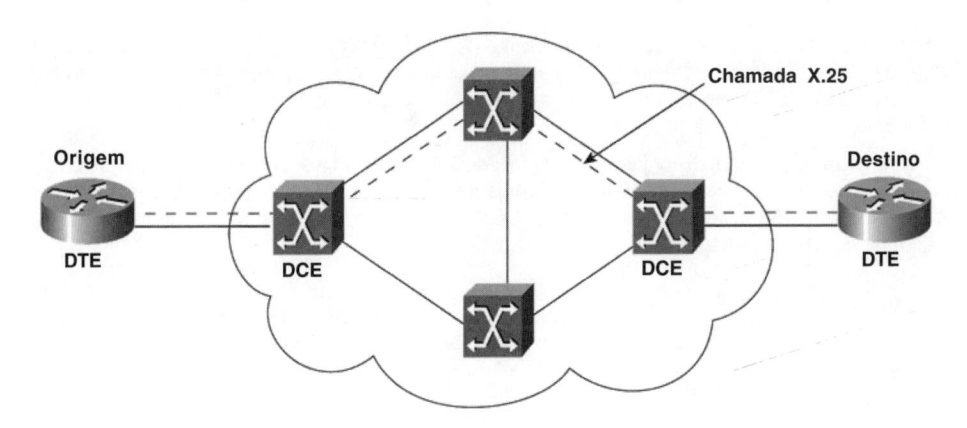

Figura 3-6 Uma rede X.25.

O protocolo X.25 usa um esquema de endereçamento chamado X.121. O ITU-T Recommendation X.121 especifica os formatos do endereço de origem e de destino para o protocolo X.25 na camada da ligação de dados. Os comutadores X.25 roteiam as chamadas no caminho de um circuito virtual com base nos endereços X.121 de origem e de destino.

Os endereços X.121 variam de comprimento e podem ter até 14 dígitos decimais. Os quatro primeiros dígitos do endereço X.121 são chamados de código de identificação da rede de dados (DNIC). Depois do DNIC, os dígitos restantes do endereço poderão ser usados como o administrador da rede decidir utilizá-los.

Subcomandos de configuração da interface X.25

A primeira etapa para usar o X.25 em uma interface serial Cisco é configurar a interface para que ela possa usar a encapsulação X.25 com o comando **encapsulation x25**.

Os endereços X.121 da ligação de dados X.25 não são marcados na ROM como os endereços LAN. Isso significa que o administrador da rede precisará informar a um roteador Cisco o endereço X.121 local em uma interface serial X.25, o que é conseguido com o subcomando de configuração da interface **x25 address**. Os comutadores X.25 de alguns revendedores requerem que você defina um tamanho de pacote máximo para os pacotes de entrada e de saída (o default é 128 bytes). Você poderá precisar configurar seu roteador Cisco com o devido tamanho do pacote de entrada (ips) e o devido tamanho do pacote de saída (ops) na interface serial com os comandos **x25 ips** e **x25 ops** para que operem devidamente em sua rede X.25.

As redes X.25 têm o tamanho da janela de entrada e de saída default para os pacotes usados pelos mecanismos de controle do fluxo. Você poderá precisar configurar o tamanho da janela de entrada default (win) e o tamanho da janela de saída (wout) para sua rede X.25 funcionar devidamente, assim como poderá precisar definir um tamanho do pacote máximo. (O tamanho da janela de entrada e de saída default é de dois pacotes.) Os subcomandos de configuração da interface IOS **x25 win** e **x25 wout** definem o tamanho da janela de entrada e de saída.

Você deverá consultar o revendedor de seu comutador X.25 para obter recomendações para o tamanho máximo do pacote e os parâmetros do tamanho máximo da janela. A coordenação desses parâmetros entre o DTE e o DCE é geralmente requerida para permitir que a camada da ligação de dados X.25 opere devidamente.

No exemplo a seguir, iremos configurar o roteador de São José com a encapsulação X.25 e um endereço da ligação de dados X.121 537000000001. Também especificaremos um tamanho do pacote de entrada e de saída com 256 bytes. Iremos especificar o tamanho da janela de entrada e de saída como sete pacotes.

```
San-Jose#configure
Configuring from terminal, memory, or network [terminal]?
Enter configuration commands, one per line. End with CTRL+Z.
San-Jose(config)#interface serial 1
San-Jose(config-if)#encapsulation x25
San-Jose(config-if)#x25 address 537000000001
San-Jose(config-if)#x25 ips 256
San-Jose(config-if)#x25 ops 256
San-Jose(config-if)#x25 win 7
San-Jose(config-if)#x25 wout 7
San-Jose(config-if)#^z
```

Observe os muitos subcomandos de configuração da interface que são necessários para configurar o roteador neste exemplo.

A seguinte saída **show interfaces** mostra uma interface do roteador usando a encapsulação X.25:

```
Serial 0 is up, line protocol is up
    Hardware is MCI Serial
    MTU 1500 bytes, BW 512 Kbit, DLY 20000 usec, rely 255/255, load 1/255
    Encapsulation X25-DTE, loopback not set, keepalive set
    LAPB state is CONNECT, T1 3000, N1 12000, N2 20, K7, TH 3000
    Window is closed
    IFRAMEs 12/28 RNRs 0/1 REJs 13/1 SABMs 1/13 FRMRs 3/0 DISCs 0/11
    Last input 0:00:00, output 0:00:00, output hang never
    Output queue: 0/40, 0 drops; input queue 0/75, 0 drops
    5 minute input rate 0 bits/sec, 1 packets/sec
    5 minute output rate 1000 bits/sec, 1 packets/sec
        261 packets input, 13212 bytes, 0 no buffer
        Received 33 broadcasts, 0 runts, 0 giants
        0 input errors, 0 CRC, 0 frame, 0 overrun, 0 ignored, 0 abort
        238 packets output, 14751 bytes, 0 underruns
        0 output errors, 0 collisions, 0 interface resets, 0 restarts
```

Na saída anterior, note que a encapsulação da interface é DTE X.25, na quarta linha. As três linhas seguintes fornecem as estatísticas Link Access Procedure, Balanced (LAPB). O LAPB é o protocolo da camada da ligação de dados usado pela pilha de protocolos X.25 baseada no HDLC. Se você quiser ver o status dos circuitos virtuais X.25 em um dispositivo Cisco, poderá usar o comando EXEC **show x25 vc**.

Frame Relay

O Frame Relay é um protocolo de comutação de pacotes WAN que foi desenvolvido pela primeira vez para ser usado na Integrated Services Digital Network (ISDN, analisada posteriormente neste capítulo). As propostas iniciais para os padrões Frame Relay foram apresentadas para o CCITT em 1984. Embora o padrão existisse, havia problemas com a interoperabilidade do revendedor e a tecnologia recebeu pouco suporte da indústria até o final da década de 1980.

Como o X.25, o Frame Relay é um protocolo de comutação de pacotes que tem PVCs e SVCs. A maioria das redes Frame Relay usa atualmente os PVCs porque os SVCs estão apenas começando a ser implementados. O Frame Relay usa a configuração de chamadas, a transferência de dados e o processo de término da chamada, como analisado anteriormente com o X.25. Os dispositivos finais, como os roteadores, fazem chamadas na rede Frame Relay. Depois da chamada ser estabelecida, o roteador transfere os dados e então fecha a chamada. No caso de um PVC, a chamada está sempre ativa, permitindo que o roteador envie os dados sem fazer uma chamada.

Da mesma maneira como o X.25 usa os endereços X.121, o Frame Relay usa os endereços denominados *identificadores da conexão da ligação de dados* (DLCI). Cada DLCI pode ter uma importância local ou global na rede Frame Relay. O uso mais comum atualmente é que cada DLCI tenha uma importância local apenas. Isso significa que, para um dispositivo como um roteador, o número DLCI em cada lado de um circuito virtual poderá ser igual já que o Frame Relay mapeia um número DLCI local para um circuito virtual em cada comutador na WAN. Um exemplo de rede Frame Relay é apresentado na Figura 3-7.

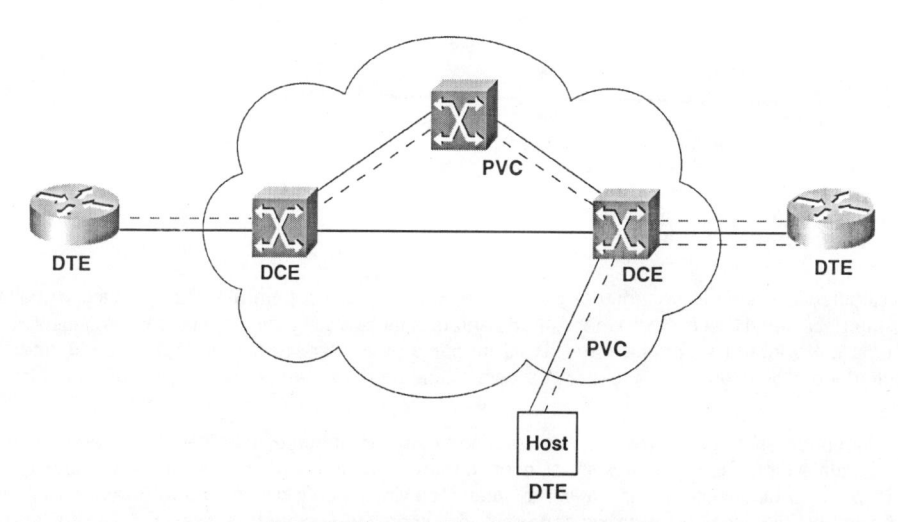

Figura 3-7 *Uma rede Frame Relay com PVCs.*

Em 1990, a Cisco, a Digital Equipment Corporation, a Northern Telecom e a StrataCom formaram um consórcio para se concentrarem no desenvolvimento e na interoperabilidade do Frame Relay. Esse grupo de revendedores obteve o protocolo Frame Relay básico no CCITT e acrescentou extensões aos recursos do protocolo que permitem aos dispositivos de rede da Internet se comunicarem facilmente com uma rede Frame Relay.

Esses recursos, que são chamados de Local Management Interface (LMI), permitem aos dispositivos DTE Frame Relay, como os roteadores, comunicarem-se com os dispositivos DCE Frame Relay e permitem que troquem as informações usadas para transmitir o tráfego de rede da Internet em uma WAN Frame Relay. As mensagens LMI fornecem informações sobre os valores DLCI atuais, a importância global ou local dos valores DLCI e o status dos circuitos virtuais.

> **NOTA** *O consórcio LMI desenvolvido pela Cisco, DEC, NT e StrataCom é agora conhecido como* the Gang-of-Four LMI *ou* Cisco LMI. *Além do consórcio LMI, o American National Standards Institute (ANSI) desenvolveu um LMI padrão chamado Annex-D que é usado no mundo nas redes Frame Relay.*

Subcomandos de configuração da interface Frame Relay

Para configurar o Frame Relay em uma interface serial Cisco, você começará utilizando o subcomando da interface **encapsulation frame-relay**. Então poderá usar o subcomando **frame-relay interface-dlci** para definir a DLCI na interface. Os dispositivos Cisco têm como default usar o LMI Cisco nas interfaces Frame Relay. Você poderá definir o tipo LMI acionando o subcomando da interface **frame-relay lmi-type**.

Usando a rede ZIP como exemplo, poderemos configurar o Frame Relay no roteador Singapura desta maneira:

```
Singapore#configure
Configuring from terminal, memory, or network [terminal]?
Enter configuration commands, one per line. End with CTRL+Z.
Singapore(config)#interface serial 0
Singapore(config-if)#encapsulation frame
Singapore(config-if)#frame-relay interface-dlci 100
Singapore(config-if)#frame-relay lmi-type ansi
Singapore(config-if)#^Z
```

A configuração Frame Relay anterior é uma configuração básica para um único circuito virtual em uma interface serial Cisco. Como mencionado anteriormente, você pode ter diversos circuitos virtuais em uma única interface serial e tratar cada um como uma interface separada, que é chamada de subinterface. Considere uma subinterface como uma interface de hardware definida pelo software IOS.

A vantagem de usar subinterfaces é que você pode atribuir diferentes características da camada da rede a cada subinterface e circuito virtual, como o roteamento IP em um circuito virtual e o roteamento AppleTalk em outro. Você poderá definir as interfaces virtuais com o comando **interface serial slot/port.number**. O parâmetro **number** especifica o número da subinterface associado a **slot/port**.

Os dois tipos de subinterfaces são *ponto a ponto* e *diversos pontos*. As subinterfaces de ponto a ponto são usadas quando um único circuito virtual conecta um roteador a outro. Considere uma subinterface de ponto a ponto como um circuito virtual que emula uma ligação serial dedicada. As subinterfaces com diversos pontos são usadas quando o roteador é o centro de uma estrela de circuitos virtuais, como se vê na Figura 3-8.

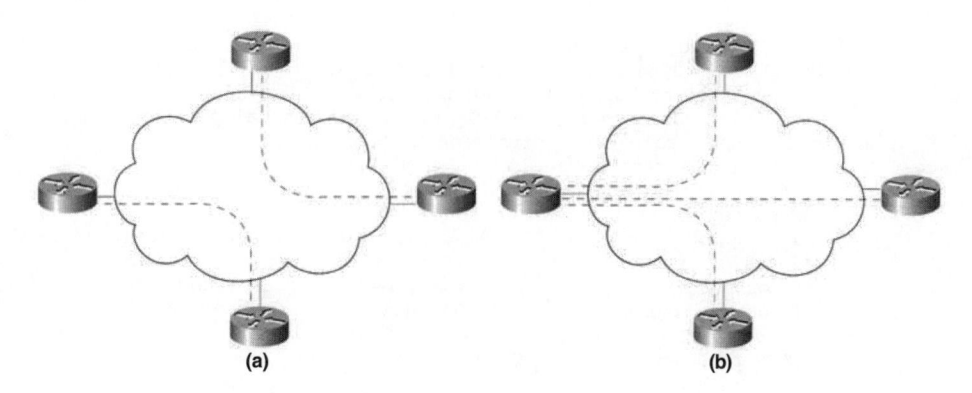

Capítulo 3 - O básico das interfaces do dispositivo | 65

Figura 3-8 As redes Frame Relay de ponto a ponto (a) e com diversos pontos (b).

Você poderá definir um número ilimitado de subinterfaces em uma dada interface física. (A memória do roteador é a única exceção.) Na exemplificação que se segue, definiremos a subinterface serial 0.100 no roteador Singapura:

```
Singapore#configure
Configuring from terminal, memory, or network [terminal]?
Enter configuration commands, one per line. End with CTRL+Z.
Singapore(config)#interface serial 0
Singapore(config-if)#encapsulation frame
Singapore(config-if)#interface serial 0.100 point-to-point
Singapore(config-subif)#frame-relay interface-dlci 100
Singapore(config-subif)#frame-relay lmi-type ansi
Singapore(config-subif)#^Z
```

DICA Sugerimos que você adote o esquema de numeração para os números da subinterface escolhida. Recomendamos fazer com que o número da subinterface coincida com o número DLCI do circuito virtual.

Para exibir o status de uma interface Frame Relay, você poderá usar o comando **show interfaces**. A seguir, está a saída do comando **show interfaces s 0** no roteador da rede ZIP de Singapura:

```
Serial0 is up, line protocol is up
    Hardware is HD64570
    MTU 1500 bytes, BW 256 Kbit, DLY 20000 usec, rely 255/255, load 1/255
    Encapsulation FRAME-RELAY, loopback not set, keepalive set (10 sec)
    LMI enq sent 459618, LMI stat recvd 459618, LMI upd recvd 0, DTE LMI up
    LMI enq recvd 0, LMI stat sent 0, LMI upd sent 0
    LMI DLCI 100  LMI type is CISCO  frame relay DTE
    Broadcast queue 0/64, broadcasts sent/dropped 121505/0, interface
    broadcasts 121505
    Last input 00:00:00, output 00:00:00, output hang never
    Last clearing of "show interface" counters never
    Input queue: 0/75/0 (size/max/drops); Total output drops: 0
```

```
Queueing strategy: weighted fair
Output queue: 0/64/0 (size/threshold/drops)
         Conversations 0/9 (active/max active)
         Reserved Conversations 0/0 (allocated/max allocated)
5 minute input rate 1000 bits/sec, 1 packets/sec
5 minute output rate 0 bits/sec, 1 packets/sec
         34278826 packets input, 2790079482 bytes, 0 no buffer
         Received 0 broadcasts, 0 runts, 0 giants
         17 input errors, 7 CRC, 9 frame, 0 overrun, 0 ignored, 1 abort
         29613202 packets output, 1145345093 bytes, 0 underruns
         0 output errors, 0 collisions, 1 interface resets
         0 output buffer failures, 0 output buffers swapped out
         0 carrier transitions
         DCD=up DSR=up DTR=up RTS=up CTS=up
```

Você pode ver a encapsulação da interface definida para Frame Relay na quarta linha do código anterior. As informações LMI seguem nas linhas subseqüentes. Depois vem a saída de **show interfaces s 0.100**, que examina o status da subinterface:

```
Serial0.100 is up, protocol is up
   Hardware is HD64570
   MTU 1500 bytes, BW 256 Kbit, DLY 20000 usec, rely 255/255, load 1/255
   Encapsulation FRAME-RELAY
```

A saída anterior é muito mais curta que um comando **show interfaces** normal porque uma subinterface herda todos os contadores de diagnóstico da interface maior à qual está associada – neste caso, a interface serial0.

Você poderá examinar o status dos circuitos virtuais Frame Relay usando o comando EXEC **show frame pvc** ou **show frame svc** *listamapa*. Os SVCs requerem a opção *listamapa* que lista o mapeamento do dispositivo atual para outros dispositivos a chamar e estabelece os SVCs. A saída de amostra para o PVC com o DLCI 100 no roteador da rede ZIP de Singapura é:

```
PVC Statistics for interface Serial 0 (Frame Relay DTE)

DLCI = 100, DLCI USAGE = LOCAL, PVC STATUS = ACTIVE, INTERFACE = Serial0.100

    input pkts 34263984 output pkts 29648752 in bytes 3135739012
    out bytes 1083480465 dropped pkts 93 in FECN pkts 170
    in BECN pkts 11741 out FECN pkts 0 out BECN pkts 0
    in DE pkts 15741022 out DE pkts 0
    pvc create time 7w5d, last time pvc status changed 1d10h
```

Asynchronous Transfer Mode

O Asynchronous Transfer Mode (ATM) é um padrão definido pelo ITU-T para o relé da célula. No caso do ATM, todas as células têm 53 bytes de comprimento.

Usando o relé da célula, o ATM é designado para lidar com diversos tipos de serviços da rede, inclusive voz, vídeo e dados. Uma rede ATM inclui comutadores ATM (dispositivos DCE) e extremidades ATM (dispositivos DTE). As extremidades enviam informações para os comutadores ATM, que segmentam as informações nas células e comutam as células na rede. Esse processo é igual para todos os três tipos de tráfego lidados pela rede ATM.

O ITU-T baseou o ATM no padrão Broadband Integrated Services Digital Network (BISDN), que era inicialmente designado a enviar voz, vídeo e dados em uma rede pública. Uma fusão de empresas formou o Forum ATM, que lançou especificações para a interoperabilidade de diversos revendedores e extensões do ATM para redes públicas e privadas. Até o momento, o Forum ATM escreveu três versões da User-Network Interface (UNI), um protocolo parecido em conceito com a LMI Frame Relay que padroniza a comunicação entre os dispositivos ATM e comutadores. O Forum ATM também lançou documentos definindo comunicações padrões entre os comutadores ATM (chamados de Private Network-to-Network Interface ou PNNI) e um método para emular arquiteturas LAN clássicas em uma rede ATM que é chamado de LAN Emulation (LANE).

Como as tecnologias de comutação de pacotes que vimos nas seções anteriores deste capítulo, o ATM fornece dois tipos de circuitos virtuais baseados em conexões: PVCs e SVCs. O ATM também tem um serviço sem conexão permitindo que ele opere de modo semelhante a uma tecnologia LAN. O ATM fornece serviços baseados em conexão e sem conexão usando canais virtuais. Um canal virtual é parecido com um circuito virtual no X.25 ou Frame Relay.

A rede ATM define conexões na rede ATM como caminhos virtuais, que são identificados pelos números do identificador do caminho virtual (VPI). Um caminho virtual é um conjunto de canais virtuais que são comutados na rede ATM com base no mesmo VPI. Você poderá considerar um caminho virtual como um mecanismo de agrupamento para definir a rota para uma série de canais virtuais.

Um canal virtual é identificado pela combinação de um VPI e um identificador do canal virtual (VCI). O VPI define o caminho que o canal virtual adota na rede e o VCI é exclusivo para cada conexão no VPI. Os números VPI e VCI têm apenas uma importância local, exatamente como os números DLCI para o Frame Relay geralmente têm apenas uma importância local. Os comutadores ATM mapeiam os números VPI/VCI em uma determinada ligação até o próximo dispositivo na conexão (na direção do destino).

As redes ATM colocam os caminhos virtuais em grupos denominados *caminhos de transmissão*. Um caminho de transmissão contém caminhos virtuais que, por sua vez, contêm canais virtuais, como apresentado na Figura 3-9.

Figura 3-9 *A relação entre os canais virtuais ATM, caminhos virtuais e caminhos de transmissão.*

As redes ATM podem usar dois tipos diferentes de endereçamento, um baseado no endereço E.164 (um esquema de endereçamento parecido com os números de telefone) e outro baseado nos endereços de ponto de acesso do serviço da rede (NSAP) OSI. O esquema de endereçamento E.164 foi desenvolvido pelo ITU-T e o esquema de endereçamento NSAP foi adicionado pelo Forum ATM. É comum usar o endereçamento E.164 nas redes ATM públicas que são fornecidas pelos portadores de telecomunicações e usar o endereçamento NSAP nas redes ATM privadas, como uma que conecta os comutadores ATM e os dispositivos de rede da Internet.

Como observado anteriormente, o ATM é designado para lidar com a voz, vídeo e serviços de dados. Para ocultar algumas complexidades do protocolo ATM desses serviços da camada superior, o ATM definiu três camadas de adaptação ATM. As camadas de adaptação ATM (AAL) são protocolos que ficam no modelo de referência OSI na parte superior da camada da ligação de dados. Essas camadas, cada uma chamada de AAL, são responsáveis pelo fornecimento de vários serviços ATM para os protocolos da camada da rede. AAL1 é um serviço baseado em conexões, usualmente utilizado para emular circuitos dedicados na rede ATM. As aplicações AAL1 comuns são as conexões de voz ou vídeo. A próxima AAL, AAL3/4, suporta os dados baseados em conexão e sem conexão. Muitas conexões AAL 3/4 são usadas pelos provedores de serviço da rede para os dados sem conexão. A AAL 3/4 é designada para se integrar facilmente a uma rede Switched Multimegabit Data Service (SMDS), outra tecnologia de relé da célula padrão. A AAL5, a terceira AAL, também suporta o serviço baseado em conexão e sem conexão. A AAL5 é usada para transferir informações que não precisam se integrar facilmente na SMDS, como os dados em uma LAN privada ou WAN. Atualmente, a maioria das conexões ATM nas redes da Internet privadas usa a AAL5.

Outro recurso do ATM é que ele suporta as garantias de qualidade do serviço (QoS) na rede. Cada dispositivo ATM interage com a rede ATM para fornecer uma certa qualidade de serviço para cada caminho virtual baseado em um contrato do tráfego, forma do tráfego e estratégia do tráfego. Um contrato do tráfego especifica as exigências do canal virtual, como a largura de banda de pico, a largura de banda suportada média e o tamanho do burst. A forma do tráfego controla o fluxo do tráfego para que caiba no contrato do tráfego limitando os bursts de dados, transmitindo células em um fluxo consistente e limitando as velocidades dos dados nos picos. A estratégia do tráfego aplica o contrato do tráfego examinando o fluxo do tráfego atual e comparando-o com o contrato do tráfego. Os procedimentos da estratégia do tráfego podem permitir que os comutadores descartem as células se elas violarem o contrato do tráfego em uma situação de congestionamento. Esses recursos QoS do ATM tornam o protocolo eficiente ao lidar com as várias exigências dos dados de uma rede combinada de voz, vídeo e dados.

Subcomandos de configuração da interface ATM

As interfaces ATM Cisco são dedicadas aos processadores da interface (ou adaptadores da porta em uma placa VIP). Isso significa que você não precisa especificar o subcomando da interface **encapsulation** para as interfaces ATM; a encapsulação ATM é tudo que é suportado pelo hardware. Você precisará especificar os circuitos virtuais que existem em uma dada interface usando o subcomando da interface **atm pvc**. A seguinte saída mostra a configuração do PVC 1 usando o VPI 0 e VCI 100 para um canal virtual AAL5:

```
Router#configure
Configuring from terminal, memory, or network [terminal]?
Enter configuration commands, one per line. End with CTRL+Z.
Router(config)#int atm2/0
Router(config-if)#atm pvc 1 0 100 aal5snap
Router(config-if)#^Z
```

Você poderá examinar o status de uma interface ATM usando o comando **show interfaces**. A seguir está a saída de **interface atm2/0** para a configuração anterior:

```
ATM2/0 is up, line protocol is up
     Hardware is cxBus ATM
     MTU 4470 bytes, BW 10000 Kbit, DLY 100 usec, rely 255/255, load 1/255
```

Capítulo 3 - O básico das interfaces do dispositivo | 69

```
Encapsulation ATM, loopback not set, keepalive set (10 sec)
Encapsulation(s).: AAL5, PVC mode
256 TX buffers, 256 RX buffers, 1024 Maximum VCs, 1 Current VCs
Signalling vc = 1, vpi = 0, vci = 100
ATM NSAP address: BC.CDEF.01.234567.890A.BCDE.F012.3456.7890.1234.13
Last input 0:00:05, output 0:00:05, output hang never
Last clearing of "show interface" counters never
Output queue 0/40, 0 drops; input queue 0/75, 0 drops
Five minute input rate 0 bits/sec, 0 packets/sec
Five minute output rate 0 bits/sec, 0 packets/sec
    144 packets input, 3148 bytes, 0 no buffer
    Received 0 broadcasts, 0 runts, 0 giants
    0 input errors, 0 CRC, 0 frame, 0 overrun, 0 ignored, 0 abort
    154 packets output, 4228 bytes, 0 underruns
    0 output errors, 0 collisions, 1 interface resets, 0 restarts
```

Na saída anterior, você pode ver a encapsulação ATM definida na quarta linha, a encapsulação AAL5 e o modo PVC, na quinta linha, e os números VC, VPI e VCI, na sétima linha. Essa interface também está configurada para um endereço NSAP ATM, como você pode ver na oitava linha.

Digital Subscriber Line

A *Digital Subscriber Line* (*DSL*) é uma tecnologia que ficou popular nos últimos anos e tem a capacidade de fornecer uma largura de banda com alta capacidade dedicada para os usuários finais. A DSL utiliza uma topologia de rede de estrela, com o centro da estrela tendo conexões dedicadas para os nós-folhas com fio de cobre com par trançado. A largura de banda entre os nós-folhas e o centro da estrela pode variar de 64 Kbps a 8 Mbps, dependendo das características do fio de cobre com par trançado, das interconexões físicas, da distância na qual o sinal viaja, das interconexões mínimas e da tecnologia DSL específica usada. As distâncias mais curtas, as interconexões mínimas e o fio de cobre grande podem produzir velocidades de transmissão de dados mais rápidas.

Muitas tecnologias DSL diferentes estão em uso atualmente. Na indústria, o termo *xDSL* refere-se a um número de diferentes formas de DSL, como Asymmetric Digital Subscriber Line (ADSL), Symmetric Digital Subscriber Line (SDSL) e Very High Data Rate Digital Subscriber Line (VDSL).

A tecnologia ADSL fornece uma largura de banda assimétrica entre o centro da estrela e um nó-folha. A transmissão de dados do centro da estrela para o nó-folha é mais rápida (geralmente pelo menos três vezes tão rápida) que o caminho oposto. A ADSL é um serviço atraente para um provedor do serviço Internet (ISP) oferecer para os usuários finais porque os usuários da Internet em geral carregam mais dados do que transmitem. O ISP é o centro da topologia de estrela DSL e os usuários representam os nós-folhas nessa configuração. O ISP conecta o fio com par trançado a um modem ADSL em cada extremidade para formar um circuito. No fio com par trançado, um modem ADSL cria três canais separados: 1) o canal de fluxo inferior 2) o canal duplex e 3) um canal de serviço de telefone básico. Um provedor do serviço ADSL pode usar todos os três canais para fornecer dados e serviço de telefone para o usuário final.

O equipamento da rede, como os roteadores e pontes, geralmente conecta um modem ADSL usando uma tecnologia WAN como ATM ou Frame Relay. Cada usuário final, ou algumas vezes cada canal por usuário final, aparece para o equipamento da rede como um circuito virtual separado. Em uma interface WAN com alta velocidade para um modem ADSL, um roteador pode suportar um grande número de circuitos virtuais e usuários correspondentes, como aparece na Figura 3-10.

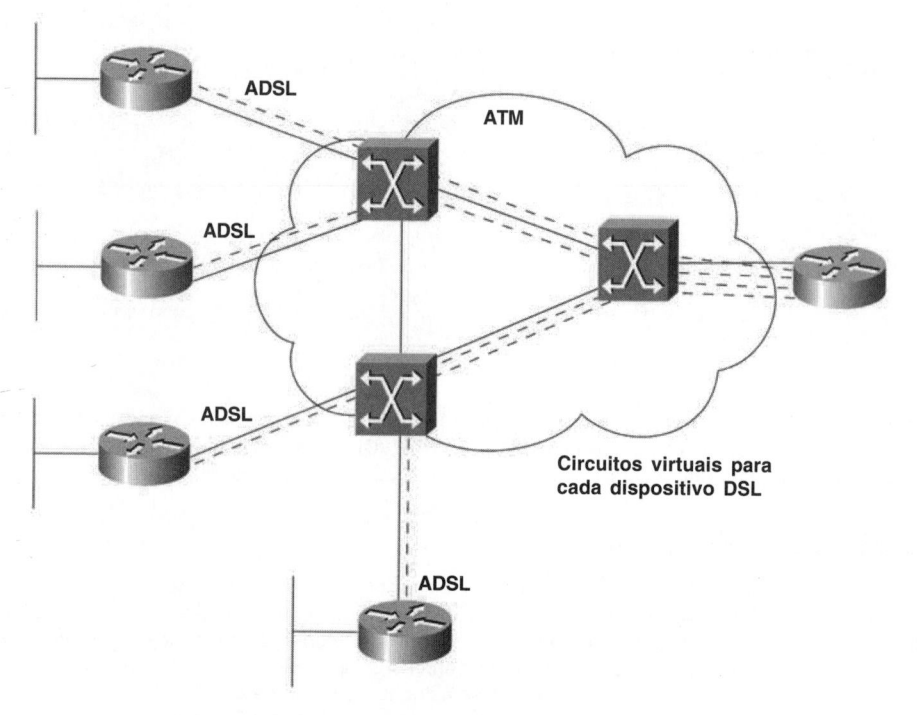

Figura 3-10 *Uma rede ADSL conectada a uma interface ATM Cisco com circuitos virtuais separados para cada dispositivo DSL.*

No mercado atual, os ISPs estão oferecendo apenas os serviços de dados assimétricos para os usuários finais que usam a ADSL, mas é previsto que os ISPs poderão começar a oferecer, num futuro próximo, um serviço de telefone local. Muitos fatores, inclusive questões de regulamentação, podem afetar drasticamente esse futuro.

A SDSL fornece a mesma quantidade de largura de banda em ambas as direções (parecido com qualquer outro circuito duplex) entre o centro da estrela e os nós-folhas. A SDSL é uma tecnologia que muitos pequenos negócios estão usando para as conexões entre os escritórios e as conexões com a Internet. Os ISPs e outros provedores fornecem e conectam os circuitos SDSL de uma maneira parecida com a ADSL. A principal diferença é que os modems, em cada extremidade do fio com par trançado, fornecem um canal de dados simétrico.

A VDSL, a Very High Data Rate Digital Subscriber Line, permite conexões com alta largura de banda em uma distância curta de linhas de telefone de cobre com par trançado. Como as outras formas de DSL, a velocidade real varia com o comprimento do cobre com par trançado entre os modems DSL. Atualmente, a VDSL ainda é uma tecnologia em desenvolvimento, mas as altas velocidades de dados permitiria uma riqueza de novos serviços para os provedores DSL. Os desenvolvedores da VDSL prevêem que as velocidades da largura de banda entre 13 Mbps e 55 Mbps sejam uma possibilidade. O desenvolvimento inicial da VDSL muito provavelmente será assimétrico como a ADSL, com a largura de banda com fluxo superior, entre 1.6 Mbps e 2.5 Mbps.

A Cisco fabrica uma série de roteadores, a série 600, que tem interfaces DSL. Os roteadores da série Cisco 600 podem agir como a Ethernet para as pontes DSL e roteadores ou podem ser modems para as conexões ADSL e SDSL. No momento, a série Cisco 600 opera usando uma variante IOS chamada Cisco Broadband Operating System (CBOS). A configuração do CBOS é diferente do IOS, mas a Cisco planeja alterar a interface do usuário do CBOS para ser compatível com o IOS. Usar uma combinação dos produtos IOS e CBOS permitirá construir uma rede em vários ambientes.

Integrated Services Digital Network

A Integrated Services Digital Network é uma tecnologia WAN baseada em conexões. Ela usa a telefonia digital para digitalizar a voz, dados, vídeo e outras informações nos fios de telefone existentes. Atualmente, muitas portadoras de telefone no mundo oferecem o ISDN como um serviço de assinatura digital para os usuários terem acesso à Internet, para as chamadas telefônicas de voz e para a videoconferência. O resultado de configurar uma rede ISDN é a capacidade dos dispositivos ISDN fazerem chamadas telefônicas na rede da portadora de telefone que transmitem muitos tipos de dados. Conceitualmente, você pode querer considerar o ISDN como um modem digital que pode transmitir diversos tipos de dados.

Os dispositivos que conectam a rede ISDN são os terminais. Os dois tipos de terminais são os que compreendem os padrões ISDN, que são chamados de equipamento terminal tipo 1 (TE1) e os que pré-datam os padrões ISDN, que são chamados de equipamento terminal tipo 2 (TE2). Os TE2 conectam a rede ISDN usando um adaptador do terminal (TA). Os TE1 não precisam de um TA. A próxima etapa ao se comunicar com a rede ISDN é conectar um dispositivo de terminação da rede tipo 1 (NT1) ou de terminação da rede tipo 2 (NT2). Ambos os tipos de dispositivos de terminação da rede convertem a fiação usada na rede da portadora de telefone (quatro fios) na fiação mais encontrada nas casas e negócios no mundo (loop local com dois fios).

Na América do Norte, é comum encontrar um NT1 em um local do usuário e dentro de um dispositivo de rede. A maioria das conexões ISDN na América do Norte, a partir das placas ISDN nos PCs ou a partir dos roteadores ISDN, usa um NT1 predefinido. Em qualquer outro lugar, a portadora do telefone fornece o NT1; ele não faz parte do dispositivo ISDN no local do usuário. O NT2, que adiciona a funcionalidade da camada da ligação de dados e da camada da rede a um NT1, geralmente é usado com os dispositivos de troca de desvios privados de conexão (PBX). A relação entre esses componentes ISDN pode ser vista na Figura 3-11.

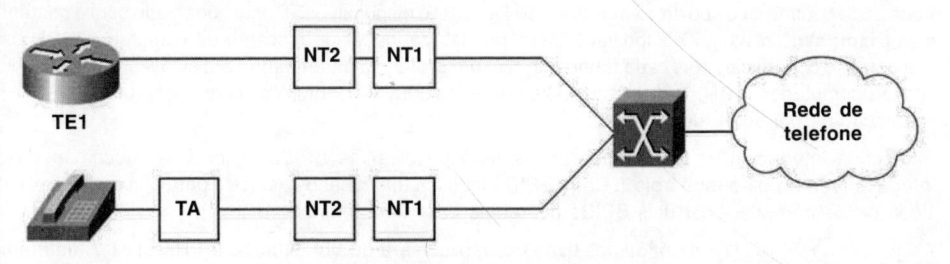

Figura 3-11 *Os componentes de uma rede ISDN.*

O ISDN fornece dois tipos de serviços para os dispositivos: Basic Rate Interface (BRI) e Primary Rate Interface (PRI). Uma interface BRI ISDN oferece dois *canais B* e um *canal D* (2B+D). O serviço do canal B BRI, que opera em 64 Kbps, é usado para transmitir os dados do usuário. O serviço do canal D, que opera em 16 Kbps, normalmente é usado para transferir as informações de controle ISDN. O canal D BRI pode ser configurado para transmitir os dados do usuário sob algumas circunstâncias. (Geralmente é usado para transmitir o tráfego X.25 na Europa.) Usando um único canal B, uma interface BRI pode transferir dados em 64 Kbps, mas usando ambos os canais B, o ISDN pode conseguir velocidades de transferência de 128 Kbps.

Uma PRI ISDN oferece 23 canais B em 64 Kbps cada um e um canal D, também operando em 64 Kbps, na América do Norte e no Japão. Isso significa que uma interface PRI pode ser usada para fazer 23 chamadas de telefones digitais diferentes. Na Europa, Austrália e em outras partes do mundo, a PRI ISDN fornece 30 canais B e 1 canal D em 64 Kbps cada um.

Um identificador de perfil do serviço (SPID) é um número que algumas portadoras de telefone usam para definir os serviços disponíveis para um dispositivo ISDN. Em muitos casos, o número SPID é o equivalente do número de telefone do dispositivo ISDN. O dispositivo ISDN fornece o SPID para o comutador ISDN, que então permite ao dispositivo acessar a rede para o serviço BRI ou PRI. Sem fornecer um SPID válido, muitos comutadores ISDN não permitem que um dispositivo ISDN faça uma chamada na rede.

Subcomandos de configuração da interface ISDN

A configuração do ISDN nos dispositivos IOS Cisco requer que você informe ao dispositivo o tipo de comutador ISDN ao qual está conectado. Essa exigência é necessária porque o terminal ISDN precisa se comunicar com o comutador ISDN de cada revendedor diferente de uma maneira patenteada.

NOTA	*Você poderá encontrar todos os tipos de comutadores ISDN disponíveis para o dispositivo IOS que está usando acessando o sistema Help do IOS com o comando de configuração* **isdn switch-type?** *Sua portadora do telefone deverá informar a qual tipo está conectado quando pedir o serviço ISDN.*

Você pode configurar o tipo de comutador ISDN ao qual o dispositivo IOS está conectado com o comando maior **isdn switch-type**. O dispositivo Cisco precisa conhecer o fabricante do comutador ISDN com o qual irá se comunicar, pois cada fabricante tem um protocolo patenteado para sinalizar. Sem o devido tipo de comutador ISDN, o dispositivo Cisco não poderá se comunicar com o comutador ISDN na instalação da portadora de telefone.

Para cada interface BRI ISDN, você precisará especificar os SPIDs usando os subcomandos da interface **isdn spid1** e **isdn spid2**. Cada SPID identifica um canal B exclusivo para o comutador ISDN. Você precisará especificar dois SPIDs diferentes para uma interface BRI.

Para usar a PRI ISDN em um dispositivo Cisco, precisará de uma interface PRI ISDN. Atualmente esse tipo de interface é suportado nos roteadores de ponta e medianos e servidores de acesso como os roteadores da série Cisco 3600, Cisco 4000 e Cisco 7000 e os servidores de acesso Cisco 5300.

A PRI comunica-se com o comutador ISDN através de um controlador T1. Um controlador T1 é um conjunto de software da ligação de dados que lida com a sinalização da ligação de dados na interface. Você precisará esclarecer as informações específicas da ligação de dados para o controlador T1, como o método de quadros e o método de codificação da linha. Na exemplificação que se segue, iremos configurar um controlador T1 em **interface serial 1/0** para o quadro Extended Superframe (ESF), a codificação da linha de substituição de 8 zeros binária (B8ZS) e uma PRI ISDN usando 24 slots de sincronização. O ESF é um tipo de quadro usado nos circuitos T1. Consiste em 24 quadros com 192 bits de dados cada um, com o 193º bit fornecendo a sincronização e outras funções. B8ZS é um mecanismo de codificação da linha que assegura uma densidade de uns em uma ligação substituindo um código especial quando 8 zeros consecutivos são enviados e então remove o código especial na extremidade remota da conexão.

```
Router#configure
Configuring from terminal, memory, or network [terminal]?
Enter configuration commands, one per line. End with CTRL+Z.
Router(config)#controller T1 1/0
Router(config-if)#framing esf
Router(config-if)# linecode b8zs
Router(config-if)#pri-group timeslots 1-24
Router(config-if)#^Z
```

No exemplo seguinte, será feita a configuração da interface BRI0 no servidor de acesso da rede ZIP em Seul para se comunicar com o comutador Northern Telecom DMS100 ao qual está anexado. Também será configurada a interface ISDN para encapsular os dados no PPP depois de uma chamada digital ser feita. Será preciso, ainda, especificar a encapsulação PPP porque o ISDN especifica o método usado para estabelecer a chamada de telefone digital, não a encapsulação da camada da ligação de dados para os pacotes nessa tecnologia:

```
Seoul-AS1#configure
Configuring from terminal, memory, or network [terminal]?
Enter configuration commands, one per line. End with CTRL+Z.
Seoul-AS1(config)#isdn switch-type basic-dms100
Seoul-AS1(config)#interface bri0
Seoul-AS1(config-if)# encapsulation ppp
Seoul-AS1(config-if)#isdn spid1 8864567832
Seoul-AS1(config-if)#isdn spid2 8864567833
Seoul-AS1(config-if)#^Z
```

Você poderá exibir o status de uma interface ISDN com o comando **show interfaces**. No próximo exemplo, iremos examinar o status da interface BRI0 no servidor de acesso Seoul-AS1:

```
BRI0 is up, line protocol is up (spoofing)
    Hardware is BRI with U interface and external S bus interface
    MTU 1500 bytes, BW 64 Kbit, DLY 20000 usec, rely 255/255, load 1/255
    Encapsulation PPP, loopback not set
    Last input 00:00:02, output never, output hang never
    Last clearing of "show interface" counters never
    Queueing strategy: fifo
    Output queue 0/40, 0 drops; input queue 0/75, 0 drops
    5 minute input rate 0 bits/sec, 0 packets/sec
    5 minute output rate 0 bits/sec, 0 packets/sec
        644807 packets input, 2938029 bytes, 0 no buffer
```

```
Received 0 broadcasts, 0 runts, 0 giants
0 input errors, 0 CRC, 0 frame, 0 overrun, 0 ignored, 0 abort
700200 packets output, 3329945 bytes, 0 underruns
0 output errors, 0 collisions, 5 interface resets
0 output buffer failures, 0 output buffers swapped out
3 carrier transitions
```

Observe, na primeira linha dessa saída, que a interface BRIO é mostrada como *spoofing*. Spoofing significa que a interface ISDN sempre pretende estar ativada para rotear os pacotes, mesmo que não possa ter uma chamada digital válida feita. A interface ISDN engana o protocolo de roteamento e outro software no dispositivo IOS levando-a acreditar que a interface está ativada e sendo executada de modo que a interface ISDN recebe pacotes e então faz uma chamada digital com a rede ISDN. Depois de a chamada ser feita, a interface fica ativada (e não está enganando) por um período de tempo até que a chamada fique inativa. Então a interface corta a chamada e retorna para o modo *spoof* (engano) até que precise fazer outra chamada digital para rotear os dados. Esse mecanismo – fingir que a interface está ativada, discando a chamada digital para transmitir os dados e depois cortando a chamada quando inativa – é denominado *roteamento de discagem em demanda*. Na quarta linha da saída anterior, você pode ver que a interface ISDN está usando a encapsulação PPP.

Resumo

Os comandos básicos da configuração IOS para cada protocolo LAN e WAN analisado neste capítulo estão resumidos na Tabela 3-2 e na lista seguinte. Agora que você compreende as tecnologias LAN e WAN, que operam na camada da ligação de dados do modelo de referência OSI, iremos analisar a camada da rede e configurar os dispositivos IOS Cisco para o Internet Protocol (IP).

- ◆ O comando maior **interface** é usado para identificar uma interface pelo nome e para começar a configurá-la. Há convenções de nomenclatura para os dispositivos fixos, os dispositivos com placas da interface intercambiáveis e dispositivos com placas VIP.
- ◆ Adicionar uma descrição de cada interface com o subcomando **description** é recomendado para uma administração eficiente e para manter o registro. A descrição aparece na saída **show interfaces** para uma interface.
- ◆ O comando **shutdown** faz com que uma interface esteja desativada administrativamente.
- ◆ O subcomando **encapsulation** especifica o formato dos dados enviados e o protocolo da ligação de dados para uma interface. As interfaces LAN não requerem essa configuração em geral, mas as interfaces WAN, normalmente, sim.

Tabela 3-2 *O resumo dos comandos da configuração IOS para LAN e WAN.*

Protocolo	Comandos relevantes	Descrição/finalidade
Ethernet e Fast Ethernet	media-type {aui, 10baseT, mii, 100basex}	Informa ao roteador qual conexão está ativa na interface: AUI, RJ-45 ou MII.
Fast Ethernet e Gigabit Ethernet	full-duplex	Permite a comunicação full duplex em uma interface.
Token Ring	ring-speed{4 | 16}	Especifica a velocidade do anel como 4 Mbps ou 16 Mbps.
	early-token-ring	Permite uma liberação da ficha antecipada em uma interface.

Tabela 3-2 *O resumo dos comandos da configuração IOS para LAN e WAN (continuação).*

Protocolo	Comandos relevantes	Descrição/finalidade
X.25	x25 address *endereço x121*	Define o endereço X.121 local em uma interface serial X.25.
	x25 ips; x25 ops	Configura, respectivamente, o tamanho do pacote de entrada e o tamanho do pacote de saída na interface serial.
	x25 win; x25 wout	Configura, respectivamente, o tamanho da janela de entrada e o tamanho da janela de saída.
Frame Relay	frame-relay interface-dlci	Define o endereço DLCI na interface.
	frame-relay lmi-type	Define o tipo LMI na interface.
ATM	atm pvc	Especifica os circuitos virtuais permanentes que existem em uma certa interface.
DSL	set bridging	Define as opções de ponte em um Cisco600 (CBOS apenas).
	set interface	Define os parâmetros da interface em um Cisco600 (CBOS apenas).
ISDN	isdn switch-type	Especifica o tipo de comutador ao qual o dispositivo IOS está conectado.
	isdn spid1; isdn spid2	Especifica os números SPID para cada interface BRI.
	pri-group timeslots	Especifica os slots de sincronização relevantes para a interface do controlador.
T1	framing	Especifica o protocolo do quadro para os canais na interface do controlador.
	linecode	Especifica o protocolo de codificação da linha para os canais na interface do controlador.

Tabela 3-3 *O resumo dos comandos EXEC para LAN e WAN.*

Comando	Descrição
show frame pvc	Exibe as estatísticas para os circuitos virtuais permanentes Frame Relay.
show frame *listamapa svc:*	Exibe as estatísticas para os circuitos virtuais comutados Frame Relay.
show interfaces	Exibe as estatísticas para as interfaces do dispositivo.
show x25 vc	Exibe as estatísticas para os circuitos virtuais X.25.

Referências

As seguintes referências exploram mais os assuntos neste capítulo:

Cisco Systems e outros. *Internetworking Technologies Handbook*, Third Edition. Indianapolis Indiana: Cisco Press, 2001.

Stallings, W. *Networking Standards: A Guide to OSI, ISDN, LAN e MAN Standards*. Reading, Massachusetts: Addison-Wesley Publishing Company, 1993.

CAPÍTULO 4

Endereçamento TCP/IP – Os fundamentos da estrutura de endereço e das classes da rede do protocolo IP.

Como configurar os endereços IP – Uma visão geral da seleção e organização do espaço de um endereço. Também fornece exemplos da configuração do endereço para diferentes tipos de LAN e WAN.

Configuração do roteamento IP – O básico da configuração do roteamento, inclusive as rotas estáticas, o roteamento sem classes, rotas de resumo e defaults e os comandos show afins.

Como configurar os protocolos de roteamento IP – As características dos protocolos de roteamento dinâmico maiores e os exemplos da configuração básica para cada um. E mais, os comandos distribute-list, passive-interface e no auto-summary são apresentados.

Como configurar o filtro IP por meio de listas de acesso – Como controlar o acesso da rede e a segurança usando os comandos access-list, ip access list e access-group.

Como configurar os serviços de discagem IP básicos – Como configurar o acesso remoto para as conexões assíncronas e ISDN.

Como verificar a conectividade IP e a solução de problemas – Como identificar os problemas da conectividade usando os comandos show, ping, trace e debug.

Como configurar outras opções IP – Exemplos de configuração para os serviços de nome do domínio, o envio da transmissão pública, o IOS DHCP Server e o Hot Standby Router Protocol.

O básico do TCP/IP

Neste capítulo, examinaremos a configuração e a definição do popular Transmission Control Protocol/Internet Protocol, comumente referido como TCP/IP, para os dispositivos Cisco IOS. Desenvolvido em meados dos anos 1970 como um projeto Defense Advanced Research Projects Agency (DARPA) para fornecer serviços de comunicação em toda a nação para instalações de pesquisa e universidades, o TCP/IP apareceu como o protocolo padrão de fato para os sistemas de computador diferentes em rede.

Este capítulo começa com uma pequena visão geral de alguns fundamentos do TCP/IP, inclusive o endereçamento, as classes da rede e a organização do espaço do endereço de sua rede. Contudo, o foco deste capítulo está em configurar o TCP/IP para o Cisco IOS. Para obter um tratamento mais completo do TCP/IP, recomendamos que você consulte um dos diversos volumes atualmente disponíveis (veja a seção "Referências" no final deste capítulo).

Endereçamento TCP/IP

Esta seção apresenta a estrutura do endereço IP, inclusive a rede, sub-rede e partes do host. Explicaremos como um usuário determina qual endereçamento IP usar e quais comandos da configuração são requeridos para implementar o esquema de endereços desejado.

Estrutura do endereço

O TCP/IP é uma coleção de protocolos de comunicação que define como os diferentes computadores são endereçados na rede, quais métodos são usados para mover as informações de um computador para outro e alguns serviços que estão disponíveis entre os computadores. O roteador lida basicamente com a camada da rede (IP) e as camadas de transporte (UDP e TCP) ao executar suas funções de roteamento e comutação.

Padrões TCP/IP

O TCP/IP é geralmente descrito como um *padrão aberto*, que significa que nenhuma empresa ou pessoa exclusiva controla as especificações do protocolo ou o modo como ele opera. Ao contrário, um grupo de pessoas do governo chamado de Internet Engineering Task Force (IETF), consistindo em especialistas da indústria da rede e representantes de empresas, conduz a evolução do protocolo. Os grupos de trabalho no IETF revisam, discutem, recomendam e aprovam as alterações propostas para os padrões através de veículos chamados Request For Comments (RFC).

Todos os conceitos e muitos dos tópicos tratados neste capítulo são definidos por centenas de RFCs que compõem os padrões para o TCP/IP. Embora geralmente com pouca leitura e técnicos por natureza, os RFCs fornecem as definições mais completas dos protocolos TCP/IP. Desde a época da composição deste livro, os documentos RFC podem ser obtidos no site web do Information Sciences Institute da University of Southern California (ISI), em www.rfc-editor-org/rfc.html.

O Internet Protocol (IP), o componente de endereçamento do TCP/IP, opera na Camada 3 do modelo OSI. Cada estação, que deseje se comunicar com outra, tem um endereço IP exclusivo, da mesma maneira que cada casa em uma rua tem um endereço individual. O endereço IP é um pouco mais complexo do que um endereço de rua (os computadores gostam dos 0s e 1s), mas, após um pequeno exame, não parecerá tão misterioso.

Na Camada 4 do modelo OSI para o TCP/IP, estão os dois protocolos de transporte primários: o User Datagram Protocol (UDP) e o TCP. Como mencionado anteriormente, os protocolos de transporte são responsáveis pelos mecanismos básicos da transferência, controle do fluxo, confiabilidade e verificação de erros das comunicações entre as estações. O UDP é considerado não confiável porque os pacotes enviados, usando esse protocolo, não são confirmados pela estação receptora. É considerado sem conexão porque uma estação de envio não é requerida para avisar a uma estação receptora sobre seu desejo de formar um canal de comunicações no qual transmitir os dados. Em oposição, o TCP é considerado um protocolo baseado em conexão porque uma estação de envio tem que avisar a estação receptora sobre seu desejo de formar um canal de comunicações. Os pacotes enviados através do TCP são marcados com números em seqüência e as estações de envio e receptora confirmam, cada uma, o recebimento dos pacotes uma da outra.

O endereço IP é um endereço binário com 32 bits escrito em quatro grupos de 8 bits chamados de *octetos*. O endereço completo representa os três componentes do modelo de endereçamento do IP – a saber, rede, sub-rede e partes do host do endereço. Primeiro, vejamos a numeração do endereço em si.

Um endereço IP típico, escrito no binário com 32 bits, poderia ser como a seguir:

10101100.00010000.00000001.00000001

Cada um dos 8 bits em um octeto pode adotar o valor 0 ou 1. Portanto, os valores podem variar de 00000000 a 11111111 em cada octeto. Você já pode ver que gerenciar endereços com 32 bits no binário pode ser complicado e tende a erros. Reconhecendo esse fato, os desenvolvedores do TCP/IP decidiram que o binário deve ser reservado para os computadores, e que os endereços IP devem ser convertidos na forma decimal (a maneira comum de as pessoas verem os números) para uma interação humana mais fácil. Portanto, um octeto, no qual todas as posições dos bits são definidas para 1, é equivalente a 255 na forma decimal:

```
 1   1   1   1  1  1  1  1   = Posições binárias
128 64  32  16  8  4  2  1   = Equivalente decimal
```

Somando o equivalente decimal do número binário, teremos o seguinte:

128+64+32+16+8+4+2+1 = 255

Agora, iremos converter um exemplo de endereço:

```
    1 0 1 0 1 1 0 0.0 0 0 1 0 0 0 0.0 0 0 0 0 0 0 1.0 0 0 0 0 0 0 1
  128 64 32 16 8 4 2 1.128 64 32 16 8 4 2 1.128 64 32 16 8 4 2 1.128 64 32 16 8 4 2 1
  128+0+32+0+8+4+0+0=172.0+0+0+16+0+0+0+0=16.0+0+0+0+0+0+0+1=1.0+0+0+0+0+0+0+1=1
```

Portanto, a notação decimal para este endereço IP é 172.16.1.1.

O endereço IP representa os três componentes do modelo de endereçamento IP: o componente da rede, o componente da sub-rede e o componente de host. Os três componentes descrevem os diferentes níveis da especificação da entidade em uma coleção de sistemas em rede. O componente de host é mais específico, descrevendo o endereço de uma única estação de trabalho ou servidor. O componente da rede é mais geral, descrevendo o endereço de uma coleção de hosts na mesma rede de computador lógica. O componente da sub-rede fica entre os componentes da rede e de host. Descreve o endereço de uma sub-rede dos hosts no espaço do endereço da rede geral.

A sub-rede é criada "pedindo emprestado" uma parte do componente de host para criar subgrupamentos de endereço na mesma rede lógica. O componente de sub-rede geralmente identifica uma coleção de sistemas em um segmento da LAN ou WAN. Lido da esquerda para a direita, um endereço IP vai da parte menos específica para a mais específica (a parte da rede) para a próxima parte mais específica (a sub-rede) até a parte mais específica (o host). O lugar onde as interrupções entre os três níveis ocorrem no endereço depende da classe do endereço e de como o endereço foi colocado na sub-rede.

Como especificado originalmente nos RFCs, há cinco classes de endereços da rede, cada uma diferenciada por quantos bits iniciais do endereço são definidos para 1:

- Originalmente os endereços da rede Class A (Classe A) foram pretendidos sobretudo para redes muito grandes. Com os endereços Class A, o primeiro bit do primeiro octeto é reservado e definido para 0 e os sete bits seguintes são usados para identificar o componente da rede. Os três octetos restantes compõem o componente de host. Dados esses grupamentos, os endereços Class A fornecem relativamente poucas redes, mas cada rede pode aceitar muitos hosts no espaço do endereço dado.

- Nos endereços da rede Class B (Classe B), os dois primeiros bits do primeiro octeto são reservados; o primeiro bit é definido para 1, com o segundo bit definido para 0. Essa construção fornece aos endereços Class B 14 bits para o componente da rede e 16 bits para o componente de host. Os endereços da rede Class B permitem números mais ou menos iguais de redes e hosts nessas redes.

- Nos endereços Class C (Classe C), os três primeiros bits para o primeiro octeto são reservados; os dois primeiros bits são definidos para 1 e o terceiro é definido para 0. Essa construção fornece aos endereços Class C 22 bits para o componente da rede e apenas 8 bits para os componentes de host. Pode haver milhões de redes Class C; contudo, cada uma pode suportar apenas 255 hosts.

- Os endereços Class D (Classe D) são reservados para grupos com diversas coerções. Nos endereços Class D, os quatro primeiros bits do primeiro octeto são reservados e os três primeiros bits são definidos para 1. Um endereço com diversas coerções não representa um único endereço da estação, mas um grupo de estações que desejam receber informações. Com as várias coerções, uma estação pode enviar um único fluxo de informações para um endereço IP específico com diversas coerções. Os dispositivos de rede – como roteadores e comutadores – então respondem ao fluxo, enviando-o para diversas estações que têm de receber o fluxo de dados.

- Os endereços Class E (Classe E) são definidos pelo IP. Embora não sejam usados atualmente, são reservados para um futuro uso. Nos endereços Class E, os quatro primeiros bits do primeiro octeto são todos definidos para 1.

A Figura 4-1 mostra a estrutura de endereços da rede Classes A, B e C.

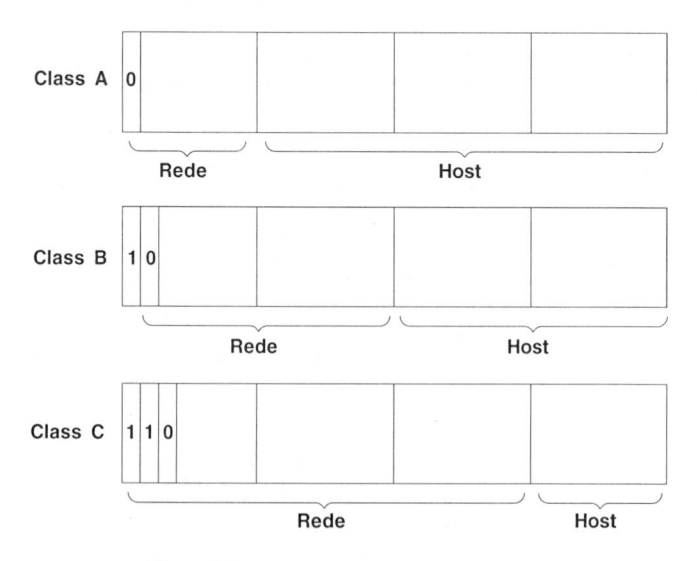

Figura 4-1 *A estrutura de endereços das Classes A, B e C.*

Ao converter um endereço IP de decimal para binário e determinar quantos bits de ordem alta estão definidos para 1, é fácil ver a qual classe da rede um endereço pertence. Supondo que não haja nenhuma sub-rede, saber a classe à qual o endereço pertence informará qual parte do endereço ler como a parte da rede e qual parte ler como a parte do host. Dispositivos como roteadores precisam decifrar essas informações para enviar os dados para o devido destino.

Contudo, se uma rede tiver uma sub-rede, não será possível informar, só olhando, quanta parte do host do endereço foi emprestada para criar a sub-rede. Para resolver esse dilema, os endereços IP também têm uma máscara da sub-rede (comumente referida como máscara da rede). Como o endereço IP, a máscara da rede é um número binário com 32 bits, agrupado em quatro octetos, que pode ser expressado na notação decimal. Diferente do endereço IP, porém, a máscara da rede tem os bits definidos para 1 em todas as posições exceto a parte do host do endereço IP.

Por exemplo, uma rede Class B sem nenhuma sub-rede definida tem uma máscara 255.255.0.0, na qual os 16 bits superiores da máscara indicam a parte da rede do endereço IP e os 16 bits inferiores indicam a parte do host do endereço IP. Uma rede Class B, na qual os sete bits da parte do host do endereço foram usados para a sub-rede, teria a máscara 255.255.254.0. Uma rede Class C, com quatro bits da sub-rede, teria a máscara 255.255.255.240. A Figura 4-2 mostra a relação entre a máscara da rede e o endereço IP.

A sub-rede fornece aos administradores da rede a flexibilidade de atribuir um identificador de rede exclusivo a cada segmento da LAN e WAN sem ter de obter um espaço de endereço da rede separado para cada um. Por exemplo, ao invés de um único endereço da rede Class B ter um segmento de rede lógico com mais de 65.000 hosts, um esquema da sub-rede, que pede emprestado 8 bits do componente de host, permitirá 255 segmentos de rede lógicos com 255 hosts cada um. Unindo um endereço IP com sua máscara da rede, será possível determinar exatamente quais bits do endereço correspondem aos componentes da rede, da sub-rede e de host. Por exemplo, um endereço IP 131.108.3.4, com a máscara da rede 255.255.0.0, tem um componente de rede 131.108.0.0, um componente de host 3.4 e nenhum componente da sub-rede. Um endereço IP 131.108.3.4, com a máscara da rede 255.255.255.0, tem um componente de rede 131.108.0.0, um componente de sub-rede 3 e um componente de host 4.

Com os protocolos de roteamento atuais transportando as informações da máscara da rede, assim como as informações da rede em suas atualizações, você poderá usar diversas máscaras da rede em uma única rede IP lógica para aumentar a eficiência da utilização do endereço IP.

O conceito da máscara da rede foi estendido para além de seu uso da sub-rede original. Em resposta ao crescimento explosivo da Internet, ao número de endereços da rede IP solicitados, à escassez do espaço do endereço IP e ao tamanho da tabela de roteamento IP global, as agências que enviam os endereços IP não poderão enviar endereços IP junto com os limites da classe especificados descritos até então. Ao contrário, elas poderão escolher agrupar diversos endereços da rede IP de uma dada classe no que é chamado de super-rede ou um bloco de rota entre os domínios sem classe (CIDR).

```
1 0 1 0 1 0 0 1 0 0 0 1 0 0 0 0          0                    0
```

Endereço Class B
172.16.0.0

```
1 1 1 1 1 1 1 1 1 1 1 1 1 1 1 1 1 1 1 1 1 1 1 0          0
```

Máscara da sub-rede com 7 bits
255.255.254.0

```
1 1 0 0 0 0 0 0 1 0 1 0 1 0 0 0 0 0 0 0 0 0 0 1          0
```

Endereço Class C
192.168.1.0

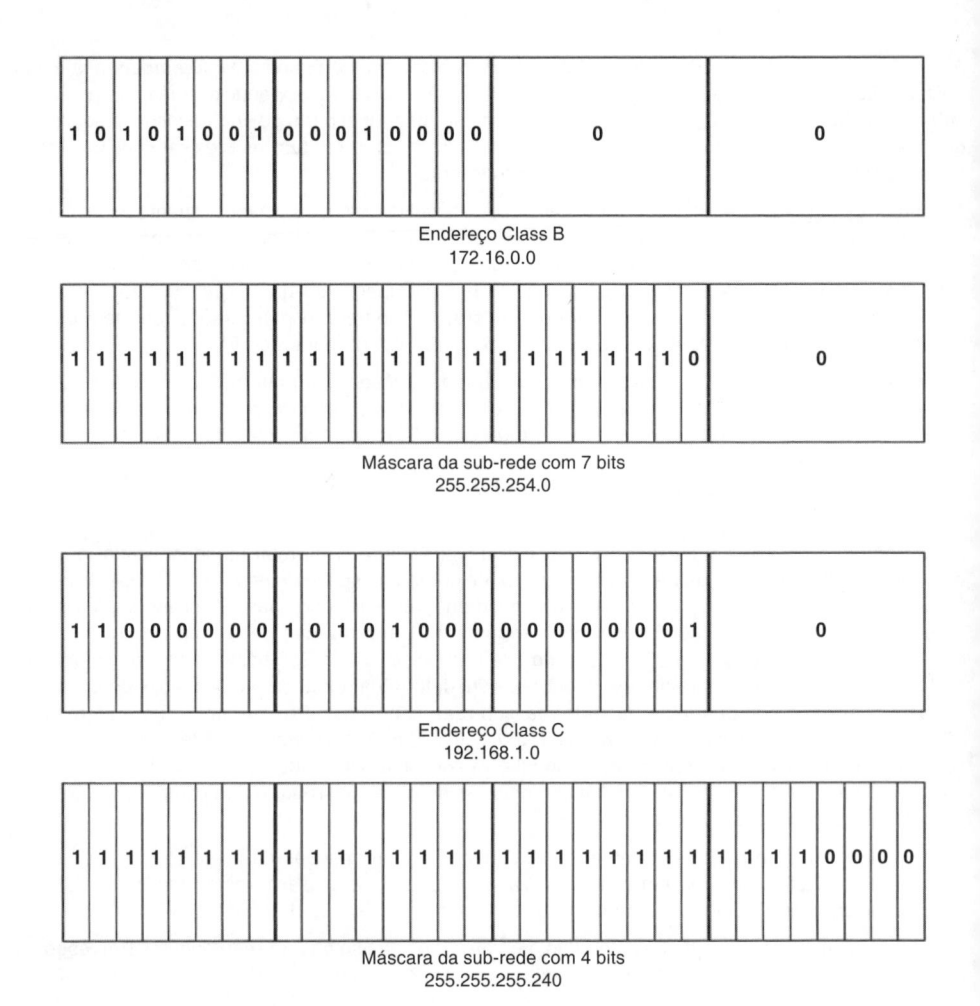

```
1 1 1 1 1 1 1 1 1 1 1 1 1 1 1 1 1 1 1 1 1 1 1 1 1 1 1 1 0 0 0 0
```

Máscara da sub-rede com 4 bits
255.255.255.240

Figura 4-2 *As máscaras da rede de amostra.*

E mais, algumas da primeiras redes Class A foram subdivididas e enviadas como blocos CIDR menores para empresas e ISPs. No passado, uma empresa ou ISP podiam receber uma rede Class B. Atualmente, poderiam ser enviados 255 endereços Class C, variando desde 209.32.0.0 até 209.32.255.0. A máscara da rede natural dessas redes Class C – sem a sub-rede no bloco de endereços – é 255.255.255.0. Porém, encurtando a máscara e criando uma super-rede desses endereços, o mesmo grupo de endereços poderá ser representado pelo endereço da rede 209.32.0.0 e a máscara da rede 255.255.0.0. A organização que recebe uma alocação de um bloco CIDR então fica livre para subdividir mais esse espaço de endereço da rede como sub-redes em sua rede lógica ou como alocações para seus clientes.

Esse mesmo método poderá ser aplicado nos endereços Class A no inverso. Primeiramente, o endereço da rede 12.0.0.0 com uma máscara da rede natural 255.0.0.0 teria de ser atribuído a uma empresa ou ISP. Agora, esse endereço da rede poderá ser tratado como um bloco de endereços e partes menores poderão ser alocadas para diversas entidades. Por exemplo, o grupo de endereços de 12.1.0.0 até 12.1.255.0 poderá ser representado como um único bloco CIDR com o endereço da rede 12.1.0.0 e a máscara da rede 255.255.0.0. Subdividindo primeiramente esses grandes blocos do endereço da rede, números maiores de endereços da rede IP ficaram disponíveis e o esgotamento do endereço foi diminuído.

Escrever e descrever os endereços da rede como quatro octetos com ponto decimal seguido de uma máscara da rede com quatro octetos e ponto decimal sempre foi algo complicado. Uma maneira mais precisa e compacta de descrever o espaço do endereço foi desejada ao atribuir os blocos CIDR de endereços. A criação do sistema de endereço da rede IP sem classe forneceu à comunidade da rede um novo atalho para escrever as máscaras da rede IP.

Nesse atalho, uma barra /, seguida do número dos bits definidos para 1 na máscara da rede, é usada em vez da máscara com quatro octetos e ponto decimal. Uma máscara da rede 255.255.0.0 tem 16 bits de uns, portanto pode ser escrita como /16 (pronunciado como "barra dezesseis"). Uma máscara da rede 255.255.252.0 tem 22 bits de uns, portanto pode ser escrita como /22. Esse tipo de máscara é conhecido como *máscara com contagem de bits*. Combinado com o endereço da rede IP, o atalho da rede 131.108.0.0/16 poderá ser usado para representar o 131.108.0.0 máscara 255.255.0.0. Do mesmo modo, 206.220.224.0/22 poderá ser usado para representar o 206.220.224.0 máscara 255.255.252.0 (que em si é um bloco CIDR representando os endereços Class C 206.220.224.0 até 206.220.227.0, cada um com a máscara 255.255.255.0).

NOTA Durante o *System Configuration Dialog*, descrito no Capítulo 2, "O básico da configuração do dispositivo", supõe-se que todos os endereços da rede ficam nos limites da rede com classe, descrito anteriormente. A pergunta Número de bits no campo da sub-rede [0]:,*que é feita pelo usuário, está indagando quantos bits do componente de host devem ser usados para a sub-rede com base na classe do número da rede que o usuário forneceu. Se o número da rede for uma rede Class A, como 17.0.0.0, os 24 bits do campo de host poderiam ser usados para a sub-rede. Se o usuário indicar que nove bits são usados para a sub-rede, o IOS irá calcular a devida máscara da rede – neste caso, 255.255.128.0.*

Como configurar os endereços IP

Antes que qualquer endereço IP possa ser atribuído, você terá de decidir qual espaço do endereço IP usar para os dispositivos em sua rede e como alocar esse espaço do endereço. Essa decisão é importante – o modo como você atribui os endereços agora pode ter um grande impacto em sua rede no futuro. Responder as seguintes perguntas ajudará a determinar qual espaço do endereço usar:

♦ Minha rede irá conectar a Internet através de um provedor do serviço Internet (ISP) ou um provedor do serviço da rede (NSP)? Se for sim, haverá mais de uma conexão ISP ou NSP?

♦ Minha rede irá conectar diretamente a rede de outra empresa (como uma empresa-mãe)?

♦ Quantos segmentos de LAN e WAN exclusivos precisarei em minha rede?

♦ Quantos hosts exclusivos residirão em um segmento LAN típico? Qual é o número máximo? Qual é o número mínimo?

Se sua rede for conectar a Internet ou a rede de outra empresa, será importante para ela ter um espaço do endereço de rede exclusivo. Se você escolher os endereços da rede que são iguais aos usados em outra rede, os roteadores na Internet não poderão distinguir devidamente os endereços duplicados. Se sua rede conectar a Internet através de um único ISP ou NSP, esse provedor normalmente fornecerá um espaço do endereço exclusivo a partir de um grande pool que foi alocado para ele por um dos vários registros de endereço da rede. Esses registros incluem o American Registry for Internet Numbers (ARIN), o Réseaux IP Européens (RIPE) e o Asia Pacific Network Information Center (APNIC). O ISP aloca seu espaço do endereço da rede com base em fatores como o número de hosts em sua rede, o número de segmentos de LAN e WAN físicos e o crescimento esperado de sua rede.

Nos casos nos quais sua rede está conectada a diversos provedores do serviço, haverá duas opções para obter o espaço do endereço. Com a primeira opção, sua rede terá endereços IP atribuídos por um ISP. Como esses endereços são atribuídos fora do espaço do endereço do ISP, o tráfego que chega à sua rede seguirá um caminho através da rede desse provedor do serviço. Porém, sua rede estará conectada a diversos provedores do serviço, portanto o tráfego que sai dela poderá adotar um caminho diferente do tráfego que chega, uma situação conhecida como roteamento assimétrico. Essa situação poderá ser boa para sua rede se o fluxo do tráfego predominante for para fora e o desejo for compartilhar o carregamento. Essa situação poderá também ser boa se a conexão ISP adicional for simplesmente para a redundância (no caso de falha). Mas essa situação poderá não ser muito boa se seu fluxo do tráfego predominante for de entrada para sua rede e o desejo for compartilhar o carregamento nos diversos ISPs.

A segunda situação para obter o espaço do endereço, quando a rede está conectada a diversos ISPs, é solicitá-lo diretamente no registro para sua região. Falando de forma geral, os registros desencorajam essa prática e configuraram regras rigorosas para as atribuições do endereço IP diretamente para as redes do usuário final. O crescimento explosivo no número de redes exclusivas na Internet resultou em uma falta de espaço do endereço disponível e um crescimento exponencial no tamanho das tabelas de roteamento para a Internet completa. Esses desafios solicitaram que os registros adotassem suas estratégias rigorosas para distribuir os endereços IP.

Solicitar endereços diretamente em um registro é adequado nas situações em que o fluxo do tráfego predominante para sua rede é de entrada e há um desejo de compartilhar esse carregamento em diversos provedores do serviço. A desvantagem de solicitar o espaço do endereço diretamente em um registro é que o corpo de emissão pode conceder à sua rede apenas uma alocação muito pequena de endereços. Como resultado dessa alocação limitada, nem todos os provedores do serviço na Internet propagarão informações sobre sua rede de modo global. Se as informações sobre a rede não estiverem disponíveis globalmente, haverá redes que não poderão atingir sua rede e vice-versa.

NOTA   As regras para solicitar o espaço do endereço IP nos registros podem ser encontradas em cada um dos sites web dos respectivos registros:

◆ **ARIN** – www.arin.net
◆ **RIPE** – www.ripe.net
◆ **APNIC** – www.apnic.net

Se sua rede não tiver planos para conectar a Internet ou se você pretende usar uma proteção avançada e técnicas Network Address Translation (NAT) encontradas em produtos como o Cisco Systems Private Internet Exchange (PIX), será altamente desejável usar os endereços IP de uma classe de endereços designados como endereços privados pelo IETF. Os endereços nesse conjunto são considerados privados porque as informações sobre essas redes não são propagadas na Internet por nenhum ISP ou NSP. Como as informações sobre esses endereços não são propagadas, eles poderão ser usados repetidamente por diversas empresas, assim conservando a quantidade de endereços públicos disponíveis. O conjunto de endereços IP privados está definido no RFC 1918, "Address Allocation for Private Internets" (Alocação de endereços para Internets privadas), como a seguir:

10.0.0.0-10.255.255.255
172.16.0.0-172.31.255.255
192.168.0.0-192.168.255.255

Depois dos endereços IP terem sido atribuídos por seu ISP ou registro ou depois do espaço do endereço privado ter sido selecionado, esse espaço do endereço terá de ser alocado em toda sua rede. O modo como o espaço do endereço é alocado depende basicamente de quantos hosts serão conectados a um dado segmento LAN, quantos segmentos LAN/WAN estarão em sua rede e quanto espaço do endereço está disponível para sua rede. Se a rede estiver usando endereços IP privados, a quantidade de espaço do endereço disponível não será tão grande a ponto de preocupar. O endereço IP privado 10.0.0.0 pode suportar até quatro milhões de hosts ou segmentos LAN/WAN, dependendo do esquema de alocação da sub-rede. Aqui, um administrador da rede pode escolher atribuir as sub-redes com 24 bits da rede 10.0.0.0 a todos os segmentos LAN e WAN. Isso permitirá 255 hosts em um dado segmento, que é mais do que adequado para a maioria dos segmentos LAN e é um excesso para os segmentos WAN de ponto a ponto com apenas dois dispositivos.

Nas situações em que o espaço do endereço IP foi atribuído por um ISP ou registro e pode ser difícil de obter, o administrador da rede poderá escolher atribuir sub-redes de comprimento variável para os segmentos LAN e WAN. Por exemplo, nos segmentos WAN de ponto a ponto, atribua um endereço da rede com uma máscara de 30 bits em vez de atribuir um endereço da rede que possa suportar mais de dois dispositivos. Um único espaço do endereço Class C, que possa suportar 255 dispositivos, poderá então ser configurado para suportar 64 segmentos WAN de ponto a ponto ao aplicar a sub-rede em uma máscara com 30 bits. Do mesmo modo, com os segmentos LAN, escolha um esquema de sub-rede e máscaras da rede que suportem apenas o número de dispositivos que residirão de fato nesse segmento. Por exemplo, um pequeno escritório remoto com apenas 10 pessoas não precisa de um endereço da rede que possa suportar 128.

Se você usar diversas máscaras da rede para criar sub-redes, que suportem números variáveis de hosts, o espaço do endereço alocado para sua rede provavelmente será utilizado com maior eficiência e esgotará menos rapidamente.

DICA	Recomendamos que um esquema de sub-rede eficiente seja usado e que não aloque em excesso endereços para os segmentos como as interfaces de ponto a ponto WAN, independentemente do espaço do endereço alocado para sua rede. Na época da composição deste livro, o Cisco Systems Technical Assistance Center criou um IP Subnet Design Calculator que está disponível para os usuários CCO registrados em www.cisco.com/ techtools/ip_addr.html para ajudar na seleção e construção dos esquemas de numeração IP.

Configuração da interface LAN

Dispositivos como roteadores têm um endereço IP exclusivo em cada um dos segmentos LAN anexados a eles. Assim, o roteador sabe quais redes estão conectadas a cada interface e para onde os pacotes para essas redes devem ser enviados. Em oposição, dispositivos como pontes e comutadores têm apenas um único endereço IP para o sistema inteiro. Geralmente, esse endereço IP é usado unicamente para as finalidades da administração remota e do gerenciamento da rede.

Cada um dos cinco tipos de LAN descritos no Capítulo 3, "O básico das interfaces do dispositivo" (Ethernet, Token Ring, Fast Ethernet, Gigabit Ethernet e FDDI), suporta o conceito de mapear dinamicamente o endereço da ligação de dados (comumente referido como endereço MAC) encontrado no adaptador LAN para o endereço IP atribuído à interface. Esse processo, que é chamado de resolução do endereço, é suportado por um protocolo chamado Address Resolution Protocol (ARP).

Quando uma estação IP precisa contactar outra estação IP na mesma rede lógica e não conhece o endereço da ligação de dados dessa estação, envia uma transmissão pública solicitando que um endereço da ligação de dados seja fornecido para o endereço IP desejado. Esse processo é mostrado na Figura 4-3. Cada estação nessa rede lógica examina a solicitação e se o endereço IP solicitado coincidir com essa estação responderá com seu endereço MAC. Portanto, uma estação não precisa saber quais endereços MAC específicos residem em sua rede lógica para se comunicar com eles. Em oposição, muitos protocolos WAN não suportam um mapeamento dinâmico do endereço da ligação de dados para o endereço IP e requerem uma configuração do endereço IP adicional para se comunicar com as outras estações em uma interface WAN.

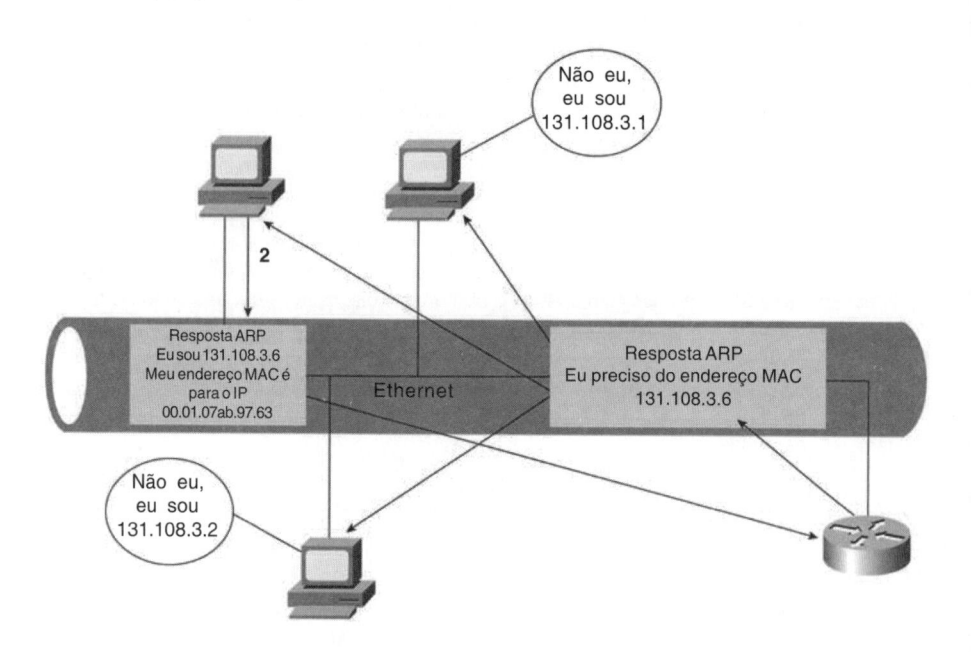

Figura 4-3 *Um roteador IP envia uma solicitação ARP para o endereço MAC desconhecido de um destino IP.*

Para examinar a configuração da interface LAN, utilizamos os endereços da rede IP que foram selecionados para a rede ZIP e estão resumidos na Tabela 4-1.

Tabela 4-1 *A alocação do endereço da rede IP da rede ZIP.*

Segmento da rede	Endereço da rede IP e máscara atribuídos
Rota de resumo da rede	131.108.0.0/16
LAN Ethernet em Singapura	131.108.1.0./25
LAN Ethernet em Kuala Lumpur	131.108.2.0/25
LAN Ethernet em Seul	131.108.3.0/25
LAN Fast Ethernet em São Francisco	131.108.20.0/22
LAN Token Ring em São José	131.108.100.0/24
LAN Ethernet SF-1	131.108.101.0/24
Primeira LAN Ethernet SF-2	131.108.110.0/24
Segunda LAN Ethernet SF-2	131.108.120.0/24
WAN HDLC de ponto a ponto em SF-Core-1->São José	131.108.240.0/30
WAN HDLC de ponto a ponto em SF-Core-2->Seul-2	131.108.240.4/30
WAN HDLC de ponto a ponto em São José->Seul-1	131.108.241.0/30
WAN Frame Relay de ponto a ponto em Seul-1->Kuala Lumpur	131.108.242.0/30
WAN Frame Relay de ponto a ponto em Seul-1->Singapura	131.108.242.4/30
Interfaces de loopback em roteadores individuais	131.108.254.0/32
Conexão da Internet HDLC de ponto a ponto ZIPnet->ISP em São Francisco	192.7.2.0/30 (atribuído pelo ISP)
Conexão da Internet HDLC de ponto a ponto ZIPnet->ISP em Seul, Coréia	211.21.2.0/30 (atribuído pelo ISP)

A Figura 4-4 mostra a topologia do endereço IP lógica para a rede ZIP completa.

Além da atribuição dos endereços da rede IP, os seguintes endereços IP foram atribuídos às estações de trabalho que executam a função indicada para a rede ZIP:

- ◆ 131.108.20.45: Estação de gerenciamento SNMP
- ◆ 131.108.21.70: Servidor DHCP da empresa e servidor WINS
- ◆ 131.108.101.34: Correio SMTP primário e servidor DNS

88 | Como configurar roteadores Cisco

- 131.108.101.35: Correio SMTP secundário e servidor DNS
- 131.108.101.100: WWW e servidor FTP[
- 131.108.110.33: Syslog, TACACS+ e servidor RADIUS

A atribuição dos endereços IP às interfaces LAN e WAN é feita com o subcomando de configuração da interface Cisco IOS **ip address**. Esse comando requer que você forneça o endereço IP e a máscara da rede para esse endereço IP.

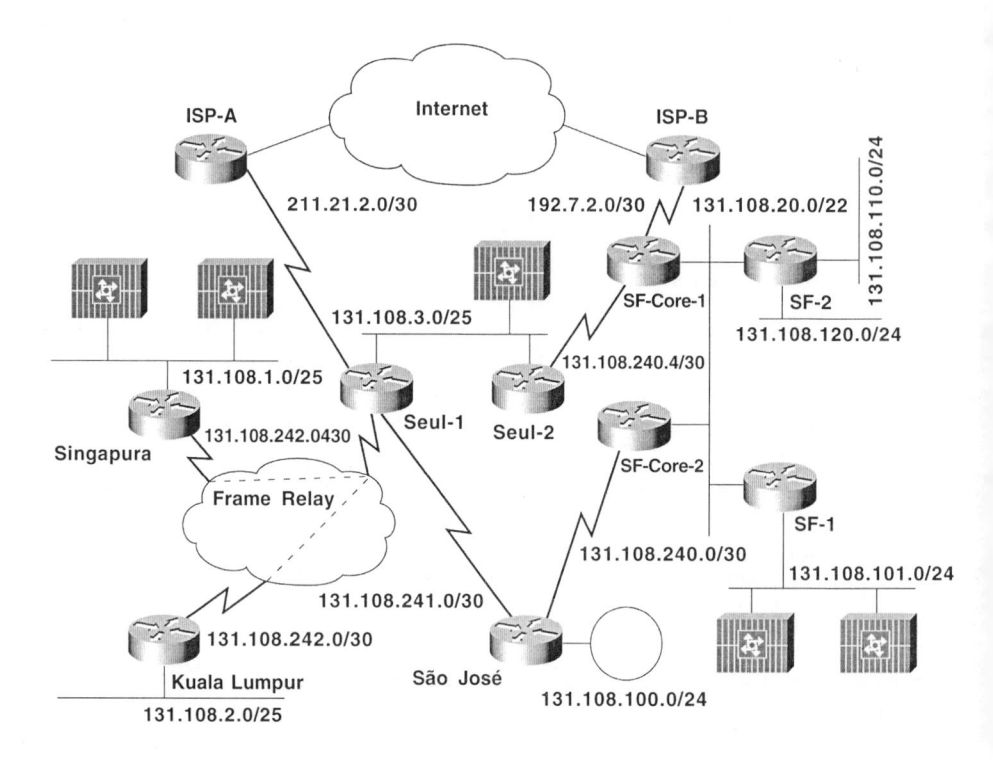

Figura 4-4 *A topologia do endereço IP da rede ZIP.*

No exemplo seguinte, configuramos o roteador SF-2 com os endereços IP em cada uma de suas três interfaces LAN. Em cada caso, prefixamos o subcomando **ip address** com o comando da configuração maior **interface** para fazer referência à interface LAN na qual o comando **ip address** deve ser aplicado:

```
SF-2#configure
Configuring from terminal, memory, or network [terminal]?
Enter configuration commands, one per line. End with CNTL/Z.
SF-2(config)#interface ethernet 0
SF-2(config-if)#ip address 131.108.110.1 255.255.255.0
SF-2(config-if)#interface ethernet 1
SF-2(config-if)#ip address 131.108.120.1 255.255.255.0
SF-2(config-if)#interface fastethernet 0
SF-2(config-if)#ip address 131.108.20.2 255.255.252.0
SF-2(config-if)#^Z
```

DICA   Recomendamos que você reserve alguns endereços IP no início ou no final de cada espaço do endereço da rede LAN para os roteadores e outros dispositivos de infraestrutura da rede. Ter um grupo consistente de endereços para os vários dispositivos de rede em todos se segmentos LAN ajudará no processo de solução de problemas fornecendo um reconhecimento mais rápido dos endereços IP específicos.

Em algumas instâncias, a quantidade de espaço do endereço IP alocado para sua rede pode requerer o uso de uma sub-rede que seja a primeira em uma faixa de endereços. A primeira sub-rede é geralmente referida como a *sub-rede zero* porque todos os bits da parte da sub-rede da máscara da rede são 0. Os protocolos de roteamento mais antigos têm problemas ao distinguir uma rede maior como 131.108.0.0 e a sub-rede 131.108.0.0; portanto, os roteadores geralmente não permitem o uso da primeira sub-rede. A seguir está um exemplo de um usuário tentando usar a sub-rede zero no roteador SF-1:

```
SF-1#configure
Configuring from terminal, memory, or network [terminal]?
Enter configuration commands, one per line. End with CNTL/Z.
SF-1(config)#interface ethernet 1
SF-1(config-if)#ip address 131.108. 0.1 255.255.255.128
Bad mask 255.255.255.128 for address 131.108.0.1
SF-1(config-if)#^Z
```

Neste exemplo, o roteador avisa ao usuário que a máscara da rede é ruim porque ele tentou usar a sub-rede zero. Na rede ZIP, um espaço do endereço IP suficiente está disponível, portanto a primeira sub-rede do espaço do endereço atribuído, 131.108.0.0/25, não foi usada.

Os protocolos de roteamento mais novos são mais competentes ao reconhecer as diferenças entre uma rede maior e uma sub-rede zero; portanto, o roteador tem comandos de configuração para garantir ao usuário o acesso à sub-rede zero. Se no futuro for necessário usar a sub-rede zero no roteador SF-1, o comando de configuração global IOS **ip subnet-zero** será requerido antes de fornecer o comando **ip address**:

```
SF-1#configure
Configuring from terminal, memory, or network [terminal]?
Enter configuration commands, one per line. End with CNTL/Z.
SF-1(config)#ip subnet-zero
SF-1(config)#interface ethernet 1
SF-1(config-if)#ip address 131.108. 0.1 255.255.255.128
SF-1(config-if)#^Z
```

Configuração da interface WAN

O endereçamento IP das interfaces WAN é parecido de muitas maneiras com as interfaces LAN, com as seguintes exceções:

- ◆ As interfaces WAN de ponto a ponto podem ser não numeradas.
- ◆ As interfaces WAN com diversos pontos, como Frame Relay, X.25, ISDN e ATM, requerem um mapeamento dos endereços da ligação de dados para os endereços IP.

Endereçamento da interface WAN de ponto a ponto

Uma interface WAN de ponto a ponto é simplesmente uma interface na qual exatamente dois dispositivos estão conectados – um em cada extremidade da linha. Esses tipos de interfaces são geralmente encontrados ao usar circuitos de dados privados dedicados ou quando dois roteadores estão conectados na parte de trás por meio de cabos ou eliminadores de modems. As conexões de ponto a ponto podem também ser emuladas em um meio com diversos pontos como Frame Relay ou ATM usando subinterfaces. Há exatamente um dispositivo na extremidade oposta da linha, portanto não há nenhuma pergunta para qual endereço ou para qual estação um pacote é enviado quando colocado na interface de ponto a ponto. Dada essa propriedade, esse tipo de interface (ou subinterface) não requer endereços IP como as interfaces LAN ou WAN com diversos pontos requerem. Na maioria dos casos, os administradores da rede irão preferir endereçar suas interfaces WAN de ponto a ponto para as finalidades do gerenciamento da rede e facilitar a solução de problemas. Porém, se o espaço do endereço da rede estiver pequeno, as interfaces não numeradas serão um acréscimo decisivo.

Se uma interface WAN de ponto a ponto, como uma subinterface PPP, HDLC, ATM ou Frame Relay, for atribuída a um endereço IP, o comando **ip address** será usado (que é parecido com o endereçamento das interfaces LAN). Como nas interfaces LAN, o comando **ip address** requer que você forneça a máscara da rede e o endereço IP real. Você terá que atribuir cada conexão WAN de ponto a ponto separada (ou subinterface de ponto a ponto) a um endereço da rede IP separado. Novamente, observe que o comando da configuração maior IOS **interface** antecede o uso do comando **ip address** para indicar que a interface WAN está sendo endereçada. A seguir está um exemplo de endereçamento IP para uma interface de ponto a ponto HDLC e para duas subinterfaces de ponto a ponto Frame Relay no roteador ZIP Seoul-1:

```
Seoul-1#configure
Configuring from terminal, memory, or network [terminal]?
Enter configuration commands, one per line. End with CNTL/Z.
Seoul-1(config)#interface serial 0.16 point-to-point
Seoul-1(config-if)#ip address 131.108.242.1 255.255.255.252
Seoul-1(config-if)#interface serial 0.17 point-to-point
Seoul-1(config-if)#ip address 131.108.242.5 255.255.255.252
Seoul-1(config-if)#interface serial 1
Seoul-1(config-if)#ip address 131.108.241.2 255.255.255.252
Seoul-1(config-if)#^Z
```

Embora nenhuma interface não numerada seja usada atualmente na rede ZIP, iremos examinar a configuração se uma interface WAN fosse adicionada ao roteador Seoul-2 no futuro. Uma interface WAN de ponto a ponto IP não numerada é configurada usando o subcomando da interface IOS **ip unnumbered**. O comando requer que um parâmetro da interface de referência seja fornecido para que os protocolos de roteamento IP tenham um endereço IP real para usar ao serem executados na interface não numerada. Essa interface de referência pode ser uma interface física, como Ethernet ou Token Ring, ou uma interface virtual, como a interface de loopback. Cada extremidade da ligação WAN tem de ser não numerada – ou seja, uma extremidade não pode ser atribuída como um endereço e a outra, não numerada. Segue-se um exemplo do acréscimo da futura interface não numerada ao roteador ZIP Seoul-2:

```
Seoul-2#configure
Configuring from terminal, memory, or network [terminal]?
Enter configuration commands, one per line. End with CNTL/Z.
Seoul-2(config)#interface serial 1
Seoul-2(config-if)#ip unnumbered loopback 0
Seoul-2(config-if)#^Z
```

As interfaces não numeradas IP têm duas desvantagens. Primeiro, você não pode formar uma conexão do terminal virtual (através do protocolo Telnet, por exemplo) diretamente com a interface serial ou usar o SNMP para consultar o roteador através da interface serial. (O SNMP é um protocolo de gerenciamento da rede; ele é analisado com mais detalhes no Capítulo 7, "As questões básicas administrativas e de gerenciamento".) Você poderá fazer uma conexão com o endereço IP da interface LAN ou virtual no dispositivo e consultar esse endereço para o gerenciamento da rede. Segundo, se a interface não numerada for referida a uma interface LAN e essa interface for colocada na finalização ou tiver uma falha, você poderá ser incapaz de atingir o dispositivo. Por isso, recomendamos que as interfaces não numeradas sejam referidas às interfaces virtuais, como a interface de loopback.

Endereçamento da interface WAN com diversos pontos

Uma interface WAN com diversos pontos é uma interface em que diversos dispositivos podem ser atingidos por uma única conexão com o meio da WAN. Um pacote enviado para uma interface WAN com diversos pontos não sabe para qual estação é destinado, portanto as interfaces WAN com diversos pontos têm de ser endereçadas para as comunicações IP. E mais, as tecnologias WAN com diversos pontos, como X.25, ISDN, ATM e Frame Relay, têm metodologias de endereçamento da ligação de dados para distinguir as estações na WAN, portanto tem que haver um mapeamento do endereço IP para o endereço da ligação de dados — igualmente como os endereços IP são mapeados para os endereços MAC nas interfaces LAN. A maioria das tecnologias WAN com diversos pontos não tem nenhum método dinâmico através do qual mapear o endereço IP para o endereço da ligação de dados. Assim, comandos adicionais são requeridos para fornecer o devido endereçamento nesse tipo de interface. A exceção a isso é que o Frame Relay tem um método de mapeamento dinâmico chamado Inverse ARP (ARP Inverso).

Embora haja interfaces Frame Relay com diversos pontos na rede ZIP, elas são configuradas para operarem como conexões de ponto a ponto usando subinterfaces. Nenhum X.25, ISDN ou ATM está na rede ZIP. Iremos examinar como as interfaces WAN com diversos pontos podem ser endereçadas se elas fossem adicionadas ao dispositivo SF-Core-1 da rede ZIP.

Como descrito no Capítulo 3, o Frame Relay usa o DLCI para distinguir os diferentes circuitos virtuais na rede Frame Relay. Diversos circuitos virtuais terminam em uma interface Frame Relay com diversos pontos, portanto diversos DLCIs são associados a ela também. Para os dispositivos IP nas extremidades desses circuitos virtuais se comunicarem, seus endereços IP terão de ser mapeados para os DLCIs. Esse mapeamento permite ao dispositivo, com diversos pontos, identificar, para a rede Frame Relay, o devido circuito virtual de destino para cada pacote enviado na única interface física. Então os pacotes poderão percorrer a rede Frame Relay. Em uma interface Frame Relay com diversos pontos, você poderá executar o mapeamento manualmente pelo subcomando **frame relay map** da configuração da interface IOS ou contar com a função Inverse ARP. Quando você estiver endereçando as interfaces WAN com diversos pontos, deverá atribuir todos os dispositivos nos mesmos endereços da rede com diversos pontos a partir do mesmo número da rede IP lógico. A seguir, está um exemplo de configuração de uma interface Frame Relay com diversos pontos usando o comando **frame-relay map** no roteador SF-Core-1:

```
SF-Core-1#configure
Configuring from terminal, memory, or network [terminal]?
Enter configuration commands, one per line. End with CNTL/Z.
SF-Core-1(config)#interface serial 1/1
SF-Core-1(config-if)#encapsulation frame-relay ietf
SF-Core-1(config-if)#no inverse-arp
```

```
SF-Core-1(config-if)#ip address 131.108. 130.1 255.255.255.0
SF-Core-1(config-if)#frame-relay map ip 131.108.130.17 30 cisco broadcast
SF-Core-1(config-if)#frame-relay map ip 131.108.130.20 50 broadcast
SF-Core-1(config-if)#frame-relay map ip 131.108.130.35 62 broadcast
SF-Core-1(config-if)#^Z
```

No exemplo anterior, a função de mapeamento dinâmico Inverse ARP é desativada pelo subcomando de configuração da interface IOS **no inverse-arp**. Os três endereços IP são mapeados para três circuitos virtuais e seus números DLCI correspondentes. E mais, o circuito virtual em DLCI 30 com o endereço IP 131.108.101.17 usa o método de encapsulação "gang of four" (grupo dos quatro) Cisco em vez do default para a interface. (A encapsulação default é definida como IETF usando o subcomando de configuração da interface IOS **encapsulation frame-relay ietf**.) A palavra-chave **broadcast** no final do comando **frame-relay map** instrui o roteador para enviar as transmissões públicas dessa interface para esse circuito virtual específico.

Palavras-chave opcionais e comandos

Como a maioria dos comandos do software IOS, todos os comandos de mapeamento IP com a ligação dos dados têm palavras-chave opcionais que mudam o comportamento de um circuito virtual ou ativam/ desativam os recursos especiais nesse circuito virtual, como a compressão. Destacamos apenas a mais usada dessas palavras-chave. Para obter uma explicação completa de todas as palavras-chave opcionais e os comandos do software IOS, consulte o CD-ROM Cisco Connection Documentation ou a versão on-line em www.cisco. com/univercd/home/home.htm.

Se tivéssemos permitido que a função Inverse ARP executasse um mapeamento dinâmico dos endereços IP para os números DLCI no exemplo anterior, não teria havido necessidade dos comandos **frame-relay map**. Ao contrário, a interface enviaria as consultas Inverse ARP para cada um dos circuitos virtuais identificado como ativo pela rede Frame Relay nessa interface. Essas consultas resultariam nos dispositivos mais distantes respondendo com seus endereços IP para o determinado circuito virtual e DLCI consultado. Usar a Inverse ARP reduziria o exemplo ao seguinte:

```
SF-Core-1#configure
Configuring from terminal, memory, or network [terminal]?
Enter configuration commands, one per line. End with CNTL/Z.
SF-Core-1(config)#interface serial 1/1
SF-Core-1(config-if)#encapsulation frame-relay ietf
SF-Core-1(config-if)#ip address 131.108. 130.1 255.255.255.0
SF-Core-1(config-if)#^Z
```

DICA A configuração Frame Relay requer algum cuidado. Quando você conta com a Inverse ARP para fornecer o mapeamento dos endereços IP para os DLCIs, erros de configuração poderão resultar em circuitos virtuais inesperados sendo mapeados dinamicamente para dispositivos desconhecidos. E mais, misturar as encapsulações "gang of four" IETF e Cisco na mesma interface Frame Relay requer o uso do comando **frame-relay map**.

O endereçamento estático das interfaces WAN X.25 é executado da mesma maneira que o endereçamento estático das interfaces Frame Relay – ou seja, com o comando **static map**. Os endereços IP das interfaces X.25 têm de ser mapeados para os endereços X.121 que são usados para configurar os circuitos virtuais entre os sistemas na rede X.25. Cada circuito virtual é identificado pelo endereço X.121 usado para configurar a conexão. A seguir, está um exemplo de configuração de uma nova interface X.25 no roteador ZIP SF-Core-1 usando o subcomando de configuração da interface IOS **x25 map**:

```
SF-Core-1#configure
Configuring from terminal, memory, or network [terminal]?
Enter configuration commands, one per line. End with CNTL/Z.
SF-Core-1(config)#interface serial 1/2
SF-Core-1(config-if)#encapsulation x25
SF-Core-1(config-if)#x25 address 44598631
SF-Core-1(config-if)#ip address 131.108. 102.1 255.255.255.0
SF-Core-1(config-if)#x25 map ip 131.108.102.15  44593389 broadcast
SF-Core-1(config-if)#x25 map ip 131.108.102.29  44591165 broadcast
SF-Core-1(config-if)#x25 map ip 131.108.102.176 44590712 broadcast
SF-Core-1(config-if)#^Z
```

Endereçar as interfaces ISDN requer comandos de mapeamento parecidos com os do Frame Relay e do X.25. Contudo, os comandos de mapeamento são requeridos apenas quando um dispositivo deseja estabelecer uma chamada para outro dispositivo. Se um dispositivo receber apenas chamadas de entrada, os endereços IP poderão ser mapeados dinamicamente para o dispositivo de entrada e número de telefone. O subcomando de configuração da interface IOS **dialer map** é usado para fornecer o mapeamento entre os endereços IP, os nomes do sistema e os números de telefone usados para configurar as chamadas no ISDN. A palavra-chave **name** para o comando **dialer map** terá de ser fornecida para relacionar devidamente o endereço IP e o número de telefone ao sistema remoto. E mais, a palavra-chave **name** é usada como parte do processo de autenticação quando uma conexão é estabelecida com o sistema remoto. Segue um exemplo de como configurar uma nova interface ISDN BRI no roteador ZIP Seoul-1:

```
Seoul-1#configure
Configuring from terminal, memory, or network [terminal]?
Enter configuration commands, one per line. End with CNTL/Z.
Seoul-1(config)#interface bri 0
Seoul-1(config-if)#ip address 131.108.103.3 255.255.255.0
Seoul-1(config-if)#dialer map ip 131.108.103.1 name SF-Core-1 broadcast 14085551212
Seoul-1(config-if)#dialer map ip 131.108.103.2 name SF-Core-2 broadcast 14085551313
Seoul-1(config-if)#^Z
```

O endereçamento das interface ATM requer o comando **ip address** básico, exatamente como os outros tipos de interfaces que exploramos até então. Porém, com as interfaces ATM, o tipo de comandos usados para mapear os endereços IP para a camada da ligação de dados depende do tipo dos protocolos ATM usados, assim como do tipo dos circuitos virtuais usados. As três possíveis variações de protocolos são as seguintes:

- ◆ **Encapsulação Logical Link Control/Subnetwork Access Protocol (LLC/SNAP) com PVCs** – Neste modelo, um circuito virtual permanente é estabelecido através da rede ATM. Os pacotes são identificados como sendo destinados para um endereço IP na outra extremidade do circuito virtual específico.

- **Encapsulação LLC/SNAP com SVCs** — Neste modelo, os pacotes IP são identificados como sendo destinados para um endereço específico da camada de ligação ATM definido estaticamente. Os comutadores ATM estabelecem o circuito virtual em demanda quando o roteador solicita uma conexão com o endereço ATM para um endereço IP específico.
- **IP com ARP** — Neste modelo, o endereço da camada de ligação ATM para um endereço IP específico é fornecido dinamicamente por uma estação chamada de servidor ATM ARP.

A encapsulação LLC/SNAP com PVCs usa o subcomando de configuração da interface IOS **map-group** e o comando de configuração global IOS **map-list** para mapear os endereços IP para os PVCs específicos. Adiante, está um exemplo de configuração para o endereçamento de uma nova interface ATM com a LLC/SNAP e PVCs no roteador SF-Core-1:

```
SF-Core-1#configure
Configuring from terminal, memory, or network [terminal]?
Enter configuration commands, one per line.  End with CNTL/Z.
SF-Core-1(config)#interface atm 1/0
SF-Core-1(config-if)#atm pvc 3 0 21 aal5snap
SF-Core-1(config-if)#atm pvc 5 0 22 aal5snap
SF-Core-1(config-if)#ip address 131.108.104.1 255.255.255.0
SF-Core-1(config-if)#map-group zip1
SF-Core-1(config-if)#map-list zip1
SF-Core-1(config-map-list)#ip 131.108.104.2 atm-vc 3 broadcast
SF-Core-1(config-map-list)# ip 131.108.104.7 atm-vc 5 broadcast
SF-Core-1(config-map-list)#^Z
```

A encapsulação LLC/SNAP com os SVCs usa o subcomando de configuração da interface IOS **map-group** e o comando de configuração global IOS **map-list** para mapear os endereços IP para os endereços do ponto de acesso do serviço da rede (NSAP) usados a fim de identificar os dispositivos remotos na rede ATM. A seguir, está um exemplo de configuração para endereçar uma nova interface ATM com a LLC/SNAP e os SVCs no roteador SF-Core-1:

```
SF-Core-1#configure
Configuring from terminal, memory, or network [terminal]?
Enter configuration commands, one per line.  End with CNTL/Z.
SF-Core-1(config)#interface atm 1/0
SF-Core-1(config-if)#atm nsap
FE.DCBA.01.987654.3210.ABCD.EF12.3456.7890.1234. 12
SF-Core-1(config-if)#ip address 131.108. 104.1 255.255.255.0
SF-Core-1(config-if)#map-group zip1
SF-Core-1(config-if)#map-list zip1
SF-Core-1(config-map-list)#ip 131.108.104.2 atm-nsap
A1.9876.AB.123456.7890.FEDC. BA.1234.5678.ABCD.12
SF-Core-1(config-map-list)#ip 131.108.104.7 atm-nsap
B2.9876.AB.123456.7890.FEDC. BA.1234.5678.AB12.12
SF-Core-1(config-map-list)#^Z
```

O IP clássico com ARP requer o subcomando **ip address** para configurar os endereços IP para a interface. O subcomando de configuração da interface ATM **atm arp-server** identifica o endereço do servidor ATM ARP que pode determinar os endereços IP para os endereços ATM NSAP, que é requerido para estabelecer os circuitos virtuais. Segue um exemplo de configuração para endereçar uma nova interface ATM com o IP clássico e ARP no roteador SF-Core-1:

```
SF-Core-1#configure
Configuring from terminal, memory, or network [terminal]?
```

```
Enter configuration commands, one per line. End with CNTL/Z.
SF-Core-1(config)#interface atm 1/0
SF-Core-1(config-if)#atm nsap
FE.DCBA.01.987654.3210.ABCD.EF12.3456.7890.1234. 12
SF-Core-1(config-if)#ip address 131.108.104.1 255.255.255.0
SF-Core-1(config-if)#atm arp-server nsap
01.ABCD.22.030000.0000.0000.0000.0000. 0000.0000.00
SF-Core-1(config-if)#^Z
```

Como verificar a configuração do endereço IP

A verificação dos endereços IP e outros atributos IP, que foram atribuídos às suas interfaces, poderá ser feita por meio de um dos três comandos EXEC. O comando IOS EXEC **show interface** fornece informações gerais sobre uma interface, inclusive o endereço IP e a máscara da rede atribuída a ele. Quando uma interface específica é fornecida como um parâmetro do comando, apenas ela é exibida. Quando nenhuma interface é especificada, todas as interfaces são mostradas. A seguir está a saída do comando **show interface ethernet 0** executado no roteador ZIP SF-2:

```
SF-2#show interface ethernet 0
Ethernet0 is up, line protocol is up
    Hardware is Lance, address is 0000.0c07.b627 (bia 0000.0c07.b627)
    Internet address is 131.108.110.1 255.255.255.0
    MTU 1500 bytes, BW 10000 Kbit, DLY 1000 usec, rely 255/255, load 1/255
    Encapsulation ARPA, loopback not set, keepalive set (10 sec)
    ARP type: ARPA, ARP Timeout 04:00:00
    Last input 00:00:00, output 00:00:00, output hang never
    Last clearing of "show interface" counters never
    Queuing strategy: fifo
    Output queue 0/40, 0 drops; input queue 0/75, 0 drops
    5 minute input rate 0 bits/sec, 0 packets/sec
    5 minute output rate 1000 bits/sec, 1 packets/sec
       716895 packets input, 69741733 bytes, 0 no buffer
       Received 76561 broadcasts, 0 runts, 0 giants, 0 throttles
       0 input errors, 0 CRC, 0 frame, 0 overrun, 0 ignored, 0 abort
       0 input packets with dribble condition detected
       5148972 packets output, 750393298 bytes, 0 underruns
       0 output errors, 68 collisions, 5 interface resets
       0 babbles, 0 late collision, 286 deferred
       0 lost carrier, 0 no carrier
       0 output buffer failures, 0 output buffers swapped out
```

O comando IOS EXEC **show ip interface** fornece uma visão completa de todos os parâmetros associados à configuração IP de uma interface. Se uma interface específica for fornecida como um parâmetro para o comando, apenas as informações sobre essa interface serão exibidas. Quando nenhuma interface específica for fornecida, as informações sobre todas as interfaces serão fornecidas. Adiante está a saída do comando **show ip interface ethernet 0** executado no roteador ZIP SF-2:

```
SF-2#show ip interface ethernet 0
Ethernet0 is up, line protocol is up
    Internet address is 131.108.110.1 255.255.255.0
    Broadcast address is 255.255.255.255
```

```
Address determined by non-volatile memory
MTU is 1500 bytes
Helper address is not set
Directed broadcast forwarding is enabled
Multicast reserved groups joined: 224.0.0.1 224.0.0.2 224.0.0.10
Outgoing access list is not set
Inbound access list is not set
Proxy ARP is enabled
Security level is default
Split horizon is enabled
ICMP redirects are always sent
ICMP unreachables are always sent
ICMP mask replies are never sent
IP fast switching is enabled
IP fast switching on the same interface is disabled
IP multicast fast switching is enabled
Router Discovery is disabled
IP output packet accounting is disabled
IP access violation accounting is disabled
TCP/IP header compression is disabled
Probe proxy name replies are disabled
Gateway Discovery is disabled
Policy routing is disabled
Network address translation is disabled
```

O comando IOS EXEC **show ip interface** tem uma forma opcional que permite ver um pequeno resumo das informações do endereço IP e do status da interface para todas as interfaces disponíveis no dispositivo. Essa versão resumida é obtida usando o comando **show ip interface brief**.

A seguir está a saída do comando **show ip interface brief** executado no roteador ZIP SF-2:

```
SF-2#show ip interface brief
Interface          IP-Address       OK? Method Status   Protocol
Ethernet0          131.108.110.1    YES NVRAM  up       up
Ethernet1          131.108.120.1    YES NVRAM  up       up
FastEthernet       0131.108.20.2    YES NVRAM  up       up
```

Além de verificar a configuração IP na própria interface, você poderá exibir os mapeamentos estáticos e dinâmicos dos endereços IP para os endereços da ligação de dados nos vários meios com diversos pontos WAN. Para tanto, use os comandos IOS EXEC **show frame-relay map**, **show atm map**, **show x25 map** e **show dialer maps**. A seguir está um exemplo da saída do comando **show frame-relay map** do roteador ZIP Seoul-1:

```
Seoul-1#show frame-relay map
Serial0.16 (up): point-to-point dlci, dlci 16(0x10,0x400), broadcast,
status
defined, active
Serial0.17 (up): point-to-point dlci, dlci 17(0x11,0x410), broadcast,
status
defined, active
Seoul-1#
```

Os outros comandos de mapeamento do protocolo WAN têm uma saída parecida com a do comando **show frame-relay map**.

Como analisado na seção "Endereçamento TCP/IP", as máscaras da rede podem ser representadas no formato decimal com pontos, de contagem de bits ou com barras. O roteador tem como default usar o formato de contagem de bits. Se você se sentir confortável com o formato decimal com pontos para verificar as máscaras da rede, o comando IOS EXEC **terminal ip netmask-format decimal** poderá ser usado para trocar os formatos. Esse comando entra em vigor apenas para o terminal virtual atual ou sessão do console. Adiante, um exemplo de como usar o comando no roteador ZIP Seoul-1:

```
Seoul-1#terminal ip netmask-format decimal
Seoul-1#
```

Para preservar esse formato para as sessões do terminal virtual ou do console, você terá de aplicar o subcomando de configuração da linha IOS **ip netmask-format decimal** nas linhas desejadas no modo de configuração. A seguir está um exemplo de como alterar o formato da máscara da rede para todas as sessões do terminal virtual no roteador ZIP Seoul-1:

```
Seoul-1#configure
Configuring from terminal, memory, or network [terminal]?
Enter configuration commands, one per line. End with CNTL/Z.
Seoul-1(config)#line vty 0 4
Seoul-1(config-line)#ip netmask-format decimal
Seoul-1(config-line)#^Z
```

Configuração do roteamento IP

Atribuir um endereço IP exclusivo a todo dispositivo na rede é necessário, mas não suficiente para permitir que eles se comuniquem entre si. Os dispositivos em uma rede IP têm também que conhecer o caminho ou a rota para outros dispositivos na mesma rede autônoma ou na Internet para enviarem pacotes de dados entre si. Em vez de todo dispositivo em uma rede ter uma lista completa de todos os outros dispositivos e onde eles residem nessa rede, o roteador age como um tipo de guia do tráfego, executando duas funções para a rede IP.

Primeiro, o roteador recebe os pacotes de uma estação, determina o caminho otimizado para o destino e então coloca o pacote no próximo segmento de LAN ou WAN que leva a esse destino. Esse processo poderá ser repetido várias vezes quando um pacote de dados se mover de um roteador para o seguinte em uma rede da Internet complexa ou na própria Internet. Esse processo é descrito como roteamento ou comutação de pacotes. Segundo, um roteador terá de aprender onde estão a outra rede IP e sub-redes, na mesma rede autônoma e fora dessa rede – como na Internet. Para determinar onde estão as outras redes, os roteadores utilizam uma tabela de roteamento, que é criada pelos algoritmos de roteamento ou protocolos de roteamento.

Os protocolos de roteamento podem ser estáticos ou dinâmicos por natureza. Nos protocolos estáticos, um administrador da rede configura manualmente a tabela de roteamento com as informações do caminho da rede. Os protocolos estáticos não são grandes porque são incapazes de reagir às alterações na rede e têm que ser reconfigurados manualmente para cada alteração. Os protocolos de roteamento dinâmico contam com os próprios roteadores para dar informações sobre as diferentes redes e sub-redes às quais estão anexados. Os vários protocolos de roteamento dinâmico diferentes serão examinados na seção "Como configurar os protocolos de roteamento IP", posteriormente, neste capítulo.

Porém, antes de entrarmos nos protocolos de roteamento dinâmico, examinaremos os vários aspectos mais gerais da configuração do roteamento IP e da configuração do roteamento estático.

Como configurar os comandos do roteamento IP

Para ativar o roteamento IP, o comando de configuração global IOS **ip routing** será usado. Por default, o software IOS é configurado para o roteamento IP em dispositivos como os roteadores independentes. Contudo, se o roteamento IP tiver sido desativado em tal dispositivo, você terá que reativá-lo antes de trocar pacotes e ativar os protocolos de roteamento. Alguns dispositivos do roteador integrados da Cisco não têm o roteamento IP ativado por default. Novamente, você terá de usar o comando **ip routing** para executar os processos de comutação de pacotes e do protocolo de roteamento nesses dispositivos. Neste exemplo, o roteamento IP está ativado no roteador ZIP Seoul-1:

```
Seoul-1#configure
Configuring  from  terminal,  memory,  or  network  [terminal]?
Enter configuration commands,  one  per  line.  End  with  CNTL/Z.
Seoul-1(config)#ip  routing
Seoul-1(config-if)#^Z
```

Depois do roteamento IP ser ativado, a tabela de roteamento usada para comutar os pacotes poderá ser construída. Por default, quando um endereço IP é configurado em uma interface e essa interface é colocada em um estado operacional, o endereço da rede para ela é colocado na tabela de roteamento. Todas as interfaces operacionais conectadas ao roteador são colocadas na tabela de roteamento. Portanto, se apenas um roteador estiver em sua rede, ele terá informações sobre todas as diferentes redes ou sub-redes e não haverá nenhuma necessidade de configurar um roteamento estático ou dinâmico. Apenas, quando existirem dois ou mais roteadores na rede, as entradas da tabela de roteamento dinâmico ou estático serão necessárias.

Para exibir a tabela de roteamento IP, use o comando IOS EXEC **show ip route**. Quando fornecida sem parâmetros, a tabela de roteamento inteira será exibida. A seguir está um exemplo da tabela de roteamento no roteador ZIP Seoul-1 com apenas as interfaces conectadas operacionais e nenhuma entrada da tabela de roteamento adicional configurada ou aprendida:

```
Seoul-1#show  ip  route
Codes:      C - connected, S - static, I - IGRP, R - RIP, M - mobile, B - BGP
            D - EIGRP, EX - EIGRP external, O - OSPF, IA - OSPF inter area
            N1 - OSPF NSSA external type 1, N2 - OSPF NSSA external type 2
            E1 - OSPF external type 1, E2 - OSPF external type 2, E - EGP
            i - IS-IS, L1 - IS-IS level-1, L2 - IS-IS level-2, * - candidate default
            U - per-user static route, o - ODR

Gateway  of  last  resort  is  not  set

131.108.0.0/16 is variably subnetted, 4 subnets, 2 masks
C      131.108.3.0/25   is  directly  connected,  Ethernet0
C      131.108.242.0/30 is  directly  connected,  Serial0.16
C      131.108.242.4/30 is  directly  connected,  Serial0.17
C      131.108.241.0/30 is  directly  connected,  Serial1
```

O comando **show ip route** fornece uma quantidade enorme de dados para o administrador da rede. É a principal ferramenta usada para determinar qual caminho um pacote segue na rede. A primeira seção da saída é a legenda para a primeira coluna da tabela em si. Informa-nos sobre de onde uma rota fo derivada. Neste exemplo, um C informa que a rota é de uma interface operacional conectada diretamente. A porta do último lugar é o endereço de rede do roteador para o qual os pacotes destinados para fora dessa rede devem ser enviados quando não houver nenhuma informação de roteamento específica sobre como atingir o destino. Neste exemplo, o roteador não aprendeu sobre uma porta do último lugar porque nenhuma rota estática foi configurada e nenhum protocolo de roteamento dinâmico está sendo executado.

A última seção da saída é a própria tabela de roteamento. A partir da notação da sub-rede variável neste exemplo, podemos ver que a rede ZIP Class B 131.108.0.0 foi configurada com diversas máscaras da rede. A saída também mostra que esse roteador aprendeu sobre quatro rotas da sub-rede e que essas quatro rotas da sub-rede têm apenas duas máscaras da rede diferentes associadas. Cada um dos números da rede associados aos endereços IP que foram fornecidos nas respectivas interfaces é listado, junto com a máscara da rede com contagem de bits e o nome da interface associado. É importante notar que os endereços da rede e da sub-rede, não os endereços IP dos dispositivos individuais, são listados na tabela de roteamento. O endereço da rede pode representar a rota de apenas 2 hosts (como em uma rede que tem uma máscara da rede /30), até 65536 hosts (como em uma rede que tem uma máscara da rede /16) ou até números maiores de hosts, dependendo da máscara da rede.

O comando **show ip route** também tem parâmetros opcionais que podem ser usados para solicitar apenas certos tipos de rotas. Por exemplo, se a tabela de roteamento estiver totalmente preenchida com rotas conectadas, estáticas e aprendidas dinamicamente, o comando IOS EXEC **show ip route connected** poderá ser usado para exibir apenas as rotas aprendidas a partir das interfaces operacionais conectadas diretamente. Do mesmo modo, o comando **show ip route static** exibe apenas as rotas derivadas dos comandos do caminho da rede configurados manualmente. Fornecendo um endereço de rede específico como um parâmetro para o comando, apenas as informações relativas a essa rota específica serão exibidas. A seguir está um exemplo de como fornecer um parâmetro da rota específico por meio do comando **show ip route 131.108.3.0** no roteador ZIP Seoul-1:

```
Seoul-1#show ip route 131.108.3.0
Routing entry for 131.108.3.0/25
      Known via "connected", distance 0, metric 0 (connected)
Routing Descriptor Blocks:
    * directly connected, via Ethernet0
          Route metric is 0, traffic share count is 1
```

Iremos explorar mais os parâmetros opcionais do comando **show ip route** e explicaremos o significado da métrica da rota na seção "Como configurar os protocolos de roteamento IP", posteriormente, neste capítulo.

Como configurar o roteamento estático

Como mencionado anteriormente, as informações do roteamento estático e dinâmico podem ser usadas para construir a tabela de roteamento e, portanto, as informações do caminho da rede. Historicamente, as rotas estáticas eram a primeira maneira disponível dos administradores da rede construírem as tabelas de caminho da rede para os roteadores e alguns dispositivos finais. As rotas estáticas têm desvantagens, como a incapacidade de se adaptarem quando um circuito de dados fica inativo ou quando a topologia da rede muda. Contudo, ainda há muitas situações nas quais a rota estática é necessária e desejada. Seguem alguns exemplos de rotas estáticas adequadas:

- ♦ Um circuito de dados é particularmente não confiável e oscila constantemente. Nessas circunstâncias, um protocolo de roteamento dinâmico poderá introduzir instabilidade demais, enquanto a rota estática não mudará.

- Uma rede é atingível em uma conexão de discagem. Tal rede não é capaz de fornecer as atualizações constantes requeridas por um protocolo de roteamento dinâmico.
- Uma única conexão existe com um único ISP. Ao invés de aprender sobre todas as rotas da Internet globais, uma única rota default estática é usada. O mesmo ocorre para um escritório remoto da empresa com uma única conexão de volta com a intranet da empresa.
- Uma rede do cliente, ou outra anexada, não deseja trocar informações de roteamento dinâmico. Uma rota estática poderá ser usada para fornecer informações de alcance para essa rede.

A configuração das rotas estáticas é executada pelo comando de configuração global IOS **ip route**. O comando tem vários parâmetros, inclusive o endereço da rede e a máscara da rede associada, assim como informações sobre para onde o roteador deve enviar os pacotes destinados para essa rede. As informações de destino podem ter uma das várias formas:

- Um endereço IP específico do próprio roteador no caminho
- O endereço de rede da outra rota na tabela de roteamento para a qual os pacotes devem ser enviados
- Uma interface conectada diretamente onde a rede de destino reside

A primeira opção é bem óbvia e é a maneira predominante na qual as rotas estáticas são fornecidas. A seguir está um exemplo de como fornecer uma rota estática no roteador ZIP SF-Core-1. Essa rota direciona os pacotes destinados para o endereço da rede 131.108.230.0/24 na conexão serial para o roteador São José, que tem um endereço 131.108.240.2:

```
SF-Core-1#configure
Configuring from terminal, memory, or network [terminal]?
Enter configuration commands, one per line. End with CNTL/Z.
SF-Core-1(config)#ip route 131.108.230.0 255.255.255.0 131.108.240.2
SF-Core-1(config)#^Z
```

A segunda opção, especificar outra rota da rede como destino, é útil quando há diversos caminhos para atingir o endereço da rede desejado. Uma vantagem é o compartilhamento do carregamento do tráfego em diversos caminhos com custo igual. Outra vantagem é que uma falha de um dos caminhos resultará no tráfego sendo roteado de novo para um dos caminhos alternativos. Adiante está um exemplo no roteador ZIP SF-Core-1. Os pacotes destinados para o endereço da rede 131.108.231.0/24 são direcionados para seguir a rota para a rede São José 131.108.100.0/24:

```
SF-Core-1#configure
Configuring from terminal, memory, or network [terminal]?
Enter configuration commands, one per line. End with CNTL/Z.
SF-Core-1(config)#ip route 131.108.231.0 255.255.255.0 131.108.100.0
SF-Core-1(config)#^Z
```

Observe que, para os pacotes atingirem a rede 131.108.231.0/24, uma rota para a rede 131.108.100.0/24 terá de estar na tabela de roteamento. Os pacotes para 131.108.231.0/24 são enviados para a mesma interface a partir da qual os pacotes destinados para 131.108.100.0/24 são enviados.

A última opção para especificar um destino – uma interface conectada diretamente – talvez seja a menos usada. Especificando uma interface conectada diretamente como o destino para uma rota, o administrador da rede está de fato dizendo que os dispositivos com endereços IP a partir dessa rede residem na interface especificada. O resultado é que os pacotes destinados para os endereços IP para essa rede têm de ter seus endereços IP determinados para o endereço da camada da ligação de dados desse determinado tipo de interface (e a rota aparecerá diretamente conectada na tabela de roteamento). No caso da Ethernet, um endereço IP teria de determinar um endereço MAC. No caso do Frame Relay, haveria de ser um mapa Frame Relay estático ou mapeamento Inverse ARP que fornecesse as informações DLCI para o mapeamento do endereço IP. No caso do ISDN, seria um mapa de discagem que mapeasse o endereço IP para um nome do sistema e um número de telefone.

DICA — *Especificar uma interface como destino para uma rota estática é um dos maiores erros de configuração cometidos ao usar o comando **ip route**. Alguns administradores da rede acreditam erroneamente que os pacotes são enviados devidamente para o próximo roteador em um caminho simplesmente apontando a rota para uma certa interface. Os pacotes serão enviados para o próximo roteador apenas se o endereço IP para esse roteador for especificado ou outra rota da rede que atravesse o próximo roteador for especificada.*

Segue um exemplo de como especificar uma interface conectada diretamente como o destino no comando **ip route**. Nessa exemplificação, o endereço da rede 131.108.232.0/24 está configurado para ser atingido diretamente na interface Fast Ethernet do roteador ZIP SF-Core-1:

```
SF-Core-1#configure
Configuring from terminal, memory, or network [terminal]?
Enter configuration commands, one per line. End with CNTL/Z.
SF-Core-1(config)#ip route 131.108.232.0 255.255.255.0 fastethernet 0/0
SF-Core-1(config)#^Z
```

Iremos verificar a tabela de roteamento no roteador SF-Core-1 com as interfaces conectadas diretamente e as novas entradas da rota estática:

```
SF-Core-1#show ip route
Codes:     C - connected, S - static, I - IGRP, R - RIP, M - mobile, B - BGP
           D - EIGRP, EX - EIGRP external, O - OSPF, IA - OSPF inter area
           N1 - OSPF NSSA external type 1, N2 - OSPF NSSA external type 2
           E1 - OSPF external type 1, E2 - OSPF external type 2, E - EGP
           i - IS-IS, L1 - IS-IS level-1, L2 - IS-IS level-2, * - candidate default
           U - per-user static route, o - ODR

Gateway of last resort is not set

131.108.0.0/16 is variably subnetted, 5 subnets, 3 masks
C      131.108.20.0/22 is directly connected, FastEthernet0/0
C      131.108.240.0/30 is directly connected, Serial1/0
S      131.108.230.0/24 [1/0] via 131.108.240.2
S      131.108.231.0/24 [1/0] via 131.108.100.0
S      131.108.232.0/24 is directly connected, FastEthernet0/0
```

Quando os pacotes atravessarem os roteadores e as redes de destino forem pesquisadas na tabela de roteamento, o comportamento default do roteador coincidirá com o par endereço da rede/máscara do endereço mais específico na classe da rede para o endereço IP de destino. Por exemplo, se um pacote for destinado para o endereço IP 131.108.21.6 e houver uma rota para a rede 131.108.20.0/22, o pacote será enviado para a interface dessa rota. Se para o mesmo destino houver rotas para 131.108.20.0/22 e 131.108.21.0/24, o pacote será enviado para a interface da rota 131.108.21.0/24 porque é uma rota mais específica (com uma máscara da rede mais longa) que a rota 131.108.20.0/22. No caso da rede ZIP, a rota menos específica é 131.108.0.0/16; as rotas mais específicas são os endereços da rede /30.

Como configurar
o roteamento sem classe

A rede ZIP foi atribuída a uma rede Class B, como especificado pelo sistema de endereçamento com classe de herança. Porém, se tivesse sido atribuída a um bloco CIDR de endereços, comandos adicionais seriam requeridos para permitir ao roteador coincidir com as rotas na tabela de roteamento que estão além dos limites com classe. Suponha que uma rede tenha atribuído o bloco CIDR 206.220.224.0/22 (que é composto pelos endereços Class C 206.220.224.0/24 até 206.220.227.0/24), tenha tido a sub-rede e sido alocada na interface de um roteador como a seguir:

- A Ethernet 0 é atribuída ao endereço 206.220.224.0/24.
- A Ethernet 1 é atribuída ao endereço 206.220.225.0/24.
- A Ethernet 2 é atribuída ao endereço 206.220.226.0/23.

O roteador opera no modo de classe por default. Os pacotes destinados para 206.220.224.5 serão devidamente roteados para a Ethernet 0 porque o endereço da rede é um endereço Class C e coincide com o endereço IP de destino. O mesmo ocorre com a Ethernet 1 e um pacote é destinado para 206.220.225.9. Contudo, o pacote destinado para 206.220.226.8 ou para 206.220.227.12 não coincidirá com a rota 206.220.226.0/23 para a Ethernet 2 e esses endereços de destino não serão atingidos. Isso ocorre porque o endereço da rede de Ethernet 2 é um bloco CIDR com dois endereços Class C. Para o roteador operar de uma maneira sem classe e coincidir os endereços IP de destino com esse endereço de rede CIDR, o comando de configuração global IOS **ip classless** terá primeiro que ser configurado. A seguir está um exemplo de como configurar o comando **ip classless** no roteador ZIP SF-Core-1:

```
SF-Core-1#configure
Configuring from terminal, memory, or network [terminal]?
Enter configuration commands, one per line. End with CNTL/Z.
SF-Core-1(config)#ip classless
SF-Core-1(config)#^Z
```

Como configurar
as rotas de resumo e defaults

Em muitas situações, é indesejável transportar a tabela de roteamento inteira para uma intranet ou para a Internet. Essas situações incluem um pequeno escritório com uma única conexão com a intranet da empresa, um roteador que está configurado com memória insuficiente ou uma única conexão com um único ISP. Nessas situações, os usuários finais desejam atingir certos endereços de destino que não são especificamente encontrados na tabela de roteamento. Sob circunstâncias normais, esses pacotes seriam descartados como destinos não atingíveis. Porém, usando as rotas de resumo e as rotas da rede defaults, um roteador poderá ainda ter informações de alcance. Uma rota de resumo e uma rota default fornecem informações de caminhos alternativos quando nenhuma rota coincide especificamente com um endereço IP de destino.

Uma rota de resumo fornece informações de alcance defaults em um dado espaço do endereço. A rota de resumo, que normalmente segue os limites da rede com classes, é geralmente usada para fornecer informações de alcance defaults sobre as sub-redes que não são encontradas especificamente na tabela de roteamento mas que existem na intranet. Na rede ZIP, por exemplo, a rota 131.108.0.0/16 seria considerada uma rota de resumo. Se um roteador na rede ZIP encontrar um pacote destinado para 131.108.99.5 mas não encontrar uma rota específica – como 131.108.99.0/24 – geralmente irá descartar o pacote. Se nessa situação houvesse uma rota de resumo 131.108.0.0/16 na tabela de roteamento, o pacote seria enviado para a interface em direção ao próximo destino da rota de resumo.

A rota de resumo geralmente aponta para outra rota da sub-rede na intranet, mas pode também apontar para um próximo endereço IP específico. Em qualquer caso, o objetivo da rota de resumo é direcionar os pacotes para outros roteadores na intranet que tenham informações de roteamento mais completas. A rota de resumo pode ser configurada usando os comandos de configuração global IOS **ip default-network** ou **ip route**.

Ao usar o comando **ip default-network**, uma sub-rede não conectada que existe na intranet é fornecida como um parâmetro para o comando. Quando o comando **ip route** é usado, a rota de resumo, a máscara da rede e a sub-rede não conectada são fornecidas como parâmetros. A seguir estão exemplos de ambos os comandos como configurados no roteador ZIP Singapore. Nestes exemplos, a rota de resumo é 131.108.0.0/16 e a sub-rede não conectada usada para o alcance default é 131.108.20.0, que é encontrada nos roteadores SF-Core-1 e SF-Core-2:

```
Singapore#configure
Configuring from terminal, memory, or network [terminal]?
Enter configuration commands, one per line. End with CNTL/Z.
Singapore(config)#ip default-network 131.108.20.0
Singapore(config)#^Z
Singapore#configure
Configuring from terminal, memory, or network [terminal]?
Enter configuration commands, one per line. End with CNTL/Z.
Singapore(config)#ip route 131.108.0.0 255.255.0.0 131.108.20.0
Singapore(config)#^Z
```

Depois de ser configurada, a rota de resumo aparece na tabela de roteamento como uma rota da rede menos específica com uma máscara de contagem de bits menor que as outras rotas da rede e sub-rede na tabela. No exemplo **show ip route**, a seguir, do roteador ZIP Singapore, 131.108.0.0/16 é a rota de resumo que foi configurada no exemplo anterior. Observe que o destino da rota de resumo 131.108.20.0 é aprendido a partir do roteador ZIP Seoul-1:

```
Singapore#show ip route
Codes:      C - connected, S - static, I - IGRP, R - RIP, M - mobile, B - BGP
            D - EIGRP, EX - EIGRP external, O - OSPF, IA - OSPF inter area
            N1 - OSPF NSSA external type 1, N2 - OSPF NSSA external type 2
            E1 - OSPF external type 1, E2 - OSPF external type 2, E - EGP
            i - IS-IS, L1 - IS-IS level-1, L2 - IS-IS level-2, * - candidate default
            U - per-user static route, o - ODR

Gateway of last resort is not set

131.108.0.0/16 is variably subnetted, 4 subnets, 4 masks
C       131.108.1.0/25 is directly connected, Ethernet0
C       131.108.242.4/30 is directly connected, Serial0.100
D       131.108.20.0/22 [1/0] via 131.108.242.5, 20:10:45, Serial0.100
S       131.108.0.0/16 [1/0] via 131.108.20.0
```

> **NOTA** *O software IOS substituirá o comando* **ip default-network** *pela versão da rota de resumo do comando* **ip route** *quando a sub-rede não conectada estiver contida no mesmo espaço do endereço de rede com classe de uma interface conectada diretamente no roteador.*

Quando uma estação IP está se comunicando com outra empresa, universidade ou outra entidade – através de conexões de rede privadas ou da Internet – ela envia pacotes que precisam atingir as estações que residem no espaço do endereço IP diferente do seu próprio. Por exemplo, se uma estação na rede ZIP estiver se comunicando com o site web popular www.yahoo.com, os pacotes, que se originam do espaço do endereço da rede ZIP 131.108.0.0/16, serão destinados para o espaço do endereço da rede 216.32.74.55/22 do Yahoo!. Para enviar devidamente os pacotes, os roteadores da rede ZIP precisarão de uma rota para 216.32.74.55/22 ou de uma rota CIDR menos específica que lhes forneça a direção geral da rede Yahoo!.

Como explicado anteriormente, é improvável que todo roteador na rede ZIP ou mesmo o roteador de conexão da Internet ZIP tenha essa rota em suas tabelas de roteamento. A menos que a rede ZIP tenha diversos ISPs ou esteja trocando informações de roteamento dinâmico com seu único ISP, os roteadores da rede ZIP provavelmente contarão com uma rota da rede default para fornecer as informações de alcance para o site Yahoo!, assim como para os outros sites na Internet (ou potencialmente em sua própria intranet).

O conceito básico da rota default é que, quando um roteador não tiver informações de roteamento específicas para um destino, ele usará o caminho default para uma rede especificada onde houver roteadores com informações mais completas. Embora a rota default seja parecida com a rota de resumo, ela é usada para direcionar os pacotes para os destinos IP que estão fora da intranet autônoma e dos limites do endereço com classe para uma dada entidade. No caso da Internet, o ISP de uma empresa e provedor com fluxo superior do ISP provavelmente estará trocando informações de roteamento dinâmico com outros ISPs sobre o local e o alcance de todas as redes na Internet. Usando um endereço da rede IP na rede do ISP como uma rota default, o roteador de conexão da Internet de uma empresa enviará os pacotes para destinos desconhecidos em direção ao ISP e finalmente para os roteadores com tabelas de roteamento mais completas e imagens da Internet.

Agora iremos analisar alguns dos muitos métodos para configurar uma rede default usando o software IOS:

- Como configurar uma rede default usando uma rota externa aprendida dinamicamente
- Como configurar uma rede default usando uma rota externa configurada estaticamente
- Como configurar uma rede default usando o endereço reservado 0.0.0.0

A diferença básica entre os métodos de configurar uma rede default é se qualquer informação de roteamento dinâmico é aprendida a partir de uma fonte externa, como um ISP. Quando as rotas para os endereços da rede externos são aprendidas a partir de uma fonte externa, simplesmente indique um desses endereços externos como a rede default usando o comando de configuração global IOS **ip default-network**. O parâmetro para esse comando é uma rota que tem as seguintes características: existe na tabela de roteamento, não está conectado ao roteador sendo configurado e fica fora do espaço do endereço com classe configurado em qualquer uma das interfaces do roteador. A seguir está um exemplo de como configurar o comando **ip default-network** no roteador ZIP SF-Core-1 para a rede 140.222.0.0, que está sendo aprendida a partir do ISP da rede ZIP:

```
SF-Core-1#configure
Configuring from terminal, memory, or network [terminal]?
Enter configuration commands, one per line.  End with CNTL/Z.
SF-Core-1(config)#ip default-network 140.222.0.0
SF-Core-1(config)#^Z
```

Depois de ser configurado, o roteador mostrará que aceitou essa rede como um default e que a rota é atingível indicando-a como a porta para o último lugar na saída de **show ip route**. O roteador coloca um asterisco próximo à rota para indicar que ela é uma candidata para a rede default porque diversos defaults podem ser configurados. A seguir está um exemplo da porta do último lugar definida no roteador ZIP SF-Core-1:

```
SF-Core-1#show ip route
Codes:      C - connected, S - static, I - IGRP, R - RIP, M - mobile, B - BGP
        D - EIGRP, EX - EIGRP external, O - OSPF, IA - OSPF inter area
        N1 - OSPF NSSA external type 1, N2 - OSPF NSSA external type 2
        E1 - OSPF external type 1, E2 - OSPF external type 2, E - EGP
        i - IS-IS, L1 - IS-IS level-1, L2 - IS-IS level-2, * - candidate default
        U - per-user static route, o - ODR

Gateway of last resort is 192.72.2.1 to network 140.222.0.0

     131.108.0.0/16 is variably subnetted, 5 subnets, 3 masks
C       131.108.20.0/22 is directly connected, FastEthernet0/0
C       131.108.240.0/30 is directly connected, Serial1/0
S       131.108.230.0/24 [1/0] via 131.108.240.2
S       131.108.231.0/24 [1/0] via 131.108.100.0
S       131.108.232.0/24 [1/0] is directly connected, FastEthernet0/0
C       192.7.2.2/30 is directly connected, Serial1/1
B*      140.222.0.0/16 [20/19] via 192.7.2.1, 3d08h
```

Quando o roteamento dinâmico não é trocado com seu provedor externo, é possível usar uma rota estática para apontar o endereço da rede externo que é usado como um default. A seguir está o exemplo anterior novamente, mas desta vez uma rota estática é usada para fornecer informações de alcance sobre o endereço da rede default através da conexão ISP:

```
SF-Core-1#configure
Configuring from terminal, memory, or network [terminal]?
Enter configuration commands, one per line. End with CNTL/Z.
SF-Core-1(config)#ip route 140.222.0.0 255.255.0.0 192.7.2.1
SF-Core-1(config)#ip default-network 140.222.0.0
SF-Core-1(config)#^Z
```

Como no exemplo anterior, verificar a saída de **show ip route** indica que o roteador instalou a rede default, mas note que a rota para 140.222.0.0 agora mostra S como a origem porque foi configurada manualmente:

```
SF-Core-1#show ip route
Codes:      C - connected, S - static, I - IGRP, R - RIP, M - mobile, B - BGP
        D - EIGRP, EX - EIGRP external, O - OSPF, IA - OSPF inter area
        N1 - OSPF NSSA external type 1, N2 - OSPF NSSA external type 2
        E1 - OSPF external type 1, E2 - OSPF external type 2, E - EGP
        i - IS-IS, L1 - IS-IS level-1, L2 - IS-IS level-2, * - candidate default
        U - per-user static route, o - ODR

Gateway of last resort is 192.72.2.1 to network 140.222.0.0

     131.108.0.0/16 is variably subnetted, 5 subnets, 3 masks
C       131.108.20.0/22 is directly connected, FastEthernet0/0
```

```
C       131.108.240.0/30   is   directly   connected,   Serial1/0
S       131.108.230.0/24   [1/0]   via   131.108.240.2
S       131.108.231.0/24   [1/0]   via   131.108.100.0
S       131.108.232.0/24   [1/0]   is   directly   connected,   FastEthernet0/0
C       192.7.2.2/30   is   directly   connected,   Serial1/1
S*      140.222.0.0/16   [20/19]   via   192.7.2.1
```

O último método de configuração para a rede default deve ser familiar para aqueles que trabalham nc ambiente do sistema operacional UNIX (ou seus derivados) ou com o Routing Information Protoco (RIP). Esse método envolve instalar uma rota estática para um endereço de rede especial – a saber 0.0.0.0. Esse endereço é considerado reservado. Nos ambientes UNIX e RIP, indica a rota para todos os destinos IP desconhecidos.

No software IOS no roteador, o endereço de rede 0.0.0.0 é o endereço de rede menos específico possível. Com sua máscara implicada 0.0.0.0 ou 0 bit, essa rota coincide com qualquer destino IP fora de um endereço com classe. Quando o comando **ip classless** é configurado, a rota coincide com qualquer endereço de destino IP desconhecido dentro e fora de um espaço dc endereço com classe. O exemplo seguinte mostra como usar o comando **ip route** para configura o roteador ZIP SF-Core-1 com uma rede default 0.0.0.0/0 e com a conexão ISP como o próximo endereço IP:

```
SF-Core-1#configure
Configuring from terminal, memory, or network [terminal]?
Enter configuration commands, one per line. End with CNTL/Z.
SF-Core-1(config)#ip route 0.0.0.0 0.0.0.0 192.7.2.1
SF-Core-1(config)#^Z
```

A saída de **show ip route** indica que o roteador instalou a rota da rede default para 0.0.0.0/0 Como no método anterior, a rota 0.0.0.0 mostra um S como a origem porque foi configurada manualmente:

```
SF-Core-1#show ip route
Codes:       C - connected, S - static, I - IGRP, R - RIP, M - mobile, B - BGP
       D - EIGRP, EX - EIGRP external, O - OSPF, IA - OSPF inter area
       N1 - OSPF NSSA external type 1, N2 - OSPF NSSA external type 2
       E1 - OSPF external type 1, E2 - OSPF external type 2, E - EGP
       i - IS-IS, L1 - IS-IS level-1, L2 - IS-IS level-2, * - candidate default
       U - per-user static route, o - ODR

Gateway of last resort is 192.72.2.1 to network 0.0.0.0

131.108.0.0/16 is variably subnetted, 5 subnets, 3 masks
C       131.108.20.0/22   is   directly   connected,   FastEthernet0/0
C       131.108.240.0/30   is   directly   connected,   Serial1/0
S       131.108.230.0/24   [1/0]   via   131.108.240.2
S       131.108.231.0/24   [1/0]   via   131.108.100.0
S       131.108.232.0/24   [1/0]   is   directly   connected,   FastEthernet0/0
C       192.7.2.2/30   is   directly   connected,   Serial1/1
S*      0.0.0.0   [1/0]   via   192.7.2.1
```

> **NOTA** Uma rota de resumo com classe e uma rota da rede default terão que ser configuradas se **o comando ip classless** não for configurado e se todas as rotas de destino IP, dentro e fora da intranet, não forem conhecidas. Essa exigência deriva da suposição de que todos os roteadores, em um espaço do endereço IP com classe, têm um conhecimento completo das sub-redes nesse espaço do endereço. Ao operar no **modo ip classless**, a única rota default para a rede 0.0.0.0/0 é suficiente como o default para as sub-redes internas e os destinos da rede externos porque coincide com todos os destinos IP não conhecidos.

Ao configurar uma rota da rede default para sua rede, siga estas regras importantes:

- Quando as informações de roteamento dinâmico não forem trocadas com uma entidade externa como um ISP, usar uma rota estática para 0.0.0.0/0 será geralmente a maneira mais fácil de gerar uma rota default.
- Quando as informações de roteamento dinâmico forem trocadas com um ou mais ISPs, usar o **comando ip default-network** será a maneira mais apropriada de designar uma ou mais rotas da rede default possíveis.
- Quando houver uma ou mais conexões Internet através de um ISP, o(s) roteador(es) de conexão da Internet deverá(ão) propagar a rede default na intranet por meio de um protocolo de roteamento dinâmico.
- É aceitável configurar diversos roteadores na intranet com o comando **ip default-network** para indicar uma rota aprendida dinamicamente como o default. Será inadequado configurar mais de um roteador na intranet com uma rota default para 0.0.0.0/0 se esse roteador não fornecer uma conexão Internet através de um ISP. Isso poderá fazer com que os roteadores sem conectividade com os destinos desconhecidos enviem pacotes para si mesmos, resultando em um alcance impossível. A exceção são os roteadores que não trocam informações de roteamento dinâmico ou que têm conexões apenas ocasionais com a intranet em um meio como o ISDN de discagem ou os SVCs Frame Relay.
- Os roteadores que não trocam informações de roteamento dinâmico ou que residem nas conexões de discagem, como o ISDN ou os SVCs Frame Relay, devem ser configurados com uma rota para a rede default ou para 0.0.0.0/0, como indicado anteriormente.
- Quando a intranet não estiver conectada a nenhuma rede externa, como a Internet, a configuração da rede default deverá ser colocada em um roteador ou roteadores que residem no centro da rede e que têm a topologia de roteamento da rede completa para a intranet.

DICA   Quando uma rede default for configurada usando uma rota estática para 0.0.0.0/ 0 e o roteador estiver operando no modo sem classe IP pelo comando ip classless, será muito fácil criar um loop de roteamento entre um ISP e sua rede se todos os endereços de rede em sua rede não estiverem alocados. Por exemplo, se o endereço de rede 131.108.227.1 no espaço do endereço ZIP não tiver sido atribuído a nenhum segmento de rede e dispositivo em particular, os roteadores enviarão os pacotes desse destino para a rede default. O roteador de conexão Internet não conhece esse endereço porque ele não é atribuído. Porém, o endereço de destino coincide com a rota 0.0.0.0/0, portanto o roteador envia os pacotes para o ISP.

Por sua vez, o ISP reconhece que o endereço 131.108.227.1 reside na rede ZIP (provavelmente através de uma rota para 131.108.0.0/16) e envia o pacote de volta para o roteador da conexão ZIP Internet. Novamente, esse roteador não encontra uma rota específica, mas coincide com a rota para 0.0.0.0/0 e envia o pacote de volta para o ISP. O ISP repete a etapa anterior.

Esse processo se repete até que o Time To Live (Tempo de Existência) no pacote expire. Se tal loop ocorrer para muitos pacotes, o resultado poderá ser um consumo desnecessário da largura de banda da conexão Internet e quantidades enormes de congestionamento de usuários ZIP tentando atingir a Internet. A Figura 4-5 representa essa situação indesejável.

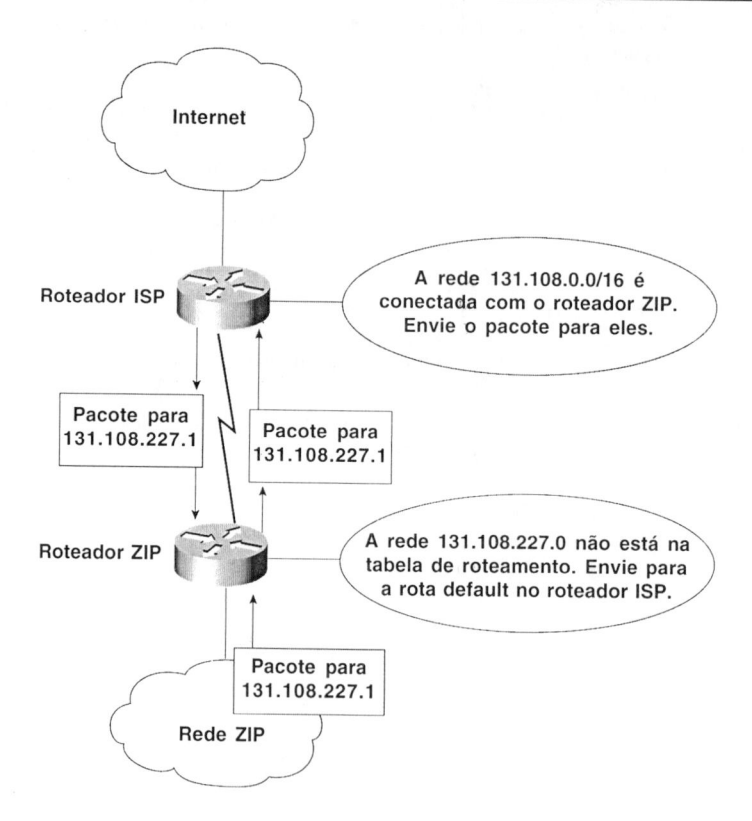

Figura 4-5 Um loop de roteamento ocorreu porque um endereço não atribuído foi enviado para um endereço default em uma rede IP sem classe.

DICA	Para evitar tal loop, você precisará fornecer uma rota de resumo para o espaço do endereço ZIP que descarta os pacotes enviados para os endereços IP não atribuídos no espaço do endereço da rede ZIP. Para conseguir isso, defina o destino de uma rota para a interface inexistente Null 0. Uma rota de resumo para a rede ZIP, que descartaria os pacotes para os destinos não atribuídos, seria a rota IP 131.108.0.0 255.255.0.0 Null 0. Essa rota seria instalada no roteador de conexão Internet, que é o último roteador a receber os pacotes antes de serem enviados para o ISP.

Como verificar a configuração do roteamento IP

Como vimos anteriormente neste capítulo, o comando primário para verificar a configuração do roteamento IP é o comando IOS EXEC **show ip route**. Nesta seção, iremos explorar os vários outros comandos que ajudam na verificação e gerenciamento da configuração da tabela de roteamento IP.

O comando **show ip route** é a ferramenta usada para exibir o estado da tabela de roteamento IP. Se há rotas estáticas configuradas ou protocolos de roteamento dinâmico em execução, esse comando mostrará se as rotas que foram configuradas ou que se espera que serão aprendidas estão de fato presentes no roteador. Adiante está uma exceção da saída do comando **show ip route** no roteador ZIP SF-Core-1:

```
SF-Core-1#show ip route
Codes:     C - connected, S - static, I - IGRP, R - RIP, M - mobile, B - BGP
           D - EIGRP, EX - EIGRP external, O - OSPF, IA - OSPF inter area
           N1 - OSPF NSSA external type 1, N2 - OSPF NSSA external type 2
           E1 - OSPF external type 1, E2 - OSPF external type 2, E - EGP
           i - IS-IS, L1 - IS-IS level-1, L2 - IS-IS level-2, * - candidate default
           U - per-user static route, o - ODR

Gateway of last resort is 192.72.2.1 to network 0.0.0.0

131.108.0.0/16 is variably subnetted, 8 subnets, 3 masks
C       131.108.20.0/22 is directly connected, FastEthernet0/0
C       131.108.240.0/30 is directly connected, Serial1/0
S       131.108.230.0/24 [1/0] via 131.108.240.2
S       131.108.231.0/24 [1/0] via 131.108.100.0
S       131.108.232.0/24 [1/0] is directly connected, FastEthernet0/0
C       192.7.2.0/30 is directly connected, Serial1/1
D       131.108.240.4/30 [90/307200] via 131.108.20.4, 1d00h, FastEthernet0/
0
D       131.108.241.0/30 [90/3182080] via 131.108.240.2, 1d00h, Serial1/0
D       131.108.100.0/24 [90/3182080] via 131.108.240.2, 1d00h, Serial1/0
S       131.108.0.0/16 is directly connected, Null0
S*      0.0.0.0 [1/0] via 192.7.2.1
```

Esta saída fornece as seguintes informações:

- Uma lista de todas as rotas da rede e máscaras atualmente na tabela de roteamento.
- O próximo endereço IP e a interface de saída para essas rotas (ou apenas a interface de saída, no caso das rotas conectadas diretamente).

♦ Se a rota é aprendida dinamicamente, a extensão do tempo (em segundos) durante a qual a rota esteve na tabela ou a extensão do tempo desde a última atualização, dependendo do determinado protocolo de roteamento.

♦ A distância administrativa e a métrica do protocolo de roteamento para todas as rotas conectadas diretamente. A distância administrativa é o número à esquerda da barra que está entre colchetes e que segue a rota da rede e a máscara de contagem de bits. A métrica do protocolo de roteamento é o número à direita da barra que está entre colchetes.

A distância administrativa é o valor numérico que representa a confiabilidade da fonte de atualização do roteamento. Cada tipo de rota e protocolo de roteamento é atribuído a uma determinada distância administrativa. Quanto menor for o valor, mais confiável será a fonte. A Tabela 4-2 mostra as distâncias administrativas do software IOS atual. A métrica do protocolo de roteamento é um número usado para classificar as rotas pela preferência quando mais de uma rota para o mesmo destino existe. A métrica é geralmente um número composto refletindo diversas características da rota, como o comprimento do caminho e o custo do caminho. Cada protocolo de roteamento dinâmico tem um algoritmo diferente para determinar o número métrico.

Tabela 4-2 *As distâncias administrativas defaults.*

Origem da rota	Distância default
Interface conectada	0
Rota estática	1
Rota de resumo IGRP avançada	5
BGP externo	20
IGRP avançado interno	90
IGRP	100
OSPF	110
IS-IS	115
RIP	120
EGP	140
BGP interno	200
Desconhecida	255

Outra ferramenta que dá uma idéia rápida do estado da tabela de roteamento é o comando IOS EXEC **show ip masks**. Dado um endereço de rede como um parâmetro, esse comando listará as máscaras que foram aplicadas em um certo endereço da rede e o número de rotas que tem cada uma dessas máscaras. Esse comando é geralmente útil ao identificar os erros do endereçamento e os erros de configuração da rota estática destacando as máscaras da rede ausentes ou inesperadas que aparecem na tabela de roteamento. A seguir está um exemplo do comando **show ip masks** 131.108.0.0 no roteador ZIP SF-Core-1, que mostra seis redes diferentes para a rede 131.108.0.0:

```
SF-Core-1#show ip masks 131.108.0.0
     Mask                    Reference count
     255.255.255.255         9
```

```
      255.255.255.252        5
      255.255.255.128        3
      255.255.255.0          4
      255.255.252.0          1
      255.255.0.0            1
SF-Core-1#
```

A maioria dos protocolos de roteamento dinâmico envia automaticamente renovações das informações de roteamento mantidas pelos roteadores. Essas renovações incluem atualizações para adicionar ou remover as rotas da tabela de roteamento e as informações para manter as rotas atualmente na tabela renovadas. Porém, às vezes, você pode desejar limpar uma certa entrada da tabela de roteamento ou a própria tabela inteira manualmente. Por exemplo, poderá querer limpar uma rota dinâmica que foi marcada como não sendo mais válida mas que ainda não expirou naturalmente na tabela de roteamento. Como alternativa, poderá querer renovar uma certa rota ou tabela de roteamento inteira para a depuração. Poderá usar o comando IOS EXEC **clear ip route** para limpar uma certa rota ou a tabela de roteamento inteira. O comando adotará um asterisco, que faz com que a tabela de roteamento inteira seja limpa, ou um par de endereço da rede e máscara, que limpa apenas essa determinada rota.

Tenha cuidado ao decidir se é para limpar a tabela de roteamento inteira. Renovar todas as suas informações poderá levar desde segundos até alguns minutos. Durante esse intervalo, a falta de conectividade poderá ocorrer para os pacotes no roteador e para o roteador através de uma sessão do terminal virtual. E mais, limpar a tabela inteira poderá causar uma utilização excessiva da CPU, dependendo do determinado protocolo de roteamento dinâmico usado e do tamanho da tabela de roteamento em si. Segue um exemplo de como limpar a tabela de roteamento inteira no roteador ZIP SF-Core-1:

```
SF-Core-1#clear ip route *
SF-Core-1#
```

Adiante está um exemplo de como limpar a rota 131.108.3.0/25 do roteador ZIP SF-Core-1:

```
SF-Core-1#clear ip route 131.108.3.0 255.255.255.128
SF-Core-1#
```

Como configurar os protocolos de roteamento IP

Na seção anterior, exploramos como estabelecer o ambiente de roteamento e criar a tabela de roteamento através de rotas estáticas. Embora redes inteiras possam ser executadas usando rotas estáticas, elas seriam chatas de gerenciar e não responderiam muito às interrupções e alterações da topologia que poderiam ocorrer freqüentemente.

Para endereçar esses problemas, protocolos de roteamento dinâmico foram desenvolvidos. Os protocolos de roteamento dinâmico são algoritmos que permitem aos roteadores avisarem a existência das informações do caminho da rede IP exigidas para construir a tabela de roteamento. Esses algoritmos também determinam o critério de seleção da rota que o pacote segue quando é apresentado ao roteador para uma decisão de comutação. Os objetivos do protocolo de roteamento são fornecer ao usuário a capacidade de selecionar um caminho otimizado na rede, reagir rapidamente às alterações na rede e fazer essas tarefas da maneira mais simples com o menor *overhead* no roteador.

Os protocolos de roteamento ficam em duas classes maiores: Interior Gateway Protocols (IGP) e Exterior Gateway Protocols (EGP). Os IGPs são designados para trocarem informações da rede e subrede entre os roteadores no mesmo sistema autônomo – ou seja, entre os roteadores que executam um protocolo de roteamento comum sob um domínio administrativo. Os EGPs são designados para trocarem apenas informações da rede entre os roteares em sistemas autônomos diferentes.

O EGP mais comum usado hoje é o Border Gateway Protocol versão 4 (BGP-4). Ele é o protocolo de roteamento predominantemente usado para trocar informações do caminho da rede entre as empresas ISPs e NSPs, na Internet. Uma configuração BGP-4 básica é descrita na seção "Como configurar o Border Gateway Protocol", a ser tratada posteriormente neste capítulo.

Entre os IGPs, os dois atributos maiores que distinguem um protocolo do outro são a metodologia de propagação e se o protocolo tem classe ou não. As duas metodologias de propagação comuns são as metodologias do vetor da distância e do estado da ligação. No método do vetor da distância, cada roteador envia toda ou parte de sua tabela de roteamento nas mensagens de atualização em intervalos regulares para os roteadores vizinhos. Como as informações do roteamento são distribuídas na rede, os roteadores podem calcular as distâncias para todas as redes e sub-redes na rede da intranet.

Com o método do estado da ligação, cada roteador envia informações da conexão local completas para todos os outros roteadores na rede da intranet. Como cada roteador recebe todas as informações da conexão local, ele poderá construir uma exibição completa da rede da intranet inteira executando um algoritmo complexo chamado Shortest Path First (SPF) nas informações da conexão.

Os IGPs são também distinguidos por terem classe ou não. Os protocolos de roteamento com classe não têm a capacidade de trocar informações da máscara da rede entre os roteadores. Por isso, esses protocolos têm de supor que uma rede uniforme, ou máscara da sub-rede, está aplicada em um espaço do endereço da rede comum. Esse limite proíbe o uso do mascaramento da sub-rede com comprimento variável (VLSM) e, portanto, em geral, resulta numa utilização subotimizada do espaço do endereço da rede. E mais, as informações da máscara da rede não podem ser transmitidas de roteador para roteador, portanto as informações do endereço da rede têm que ser resumidas nos limites do endereço da rede com classe. Por exemplo, as informações da sub-rede ,a partir da rede 131.108.0.0, não poderiam ser compartilhadas com a rede 172.16.0.0. Apenas a rota da rede com classe 131.108.0.0 poderia ser propagada no espaço do endereço da rede 172.16.0.0. Os protocolos de roteamento, considerados com classe, incluem Routing Information Protocol (RIP) versão 1 e Cisco Systems Interior Gateway Routing Protocol (IGRP).

Os protocolos de roteamento sem classe são distinguidos dos protocolos com classe por sua capacidade de transportar informações da máscara da rede junto com as informações da rota da rede. Por isso, os protocolos sem classe podem suportar diversas máscaras da sub-rede em um espaço do endereço da rede e podem portanto implementar o VLSM. Transportando as informações da máscara da rede, os protocolos sem classe poderão também implementar o endereço da super-rede ou do bloco CIDR.

E mais, os protocolos sem classe não requerem o resumo das sub-redes nos limites da rede maior, como os protocolos com classe (embora o comportamento default seja resumir). As informações da sub-rede mais detalhadas de um espaço do endereço da rede maior poderão ser propagadas em outro espaço do endereço da rede maior porque as máscaras da rede fornecem informações específicas sobre quais sub-redes estão disponíveis. A capacidade do roteamento sem classe de propagar informações da sub-rede de um espaço da rede maior para outro facilita o uso de redes descontínuas. Uma rede descontínua ocorre quando um espaço do endereço da rede maior é dividido em duas ou mais partes por um segundo espaço do endereço da rede maior, como apresentado na Figura 4-6. Os protocolos de roteamento, considerados sem classe, incluem o RIP versão 2, o Cisco Systems Enhanced IGRP (EIGRP), o IETF Open Shortest Path First (OSPF) e o ISO Intermediate System-to-Intermediate System Intradomain Routing Exchange Protocol (IS-IS).

Figura 4-6 *Os protocolos de roteamento sem classe permitem o espaço do endereço da rede descontínuo.*

A seleção de qual protocolo de roteamento dinâmico usar em uma rede é influenciada por muitas variáveis. Embora um livro inteiro possa ser dedicado à construção da rede e à seleção de um protocolo de roteamento, a seguir estão alguns pontos-chave que influenciam a decisão do administrador da rede:

- **Topologia da rede** – Alguns protocolos de roteamento contam com uma hierarquia lógica para dimensionar e distribuir devidamente as informações do caminho da rede. Protocolos como OSPF e IS-IS requerem o estabelecimento de uma rede principal e áreas lógicas, como apresentado na Figura 4-7. Esses protocolos podem requerer que você reconstrua a topologia de sua rede física ou execute a construção da rede inicial para operar de modo otimizado.

- **Endereço e resumo da rota** – Em uma grande rede intranet, as vantagens de reduzir o número de entradas da tabela de roteamento mantidas pelos nós de roteamento incluem a redução da complexidade relativa da rede assim como uma redução nos carregamentos dos roteadores. O resumo requer que um protocolo de roteamento suporte o VLSM e que ele tenha a capacidade de propagar as informações da máscara da rede com as rotas da rede. Os protocolos sem classe, como o OSPF e EIGRP, são bem adequados para o resumo.

- **Velocidade da convergência** – A velocidade, com a qual um protocolo de roteamento identifica um caminho não disponível, seleciona um novo caminho e propaga as informações do novo caminho, pode ser um dos critérios mais importantes. Se a rede suportar aplicações com missão crítica, o administrador da rede provavelmente desejará um protocolo de roteamento com convergência rápida. Os protocolos do vetor da distância geralmente requerem mais tempo para convergir do que os protocolos do estado da ligação porque novas informações do caminho têm que ser transmitidas salto por salto para cada roteador sucessivo na rede da intranet. O RIP versão 1 e o IGRP são em geral mais lentos de convergir que o EIGRP e o OSPF.

- **Critério de seleção da rota** – Os atributos da rota individuais que um protocolo de roteamento usa para criar sua métrica da rota desempenham um papel-chave na determinação do devido protocolo de roteamento dinâmico a implementar. Um protocolo que conta estritamente com o número de saltos do roteador para determinar a seleção da rota – como o RIP – poderá não ser ideal quando diversos caminhos na rede da intranet forem compostos por diferentes tipos de meio LAN ou WAN. O RIP exibe o salto do roteador em um segmento Fast Ethernet como tendo o mesmo custo relativo de um salto do roteador em uma ligação WAN com 56 kbps. Alguns atributos do caminho da rede usados por diversos protocolos para calcular sua métrica incluem o comprimento do caminho, a confiabilidade, o retardo, a largura de banda e o carregamento.

- **Dimensionamento** – Dependendo dos tipos de roteadores na rede da intranet e do tamanho da rede, o dimensionamento relativo do protocolo de roteamento será muito importante. Os protocolos do vetor da distância consomem menos ciclos da CPU que os protocolos do estado da ligação, com seus algoritmos SPF complexos. Os protocolos do estado da ligação consomem menos largura de banda da LAN e WAN do que os protocolos do vetor da distância porque apenas as informações da alteração são propagadas ao invés da tabela de roteamento completa.

- **Facilidade de implementação** – Se a rede não for excessivamente complexa, os protocolos, que não requerem uma nova construção da rede ou topologias bem estruturadas e organizadas, serão mais fáceis de implementar. Por exemplo, o RIP, IGRP e EIGRP não requerem muito planejamento ou organização na topologia para serem executados com eficiência. O OSPF e IS-IS requerem que a topologia da rede e os esquemas de endereçamento sejam bem considerados antes da distribuição.

- **Segurança** – Se sua rede puder trocar informações IGP com uma empresa associada ou com divisões em uma empresa, você poderá almejar a capacidade de autenticar a fonte das informações de roteamento. Protocolos como OSFP e EIGRP suportam métodos pesados de autenticação, como a autenticação da chave MD5.

NOTA Uma avaliação completa da operação e dos recursos dos vários protocolos está disponível no Technology Overview Briefs, localizado no CCO em www.cisco.com/univercd/cc/td/doc/cisintwk/ito_doc/index.htm.

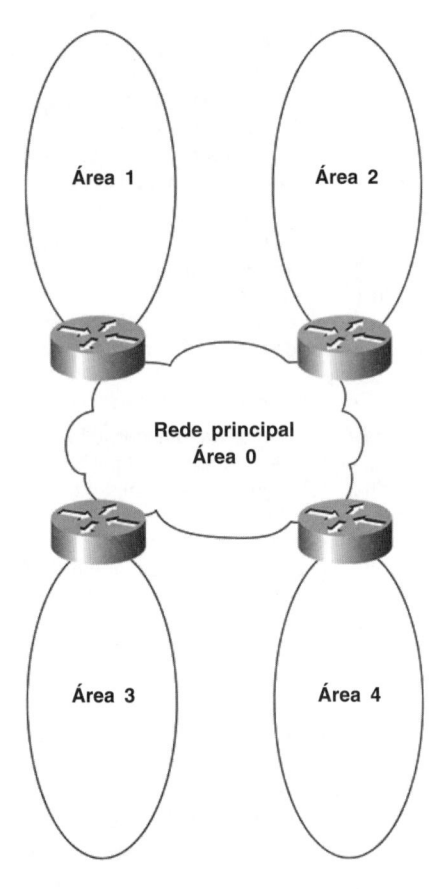

Figura 4-7 Uma topologia da rede hierárquica.

A seleção de um protocolo de roteamento para qualquer rede depende muito dos seguintes fatores:

- Se um roteador está sendo adicionado a uma topologia de rede existente
- A construção da rede
- A presença de roteadores existentes e protocolos de roteamento
- O conforto relativo do administrador e a experiência com o roteamento TCP/IP
- A necessidade de trocar informações de roteamento com os dispositivos do sistema final, como um servidor

Se você não estiver certo sobre qual protocolo de roteamento é adequado para seu ambiente de rede, recomendamos que analise as diferentes opções com os engenheiros de vendas técnicos, com consultores da rede externos ou com outras pessoas que têm experiência na distribuição de redes IP. E mais, a Cisco Systems documentou com detalhes a construção e o critério de seleção para distribuir protocolos de roteamento dinâmico em um guia de construção chamado *Designing Large-Scale IP Internetworks*. Esse guia está disponível no CCO em www.cisco.com/univercd/cc/td/doc/cisintwk/idg4/nd2003.htm.

Para a rede ZIP, o protocolo de roteamento EIGRP foi selecionado por causa de seu equilíbrio eficiente dos recursos do vetor da distância e dos protocolos do estado da ligação. É relativamente fácil de configurar, não requer uma topologia física específica, suporta o resumo e o VLSM e oferece uma convergência rápida. A configuração básica do EIGRP é analisada na seção "Como configurar o Cisco IP Enhanced Interior Gateway Routing Protocol", a ser tratada posteriormente neste capítulo. Embora outros IGPs populares não sejam implementados na rede ZIP, sua configuração básica será tratada nas próximas seções. Nas análises seguintes, ficaremos com as etapas da configuração básica para cada protocolo. Os comandos adicionais para controlar as informações do protocolo de roteamento dinâmico serão tratados mais tarde, na seção "Como gerenciar as informações do protocolo de roteamento dinâmico".

Como configurar o Routing Information Protocol

O Routing Information Protocol (RIP) é um dos protocolos de roteamento mais antigos usado pelos dispositivos baseados no IP. Sua implementação original era para o protocolo Xerox PUP, no início da década iniciada em 1980. O RIP ganhou popularidade quando foi distribuído com a versão Berkeley Systems Distribution (BSD) do UNIX como o protocolo de roteamento para a implementação TCP/IP. A especificação formal do RIP como um protocolo de roteamento TCP/IP pode ser encontrada no RFC 1058.

O RIP é um protocolo do vetor da distância que usa uma contagem de saltos do roteador como sua métrica. A contagem de saltos máxima no RIP são 15. Qualquer rota mais distante que 15 é marcada com *tag* como sendo inatingível definindo a contagem dos saltos para 16 As informações do roteamento no RIP são propagadas de um roteador para seus roteadores vizinhos através de uma transmissão pública IP usando o protocolo UDP e a porta 520.

O RIP versão 1 é um protocolo de roteamento com classe que não suportava a notificação das informações da máscara da rede. O RIP versão 2 é um protocolo sem classe que pode suportar o CIDR, o VLSM, o resumo da rota e a segurança através do texto comum e da autenticação MD5.

Embora o RIP não seja implementado na rede ZIP, iremos examinar como ele seria configurado em um roteador que chamaremos de RIProuter. Configurar o protocolo de roteamento RIP consiste em três etapas básicas: ativar o roteador para executar o protocolo RIP, decidir sobre qual versão RIP executar e configurar quais endereços da rede e interfaces são incluídos nas atualizações do roteamento. Para ativar o roteador para executar o RIP, o comando de configuração maior IOS **router rip** será usado. Para selecionar a versão RIP a executar, o subcomando de configuração do roteamento IOS **version** será usado. O comando **version** tem um parâmetro 1 ou 2 para especificar qual versão RIP usar. Se nenhuma versão for especificada, o software IOS terá como default enviar a versão 1 do RIP, mas receberá as atualizações da versão 1 e 2. Neste exemplo, iremos ativar o protocolo de roteamento RIP e selecionar o RIP versão 2:

```
RIProuter#configure
Configuring from terminal, memory, or network [terminal]?
Enter configuration commands, one per line. End with CNTL/Z.
RIProuter(config)#router rip
RIProuter(config-router)#version 2
RIProuter(config-router)#^Z
```

A especificação de quais interfaces e endereços da rede incluir nas notificações de roteamento RIP é feita com o subcomando de configuração do roteamento IOS network. Esse comando tem como parâmetro o endereço da rede com classe que deve ser incluído nas atualizações do roteamento. O comando **network** deverá ser usado para identificar apenas os endereços da rede IP que estão diretamente conectados ao roteador sendo configurado e que deverão ser incluídos no processo de roteamento RIP. Apenas as interfaces que têm endereços IP na rede identificada serão incluídas nas atualizações do roteamento.

Por exemplo, suponha que um roteador tenha duas interfaces com os endereços IP 131.108.4.5 e 131.108.6.9, respectivamente, e uma terceira interface com o endereço IP 172.16.3.6. O subcomando **network 131.108.0.0** fará com que notificações do roteamento sejam enviadas apenas sobre as sub-redes da rede 131.108.0.0 e apenas para as interfaces que estão endereçadas na rede 131.108.0.0. Para incluir as atualizações do roteamento para a interface no espaço do endereço 172.16.0.0, um comando adicional **network 172.16.0.0** terá de ser configurado.

A seguir está um exemplo de como configurar o comando **network** para incluir as sub-redes e interfaces da rede 131.108.0.0:

```
RIProuter#configure
Configuring from terminal, memory, or network [terminal]?
Enter configuration commands, one per line. End with CNTL/Z.
RIProuter(config)#router rip
RIProuter(config-router)#network 131.108.0.0
RIProuter(config-router)#^Z
```

> **NOTA** É possível misturar as versões 1 e 2 do RIP na mesma rede, mesmo que a versão 1 não possa suportar muitos recursos da versão 2. Misturar as versões poderá resultar em problemas de interoperabilidade. A anulação da versão configurada globalmente e a especificação da versão por interface são feitas com os subcomandos de configuração da interface IOS **ip rip send version** e **ip rip receive version**.

Como configurar o Cisco
Interior Gateway Routing Protocol

O Cisco Interior Gateway Routing Protocol (IGRP) é um protocolo do vetor da distância avançado que foi desenvolvido pela Cisco Systems em meados dos anos 1980. Ele era designado para endereçar algumas das falhas do RIP e fornecer um melhor suporte para as redes maiores com diversas características da ligação da largura de banda.

O IGRP calcula sua métrica com base nos vários atributos do caminho da rede configurável pelo usuário, que incluem o retardo da rede da Internet, a largura de banda, a confiabilidade e o carregamento. Cada interface WAN e LAN configurou previamente valores para a largura de banda e o retardo com base na velocidade relativa e capacidades da interface. Os atributos da confiabilidade e do carregamento são calculados com base no desempenho da interface ao lidar com o tráfego da rede real, embora eles possam não ser ativados por default para as decisões de roteamento no Cisco IOS.

Como o RIP, o IGRP usa as transmissões públicas IP para comunicar as informações de roteamento para os roteadores vizinhos. Porém, o IGRP é designado como seu próprio protocolo da camada de transporte. Ele não conta com um UDP ou TCP para comunicar as informações da rota da rede. (Como o IGRP não tem nenhum mecanismo de retorno, ele opera de uma maneira parecida com o UDP.)

O IGRP oferece três grandes melhorias sobre o protocolo RIP. Primeiro, a métrica para o IGRP pode suportar uma rede com até 255 saltos do roteador. Segundo, a métrica para o IGRP pode distinguir os diferentes tipos de meio de conexão e seus custos associados. Terceiro, o IGRP oferece uma convergência mais veloz usando atualizações rápidas. As atualizações rápidas enviam informações da alteração da rede quando elas ficam disponíveis em vez de aguardar uma hora de atualização programada regularmente.

Iremos examinar a configuração do IGRP em um roteador que chamaremos de IGRProuter. Configurar o processo de roteamento IGRP consiste em duas etapas: ativar o roteador para executar o IGRP e identificar quais endereços da rede e interfaces estão incluídos nas atualizações de roteamento. Para ativar o roteador para executar o IGRP, use o comando de configuração maior IOS **router igrp**. Esse comando requer um parâmetro conhecido como id do processo. O id do processo pode ser um inteiro na faixa de 1 a 65535. Como diversos processos IGRP podem ser executados no mesmo roteador, os números id do processo são necessários para distingui-los. Diversos processos IGRP poderão ser executados em um roteador que interconecta duas divisões de uma empresa, ambas querendo separar a administração da rede entre elas. Todos os roteadores em uma divisão iriam compartilhar o mesmo id do processo IGRP com os outros roteadores nessa divisão.

Como no RIP, a especificação de quais interfaces e endereços da rede incluir nas notificações de roteamento IGRP é feita com o subcomando de configuração do roteamento IOS **network**. Esse comando tem como parâmetro o endereço da rede com classe, que deverá ser incluído nas atualizações do roteamento. O comando **network** deverá ser usado para identificar apenas os endereços da rede IP que estão conectados diretamente ao roteador sendo configurado e que deverão ser incluídos no processo de roteamento IGRP. Apenas as interfaces, que têm endereços IP na rede identificada, serão incluídas nas atualizações do roteamento.

Por exemplo, se duas interfaces tiverem endereços IP 131.108.4.5 e 131.108.6.9, respectivamente, e uma terceira interface tiver o endereço IP 172.16.3.6, o comando **network 131.108.0.0** resultará nas notificações do roteamento sendo enviadas apenas em cerca da metade das sub-redes da rede 131.108.0.0 e apenas para as interfaces que são endereçadas na rede 131.108.0.0. Para incluir as atualizações do roteamento para a interface no espaço do endereço 172.16.0.0, o comando adicional **network 172.16.0.0.** terá que ser configurado.

A seguir está um exemplo de como configurar o processo de roteamento IGRP para a rede 131.108.0.0:

```
IGRProuter#configure
Configuring from terminal, memory, or network [terminal]?
Enter configuration commands, one per line. End with CNTL/Z.
IGRProuter(config)#router igrp 25000
IGRProuter(config-router)#network 131.108.0.0
RIProuter(config-router)#^Z
```

Como configurar o Open Shortest Path First Protocol

O Open Shortest Path First Protocol (OSPF) foi designado no final da década de 1980 pelo OSPF Working Group do IETF. Ele foi designado para endereçar as necessidades das redes baseadas no IP, inclusive o VLSM, a autenticação da fonte da rota, a convergência rápida, a marcação com tag das rotas aprendidas pelos protocolos de roteamento externos e as notificações da rota com diversas coerções. O OSPF versão 2, a implementação mais atual, é especificado no RFC 1583.

O OSPF opera dividindo uma grande intranet ou sistema autônomo em unidades hierárquicas menores. Cada uma dessas áreas é anexada a uma área da rede principal através de um Area Border Router, como mostrado anteriormente na Figura 4-7. Todos os pacotes endereçados, a partir de um endereço da estação de trabalho em uma área até o endereço de uma estação de trabalho em outra área, irão atravessar a área da rede principal, independentemente de haver uma conexão direta de uma área com outra. Embora seja possível operar uma rede OSPF com apenas a área da rede principal, o OSPF se dimensiona bem apenas quando a rede é subdividida em várias áreas menores.

Como descrito anteriormente, o OSPF é um protocolo de roteamento do estado da ligação. Diferente do RIP e IGRP, que notificam suas rotas apenas para os roteadores vizinhos, os roteadores OSPF enviam notificações do estado da ligação (LSAs) para todos os outros roteadores na mesma área hierárquica através de diversas coerções IP. O LSA contém informações sobre as interfaces anexadas, a métrica usada e outras informações necessárias para calcular o caminho da rede e os bancos de dados da topologia. Os roteadores OSPF acumulam as informações do estado da ligação e executam o algoritmo SPF (também conhecido como algoritmo Dijkstra, depois da pessoa reconhecer sua criação) para calcular o caminho mais curto para cada nó.

Para determinar quais interfaces recebem notificações do estado da ligação, os roteadores executam o protocolo OSPF Hello. Os roteadores vizinhos trocarão mensagens hello (olá) para determinar quais outros roteadores existem em uma dada interface e para servir como uma ativação a fim de indicar que esses roteadores ainda estão acessíveis.

Quando um roteador vizinho é detectado, as informações da topologia OSPF são trocadas. Depois dos roteadores estarem em sincronização, são tidos como formando uma adjacência. Os LSAs são enviados e recebidos apenas nas adjacências.

As informações LSA são transportadas em pacotes através da camada de transporte OSPF. A camada de transporte OSPF define uma notificação confiável, confirmação e processo de solicitação para assegurar que as informações LSA serão devidamente enviadas para todos os roteadores na área. Os LSAs são divididos em quatro tipos. Os tipos mais comuns são aqueles que notificam informações sobre as ligações da rede conectada de um roteador e os que notificam as redes disponíveis fora das áreas OSPF.

A métrica de roteamento do OSPF é calculada como a soma dos custos OSPF no caminho até atingir uma rede. O custo OSPF para uma ligação é calculado com base na largura de banda da interface e é configurável pelo usuário.

Iremos considerar a configuração básica do OSPF em um roteador chamado OSPFrouter. A configuração do processo de roteamento OSPF consiste em duas etapas: ativar o roteador para executar o OSPF e identificar quais endereços da rede e interfaces estão incluídos nas atualizações do roteamento e a quais áreas as interfaces pertencem.

Par ativar o roteador de forma a executar o OSPF, use o comando de configuração maior IOS **router ospf**. Esse comando requer como parâmetro um inteiro do id do processo no caso de diversos processos OSPF serem executados no mesmo roteador. Como nos outros protocolos de roteamento, você precisará configurar quais interfaces e endereços da rede são incluídos nas notificações do roteamento OSPF. E mais, terá que identificar em qual área OSPF uma interface reside.

Use o subcomando de configuração do roteamento IOS **network area** para identificar os endereços da rede e as interfaces a incluir no OSPF e para identificar as áreas às quais pertencem. Esse comando tem dois parâmetros. O primeiro parâmetro é o endereço da rede e a máscara curinga usada para comparar os endereços IP atribuídos às interfaces. A máscara curinga é um método para coincidir os endereços IP ou faixas de endereços IP. É descrita na seção "Como configurar o filtro IP através de listas de acesso", tratada posteriormente neste capítulo. Quando a máscara curinga é aplicada ao endereço IP de uma interface e o endereço da rede resultante coincide com o endereço da rede no comando **network area**, a interface é incluída no processo de roteamento OSPF para a área especificada. O segundo parâmetro, que é referido como o id da área, é usado para identificar a área à qual a interface pertence. O id da área pode ser um inteiro ou um número com pontos decimais, como um endereço IP.

Iremos supor que nosso roteador de exemplo, chamado OSPFrouter, tem três interfaces. As interfaces são os endereços IP atribuídos 131.108.200.1, 131.108.201.1 e 131.108.202.1, respectivamente. As duas primeiras interfaces são atribuídas à Área 1 e a terceira é atribuída à Área 0 ou área da rede principal. Com base nessas suposições, a seguir está um exemplo de como configurar o OSPF:

```
OSPFrouter#configure
Configuring from terminal, memory, or network [terminal]?
Enter configuration commands, one per line. End with CNTL/Z.
OSPFrouter(config)#router  ospf   25000
OSPFrouter(config-router)#network  131.108.200.0   0.0.0.1.255   area   1
OSPFrouter(config-router)#network  131.108.202.0   0.0.0.255     area   0
OSPFrouter(config-router)#^Z
```

Como nos protocolos de roteamento analisados anteriormente, apenas os endereços da rede e interfaces, que coincidem com os endereços nos comandos **network area**, são incluídos nas atualizações do roteamento OSPF.

O OSPF opera no princípio de que os LSAs podem ter diversas coerções para todos os roteadores em um sistema autônomo. Porém, muitos meios WAN – como linhas seriais de ponto a ponto, Frame Relay de ponto a ponto e Frame Relay com diversos pontos – são meios de não transmissão pública e não suportam as diversas coerções. Sem a capacidade de aplicar as diversas coerções nas informações de roteamento LSA, o administrador da rede é obrigado a configurar manualmente as relações vizinhas entre os roteadores nas interfaces da rede de ponto a ponto e com diversos pontos. Contudo, uma solução elimina essa configuração manual dos vizinhos. O OSPF pode ser instruído para tratar uma interface de ponto a ponto como um meio de transmissão pública e uma interface com diversos pontos como uma rede de transmissão pública parcial. O subcomando de configuração da interface IOS **ip ospf network** controla o tipo de rede que o OSPF acredita estar conectada à interface. O comando tem como parâmetro uma das seguintes opções:

- ◆ **broadcast** – Trata este meio como um meio de transmissão pública, supondo que diversas coerções podem ser transmitidas e recebidas.

- ◆ **non-broadcast** – Trata este meio como um meio de não transmissão pública. Essa opção requer que o administrador configure manualmente as relações vizinhas através do subcomando de configuração do roteamento IOS neighbor.

- ◆ **point-to-multipoint** – Trata este meio como um meio de transmissão pública parcial. O roteador no dispositivo de entrada e saída de uma topologia de ponto para diversos pontos tem circuitos virtuais para os diversos roteadores remotos e serve como o relé para os LSAs e o roteamento entre os roteadores que não estão conectados diretamente.

A seguir está um exemplo de como configurar uma subinterface Frame Relay de ponto a ponto como um tipo de transmissão pública OSPF e uma interface Frame Relay com diversos pontos como um tipo OSPF de ponto para diversos pontos:

```
OSPFrouter#configure
Configuring from terminal, memory, or network [terminal]?
Enter configuration commands, one per line. End with CNTL/Z.
OSPFrouter(config)#interface serial 0.1 point-to-point
OSPFrouter(config-int)#ip ospf network broadcast
OSPFrouter(config-int)#interface serial 1
OSPFrouter(config-int)#ip network point-to-multipoint
OSPFrouter(config-int)#^Z
```

Diferente dos outros protocolos de roteamento IGP, o OSPF não gera uma rota default quando configurado com o comando **ip default-network**. Para o OSPF, o roteador de limite do sistema autônomo tem de ser configurado manualmente para fazer com que gere a rota default no resto do domínio OSPF. O subcomando de configuração do roteamento IOS **ip default-information originate** faz com que o OSPF gere a rota default. A seguir está um exemplo de como configurar o comando **ip default-information originate** em conjunto com o comando **ip default-network** para fazer com que um roteador de limite do sistema autônomo gere uma rota default:

```
OSPFrouter#configure
Configuring from terminal, memory, or network [terminal]?
Enter configuration commands, one per line. End with CNTL/Z.
OSPFrouter(config)#ip default-network 140.222.0.0
OSPFrouter(config-router)#router ospf 25000
OSPFrouter(config-router)#ip default-information originate
OSPFrouter(config-router)#^Z
```

Como configurar o Cisco IP Enhanced Interior Gateway Routing Protocol

O Enhanced Interior Gateway Routing Protocol (EIGRP) é uma versão melhorada do IGRP original desenvolvida pela Cisco Systems. O EIGRP mantém o mesmo algoritmo do vetor da distância e as informações métricas do IGRP original; contudo, o tempo de convergência e os outros aspectos do dimensionamento foram muito melhorados. O EIGRP oferece recursos não encontrados em seu antecessor, IGRP, como o suporte para o VLSM e o resumo da rota arbitrária. E mais, o EIGRP oferece os recursos encontrados em protocolos como OSPF, inclusive as atualizações de aumento parciais e o tempo de convergência diminuído. O EIGRP combina as vantagens dos protocolos do estado da ligação com as vantagens dos protocolos do vetor da distância.

Como no IGRP, o EIGRP notifica informações da tabela de roteamento apenas para os roteadores vizinhos. Porém, diferente do IGRP, esses vizinhos são descobertos através de um protocolo Hello simples trocado pelos roteadores na mesma rede física. Depois dos vizinhos serem descobertos, o EIGRP usa um protocolo de transporte confiável para assegurar o envio preciso e ordenado das informações da tabela de roteamento e atualizações. Um roteador controla não apenas suas próprias rotas conectadas, mas também todas as rotas notificadas por seus vizinhos. Com base nessas informações, o EIGRP pode selecionar, com rapidez e eficiência, o caminho com menor custo para um destino e assegurar que o caminho não fará parte de um *loop* de roteamento. Armazenando as informações de roteamento de seus vizinhos, o algoritmo poderá determinar mais rapidamente uma rota de substituição ou sucessor provável no caso de uma falha da ligação ou outro evento de alteração da topologia.

O hello EIGRP e as informações do roteamento são transportados no protocolo de transporte EIGRP. O transporte EIGRP define uma notificação confiável, confirmação e processo de solicitação para assegurar que o hello e as informações do roteamento serão transmitidos devidamente para todos os roteadores vizinhos.

O EIGRP é o protocolo de roteamento dinâmico da rede ZIP de exemplo, portanto iremos examinar sua configuração nesse contexto. A configuração do processo de roteamento EIGRP consiste em duas etapas: ativar o roteador para executar o EIGRP e identificar quais endereços da rede e interfaces estão incluídos nas atualizações do roteamento.

Para ativar o roteador para executar o EIGRP, use o comando de configuração maior IOS **router eigrp**. Esse comando requer como parâmetro um inteiro do id do processo no caso de diversos processos EIGRP serem executados no mesmo roteador. Como no IGRP, a especificação de quais interfaces e endereços da rede são incluídos nas notificações do roteamento EIGRP é feita com o subcomando de configuração do roteamento IOS **network**. Esse comando tem como parâmetro o endereço da rede com classe, que deve ser incluído nas atualizações do roteamento. O comando **network** deve ser usado para identificar apenas os endereços da rede IP que estão conectados diretamente ao roteador sendo configurado e que devem ser incluídos no processo de roteamento EIGRP. Apenas as interfaces que têm endereços IP na rede identificada serão incluídas nas atualizações do roteamento.

Por exemplo, no roteador ZIP SF-Core-1, há interfaces na rede 131.108.0.0 e na rede 192.7.2.0. O comando **network** 131.108.0.0 estipula que as notificações do roteamento sejam enviadas nas sub-redes da rede 131.108.0.0 e para as interfaces que são endereçadas na rede 131.108.0.0. Para incluir as atualizações do roteamento para a interface no espaço do endereço 192.7.2.0, um comando adicional, **network 192.7.2.0**, precisará ser configurado. Neste caso, a rede 192.7.2.0 é a conexão com o ISP. Não está incluída no processo de roteamento EIGRP porque o ISP não usa o EIGRP.

Segue um exemplo de como configurar o EIGRP no roteador ZIP SF-Core-1 para a rede 131.108.0.0:

```
SF-Core-1#configure
Configuring from terminal, memory, or network [terminal]?
Enter configuration commands, one per line. End with CNTL/Z.
SF-Core-1(config)#router eigrp 25000
SF-Core-1(config-router)#network 131.108.0.0
SF-Core-1(config-router)#^Z
```

Como configurar o Border Gateway Protocol

O Border Gateway Protocol (BGP) é um Exterior Gateway Protocol (EGP). Diferente dos IGPs, que trocam informações sobre as redes e sub-redes no mesmo domínio do roteamento ou sistema autônomo, os EGPs são designados para trocarem informações de roteamento entre os domínios de roteamento ou sistemas autônomos. O BGP é o método primário para trocar informações da rede entre as empresas, ISPs e NSPs para a Internet global. O BGP oferece vantagens sobre seu antecessor, o Exterior Gateway Protocol (EGP). A vantagem mais notável é que assegura a troca sem *loops* das informações do roteamento entre os sistemas autônomos. O BGP versão 4 é a revisão mais atual do BGP. Ele oferece vantagens sobre as versões anteriores, como por exemplo lidar com os blocos CIDR. O BGP, que foi adotado pelo IETF, é especificado nos RFCs 1163, 1267 e 1771. Esses RFCs definem as versões 2, 3 e 4 do BGP, respectivamente.

Os roteadores BGP são configurados com informações dos vizinhos para que os roteadores possam formar uma conexão TCP confiável na qual transportar as informações sobre a rota da rede e sobre o caminho do sistema autônomo. Diferente de alguns IGPs, o BGP usa o TCP como seu protocolo de transporte ao invés de definir o seu próprio. Depois de uma sessão BGP vizinha ser estabelecida, ela permanecerá aberta a menos que seja fechada especificamente ou a menos que haja uma falha da ligação. Quando dois roteadores vizinhos estão trocando informações da sessão BGP e da rota, eles são conhecidos como sendo pares BGP. As informações da rota trocadas entre os pares incluem o par de número da rede/caminho do sistema autônomo e outros atributos da rota. O caminho do sistema autônomo é uma string de números do sistema autônomo através dos quais a rota notificada pode ser atingida.

Inicialmente, os pares BGP trocam o conteúdo inteiro de suas tabelas de roteamento BGP. Subseqüentemente, apenas as atualizações de aumento são enviadas entre os pares para avisá-los sobre as novas rotas ou as apagadas. Diferente das tabelas da rota IGP, a tabela da rota BGP não requer uma renovação periódica. Ao contrário, cada roteador BGP mantém o número da última versão da tabela notificada para seu pares, assim como sua própria versão da tabela interna. Quando uma alteração é recebida de um par, a versão da tabela interna é aumentada e comparada com as versões da tabela notificada dos pares. Esse processo assegura que cada um dos pares do roteador será mantido em sincronia com todas as alterações processadas. O BGP também mantém uma tabela da rota BGP separada que contém todos os possíveis caminhos para as redes notificadas. Apenas o caminho otimizado é armazenado na tabela de seleção da rota primária do roteador e apenas o caminho otimizado é notificado para os outros pares BGP.

Os pares BGP são divididos em duas categorias, pares BGP externos (EBGP) e pares BGP internos (IBGP). Os pares BGP, que estão em diferentes domínios administrativos ou sistemas autônomos e que trocam informações de roteamento, são conhecidos como sendo pares EBGP. Os pares EBGP são geralmente outras organizações, ISPs ou NSPs, com os quais um sistema autônomo deseja compartilhar informações relativas às rotas no sistema autônomo ou que foram aprendidas a partir de outras fontes externas.

Os pares BGP, que estão no mesmo domínio administrativo ou sistema autônomo e que trocam informações de roteamento, são conhecidos como sendo pares IBGP. Os pares IBGP são roteadores no mesmo sistema autônomo que precisam compartilhar as rotas BGP aprendidas externamente para ter uma imagem completa de todas as possíveis rotas para os destinos externos e para notificar de novo os outros pares EBGP. O par IBGP é típico quando um sistema autônomo tem mais de uma relação de par BGP externo, como duas conexões ISP ou NSP com a Internet global. O par IBGP é o método mais simples e flexível de compartilhar as rotas derivadas dos pares EBGP.

A alternativa para o par IBGP é redistribuir as rotas aprendidas EBGP em um IGP (como EIGRP ou OSPF) a serem transportadas no sistema autônomo e então redistribuir as rotas do IGP de volta para o BGP a ser notificado através do EBGP para outros pares BGP externos. Como descrito na seção a seguir, "Como gerenciar as informações do protocolo de roteamento dinâmico", a redistribuição da rota poderá resultar em perda das informações métricas do roteamento e de potenciais *loops* de roteamento. Além da proteção contra os riscos da redistribuição da rota, o par IBGP oferece todos os controles administrativos, pesos e capacidades de filtragem associados ao protocolo BGP e mantém uma exibição consistente das informações do roteamento notificadas para o mundo externo através do BGP.

A Figura 4-8 demonstra a diferença entre os pares IBGP e EBGP como vistos na rede ZIP. Os pares EBGP existem entre os pares do roteador Seoul-1 e ISP-A e o SF-Core-1 e ISP-B. Os pares IBGP existem entre o par do roteador Seoul-1 e SF-Core-1. Como os pares IBGP, Seoul-1 e SF-Core-1 irão compartilhar as informações do roteamento aprendidas a partir do ISP-A e ISP-B para determinar a melhor rota para os destinos fora da rede ZIP.

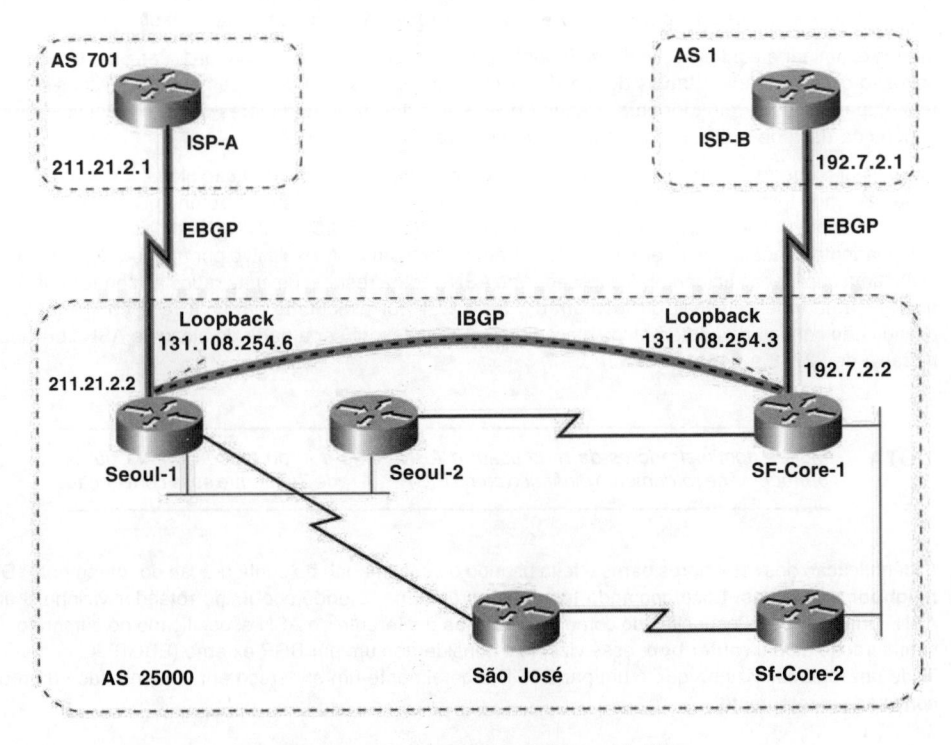

Figura 4-8 *Os pares EBGP e IBGP na rede ZIP.*

Sem aplicar os controles administrativos e pesos, a seleção da rota otimizada BGP é baseada no comprimento do caminho do sistema autônomo para uma rota da rede. O comprimento é definido como o número de sistemas autônomos distintos requeridos para atingir a rede. Quanto mais curto for o caminho, mais desejável ele será. Usando os controles administrativos, o BGP é um dos protocolos de roteamento mais flexíveis e altamente configuráveis disponíveis. Ele fornece ao administrador da rede a capacidade de implementar uma grande variedade de estratégias de roteamento através de atributos da rota como a métrica Multi-Exit Discriminator (MED), o atributo Local Preference e de recursos de filtragem como as listas de distribuição.

DICA Antes de implementar as estratégias de roteamento BGP usando os MEDs, o Local Preference e outros atributos, certifique-se de que tenha uma compreensão total dos efeitos desses modificadores. Recomendamos revisar o texto Internet Routing Architectures, Second Edition e o estudo do caso Cisco Systems Using the Border Gateway Protocol for Interdomain Routing. O estudo do caso pode ser encontrado no CCO em www.cisco.com/ univercd/cc/td/doc/cisintwk/ics/icsbgp4.htm.

Quando uma rede tem diversas conexões ISP, o BGP normalmente é executado para permitir a seleção do melhor caminho para as redes externas. Executar o BGP quando há apenas uma conexão ISP geralmente não é requerido, pois todos os caminhos da rede externos são atingidos através apenas de um provedor. Porém, alguns provedores gostam de trocar o BGP para aprender o caminho para suas redes dos clientes e para fornecer as rotas da rede para o roteamento default.

Iremos examinar a configuração do BGP nos roteadores ZIP SF-Core-1 e Seoul-1, cada um tendo uma conexão com a Internet através de um ISP. Configurar o processo de roteamento BGP consiste em três etapas: ativar o roteador para executar o BGP, identificar os roteadores pares e identificar quais endereços da rede notificar para os roteadores pares.

Para ativar o roteador a fim de executar o BGP, use o comando de configuração global IOS **router bgp**. Esse comando tem como parâmetro um inteiro, que é o número do sistema autônomo (ASN) atribuído à essa rede por um dos registros do endereço da rede (RIPE, APNIC ou ARIN). Cada sistema autônomo independente conectado à Internet tem de ser atribuído a um ASN exclusivo por um dos registros para evitar uma duplicação acidental. A duplicação do ASN poderá resultar em uma rede não sendo notificada por causa de uma detecção de *loop* errada. Se o BGP for executado em uma rede completamente privada não conectada à Internet, a seleção de um ASN deverá ser a partir do bloco de ASNs privados na faixa de 32768 a 64511.

NOTA Muitos administradores da rede usam o ASN como o id do processo para outros protocolos de roteamento dinâmico como EIGRP. A rede ZIP segue essa convenção.

A identificação dos roteadores pares é feita usando o subcomando de configuração do roteamento IOS **neighbor remote-as**. Esse comando tem dois parâmetros, o endereço IP do roteador vizinho e um ASN. Quando o ASN especificado como o **remote-as** é diferente do ASN especificado no comando de configuração global **router bgp**, esse vizinho é considerado um par BGP externo (EBGP). O endereço IP de um roteador vizinho que é um par EBGP é geralmente um endereço em uma interface da rede conectada diretamente.

Quando o ASN especificado como **remote-as** é igual ao ASN especificado no comando de configuração global **router bgp**, esse vizinho é considerado um par BGP interno (IBGP). O endereço IP de um roteador vizinho que é um par IBGP é qualquer endereço IP válido e atingível para esse par. Os pares IBGP podem ser localizados em uma interface da rede conectada diretamente (como nas diversas conexões ISP em um local) ou uma rede não conectada anexada a um roteador distante no sistema autônomo (como nas diversas conexões ISP em diferentes locais).

Como os endereços IP do par IBGP não precisam ser encontrados em uma interface da rede conectada diretamente, geralmente é desejável usar o endereço da interface de loopback como a fonte e o endereço de destino para o par IBGP. Como a interface de loopback não está associada a nenhuma interface física, ela estará sempre ativada e será atingível contanto que haja um caminho para seu endereço IP associado através do roteamento IGP ou rotas estáticas. Para configurar uma interface de loopback como o endereço IP de fonte para o par IBGP, use o subcomando de configuração do roteamento IOS **neighbor** com a palavra-chave **update-source**. A palavra-chave **update-source** deverá ser seguida do nome e do número de uma interface de loopback devidamente endereçada e configurada para o roteador sendo configurado.

Quando um roteador tem muitos vizinhos de pares BGP, geralmente é difícil lembrar quais endereços IP e ASNs pertencem a quais pares. Usando o parâmetro da palavra-chave **description** do subcomando de configuração do roteamento IOS **neighbor**, comentários poderão ser adicionados podendo ajudar a fornecer informações para o administrador da rede.

A identificação de quais redes no sistema autônomo notificar para os pares EBGP é feita usando o subcomando de configuração do roteamento IOS **network**. Esse comando tem como parâmetro o endereço da rede a ser notificada para os roteadores pares e a palavra-chave opcional **mask**, seguida de uma máscara da rede para esse endereço. Se nenhuma máscara da rede for fornecida, o endereço de rede com classe será adotado. Usando a máscara da rede, o BGP poderá notificar ambas as subredes e os blocos CIDR para os roteadores pares. As redes aprendidas a partir de outros sistemas autônomos através do EBGP serão trocadas entre os pares IBGP no sistema autônomo.

NOTA	Lembre-se de que um roteador BGP notifica as rotas aprendidas de um par BGP para todos os seus outros pares BGP. Por exemplo, as rotas aprendidas através do EBGP com um ISP serão notificadas de novo para os pares IBGP, que por sua vez irão notificar de novo para os outros ISPs através do EBGP. Notificando de novo as rotas, sua rede poderá se tornar uma rede de trânsito entre os provedores aos quais você se conecta. Esse resultado poderá perturbar os provedores assim como causar uma congestão da rede maciça. Se a criação de tais redes de trânsito não for desejada, use as capacidades de filtragem da rota **distribute-lists** e **route-maps** para controlar a nova notificação das rotas aprendidas. As listas de distribuição serão analisadas com mais detalhes na próxima seção.

Finalmente, como a rede ZIP não estará transmitindo o tráfego entre o ISP-A e o ISP-B e como as rotas BGP não serão redistribuídas no processo de roteamento IGP, a sincronização BGP será desativada através do subcomando de configuração da rota IOS **no synchronization**. Com a sincronização ativada, uma rota não será notificada para um par EBGP a menos que a rota apareça na tabela de seleção da rota primária para o par e seja aprendida por meio do processo de roteamento IGP. Como a rede ZIP deseja notificar apenas os roteadores para seu próprio sistema autônomo, desativar a sincronização resultará em tempos de convergência BGP mais rápidos.

A seguir está um exemplo de como configurar o roteamento BGP no roteador ZIP SF-Core-1 para notificar a rede 131.108.0.0 para seu ISP através do EBGP. O roteador ZIP SF-Core-1 tem um ASN 25000. O ISP tem um ASN 1, com um endereço IP do par 192.7.2.1. E mais, o roteador Seoul-1 está configurado como um par IBGP para o roteador SF-Core-1 com um endereço IP do par 131.108.254.6, usando o endereço IP de loopback da interface 0 como o endereço fonte para a conexão com pares:

```
SF-Core-1#configure
Configuring from terminal, memory, or network [terminal]?
Enter configuration commands, one per line. End with CNTL/Z.
SF-Core-1(config)#router bgp 25000
SF-Core-1(config-router)#no synchronization
SF-Core-1(config-router)#network 131.108.0.0
SF-Core-1(config-router)#neighbor 192.7.2.1 remote-as 1
SF-Core-1(config-router)#neighbor 192.7.2.1 description Internet Connection to ISP-B
SF-Core-1(config-router)#neighbor 131.108.254.6 remote-as 25000
SF-Core-1(config-router)#neighbor 131.108.254.6 description IBGP to Seoul-1
SF-Core-1(config-router)#neighbor 131.108.254.6 update-source loopback 0
SF-Core-1(config-router)#^Z
```

Adiante está um exemplo de como configurar o roteamento BGP no roteador ZIP Seoul-1 para notificar a rede 131.108.0.0 para seu ISP através do EBGP. O roteador ZIP Seoul-1 tem um ASN 25000. O ISP tem um ASN 701, com um endereço IP do par 211.21.2.1. E mais, o roteador SF-Core-1 é configurado como um par IBGP para o roteador Seoul-1 com um endereço IP do par 131.108.254.3, usando o endereço IP de loopback da interface 0 como o endereço fonte para a conexão com pares:

```
Seoul#configure
Configuring from terminal, memory, or network [terminal]?
Enter configuration commands, one per line. End with CNTL/Z.
Seoul(config)#router bgp 25000
Seoul(config-router)#no synchronization
Seoul(config-router)#network 131.108.0.0
Seoul(config-router)#neighbor 211.21.2.1 remote-as 701
Seoul(config-router)#neighbor 211.21.2.1 description Internet Connection to ISP-A
Seoul(config-router)#neighbor 131.108.254.3 remote-as 25000
Seoul(config-router)#neighbor 131.108.254.3 description IBGP to SF-Core-1
Seoul(config-router)#neighbor 131.108.254.3 update-source loopback 0
Seoul(config-router)#^Z
```

Quando ambos os roteadores forem configurados para o BGP e os pares estabelecidos, a rota para a rede 131.108.0.0 será notificada para o ISP A e o ISP B pelo Seoul-1 e SF-Core-1, respectivamente. Usando os comandos IOS EXEC descritos na seção posterior, "Como exibir as informações do protocolo de roteamento dinâmico", o administrador da rede poderá verificar o estabelecimento dos pares, a devida notificação e o recebimento das rotas da rede.

Quando os pares IBGP trocam as informações de roteamento aprendidas a partir dos pares EBGP, é importante notar que o par IBGP tem que ter uma rota para o próximo endereço da rota sendo aprendido a partir do par EBGP. Por exemplo, se o SF-Core-1 aprender a rota 140.222.0.0/16 a partir do ISP B, o próximo endereço para essa rota será 192.7.2.1. Quando a rota for notificada de novo para o par IBGP Seoul-1, ela não poderá ser instalada na tabela de rotas BGP de Seoul-1, a menos que Seoul-1 tenha uma rota para o próximo endereço 192.7.2.1. Se a rota não estiver instalada na tabela BGP de Seoul-

1, ela não poderá ser selecionada como a melhor rota a ser incluída na tabela de seleção da rota primária, nem poderá ser avaliada na mesma rota que poderia ser aprendida a partir do ISP A. Se os próximos endereços não fizerem parte da faixa de endereços da rede para os quais seu IGP fornece informações de roteamento (por exemplo, o endereçamento atribuído ISP), use o comando redistribute, descrito na próxima seção, para notificar as rotas conectadas diretamente ou estáticas para os endereços em seu processo de roteamento IGP.

Como gerenciar as informações do protocolo de roteamento dinâmico

Os administradores da rede geralmente desejam aplicar uma estratégia administrativa para controlar o fluxo das informações de roteamento da rede dentro e fora de suas redes. Essas estratégias incluem determinar quais roteadores participam no processo de roteamento, se as informações da sub-rede são propagadas entre diferentes espaços do endereço da rede maiores e quais rotas devem ser compartilhadas entre os roteadores. Implementando essas estratégias, você poderá controlar os padrões de tráfego de acesso da rede e a segurança. Nesta seção, iremos examinar os cincos comandos IOS populares que são usados para gerenciar os protocolos de roteamento dinâmico e para implementar a estratégia de roteamento.

Um dos atributos mais importantes de gerenciar os protocolos de roteamento dinâmico é a capacidade de permitir e negar as rotas da rede de serem propagadas de um roteador para a rede. Essa capacidade de filtrar as informações de roteamento permite impedir que uma parte de uma rede seja atingida por outra parte dessa rede. No caso do BGP, impedir as rotas de serem propagadas e notificadas de novo para os roteadores pares evitará que um sistema autônomo transmita sem querer pacotes entre dois ou mais ISPs.

A ferramenta primária para filtrar as informações de roteamento é o subcomando de configuração do roteamento IOS **distribute-list**. As capacidades de filtragem do comando **distribute-list** são ativadas usando as listas de acesso IP padrões. As listas de acesso são ferramentas gerais para definir o critério de filtragem. Quando aplicadas em conjunto com os subcomandos do protocolo de roteamento, as listas de acesso podem definir quais rotas são permitidas ou negadas. Elas serão analisadas em detalhes na seção posterior, "Como configurar o filtro IP através de listas de acesso". O comando distribute-list aplica uma lista de acesso a uma determina situação de controle da propagação da rota.

O comando **distribute-list** tem vários parâmetros, inclusive o nome ou o número de uma lista de acesso IP, a palavra-chave **in** ou **out**, que controla a direção na qual a filtragem ocorre e um identificador de interface opcional. Esse identificador indica se a filtragem deve ocorrer apenas nas atualizações do roteamento para essa interface específica. Se esse identificador for omitido, a lista de distribuição será aplicada em todas as atualizações do roteamento que coincidem com a lista de acesso.

A seguir está um exemplo de como aplicar o comando **distribute-list** no roteador SF-Core-1 para impedir que o endereço da rede reservado 10.0.0.0 seja aprendido pelo processo de roteamento BGP e para permitir que qualquer outro endereço seja aprendido:

```
SF-Core-1#configure
Configuring from terminal, memory, or network [terminal]?
Enter configuration commands, one per line. End with CNTL/Z.
SF-Core-1(config)#router bgp 25000
SF-Core-1(config-router)#distribute-list 1 in
SF-Core-1(config-router)#access-list 1 deny 10.0.0.0 0.0.0.0
SF-Core-1(config)#access-list 1 permit any
SF-Core-1(config)#^Z
```

> **NOTA** *Por causa da natureza de fluxo dos pacotes LSA nos protocolos do estado da ligação como o OSPF e o IS-IS, a filtragem das informações de roteamento que chegam não é possível. A filtragem das informações de roteamento que saem aplica-se apenas nas rotas externas.*

Quando o comando **distribute-list** é aplicado como um subcomando de um processo de roteamento, a filtragem definida no **distribute-list** aplica-se a todas as fontes das atualizações do roteamento. Em muitas situações, poderá ser desejável aplicar a filtragem apenas em uma fonte das informações de roteamento, como um determinado par BGP. A filtragem das atualizações para e a partir de certos pares BGP poderá ser feita aplicando o **distribute-list** em um determinado vizinho BGP como uma palavra-chave opcional do subcomando BGP **neighbor**.

A seguir está o exemplo anterior reescrito para aplicar o comando **distribute-list** no SF-Core-1 como uma opção para o subcomando **neighbor** para que apenas o par EBGP seja impedido de aprender o endereço da rede reservado 10.0.0.0:

```
SF-Core-1(config)#router bgp 25000
SF-Core-1(config-router)#neighbor 192.7.2.1 distribute-list 1 in
SF-Core-1(config-router)#access-list 1 deny 10.0.0.0 0.0.0.0
SF-Core-1(config)#access-list 1 permit any
SF-Core-1(config)#^Z
```

Às vezes, você poderá desejar que um roteador atenda as atualizações do roteamento em uma interface específica, mas não notifique as informações de roteamento para os outros roteadores na interface. Quando essa configuração é desejada, uma interface é conhecida como operando no modo passivo. O subcomando de configuração do roteamento IOS **passive-interface** configura o modo passivo. Esse comando tem como parâmetro o identificador da interface no qual as atualizações do roteamento que saem são omitidas. Segue um exemplo de como configurar o roteador ZIP San-Jose com o comando **passive-interface** para impedir que as atualizações do roteamento sejam enviadas na interface Token Ring do roteador:

```
San-Jose#configure
Configuring from terminal, memory, or network [terminal]?
Enter configuration commands, one per line. End with CNTL/Z.
San-Jose(config)#router eigrp 125000
San-Jose(config-router)#passive-interface tokenring 1/0
San-Jose(config-router)#^Z
```

Você poderá configurar um roteador com uma lista de roteadores vizinhos específicos com os quais ele poderá trocar as informações do roteamento dinâmico. Por exemplo, para implementar o OSPF em um meio de não transmissão pública, roteadores vizinhos específicos terão de ser especificados para a devida operação do protocolo. Como o outro exemplo, você poderá implementar um ambiente mais seguro no qual apenas os roteadores vizinhos especificados tenham a permissão de trocar informações de roteamento de ponto a ponto.

O subcomando de configuração do roteamento IOS **neighbor** é usado para especificar o endereço IP de um roteador vizinho com o qual trocar as informações de roteamento. Quando usadas com o comando **passive-interface**, as informações de roteamento são trocadas com apenas os vizinhos especificados através de trocas de ponto a ponto (não de transmissão pública). O comando **neighbor** tem como parâmetro um endereço IP para o roteador vizinho. A seguir está um exemplo de como configurar o roteador ZIP Seoul-2 para trocar informações de roteamento de ponto a ponto com um servidor UNIX executando o RIP no segmento Ethernet. O comando **passive-interface** é usado para impedir o RIP de ser notificado na interface serial.

```
Seoul-2#configure
Configuring from terminal, memory, or network [terminal]?
Enter configuration commands, one per line. End with CNTL/Z.
Seoul-2(config)#router rip
Seoul-2(config-router)#passive-interface serial 0
Seoul-2(config-router)#passive-interface ethernet 0
Seoul-2(config-router)#neighbor 131.108.3.40
Seoul-2(config-router)#^Z
```

Às vezes, seus roteadores baseados no Cisco IOS poderão precisar comunicar as informações de roteamento com outros dispositivos que não suportam o protocolo de roteamento selecionado para sua rede. Por exemplo, a rede ZIP executa o EIGRP. Uma plataforma UNIX não pode receber as atualizações do roteamento EIGRP porque tem a capacidade de executar apenas o protocolo RIP. Para aceitar tais situações, o software IOS tem a capacidade de transmitir as informações de roteamento de um protocolo de roteamento dinâmico para outro. Esse processo é chamado de redistribuição da rota.

O subcomando de configuração do roteamento IOS **redistribute** é usado para permitir a redistribuição da rota. Esse comando tem como argumento o nome do processo de roteamento a partir do qual redistribuir as rotas. As palavras-chave **static** ou **connected** podem também ser especificadas no lugar do nome de um processo de roteamento. Usar a palavra-chave **static** permitirá que as rotas estáticas configuradas manualmente sejam notificadas no processo de roteamento. A palavra-chave **connected** permite que as rotas para as interfaces conectadas diretamente não coincidentes com o endereço especificado no subcomando de roteamento **network** sejam notificadas pelo processo de roteamento. Como cada protocolo de roteamento dinâmico usa um método diferente para calcular sua métrica, a conversa métrica automática poderá não ser possível. Segue uma lista das conversões métricas automáticas suportadas pelo IOS:

- O RIP pode redistribuir automaticamente as rotas estáticas. Ele atribui as rotas estáticas a uma métrica 1 (conectadas diretamente).
- O IGRP pode redistribuir automaticamente as rotas estáticas e as informações de outros sistemas autônomos roteados pelo IGRP. O IGRP atribui as rotas estáticas a uma métrica que as identifica como conectadas diretamente. O IGRP não muda a métrica das rotas derivadas das atualizações IGRP a partir de outros sistemas autônomos.
- Qualquer protocolo poderá redistribuir outros protocolos de roteamento se uma métrica default estiver em vigor.

Uma métrica default é definida com o subcomando de configuração do roteamento IOS **default-metric**. O comando tem como parâmetro um ou mais atributos da métrica do protocolo de roteamento, com base no determinado protocolo de roteamento sendo configurado. A seguir está um exemplo de como redistribuir o EIGRP para o RIP no roteador ZIP Singapore. Observe que o comando **passive-interface** é usado para evitar que o RIP seja notificado na interface serial e que a métrica default seja definida para 3.

```
Singapore#configure
Configuring from terminal, memory, or network [terminal]?
Enter configuration commands, one per line. End with CNTL/Z.
```

```
Singapore(config)#router rip
Singapore(config-router)#default-metric 3
Singapore(config-router)#redistribute eigrp 25000
Singapore(config-router)#passive-interface serial 0
Singapore(config-router)#^Z
```

> **DICA** Redistribuir as informações de roteamento de um protocolo para outro pode ser um negócio capcioso. A redistribuição mútua – na qual as rotas são transmitidas de um protocolo para outro e vice-versa – pode causar loops do roteamento porque não há nenhuma verificação da condição nas rotas sendo redistribuídas. A redistribuição mútua deve ser evitada, se possível. Se a redistribuição mútua for absolutamente requerida, os comandos passive-interface e distribute-list deverão ser usados para limitar a notificação das rotas específicas a protocolos de roteamento específicos.

Como analisado anteriormente, os protocolos de roteamento IGP que suportam o VLSM resumem automaticamente todas as sub-redes a uma única rota da rede com classe ao transmitir as informações do roteamento de um endereço de rede maior para outro. Por exemplo, as sub-redes da rede ZIP 131.108.0.0 não são notificadas no espaço do endereço 172.16.0.0 de outro roteador executando o EIGRP. Se houver sub-redes do espaço do endereço 131.108.0.0 conectadas além de 172.16.0.0 - uma rede descontínua – poderá ser necessário propagar as informações da sub-rede de uma parte da rede 131.08.0.0, através da rede 172.16.0.0, e então para outra parte da rede 131.108.0.0. Claramente, o resumo da rota é indesejável nesta situação. O subcomando de configuração do roteamento IOS **no auto-summary** impede o resumo do endereço automático nos limites da rede com classe e permite a propagação das informações da sub-rede.

A seguir está um exemplo de como desconfigurar o resumo automático no roteador ZIP SF-Core 1:

```
SF-Core-1#configure
Configuring from terminal, memory, or network [terminal]?
Enter configuration commands, one per line. End with CNTL/Z.
SF-Core-1(config)#router eigrp 25000
SF-Core-1(config-router)#no auto-summary
SF-Core-1(config-router)#^Z
```

Como exibir as informações do protocolo de roteamento dinâmico

A operação e a configuração dos protocolos de roteamento dinâmico podem ser verificadas com vários comandos IOS EXEC. Esses comandos ficam em duas categorias: *independentes de protocolo* e *específicos do protocolo*. Vejamos, primeiro, os comandos independentes do protocolo.

Como examinado na seção "Como configurar os protocolos de roteamento IP", o comando IOS EXEC **show ip route** pode ser usado para determinar se as rotas estão sendo aprendidas através do protocolos de roteamento dinâmico e para determinar os atributos dessas rotas.

A determinação de quais protocolos de roteamento estão sendo executados e os vários atributos desses protocolos é executada com o comando IOS EXEC **show ip protocols**. Esse comando tem um parâmetro de palavra-chave opcional **summary**. A versão **summary** do comando lista apenas o nome do protocolo de roteamento e o id do processo, quando aplicável. A seguir está uma amostra da saída do comando **show ip protocols summary** no roteador ZIP SF-Core-1:

```
SF-Core-1#show ip protocols summary
Index      Process Name
0          connected
1          static
2          eigrp  25000
3          bgp 25000
```

A versão padrão do comando **show ip protocols** lista todos os protocolos de roteamento sendo executados e os vários atributos desses protocolos, inclusive as fontes de atualização do roteamento, as listas de filtros de distribuição aplicadas, as informações métricas e quais redes estão sendo notificadas. Adiante está um exemplo da saída do comando **show ip protocols** no roteador ZIP SF-Core-1 executando o EIGRP e BGP:

```
SF-Core-1#show ip protocols
Routing Protocol is "eigrp 25000"
    Outgoing update filter list for all interfaces is not set
    Incoming update filter list for all interfaces is not set
    Default networks flagged in outgoing updates
    Default networks accepted from incoming updates
    EIGRP metric weight K1=1, K2=0, K3=1, K4=0, K5=0
    EIGRP maximum hopcount 100
    EIGRP maximum metric variance 1
    Redistributing: connected, eigrp 1
    Automatic network summarization is not in effect
    Routing for Networks:
        131.108.0.0
    Routing Information Sources:
        Gateway          Distance      Last Update
        131.108.20.1        90         00:04:13
        131.108.20.2        90         00:04:13
        131.108.20.4        90         00:04:13
    Distance: internal 90 external 170

Routing Protocol is "bgp 25000"
    Sending updates every 60 seconds, next due in 0 seconds
    Outgoing update filter list for all interfaces is 2
    Incoming update filter list for all interfaces is 1
    IGP synchronization is disabled
    Automatic route summarization is enabled
    Neighbor(s):
        Address      FiltIn FiltOut DistIn DistOut Weight RouteMap
        192.7.2.1                            150
    Routing for Networks:
        131.108.0.0
    Routing Information Sources:
        Gateway          Distance      Last Update
        (this router)       200          1w5d
        192.7.2.1            20          1w3d
    Distance: external 20 internal 200 local 200
```

Protocolos de roteamento complexos como o EIGRP, OSPF e BGP fornecem acesso a diversos atributos, tabelas e bancos de dados de informações relativos à sua operação, configuração e topologia. As tabelas 4-3, 4-4 e 4-5 mostram os comandos IOS EXEC comuns, usados para exibir as informações do protocolo para o EIGRP, OSPF e BGP, respectivamente.

Tabela 4-3 *Os comandos IOS EXEC do EIGRP.*

Comando IOS EXEC do EIGRP	Função
show ip eigrp interfaces	Exibe informações sobre as interfaces configuradas para o IP EIGRP.
show ip eigrp neighbors	Exibe os vizinhos descobertos pelo IP EIGRP.
show ip eigrp topology	Exibe a tabela da topologia IP EIGRP.
show ip eigrp traffic	Exibe o número de pacotes enviados e recebidos para o(s) processo(s) IP EIGRP.

Tabela 4-4 *Os comandos IOS EXEC do OSPF.*

Comando IOS EXEC do OSPF	Função
show ip ospf	Exibe informações gerais sobre os processos de roteamento OSPF.
show ip ospf database	Exibe diversas listas de informações relacionadas ao banco de dados OSPF.
show ip ospf database router	Exibe as informações da ligação do roteador a partir do banco de dados OSPF.
show ip ospf database network	Exibe as informações da ligação da rede a partir do banco de dados OSPF.
show ip ospf database external	Exibe informações da ligação da rede externa a partir do banco de dados OSPF.
show ip ospf database	Exibe as informações de resumo relativas ao banco database-summary de dados OSPF.
show ip ospf border-routers	Exibe as entradas da tabela de roteamento OSPF internas para o Area Border Routers (ABR) e o Automonous System Boundary Routers (ASBR).
show ip ospf interface	Exibe as informações relativas ao OSPF específico da interface.
show ip ospf neighbor	Exibe as informações do vizinho OSPF.

Tabela 4-5 *Os comandos IOS EXEC do BGP.*

Comando IOS EXEC do BGP	Função
show ip bgp cidr-only	Exibe todas as rotas BGP que contêm máscaras de rede da sub-rede e da super-rede.
show ip bgp filter-list *número da lista de acesso*	Exibe as rotas que são coincidentes pela lista de acesso do caminho do sistema autônomo especificada.
show ip bgp regexp *expressão constante*	Exibe as rotas que coincidem com a expressão constante especificada fornecida na linha de comandos
show ip bgp [network] [network-mask] [subnets]	Exibe o conteúdo da tabela de roteamento BGP.
show ip bgp neighbors	Exibe informações detalhadas sobre as conexões TCP e BGP para os vizinhos individuais.
show ip bgp neighbors [*endereço*]	Exibe as rotas aprendidas a partir de um certo vizinho routes BGP.
show ip bgp neighbors [*endereço*] advertised	Exibe as rotas notificadas para um certo vizinho BGP.
show ip bgp neighbors [*endereço*] paths	Exibe os caminhos aprendidos a partir de um certo vizinho BGP.
show ip bgp paths	Exibe todos os caminhos BGP no banco de dados BGP.
show ip bgp summary	Exibe o status de todas as conexões de pares BGP.

Como configurar o filtro IP através das listas de acesso

Desde a primeira vez em que diversos sistemas foram conectados para formar uma rede, tem havido uma necessidade de limitar o acesso a alguns sistemas ou partes de uma rede para a segurança, privacidade e outras razões. Usando os recursos de filtragem do pacote do software Cisco IOS, um administrador da rede poderá limitar o acesso a certos sistemas, segmentos da rede, faixas de endereços e serviços baseados em vários critérios. A capacidade de limitar o acesso é cada vez mais importante quando a rede de uma empresa começa a conectar outras redes externas, como, por exemplo, empresas associadas e a Internet.

As capacidades de filtragem de pacotes das listas de acesso IP do software IOS permitem limitar o fluxo dos pacotes com base nos seguintes critérios:

- ♦ Endereço IP de origem
- ♦ Endereço IP de origem e destino
- ♦ Tipos de protocolo IP, inclusive TCP, UDP e ICMP
- ♦ Serviços do protocolo TCP de origem e destino, como sendmail e Telnet
- ♦ Serviços do protocolo UDP de origem e destino, como bootp e datagrama NetBIOS
- ♦ Serviços do protocolo ICMP, como a repetição ICMP e a porta ICMP inatingível

A lista anterior é de modo algum completa. A flexibilidade da lista de acesso IP fornece ao administrador da rede um critério amplo sobre o que é filtrado e como os filtros são aplicados.

A chave para compreender as listas de acesso IP no software IOS é que a tarefa de filtragem do pacote é dividida em duas etapas distintas. Primeiro, o critério de filtragem é definido usando os comandos **access-list** e **ip access-list**. Segundo, o critério de filtragem é aplicado nas interfaces desejadas. Já consideramos um método de aplicar a filtragem da lista de acesso – em conjunto com o comando **distribute-list** para filtrar as informações do roteamento. Nas próximas seções, iremos nos concentrar no uso das listas de acesso em conjunto com o comando **ip access-group**. Primeiros iremos considerar como estabelecer o critério de filtragem.

Como definir a lista de acesso

Os critérios de filtragem são definidos em uma lista de instruções de permissão e negação chamada de lista de acesso. Cada linha na lista de acesso é avaliada em seqüência com os endereços IP e outras informações em um pacote de dados até que uma coincidência ocorra. Assim que uma coincidência ocorrer, a lista será fechada. Esse processo torna as listas de acesso altamente dependentes da ordem.

Quando desenvolvido originalmente, o software IOS tinha apenas um comando para criar as listas de acesso, o comando **access-list**. Usando esse comando e um número de uma faixa relevante de números, o administrador da rede poderá especificar o protocolo da rede para o qual a lista é criada. Por exemplo, a faixa de números 1 a 99 indica uma lista de acesso IP padrão e a faixa 900 a 999 indica um filtro do pacote IPX. (As listas de acesso IPX são analisadas no Capítulo 6, "O básico do IPX".)

Mencionando a necessidade de mais flexibilidade e números ainda maiores de listas de acesso, os construtores do software IOS criaram versões do comando **access-list** para o IP e IPX que permitem listas de acesso nomeadas. Ou seja, os novos comandos podem usar uma string arbitrária de caracteres em vez de apenas um número para identificar a lista de acesso. O comando para criar uma lista de acesso IP nomeada é **ip access-list**. (Também há um comando **ipx access-list** para as listas IPX nomeadas.)

Se numeradas ou nomeadas, as listas de acesso IP ficam em uma das duas categorias, padrão ou estendida. Uma lista de acesso IP padrão avalia apenas o endereço IP de origem de um pacote, ao passo que uma lista de acesso estendida pode avaliar os endereços IP de origem e destino, o tipo de protocolo IP e as portas da camada de transporte de origem e destino.

Use o comando de configuração global IOS **access-list** para estabelecer uma lista de acesso numerada. Como notado anteriormente, o comando **access-list** tem como parâmetro um número da lista. As listas de acesso IP padrões são estabelecidas por um número na faixa de 1 a 99. As listas de acesso IP estendidas são indicadas por um número na faixa de 100 a 199. Depois do número da lista em cada linha da lista de acesso, vem a palavra-chave **permit** ou **deny**, seguida do endereço IP, máscara curinga, protocolo e número da porta do protocolo que é filtrado. A seguir está um exemplo de uma lista de acesso IP padrão, numerada no roteador ZIP SF-1, que nega os pacotes com um endereço IP de origem 131.108.101.99, mas permite todos os outros na rede 131.108.101.0/24:

```
SF-1#configure
Configuring from terminal, memory, or network [terminal]?
Enter configuration commands, one per line.  End with CNTL/Z.
SF-1(config)#access-list 1 deny 131.108.101.99
SF-1(config)#access-list 1 permit 131.108.101.0  0.0.0.255
SF-1(config)#^Z
```

Como mencionado anteriormente, a ordem das linhas em uma lista de acesso determina como o filtro opera. Inverter a ordem das instruções da lista de acesso, no exemplo anterior, alteraria completamente a funcionalidade da lista. A seguir, está como a lista de acesso ficaria se executássemos tal inversão:

```
SF-1#configure
Configuring from terminal, memory, or network [terminal]?
Enter configuration commands, one per line. End with CNTL/Z.
SF-1(config)#access-list 1 permit 131.108.101.0 0.0.0.255
SF-1(config)#access-list 1 deny   131.108.101.99
SF-1(config)#^Z
```

Agora, se um pacote com o endereço IP 131.108.101.99 for comparado com essa lista de acesso, irá coincidir com a primeira instrução e então sairá da lista. A instrução **deny** da lista nunca será avaliada para 131.108.101.99.

DICA As listas de acesso usam o conceito conhecido como máscara curinga ou sem cuidado. Embora pareça semelhante a uma máscara da rede, a máscara curinga é diferente no sentido de que as posições dos bits definidas para 1 coincidem com qualquer valor. Uma máscara curinga 0.0.0.255 coincide com qualquer número na faixa de 0 a 255 que apareça no quarto octeto de um endereço IP. Uma máscara curinga 0.0.3.255 coincide com qualquer endereço IP com um 0, 1, 2 ou 3 no terceiro octeto e qualquer número no quarto octeto baseado no cálculo binário. As máscaras curingas permitem que o administrador da rede especifique faixas de endereços que ficam nos limites dos bits dos números binários.

Segue um exemplo de lista de acesso IP estendida, numerada no roteador ZIP SF-1, que permite que apenas os pacotes do TCP Simple Mail Transfer Protocol (SMTP) e o protocolo do serviço do nome do domínio (DSN) UDP atinjam o endereço IP 131.108.101.99. Note que a palavra-chave **any** pode substituir o endereço da rede 0.0.0.0 pela máscara curinga 255.255.255.255:

```
SF-1#configure
Configuring from terminal, memory, or network [terminal]?
Enter configuration commands, one per line. End with CNTL/Z.
SF-1(config)#access-list 100 permit tcp any host 131.108.101.99 eq smtp
SF-1(config)#access-list 100 permit udp any host 131.108.101.99 eq domain
SF-1(config)#access-list 100 deny   ip  any any log
SF-1(config)#^Z
```

DICA Todas as listas de acesso têm um **deny** implícito no final. Isso significa que qualquer pacote que falhar em coincidir com o critério de filtragem de uma das linhas da lista de acesso será negado. Para ter uma melhor solução de problemas e controle administrativo da segurança da rede, recomendamos que você coloque um **deny** explícito no final da lista de acesso com a palavra-chave otimizada **log**. Essa ação fará com que todos os pacotes que falharem em coincidir com a lista terão a violação registrada no console ou se o registro do sistema estiver ativado, no servidor syslog (registro do sistema). (O registro é analisado com mais detalhes no Capítulo 7.) A palavra-chave **log** opcional poderá também ser aplicada em qualquer linha da lista de acesso para a qual o administrador deseje ter as informações de registro gravadas.

Até então, os exemplos que consideramos foram das listas de acesso numeradas. Como mencionado anteriormente, as listas de acesso nomeadas permitem ao administrador usar strings de caracteres arbitrárias para fazer referência às listas de acesso IP. Por exemplo, você poderá nomear as listas de acesso de maneiras que sejam fáceis de lembrar e relevantes para a tarefa de filtragem em mãos.

As listas de acesso IP nomeadas são criadas com o comando de configuração **ip access-list**. O comando tem como parâmetros a palavra-chave **extended** ou **standard** para indicar o tipo de lista de acesso nomeada sendo criada e o nome real da lista de acesso.

O comando **ip access-list** faz com que a configuração do software IOS troque para o submodo de configuração da lista de acesso. Depois da configuração da lista de acesso estar no submodo, apenas as instruções **permit** e **deny**, junto com o endereço da rede e outros critérios de filtragem, precisarão ser fornecidos. O nome da lista de acesso não precisará ser repetido para cada linha da lista. Iremos revisar o exemplo da lista de acesso padrão anterior, usando uma lista de acesso nomeada ao invés de uma lista de acesso numerada:

```
SF-1#configure
Configuring from terminal, memory, or network [terminal]?
Enter configuration commands, one per line. End with CNTL/Z.
SF-1(config)#ip access-list standard sorrycharlie
SF-1(config-std-nacl)#deny 131.108.101.99
SF-1(config-std-nacl)#permit 131.108.101.0  0.0.0.255
SF-1(config)#^Z
```

A seguir está o exemplo da lista de acesso estendida anterior, reescrito usando as listas de acesso nomeadas:

```
SF-1#configure
Configuring from terminal, memory, or network [terminal]?
Enter configuration commands, one per line. End with CNTL/Z.
SF-1(config)#ip access-list extended out-of-luck
SF-1(config-ext-nacl)#permit tcp any host 131.108.101.99 eq smtp
SF-1(config-ext-nacl)#permit udp any host 131.108.101.99 eq domain
SF-1(config-ext-nacl)#deny ip any any log
SF-1(config-ext-nacl)#^Z
```

Se numerada ou nomeada, um dos desafios de gerenciar as listas de acesso é lembrar por que certos hosts, redes ou serviços tiveram o acesso permitido ou negado. Com o tempo, diferentes administradores da rede poderão ser responsáveis por manter as listas de acesso nos vários dispositivos na rede e as razões para certas entradas da lista de acesso poderem ter sido há muito esquecidas.

Nas versões anteriores do software IOS, a única maneira de documentar informações sobre as listas de acesso (ou qualquer comando da configuração) era adicionar comentários a uma cópia do arquivo de configuração da iniciação armazenado em um servidor. Infelizmente, esses comentários são ignorados quando arquivo de configuração é carregado na memória do roteador, portanto não há nenhuma documentação de fato na NVRAM ou memória de execução.

As versões mais recentes do software IOS introduziram a capacidade de adicionar comentários aos comandos da lista de acesso numerada e nomeada. O acréscimo de comentários às listas de acesso numeradas é feito usando a palavra-chave **remark** no lugar da palavra-chave **permit** ou **deny** depois do comando de configuração global IOS **access-list** e do número da lista. Os comentários podem ser colocados em qualquer lugar na lista de acesso e cada um pode ter até 100 caracteres de comprimento. A seguir está um exemplo de como adicionar comentários à lista de acesso estendida IP numerada anteriormente definida no roteador ZIP SF-1:

```
SF-1#configure
Configuring from terminal, memory, or network [terminal]?
Enter configuration commands, one per line. End with CNTL/Z.
SF-1(config)#access-list 100 remark Allow smtp mail to John's machine per Jane
SF-1(config)#access-list 100 permit tcp any host 131.108.101.99 eq smtp
SF-1(config)#access-list 100 remark Allow DNS queries to John's machine per Jane
SF-1(config)#access-list 100 permit udp any host 131.108.101.99 eq domain
SF-1(config)#access-list 100 remark Nothing else get through and gets logged
SF-1(config)#access-list 100 deny ip any any log
SF-1(config)#^Z
```

Para adicionar comentários às listas de acesso nomeadas, o comando do submodo de configuração da lista de acesso IP remark será usado. Parecido com as instruções permit e deny usadas nesse submodo, o comando remark é usado depois de entrar no submodo de configuração da lista de acesso utilizando o comando ip access-list seguido do nome da lista. Como nos comentários da lista de acesso numerada, os comentários da lista de acesso nomeada podem aparecer em qualquer lugar na lista e cada um pode ter até 100 caracteres de comprimento. A seguir está um exemplo de como adicionar comentários à lista de acesso estendida IP, nomeada anteriormente, definida no roteador ZIP SF-1:

```
SF-1#configure
Configuring from terminal, memory, or network [terminal]?
Enter configuration commands, one per line. End with CNTL/Z.
SF-1(config)#ip access-list extended out-of-luck
SF-1(config-ext-nacl)#remark Allow smtp mail to John's machine per Jane
SF-1(config-ext-nacl)#permit tcp any host 131.108.101.99 eq smtp
SF-1(config-ext-nacl)#remark Allow DNS queries to John's machine per Jane
SF-1(config-ext-nacl)#permit udp any host 131.108.101.99 eq domain
SF-1(config-ext-nacl)#remark Nothing else get through and gets logged
SF-1(config-ext-nacl)#deny ip any any log
SF-1(config-ext-nacl)#^Z
```

Como aplicar a lista de acesso

Depois dos critérios de filtragem da lista de acesso serem definidos, ela terá que ser aplicada em uma ou mais interfaces para que os pacotes possam ser filtrados. A lista de acesso pode ser aplicada em uma direção que chega ou que sai na interface. Quando os pacotes viajam na direção que chega, eles chegam ao roteador a partir da interface. Quando eles viajam na direção que sai, eles deixam o roteador e vão para a interface. A lista de acesso é aplicada por meio do subcomando de configuração da interface IOS **ip access-group**. O comando tem como parâmetro a palavra-chave **in** ou **out**. Se nenhum parâmetro for fornecido, a palavra-chave **out** será adotada. O exemplo a seguir aplicará a lista de acesso padrão 1, definida anteriormente, na interface Fast Ethernet do roteador ZIP SF-1. Essa configuração impede que os pacotes, que se originam do endereço 131.108.101.99, atinjam os destinos além da interface Fast Ethernet:

```
SF-1#configure
Configuring from terminal, memory, or network [terminal]?
Enter configuration commands, one per line. End with CNTL/Z.
SF-1(config)#interface fastethernet 0
SF-1(config-if)#ip access-group 1 out
SF-1(config-if)#^Z
```

O próximo exemplo é de como aplicar a lista de acesso definida anteriormente, out-of-luck, na interface Fast Ethernet do roteador ZIP SF-1. Essa configuração impede que os pacotes, que se originam de qualquer endereço, saiam do roteador, com a exceção dos pacotes que viajam para o host 131.108.101.99 para os serviços SMTP e DNS:

```
SF-1#configure
Configuring from terminal, memory, or network [terminal]?
Enter configuration commands, one per line. End with CNTL/Z.
SF-1(config)#interface fastethernet 0
SF-1(config-if)#ip access-group out-of-luck out
SF-1(config-if)#^Z
```

Depois das listas de acesso serem configuradas, elas poderão ser exibidas e verificadas usando os comandos IOS EXEC **show access-lists** e **show ip access-lists**. O primeiro comando mostra todas as listas de acesso definidas no roteador, ao passo que o último mostra apenas as listas de acesso IP definidas no roteador (numeradas ou nomeadas). Cada comando pode ter como parâmetro uma lista de acesso numerada ou nomeada específica e pode exibir apenas o conteúdo dessa lista. Se nenhum parâmetro for fornecido, todas as listas serão exibidas. A seguinte saída do comando **show access-lists** para o roteador ZIP SF-1 mostra que as listas de acesso definidas anteriormente foram aplicadas no roteador:

```
SF-1#show access-lists
Standard IP access list 1
     deny   131.108.101.99  (50 matches)
     permit 131.108.101.0  0.0.0.255  (576 matches)
Standard IP access list sorrycharlie
     deny   131.108.101.99
     permit 131.108.101.0  0.0.0.255
Extended IP access list 100
     permit tcp any host 131.108.101.99 eq smtp
     permit udp any host 131.108.101.99 eq domain
     deny ip any any log
Extended IP access list out-of-luck
     permit tcp any host 131.108.101.99 eq smtp (987 matches)
     permit udp any host 131.108.101.99 eq domain (10987 matches)
     deny ip any any log (453245 matches)
SF-1#
```

Como visto na saída, os comandos **show access-lists** e **show ip access-lists** contam o número de vezes que cada linha de uma lista de acesso foi coincidente e exibe a contagem entre parênteses. Essas informações poderão ser úteis ao determinar quais linhas de uma lista de acesso estão servindo a uma finalidade útil. Também poderá ajudar a solucionar problemas, revelando as possíveis configurações ruins da lista de acesso. Por exemplo, se o contador para permitir os pacotes do domínio UDP na lista out-of-luck não aumentar e houver relatórios de falhas do serviço do nome do domínio a partir dos usuários, estará claro que os pacotes do domínio não estão transmitindo a lista de acesso. Uma evidência maior poderá ser um aumento no contador para a última linha da lista out-of-luck que está registrando o número de pacotes que falharam na lista de acesso.

Os contadores de coincidência nos comandos **show access-lists** e **show ip access-lists** podem ser redefinidos pelo comando IOS EXEC **clear ip access-list counters**. Esse comando tem um parâmetro opcional de um número da lista de acesso IP ou nome para limpar os contadores de coincidência. Se nenhum parâmetro for especificado, todos os contadores de coincidência, em todas as listas de acesso IP, serão limpos.

A seguir está um exemplo de como limpar os contadores de coincidência para a lista de acesso IP nomeada out-of-luck no roteador ZIP SF-1:

```
SF-1#clear ip access-list counters out-of-luck
SF-1#
```

Determinar onde as listas de acesso são utilizadas é um pouco capcioso. Quando elas são aplicadas como filtros do pacote com o comando **ip access-group**, a saída do comando **show ip interfaces** indica quais listas de acesso foram aplicadas em quais interfaces. Quando as listas de acesso são aplicadas como filtros da rota com comando **distribute-list**, a saída do comando **show ip protocols** indica a aplicação que entra ou que sai dos filtros para os protocolos de roteamento específicos. Essa análise dos comandos para exibir e verificar as listas de acesso é de modo algum completa, pois as listas de acesso funcionam como o ativador para muitos recursos de filtragem no software IOS. Cada aplicação específica das listas de acesso tem comandos de verificação correspondentes.

As capacidades de filtragem do pacote IP do software Cisco IOS fornecem ferramentas muito eficientes para limitar o acesso aos recursos dentro e fora da rede de uma entidade. Contudo, construir um esquema de proteção é uma tarefa complexa e importante. Livros inteiros são dedicados a fornecer uma segurança adequada para a rede. Recomendamos que você consulte tais textos para obter mais informações sobre como proteger seus recursos da rede (veja a seção "Referências" no final deste capítulo). E mais, a partir deste livro, a Cisco Systems mantém um excelente estudo de caso denominado *Increasing Security on IP Networks* no CCO em www.cisco.com/univercd/cc/td/doc/cisintwk/ics/cs003.htm.

Como configurar os serviços de discagem IP básicos

Até este ponto, estamos examinando o protocolo de roteamento do software IOS e as capacidades de comutação dos pacotes IP. O software IOS também permite o acesso remoto nos roteadores e servidores de acesso. A capacidade de acesso remoto está disponível como discagem assíncrona através de módulos do modem externos e integrados e através do ISDN. O acesso remoto fornece aos usuários remotos e aos roteadores remotos a capacidade de conectar os serviços da rede IP quando não estão conectados diretamente a uma rede através de uma interface LAN ou WAN.

Vários produtos baseados no IOS suportam os serviços de acesso remoto IP. Esses produtos oferecem muitas opções de configuração em seu hardware e configurações de recursos do software IOS. Como nos outros tópicos complexos analisados neste capítulo, livros inteiros são dedicados à análise dos serviços de acesso remoto. Escolhemos apresentar duas das configurações comuns para o acesso remoto IP básico que suportam os usuários da estação de trabalho de discagem. Muitos desses comandos e conceitos de configuração também são aplicáveis à implementação do acesso remoto de roteador a roteador, que é conhecido como *roteamento de discagem em demanda*. Para obter uma análise das questões e da configuração do roteamento de discagem em demanda, recomendamos consultar os seguintes estudos de caso Cisco Systems: você poderá encontrar o *Dial-on-Demand Routing* e *Scaling Dial-on-Demand Routing* no CCO em www.cisco.com/univercd/ cc/td/doc/cisintwk/ ics/cs002.htm e www.cisco.com/univercd/cc/td/doc/cisintwk/ics/cs012. htm, respectivamente.

Para assegurar a confiabilidade da conexão em um serviço de discagem, como um modem ou ISDN, o IP é transportado em um protocolo da camada da ligação de dados no serviço de discagem. Vários protocolos da camada da ligação de dados são suportados nos serviços de discagem, inclusive o PPP, HDLC, SLIP (Serial Line IP) e Frame Relay. Na época da composição deste livro, o PPP era a escolha predominante como um protocolo da camada da ligação de dados para o serviço de discagem.

A configuração dos serviços de acesso remoto pode ser dividida em três áreas maiores:

◆ Configuração da linha ou interface
◆ Configuração da segurança
◆ Configuração do protocolo IP

Cada um deles será examinado nas situações de discagem assíncrona e ISDN nos servidores de acesso da rede ZIP, localizados em Singapura. Os serviços assíncronos são fornecidos em um Cisco 2511 que suporta 16 linhas assíncronas. Os serviços ISDN são fornecidos em um Cisco 4500 com interfaces ISDN BRI integradas.

Como configurar a discagem assíncrona

A discagem assíncrona envolve o uso de modems análogos para converter os dados em fluxos de informações que podem ser transportados nas linhas de telefone. Esses modems podem ser integrados no produto, como o Cisco AS5200 AccessServer e o roteador 3600, ou anexados externamente, como o 2511 AccessServer e a porta auxiliar da maioria dos roteadores Cisco. A Figura 4-9 mostra uma situação de discagem típica para um usuário da estação de trabalho remota acessando uma rede através de um servidor de acesso com modems externos.

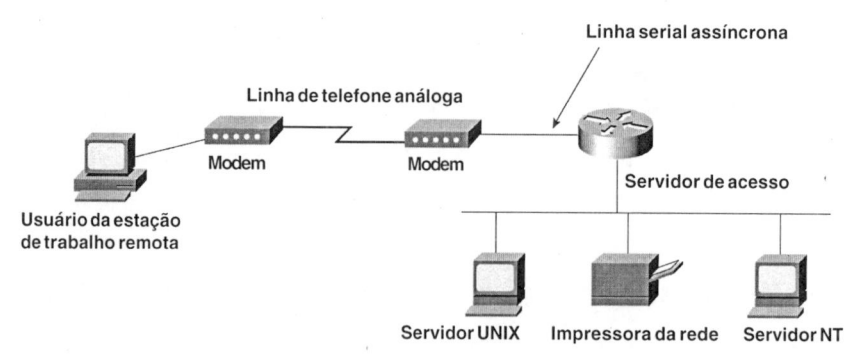

Figura 4-9 *O acesso de discagem remota para um servidor de acesso através de modems.*

Independentemente de haver linhas seriais assíncronas físicas anexadas aos modems ou linhas virtuais dentro dos módulos do modem integrados, as linhas e os modems terão que ser devidamente configurados para assegurar a pretendida comunicação. A velocidade da linha, o método de controle do fluxo, a direção da discagem e o tipo de modem anexado são alguns dos aspectos mais importantes que têm de ser configurados. O Capítulo 7 analisa a configuração das linhas terminais virtuais (vty) para a finalidade de controlar o acesso remoto para o roteador através da linha de comando da configuração maior IOS. Também usamos os comandos da linha para configurar as características das linhas assíncronas físicas (tty) usadas para conectar os modems.

Para definir a velocidade na qual o servidor de acesso se comunica com os modems, use o subcomando de configuração da linha IOS **speed**. O comando tem como parâmetro um inteiro que representa a velocidade como o número de bits por segundo a transmitir e a receber. A velocidade deve ser definida para a mais alta suportada pela porta dos dados no modem (a velocidade mais alta suportada no servidor de acesso é 115.200 bps).

Para definir o método usado para controlar o fluxo de informações do servidor de acesso para os modems, use o subcomando de configuração da linha IOS **flowcontrol**. O comando tem como parâmetro a palavra-chave **hardware** ou **software**. Essas palavras-chave representam os dois tipos de controle do fluxo suportados. Com velocidades de mais de 9.600 bps, recomenda-se que o controle do fluxo de hardware seja usado. A seguir está um exemplo de como configurar todas as 16 linhas assíncronas no servidor de acesso ZIP Singapore para usar o controle de fluxo do hardware em uma velocidade de 115.200 bps. Note o uso do comando de configuração maior **line** para se referir às linhas assíncronas de 1 a 16 nas quais os subcomandos são aplicados:

```
Sing2511#configure
Configuring from terminal, memory, or network [terminal]?
Enter configuration commands, one per line. End with CNTL/Z.
Sing2511(config)#line 1 16
Sing2511(config-line)#speed 115200
Sing2511(config-line)#flowcontrol hardware
Sing2511(config-line)#^Z
```

Depois da velocidade e dos métodos de controle do fluxo serem selecionados, o servidor de acesso terá que ser fornecido com informações sobre o tipo de modem anexado e as informações de direção da discagem. Fornecer informações sobre o tipo de modem facilitará a tarefa de configuração da discagem eliminando a necessidade de configurar as definições do modem manualmente. E mais, o servidor de acesso poderá redefinir as definições do modem depois de cada chamada para assegurar a devida operação do *pool* de discagem.

As informações de direção da discagem instruem o servidor de acesso sobre como reagir aos sinais enviados para ele pelo modem durante o estabelecimento da chamada. O subcomando de configuração da linha IOS **modem** é usado para configurar o tipo do modem anexado e a direção da discagem. Para configurar o tipo do modem, use o comando **modem autoconfigure**. Esse comando tem como parâmetro a palavra-chave **discovery** ou a palavra-chave **type**. A palavra-chave **discovery** instrui o servidor de acesso para tentar determinar o tipo de modem anexado para selecionar as definições do modem. A palavra-chave **type**, seguida de um dos tipos de modem predefinidos ou definidos pelo usuário, instrui o servidor de acesso para selecionar as definições do modem do tipo nomeado.

O software IOS suporta vários tipos de modem populares, inclusive o U.S. Robotics Courier, o U.S. Robotics Sportster e o Telebit T3000. Se o tipo não for predefinido, o usuário poderá estabelecer tipos adicionais e as definições correspondentes pelo comando de configuração IOS **modemcap**. Para estabelecer a direção da discagem, o parâmetro da palavra-chave **dialin** ou **inout** será usado com o comando do modem. O próximo exemplo é de como configurar o servidor de acesso ZIP Singapore para usar as definições do modem associadas ao modem U.S. Robotics Courier. A direção da discagem é configurada como **dialin**:

```
Sing2511#configure
Configuring from terminal, memory, or network [terminal]?
Enter configuration commands, one per line. End with CNTL/Z.
Sing2511(config)#line 1 16
Sing2511(config-line)#modem autoconfigure type usr_courier
Sing2511(config-line)#modem dialin
Sing2511(config-line)#^Z
```

DICA *Mesmo que as linhas assíncronas sejam usadas apenas para a discagem, recomendamos que você defina as linhas para a operação de entrada e saída durante a configuração inicial e a solução de problemas. Isso permite um acesso do terminal virtual através do protocolo Telnet diretamente para a linha assíncrona para a configuração e verificação do modem atual. Esse método de acesso do terminal virtual, que é conhecido como Telnet inversa, é descrito em mais detalhes na dica* Configuring Modems *(Como configurar os modems) no CCO em www.cisco.com/univercd/cc/td/doc/product/software/ ios113ed/dsqcg/ qcmodems.htm.*

Com a configuração da linha assíncrona completa, a segurança do servidor de acesso será a próxima etapa no processo de configuração. Como analisado na seção "Controle do acesso básico" no Capítulo 7, a segurança do acesso é dividida em duas etapas. A primeira etapa é o processo de autenticação, o processo de identificar quem está tentando acessar. A segunda etapa é autorizar o usuário identificado a executar tarefas específicas ou fornecer ao usuário acesso a serviços específicos. Para a finalidades do IP de discagem, apresentamos um tipo de autenticação e um tipo de autorização que usa as informações do usuário configurado localmente, que não é tratado no Capítulo 7. Esses comandos de autenticação e autorização usam as informações do usuário configurado localmente. Opcionalmente, um servidor de segurança como o TACACS+ ou um servidor RADIUS poderia ser usado no lugar das informações configuradas localmente, como será analisado no Capítulo 7.

Para autenticar os usuários que tentam acessar os serviços IP através do PPP, um tipo de autenticação AAA **ppp** será usado. Ela é ativada pelo comando de configuração IOS **aaa authentication ppp**. O comando tem como parâmetro um nome da lista de autenticação ou a palavra-chave **default** e um ou mais métodos de autenticação, como local ou, neste caso, TACACS+. Depois de um usuário PPP ser identificado, esse usuário deverá ser autorizado a usar os serviços da rede (sendo o PPP um). O uso dos serviços da rede é autorizado pelo comando **aaa authorization network**. Esse comando tem como parâmetro um ou mais tipos de autorização. A seguir está um exemplo de como configurar o servidor de acesso ZIP Singapore para autenticar os usuários PPP com as informações do usuário configurado localmente e para autorizar o uso dos serviços da rede para todos os usuários que transmitem a autenticação:

```
Sing2511#configure
Configuring from terminal, memory, or network [terminal]?
```

```
Enter configuration commands, one per line. End with CNTL/Z.
Sing2511(config)#aaa authentication default ppp local
Sing2511(config)#aaa authorization network default if-authenticated
Sing2511(config)#^Z
```

As informações da autenticação para os usuários PPP estão sendo configuradas localmente, portanto os nomes do usuário e senhas reais usados para a autenticação precisam ser configurados. Essas informações são configuradas pelo comando de configuração global IOS **username**. O comando tem como parâmetros o ID do usuário a ser usado para a autenticação, a palavra-chave **password** e a senha a ser usada para a autenticação do usuário. Embora a senha seja fornecida em um texto claro e legível, ela será convertida em uma string criptografada se a criptografia da senha estiver ativada, como será analisado no Capítulo 7. Adiante, um exemplo de como criar nomes de usuário locais e senhas no servidor de acesso ZIP Singapore para os dois usuários, John e Jane:

```
Sing2511#configure
Configuring from terminal, memory, or network [terminal]?
Enter configuration commands, one per line. End with CNTL/Z.
Sing2511(config)#username john password foo
Sing2511(config)#username jane password bar
Sing2511(config)#^Z
```

A etapa final na configuração dos serviços de discagem assíncrona IP é fornecer as informações do protocolo IP que são usadas para estabelecer e manter a sessão IP de discagem. Em vez de as informações do protocolo IP serem fornecidas como subcomandos da linha, elas são associadas a um tipo de interface que representa a linha assíncrona, exatamente como em qualquer outro meio LAN ou WAN. Esse tipo de interface é chamado de *interface assíncrona* e cada linha assíncrona no servidor de acesso tem uma interface assíncrona correspondente. As informações do protocolo IP podem ser fornecidas individualmente em cada interface assíncrona na qual as sessões de discagem podem ocorrer ou apenas uma vez através de uma interface assíncrona coletiva chamada de *interface assíncrona de grupo*.

A interface assíncrona de grupo pode ser usada para simplificar as tarefas de configuração quando os mesmos comandos de configuração seriam aplicados repetidamente a diversas interfaces assíncronas. Quando a interface assíncrona de grupo é usada, o subcomando de configuração da interface IOS **group-range** é usado também para identificar quais interfaces assíncronas individuais devem ser incluídas na estrutura do grupo. A seguir temos um exemplo de como adicionar o comando **description** às três interfaces assíncronas:

```
Sing2511#configure
Configuring from terminal, memory, or network [terminal]?
Enter configuration commands, one per line. End with CNTL/Z.
Sing2511(config)#interface async 1
Sing2511(config-if)#description dialup pool on singapore 2511
Sing2511(config-if)#interface async 2
Sing2511(config-if)#description dialup pool on singapore 2511
Sing2511(config-if)#interface async 3
Sing2511(config-if)#description dialup pool on singapore 2511
Sing2511(config-if)#^Z
```

Eis a mesma configuração usando uma interface assíncrona de grupo:

```
Sing2511#configure
Configuring from terminal, memory, or network [terminal]?
```

```
Enter configuration commands, one per line. End with CNTL/Z.
Sing2511(config)#interface group-async 1
Sing2511(config-if)#description dialup pool on singapore 2511
Sing2511(config-if)#group-async 1 3
Sing2511(config-if)#^Z
```

As informações do protocolo IP que são atribuídas às interfaces assíncronas ficam em três categorias:
- Configuração do endereço IP para a interface assíncrona
- Informações do endereço IP para fornecer aos usuários de discagem
- Informações sobre como o IP e o PPP devem operar na interface assíncrona

Começaremos examinando os comandos da operação PPP e IP. Primeiro, a interface assíncrona tem de ser informada para usar o PPP como o método de encapsulação para serviços como o IP. O subcomando de configuração da interface IOS **encapsulation** é usado para especificar o tipo de encapsulação. O comando tem como parâmetro uma palavra-chave (por exemplo, **ppp** ou **slip**) para o tipo de encapsulação que é usado na interface.

Depois do PPP ser configurado, o administrador da rede terá a opção de configurar a linha assíncrona para operar como apenas uma porta dos serviços da rede de discagem – ou seja, o usuário tem a permissão de usar apenas os serviços da rede configurados na porta, como PPP ou SLIP – ou permitir que o usuário receba um prompt EXEC na discagem e escolha qual serviço executar manualmente. O subcomando de configuração da interface IOS **async mode** é usado para especificar a operação desejada. O comando tem como parâmetro a palavra-chave **interactive** ou **dedicated** para definir a operação desejada.

O nível de experiência do usuário de discagem e como a interface assíncrona é usada geralmente determinam qual modo é escolhido: interativo ou dedicado. Configurar a operação dedicada impede que um administrador da rede disque e tenha a autorização de usar os comandos EXEC. O modo interativo pode suportar os comandos EXEC e os serviços da rede. Porém, a desvantagem do interativo é que os usuários inexperientes poderão configurar de modo errado seu software de discagem e serem colocados em um prompt EXEC sem saber.

Quando o modo interativo é usado, um conjunto adicional de comandos da linha simplifica o processo de discagem para o usuário. Esses comandos permitem ao servidor de acesso determinar o tipo da conexão sendo tentada sem requerer que o usuário especifique o serviço em um prompt EXEC. Esse processo é chamado de auto-seleção. É ativado pelo subcomando de configuração da linha IOS **autoselect**. Esse comando tem como parâmetro uma palavra-chave que descreve o protocolo da camada de ligação a ser selecionado automaticamente ou a hora na qual a auto-seleção é executada (normalmente na hora da autenticação do usuário). O uso de auto-seleção quando o modo interativo assíncrono é configurado fornece o método mais simples para a maioria dos usuários acessarem os serviços PPP e IP no servidor de acesso.

O último comando de operações PPP requerido na interface instrui o PPP para executar a autenticação e a autorização dos usuários de discagem antes de estabelecer os serviços da rede PPP e IP. Isso assegura que apenas os usuários autorizados tenham acesso aos serviços da rede disponíveis no servidor de acesso. Esse comando também informa ao servidor de acesso qual protocolo de autenticação usar entre o servidor de acesso e o cliente de discagem. Três protocolos são possíveis – Challenge Handshake Authentication Protocol (CHAP), Microsoft Challenge Handshake Authentication Protocol (MS-CHAP) e Password Authentication Protocol (PAP).

O subcomando de configuração da interface IOS **ppp authentication** instrui o servidor de acesso a executar o processo de autenticação. O comando tem como parâmetro a palavra-chave **chap, ms-chap** ou **pap** para especificar o protocolo de autenticação. Um único protocolo, ou uma combinação de protocolos, poderá ser especificado no mesmo comando de configuração se os usuários de discagem estiverem acessando com diversos protocolos de autenticação. O comando também tem uma palavra-chave opcional, **callin**, que instrui o servidor de acesso a executar o teste da autenticação apenas nas chamadas de discagem que chegam. O default é testar as chamadas que chegam e que saem.

Os comandos descritos anteriormente são o mínimo requerido para configurar a operação do PPP para os usuários de discagem. Com o grande número de usuários de discagem Microsoft atualmente, o administrador da rede poderá escolher adicionar suporte para o Microsoft Point-to-Point Compression (MPPC), descrito no RFC 2118, "Microsoft Point-to-Point Compression Protocol". A compressão otimiza a transmissão das informações em um meio como uma linha de discagem, permitindo que mais informações sejam transmitidas do que geralmente seria possível. Nas linhas de discagem relativamente lentas, que operam de 28.800 bps a 53.000 bps, a compressão poderá aumentar a velocidade na qual as informações são transmitidas em até 1.5 vezes.

O acréscimo da compressão para os usuários de discagem é conseguido por meio do subcomando de configuração da interface IOS **compress**. O comando **compress** tem como parâmetro a palavra-chave **mppc**, **stac** ou **predictor** para indicar o tipo de compressão a ser negociado quando um usuário de discagem está estabelecendo uma conexão. As palavras-chave **stac** e **predictor** indicam o uso dos algoritmos de compressão STAC ou Predictor. STAC é um algoritmo de compressão comum suportado por muitos clientes de discagem, inclusive os sistemas Windows 95 e seria uma boa escolha se você estivesse suportando um grande grupo de usuários de discagem não Microsoft ou Windows 95. O Predictor é um algoritmo muito menos comum. A seleção do Microsoft Point-to-Point Compression é feita pela palavra-chave **mppc**. Dado que o Windows NT suporta apenas o MPPC e o Windows 95/98 suporta a compressão MPPC e STAC, selecionar esse algoritmo de compressão fornecerá a maior flexibilidade para o administrador da rede que suporta diversos sistemas operacionais Microsoft.

Neste ponto, vejamos um exemplo de como configurar os comandos da operação PPP e IP no servidor de acesso ZIP Singapore. Neste exemplo, iremos configurar todas as 16 linhas assíncronas através do método da interface assíncrona de grupo. Iremos estabelecer as interfaces como interfaces encapsuladas PPP e iremos colocá-las no modo interativo, permitindo que as linhas assíncronas executem a seleção automática do PPP durante o processo de conexão. E mais, iremos configurar o PPP para autenticar as chamadas de discagem que chegam usando o protocolo de autenticação CHAP, MS-CHAP ou PAP e então permitiremos que a compressão Microsoft seja negociada:

```
Sing2511#configure
Configuring from terminal, memory, or network [terminal]?
Enter configuration commands, one per line. End with CNTL/Z.
Sing2511(config)#interface group-async 1
Sing2511(config-if)#group-range 1 16
Sing2511(config-if)#encapsulation ppp
Sing2511(config-if)#async mode interactive
Sing2511(config-if)#ppp authentication chap ms-chap pap callin
Sing2511(config-if)#compress mppc
Sing2511(config-if)#line 1 16
Sing2511(config-line)#autoselect ppp
Sing2511(config-line)#autoselect during-login
Sing2511(config-line)#^Z
```

Com o modo operacional do PPP definido, o endereçamento IP nas interfaces assíncronas poderá agora ser executado. Normalmente, os usuários IP têm apenas um único endereço IP associado às suas estações de trabalho. Compare isso com um roteador de discagem, que tem um segmento LAN inteiro anexado e precisa executar o roteamento com o site central para as devidas comunicações. Como cada usuário de discagem individual usa um endereço IP em uma conexão de discagem separada e, portanto, uma interface assíncrona separada, o endereço IP real da interface assíncrona não é importante. Na verdade, cada interface assíncrona poderá ser tratada como se residisse no mesmo espaço do endereço IP da interface LAN anexada. Essas interfaces assíncronas poderão ainda ser tratadas como se o endereço IP do usuário de discagem fosse atribuído a partir desse espaço do endereço. Vendo-o de uma perspectiva diferente, o usuário de discagem está anexado logicamente ao segmento LAN através de um cabo longo, a linha de telefone. Nenhum endereço IP é atribuído à linha de telefone da mesma maneira que uma estação de trabalho LAN é anexada através de um cabo 10BaseT.

A estação de trabalho recebe um endereço IP a partir do mesmo espaço do endereço da rede IP que é atribuído à interface LAN do servidor de acesso. O servidor de acesso tem a responsabilidade de aceitar os pacotes da LAN em nome do usuário de discagem. Ele direciona esses pacotes para a devida chamada telefônica de discagem. O servidor de acesso faz isso introduzindo uma rota de host (uma rota da rede com uma máscara da rede com 32 bits) na tabela de roteamento do servidor de acesso quando uma conexão de discagem é estabelecida e respondendo as solicitações ARP para os endereços IP que são atribuídos às sessões de discagem.

As próprias interfaces assíncronas não têm endereços IP ao usar o método anterior, portanto o subcomando de configuração da interface IOS **ip unnumbered** poderá ser usado para ativar o processamento IP nas interfaces assíncronas. Esse comando foi apresentado na seção "Endereçamento da interface WAN de ponto a ponto", anteriormente neste capítulo. Ele foi usado da mesma maneira como descrito anteriormente – para especificar a interface LAN do servidor de acesso como a interface de referência. A seguir está um exemplo de como tornar as interfaces assíncronas da interface assíncrona de grupo configurada anteriormente não numerada no servidor de acesso ZIP Singapore:

```
Sing2511#configure
Configuring from terminal, memory, or network [terminal]?
Enter configuration commands, one per line. End with CNTL/Z.
Sing2511(config)#interface group-async 1
Sing2511(config-if)#ip unnumbered ethernet 0
Sing2511(config-if)#^Z
```

A última etapa ao estabelecer a conectividade de discagem IP na interface assíncrona é configurar quais endereços IP são atribuídos a um cliente de discagem na hora da conexão. O subcomando de configuração da interface IOS **peer default ip address** determina o método usado para atribuir um endereço IP ao cliente de discagem. Escolhendo um endereço IP específico como o parâmetro para o comando, endereços IP individuais poderão ser atribuídos a cada interface assíncrona. Porém, isso requer que cada interface assíncrona seja configurada manualmente com o endereço IP que será atribuído aos clientes de discagem que conectam essa interface.

Um método mais flexível é atribuir os endereços IP de um ou mais *pools* de endereço que foram estabelecidos no servidor de acesso com o comando **parameter pool**. Esse método também fornece aos usuários, que atribuíram de modo permanente os endereços IP, a flexibilidade da discagem em qualquer porta do modem, pois o servidor de acesso aceitará o endereço IP sugerido do cliente de discagem, se ele estiver em um *pool* de endereços predefinido. Quando o método do *pool* é especificado, ele vem acompanhado de um nome do *pool* de endereços específico.

Os próprios *pools* de endereços são definidos usando o comando de configuração global IOS **ip local pool**. Esse comando tem como parâmetro um nome do *pool* e os endereços IP inicial e final que formam o *pool*. Os endereços IP precisam ser da mesma rede IP da interface LAN do servidor de acesso. Naturalmente, esses endereços não deverão ser atribuídos a nenhuma estação de trabalho que resida no segmento LAN. Segue um exemplo de como configurar as interfaces assíncronas da estrutura assíncrona de grupo definida anteriormente para atribuir endereços IP a partir de um *pool* local denominado *usuários do modem no servidor de acesso ZIP Singapore*. Note que o pool é definido como tendo apenas 16 endereços porque apenas 16 modems e interfaces assíncronas existem no servidor de acesso.

```
Sing2511#configure
Configuring from terminal, memory, or network [terminal]?
Enter configuration commands, one per line. End with CNTL/Z.
Sing2511(config)#interface group-async 1
Sing2511(config-if)#peer default ip address pool modem-users
Sing2511(config-if)#ip local pool modem-users 131.108.1.111 131.108.1.126
Sing2511(config)#^Z
```

Embora os *pools* de endereços sejam o método mais flexível de atribuir endereços IP, não há nenhum método para coordenar a atribuição dos endereços nos diversos servidores de acesso. Nesta situação, poderá ser melhor atribuir os endereços a partir de um servidor de autoridade do endereço central, como um servidor Dynamic Host Configuration Protocol (DHCP). Para aceitar esse método, o software IOS age como um cliente DHCP proxy, solicitando um endereço IP a partir do servidor DHCP em nome do cliente de discagem. Esse método de configuração é ativado especificando o parâmetro da palavra-chave **dhcp** para o comando **peer default ip address**. O servidor de acesso também terá que ser configurado com o endereço IP de um servidor DHCP para consultar as solicitações de endereço por meio do comando de configuração global IOS **ip dhcp-server**. Os *pools* de endereços definidos no servidor DHCP conterão os endereços da rede IP da interface LAN do servidor de acesso. A seguir está um exemplo de configuração do servidor de acesso ZIP Singapore configurado para usar o DHCP para atribuir os endereços IP aos clientes de discagem:

```
Sing2511#configure
Configuring from terminal, memory, or network [terminal]?
Enter configuration commands, one per line. End with CNTL/Z.
Sing2511(config)#interface group-async 1
Sing2511(config-if)#peer default ip address dhcp
Sing2511(config-if)#ip dhcp-server 131.108.21.70
Sing2511(config)#^Z
```

Muitas implementações PPP do cliente de discagem usam um método não padrão para obter os endereços IP do servidor de nome DNS e NetBIOS/WINS durante o processo de estabelecimento da chamada. Esse método é descrito no RFC 1877 informacional "PPP Internet Protocol Control Protocol Extensions for Name Server Addresses". Embora não sendo um padrão, esse método foi largamente implementado, mais notavelmente nas implementações de discagem Microsoft. O servidor de acesso também pode suportar os métodos descritos no RFC 1877 para fornecer os endereços do servidor de nome DNS e NetBIOS/WINS. As antigas implementações usam o comando de configuração global IOS **async-bootp** para configurar essas opções. Ao configurar o(s) endereço(s) IP dos servidores DNS, o comando tem como parâmetro a palavra-chave **dns-server**, seguida de um ou mais endereços IP. Ao configurar o(s) endereço(s) IP dos servidores NetBIOS/

.WINS, o comando tem como parâmetro a palavra-chave **nbns-server**, seguida de um ou mais endereços IP. A seguir está um exemplo de como configurar o servidor de acesso ZIP Singapore para fornecer os endereços IP dos servidores de nome DNS e NetBIOS/WINS de acordo com o método RFC 1877 usando o comando **async-bootp**:

```
Sing2511#configure
Configuring from terminal, memory, or network [terminal]?
Enter configuration commands, one per line. End with CNTL/Z.
Sing2511(config)#async-bootp   dns-server   131.108.101.34   131.108.101.35
Sing2511(config)#async-bootp   nbns-server   131.108.21.70
Sing2511(config)#^Z
```

NOTA Embora o fornecimento dos endereços do servidor de nome DNS e NetBIOS/WINS tenha pouca relação com o BOOTP, o comando **async-bootp** foi usado para ativar esse recurso no software IOS adicionando extensões aos comandos de protocolo de negociação SLIP BOOTP existentes. Esse método foi escolhido no momento, no lugar de criar comandos PPP separados e mecanismos para implementar um RFC não padrão.

A desvantagem de usar o comando **async-bootp** para fornecer os endereços do servidor DNS e NetBIOS/WINS é que o comando é um comando de configuração global IOS. Isso resulta nos endereços configurados por meio do comando sendo fornecido a todos os usuários de discagem no servidor de acesso, independentemente da interface de discagem à qual eles podem estar conectados. Provou ser um método inflexível para os administradores da rede que desejam suportar diversos tipos de conexões de discagem ou diferentes classes de usuários e que desejem fornecer diferentes endereços do servidor para essas conexões ou usuários. Nas versões mais recentes do software IOS, o subcomando de configuração da interface IOS **ppp ipcp** fornece ao administrador da rede mais controle granular dessas opções por interface. Ao configurar o(s) endereço(s) IP dos servidores NetBIOS/WINS, o comando tem como parâmetro a palavra-chave **wins**, seguida de um ou dois endereços IP. O próximo exemplo mostra como configurar o servidor de acesso ZIP Singapore para fornecer endereços IP dos servidores de nome DNS e NetBIOS/WINS de acordo com o método RFC 1877 usando o comando **ppp ipcp**:

```
Sing2511#configure
Configuring from terminal, memory, or network [terminal]?
Enter configuration commands, one per line. End with CNTL/Z.
Sing2511(config)#interface   group-async   1
Sing2511(config-if)#ppp   ipcp   dns   131.108.101.34   131.108.101.35
Sing2511(config-if)#ppp   ipcp   wins   131.108.21.70
Sing2511(config-if)#^Z
```

Discagem ISDN

Como a discagem assíncrona, a discagem ISDN envolve o uso da rede telefônica pública para permitir que os usuários da estação de trabalho remota acessem os serviços de uma rede quando eles não estão conectados diretamente através de uma interface LAN ou WAN. O ISDN difere da discagem assíncrona no sentido de que as chamadas são transmitidas usando sinais digitais assíncronos. Os dados são convertidos em fluxos de informações digitais por interfaces ISDN integradas no roteador ou pelo uso de dispositivos de anexação ISDN externos chamados de adaptadores do terminal (TA), como analisado no Capítulo 3. Os usuários da estação de trabalho remota também usam placas ISDN PC integradas ou TAs externos para conectarem o serviço ISDN. A Figura 4-10 mostra uma situação de discagem típica para um usuário da estação de trabalho remota acessando uma rede através de um servidor de acesso com Basic Rate Interfaces (BRI) ISDN integradas.

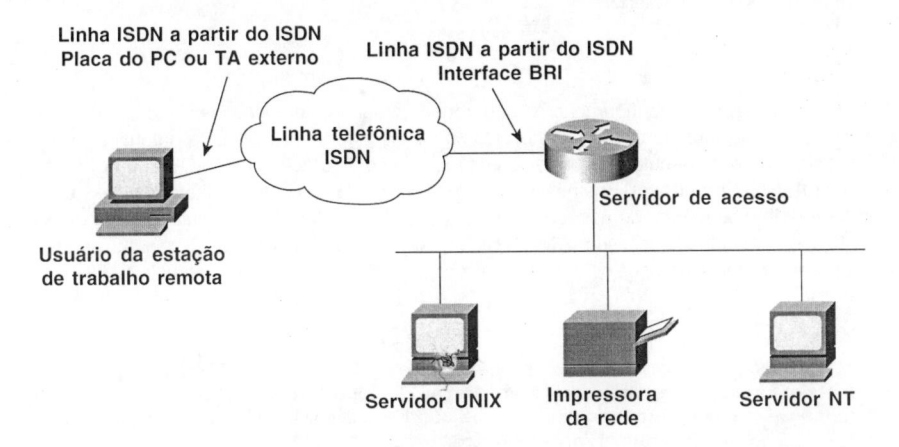

Figura 4-10 *O acesso de discagem remoto para acessar o servidor através do ISDN.*

Muitas das tarefas de configuração requeridas para configurar os serviços de discagem IP assíncrona são também requeridas para estabelecer os serviços de discagem ISDN IP. Porém, diferente da configuração assíncrona, nenhum comando da linha é requerido porque o roteador tem uma interface ISDN integrada diretamente ou porque o TA está anexado diretamente a uma interface serial síncrona. Se o roteador tiver uma interface ISDN integrada, qualquer comando que controla a interação da interface ISDN com a rede ISDN será aplicado diretamente na interface. O Capítulo 3 mostra tal exemplo de como aplicar os ISDN SPIDs em um ISDN BRI. Se o roteador se anexar à rede ISDN através de um TA externo, será configurado através de seus próprios métodos para a devida interação com a rede ISDN. Isso reduz a configuração dos serviços de discagem ISDN IP a duas tarefas, estabelecer a segurança e definir as informações IP.

Como as interfaces assíncronas, as interfaces ISDN podem ser configuradas individualmente ou como um grupo. Quando configuradas como um grupo, os comandos de configuração para as diversas interfaces ISDN serão associados a um tipo de interface chamada de *interface de discagem*. As interfaces ISDN individuais são ainda configuradas com seus comandos específicos do ISDN, como as informações SPID. Contudo, os comandos operacionais e de protocolo PPP e IP são configurados na interface de discagem. Cada interface ISDN incluída em uma estrutura da interface de discagem é configurada com o comando **dialer rotary-group**. Esse comando tem como parâmetro um inteiro representando a interface de discagem à qual uma interface pertence. Por exemplo, as interfaces em **dialer rotary-group 1** pertencem à discagem da interface 1. Segue um exemplo de como configurar as quatro interfaces BRI ISDN no servidor de acesso ISDN ZIP Singapore para que pertençam à discagem da interface 1:

```
SingISDN#configure
Configuring from terminal, memory, or network [terminal]?
Enter configuration commands, one per line.  End with CNTL/Z.
SingISDN(config)#interface bri 4
```

```
SingISDN(config-if)#dialer    rotary-group    1
SingISDN(config-if)#interface    bri    5
SingISDN(config-if)#dialer    rotary-group    1
SingISDN(config-if)#interface    bri    6
SingISDN(config-if)#dialer    rotary-group    1
SingISDN(config-if)#interface    bri    7
SingISDN(config-if)#dialer    rotary-group    1
SingISDN(config)#^Z
```

Iremos continuar a revisar a configuração da segurança do servidor de acesso para os serviços da rede IP de discagem analisados na seção anterior. Como na discagem assíncrona, a autenticação PPP e a autorização da rede são executadas com os comandos de configuração global IOS **aaa authentication ppp** e **aaa authorization network**, respectivamente. O comando de configuração global IOS **username** é usado para definir os nomes de usuário remotos que acessam a rede. A seguir está um exemplo de como configurar o servidor de acesso ISDN ZIP Singapore para a autenticação PPP e autorização e como definir os pares de nome de usuário e senha para os usuários remotos Jim e Janet:

```
SingISDN#configure
Configuring    from    terminal,    memory,    or    network    [terminal]?
Enter    configuration    commands,    one    per    line.    End    with    CNTL/Z.
SingISDN(config)#aaa    authentication    default    ppp    local
SingISDN(config)#aaa    authorization    network    default    if-authenticated
SingISDN(config)#username    jim    password    dog
SingISDN(config)#username    janet    password    house
SingISDN(config)#^Z
```

As informações do protocolo IP atribuídas às interfaces ISDN ficam nas mesmas três categorias das interfaces assíncronas:

- Informações sobre como o IP e o PPP devem operar na interface ISDN
- A configuração do endereço IP para a interface ISDN
- As informações do endereço IP para fornecer aos usuários de discagem

Começaremos recapitulando os comandos de operação PPP e IP analisados anteriormente e iremos apresentar os quatro comandos novos usados com as interfaces ISDN.

Como visto com o IP assíncrono, o estabelecimento do PPP como o protocolo da camada da ligação de dados para o IP nas interfaces ISDN é feito com o subcomando de configuração da interface IOS **encapsulation**. A ativação da autenticação PPP antes de iniciar os serviços da rede IP e a especificação do protocolo de autenticação são feitas com o subcomando de configuração da interface IOS **ppp authentication**. Opcionalmente, a compressão Microsoft poderá ser adicionada com o subcomando de configuração da interface IOS **compress mppc**. A seguir está um exemplo de como configurar o servidor de acesso ISDN ZIP Singapore para usar o PPP na interface de discagem ISDN, como instruir o servidor de acesso para usar a autenticação e a autorização para os serviços da rede e como ativar a compressão Microsoft na interface de discagem:

```
SingISDN#configure
Configuring    from    terminal,    memory,    or    network    [terminal]?
Enter    configuration    commands,    one    per    line.    End    with    CNTL/Z.
SingISDN(config)#interface    dialer    1
SingISDN(config-if)#encapsulation    ppp
SingISDN(config-if)#ppp    authentication    chap    ms-chap    pap    callin
SingISDN(config-if)#compress    mppc
SingISDN(config-if)#^Z
```

O ISDN é um serviço canalizado – ou seja, ele pode suportar diversas conexões na mesma interface física. Isso permite aos clientes ISDN de discagem estabelecerem mais de uma conexão de cada vez para um servidor de acesso. Essa capacidade fornece à estação ISDN de discagem acesso para duas vezes a capacidade da linha em relação a usar uma única interface física. A utilização efetiva de diversos canais é feita multiplexando os dados nas diversas conexões usando um algoritmo do software para o PPP chamado de *multilink*. O Multilink PPP pode ser ativado pelo subcomando de configuração da interface IOS **ppp multilink**.

Para controlar quando os canais ISDN ficam operacionais ou desativados, uma lista de pacotes interessantes é definida por meio do comando de configuração global IOS **dialer-list**. Esse comando tem como parâmetros protocolos específicos da rede que devem ser considerados interessantes para as finalidades de tornar (ou manter) um canal ativo. E mais, as listas de acesso poderão ser usadas para fornecer mais granularidade, até os endereços IP específicos e transportar os tipos de serviço do protocolo. As regras **dialer-list** são aplicadas em uma interface pelo subcomando de configuração da interface IOS **dialer-group**, que especifica o número da lista como um parâmetro para o comando. A seguir está um exemplo de como configurar o servidor de acesso ISDN ZIP Singapore para suportar o multilink PPP. A lista de pacotes interessantes é definida pela lista de acesso estendido 102:

```
SingISDN#configure
Configuring  from  terminal,  memory,  or  network  [terminal]?
Enter configuration commands, one per line. End with CNTL/Z.
SingISDN(config)#interface dialer 1
SingISDN(config-if)#ppp  multilink
SingISDN(config-if)#dialer-group 1
SingISDN(config-if)#dialer-list 1 protocol ip list 102
SingISDN(config)#access-list 102 permit tcp any any eq telnet
SingISDN(config)#access-list 102 permit tcp any any eq www
SingISDN(config)#access-list 102 permit udp any any eq domain
SingISDN(config)#access-list 102 permit tcp any any eq ftp
SingISDN(config)#^Z
```

NOTA	O maior controle da alocação da largura de banda usando diversos canais ISDN é definido no RFC 2125, "Bandwidth Allocation Control Protocol (BACP)". O Bandwidth Allocation Protocol (BAP), que é um subconjunto do BACP, fornece um conjunto de regras que controlam a alocação da largura de banda dinâmica através do controle das chamadas – um método padrão para adicionar e remover as ligações de um conjunto de multilinks. Os servidores de acesso e os clientes de discagem negociam as regras sob as quais a largura de banda dinâmica é adicionada ou removida durante uma sessão. O BACP é um recurso introduzido no software IOS Versão 11.3.

A atribuição dos endereços IP para as interfaces ISDN do servidor de acesso e as estações de trabalho de discagem remota funcionam da mesma maneira como nas interfaces assíncronas. As interfaces ISDN no servidor de acesso não precisarão ser atribuídas a endereços IP específicos quando apenas as estações de trabalho de discagem ISDN estiverem acessando essas interfaces. A interface poderá ser configurada como não numerada por meio do subcomando de configuração da interface Cisco IOS **ip unnumbered**. Os endereços IP do cliente de discagem remoto poderão ser atribuídos usando qualquer um dos três métodos analisados anteriormente com o subcomando **peer default ip address**. Esses métodos incluem atribuir um endereço IP remoto individual associado a cada interface ISDN, usando um *pool* de endereços IP que serão atribuídos aos clientes ISDN remotos ou atribuir os endereços IP obtidos a partir de um servidor DHCP para os clientes ISDN remotos.

A seguir está um exemplo de como configurar o servidor de acesso ISDN ZIP Singapore para atribuir os endereços IP a partir de um *pool* de endereços chamado *isdn-users* para os clientes remotos que conectam as interfaces ISDN:

```
SingISDN#configure
Configuring from terminal, memory, or network [terminal]?
Enter configuration commands, one per line. End with CNTL/Z.
SingISDN(config)#interface dialer 1
SingISDN(config-if)#peer default ip address pool isdn-users
SingISDN(config-if)#ip local pool isdn-users 131.108.1.91 131.108.1.106
SingISDN(config-if)#^Z
```

Os endereços IP do servidor de nome DNS e NetBIOS/WINS poderão também ser fornecidos para os clientes de discagem ISDN usando os métodos no RFC 1877. Como nas interfaces assíncronas, os clientes ISDN recebem esses endereços configurando os comandos de configuração global IOS **async-bootp dns-server** e **async-bootp nbns-server** ou os subcomandos de configuração da interface IOS **ppp ipcp dns** e **ppp ipcp wins**. Usando qualquer método, os endereços IP serão fornecidos como os parâmetros dos comandos. A seguir está um exemplo de como configurar o servidor de acesso ISDN ZIP Singapore para fornecer os endereços IP DNS e NetBIOS/WINS para os clientes de discagem ISDN usando os comandos **async-bootp**:

```
SingISDN#configure
Configuring from terminal, memory, or network [terminal]?
Enter configuration commands, one per line. End with CNTL/Z.
SingISDN(config)#async-bootp dns-server 131.108.101.34 131.108.101.35
SingISDN(config)#async-bootp nbns-server 131.108.21.70
SingISDN(config)#^Z
```

Já o próximo exemplo mostra como configurar o servidor de acesso ISDN ZIP Singapore para fornecer os endereços IP DNS e NetBIOS/WINS para os clientes de discagem ISDN usando os comandos **ppp ipcp**:

```
SingISDN#configure
Configuring from terminal, memory, or network [terminal]?
Enter configuration commands, one per line. End with CNTL/Z.
SingISDN(config)#interface dialer 1
SingISDN(config-if)#ppp ipcp dns 131.108.101.34 131.108.101.35
SingISDN(config-if)#ppp ipcp wins 131.108.21.70
SingISDN(config-if)#^Z
```

A configuração do ISDN e de outros serviços de discagem descritos neste capítulo está de modo algum completa. Recomendamos que você revise a documentação contida nos conjuntos de manuais Cisco Systems, inclusive os estudos de caso como *Using ISDN Effectively in Multiprotocol Networks* (no CCO em www.cisco.com/univercd/cc/td/doc/ cisintwk/ics/cs008.htm) para melhorar sua compreensão da distribuição dos serviços de discagem.

Como verificar a conectividade IP e a solução de problemas

Em um ponto ou outro, todo administrador precisará solucionar um problema de queixa de um usuário por não ser capaz de atingir algum destino na rede. A falta de conectividade pode ser o resultado de violações da rede causadas por falhas do serviço WAN, má configuração dos roteadores e outros dispositivos na rede, controles da lista de acesso (intencional ou não) e várias outras possibilidades. Embora não haja nenhum substituto para o equipamento de teste da rede, como analistas de protocolos, o roteador fornece várias ferramentas úteis para verificar a conectividade IP e investigar problemas em potencial. Iremos examinar algumas dessas ferramentas.

Como mencionado anteriormente, um roteador deve ter uma rota específica ou algum tipo de rota default ou de resumo para todo destino que uma estação IP tentar atingir. Uma das melhores ferramentas para solucionar problemas é o comando **show ip route**, examinado anteriormente neste capítulo. Quando uma estação estiver tendo problemas em atingir outras estações – dentro ou fora da intranet – uma das primeiras etapas da solução de problemas será verificar se o roteador mais próximo do usuário tem uma rota para o endereço IP de destino. Se uma rota específica não for encontrada ou se uma rota default ou de resumo esperada não estiver presente, provavelmente você precisará examinar os protocolos de roteamento dinâmico para determinar por que a rota não está presente. A razão poderá ser óbvia, como uma falha do segmento da rede (por exemplo uma falha do serviço WAN), ou mais sutil, como uma má configuração menor em um outro roteador na rede.

Se você estabelecer que uma rota para um destino desejado existe, deverá testar para determinar se o roteador pode atingir o destino. Os usuários UNIX estão familiarizados com o comando **ping**, que é um acrônimo para Packet Internet Groper. O comando **ping**, que é implementado no roteador, usa o IP Control Message Protocol (ICMP) para enviar solicitações repetidas para um endereço IP de destino. Assim, uma estação fonte poderá determinar se uma estação de destino é atingível e aproximadamente a distância na qual a solicitação repetida e a resposta levam para atingir e retornar da estação de destino. A seguir está um exemplo do comando IOS EXEC **ping** sendo usado no ZIP SF-Core-1 para testar o alcance do roteador de São José:

```
SF-Core-1#ping  131.108.100.1
Type escape sequence to abort.
Sending 5, 100-byte ICMP Echos to 131.108.100.1, timeout is 2 seconds:
!!!!!
Success rate is 100 percent (5/5), round-trip min/avg/max = 25/25/25 ms
SF-Core-1#
```

O roteador envia cinco solicitações repetidas ICMP e informa através do ponto de exclamação (!) que todas as respostas são recebidas. Também informa o número de tentativas de solicitação repetida, o número de respostas repetidas recebidas e calcula a porcentagem de **ping**s bem-sucedidos. Os tempos de resposta mínimo, máximo e médio são também calculados.

> **NOTA**
> Quando um roteador envia um **ping** para um endereço IP na primeira vez ou novamente depois de um longo período de tempo, o roteador geralmente não recebe a primeira resposta repetida, resultando em quatro das cinco respostas **ping**. É porque o roteador tem que aguardar a resolução ARP do endereço IP antes de enviar a solicitação repetida. Normalmente, a resposta ARP não chega a tempo da primeira solicitação repetida ser enviada e da resposta ser recebida antes de a solicitação ter o tempo esgotado.

A Tabela 4-6 mostra os diferentes caracteres de resposta que podem ser recebidos como resultado de um **ping**.

Tabela 4-6 *Os caracteres de resposta do comando* **ping**.

Caractere	Descrição	Explicação
!	Cada ponto de exclamação indica o recebimento de uma resposta.	A resposta repetida foi recebida com sucesso.
.	Cada ponto indica que o servidor da rede teve o tempo esgotado enquanto aguardava por uma resposta.	A solicitação repetida provavelmente conduziu para o destino, mas o destino falhou em responder ou não teve uma rota de volta para a fonte da solicitação.
U	O destino é inatingível.	O endereço IP de destino não determina um endereço MAC ou não permite solicitações repetidas ICMP. O roteador de envio recebeu uma mensagem "destination unreachable" (destino inatingível) ICMP.
N	A rede é inatingível.	Não há nenhuma rota para a rede de destino para o endereço IP de destino. O roteador, que envia, recebeu uma mensagem "network unreachable" (rede inatingível) ICMP.
P	O protocolo é inatingível.	O endereço IP de destino não suporta a solicitação repetida ICMP. O roteador, que envia, recebeu uma mensagem "protocol unreachable" (protocolo inatingível) ICMP.
Q	O apagar da fonte é solicitado.	O endereço IP de destino está recebendo mais pacotes do que pode armazenar em buffer. O destino enviou ao roteador, que envia, uma mensagem "source quench" (apagar da fonte) ICMP informando ao emissor para voltar.
M	A fragmentação não pôde ocorrer.	Um pacote excedeu a unidade de transmissão máxima de um segmento da rede no caminho até o destino e o bit Do Not Fragment (Não Fragmentar) está definido. O roteador, que Envia, recebeu uma mensagem "could not fragment" (não pode fragmentar) ICMP.
A	O destino é inatingível administrativamente.	O pacote para o endereço de destino foi descartado quando encontrou um filtro do pacote ou proteção. O roteador, que envia, recebeu uma mensagem "administratively unreachable" (inatingível administrativamente) ICMP.
?	O pacote é um tipo desconhecido.	O roteador, que envia, recebeu uma resposta desconhecida para a solicitação.

O comando **ping** tem uma versão privilegiada e uma não privilegiada. No modo EXEC do usuário, a versão não privilegiada permite a ele especificar apenas um endereço IP. A versão privilegiada, disponível no modo EXEC ativado, permite ao usuário modificar os parâmetros da solicitação repetida, inclusive o número de solicitações, o tamanho dos pacotes enviados, o valor da inatividade, o endereço IP fonte da solicitação, o padrão dos dados na solicitação repetida e diversos outros valores. A seguir está um exemplo da versão privilegiada do comando **ping** executado no roteador SF-Core-1. Neste exemplo, o endereço fonte foi especificado como o endereço IP na interface Fast Ethernet, o destino é o endereço 131.108.100.1 no roteador San-Jose e o tamanho do pacote é de 1500 bytes:

```
SF-Core-1#ping
Protocol [ip]:
Target IP address: 131.108.100.1
Repeat count [5]:
Datagram size [100]: 1500
Timeout in seconds [2]:
Extended commands [n]: y
Source address or interface: 131.108.20.3
Type of service [0]:
Set DF bit in IP header? [no]:
Validate reply data? [no]:
Data pattern [0xABCD]:
Loose, Strict, Record, Timestamp, Verbose[none]:
Sweep range of sizes [n]:
Type escape sequence to abort.
Sending 5, 1500-byte ICMP Echos to 131.108.100.1, timeout is 2 seconds:
!!!!!
Success rate is 100 percent (5/5), round-trip min/avg/max = 29/29/29 ms
SF-Core-1#
```

Se você suspeita que a falta de conectividade se deve a uma rota inexistente em um roteador de fluxo inferior ou um caminho incorreto que um pacote está tomando, o roteador terá um comando chamado **trace** que permite verificar o caminho que um pacote viaja para atingir um endereço IP de destino. A função **trace** é parecida com o utilitário de rastreamento da rota UNIX. Como no comando **ping**, o comando IOS EXEC **trace** tem uma versão privilegiada e outra, não privilegiada. A versão não privilegiada permite ao usuário fornecer apenas um endereço de destino IP, ao passo que a versão privilegiada permite ao usuário modificar os parâmetros, exatamente como no comando **ping**.

A função **trace** usa a mensagem ICMP "TTL-Expired" (Time To Live ou Duração Expirada) para identificar os roteadores no caminho para um endereço IP de destino. O roteador fonte envia um pacote UDP com um TTL 1 em direção ao destino. O primeiro roteador no caminho recebe o pacote e diminui o campo TTL em 1. Como resultado, o TTL expira (vai para 0) e o roteador não envia o pacote. Ao contrário, esse primeiro roteador no caminho envia uma mensagem ICMP "TTL-Expired" de volta para a fonte do pacote para que ela agora conheça o primeiro salto do roteador no caminho.

Agora o roteador fonte envia outro pacote UPD, mas define o TTL para 2. O primeiro roteador no caminho recebe o pacote, diminui o TTL em 1 e envia o pacote para o segundo roteador no caminho. O segundo roteador recebe o pacote, diminui o TTL para 0 e não envia o pacote porque o TTL expirou. O segundo roteador envia uma mensagem ICMP "TTL-Expired" de volta para a estação de origem e agora o roteador fonte conhece o segundo roteador no caminho. Esse processo é repetido até que o pacote atinja o endereço IP de destino final. O pacote é endereçado para uma porta UPD com um número alto, geralmente acima de 33434, que o dispositivo de destino não suporta. Portanto, o endereço IP de destino responde com uma mensagem ICMP "Port Unreachable", que alerta o roteador fonte sobre o destino final ter sido atingido.

A seguir está um exemplo do comando **trace** no roteador ZIP SF-Core-1 solicitando o caminho para uma estação fora do roteador Seoul-1:

```
SF-Core-1#trace   131.108.3.5

Type  escape  sequence  to  abort.
Tracing  the  route  to  testy.zipnet.com  (131.108.3.5)

        1  s0/0-SanJose-sj.zipnet.com  (131.108.240.2)  25  msec  25  msec  25  msec
        2  s1-Seoul1-kr.zipnet.com  (131.108.241.2)  176  msec  *  176  msec
        3  testy.zipnet.com  (131.108.3.5)  178  msec  178  msec  178  msec
SF-Core-1#
```

No exemplo anterior, os valores do tempo são exibidos depois do nome e dos endereços IP dos roteadores no caminho da rede. Esses valores são uma aproximação do tempo de ida e volta do endereço fonte até o roteador no caminho. Até três valores da hora – um para cada um dos três pacotes (investigações) – são exibidos para cada endereço IP de destino. Alguns dispositivos têm limites na velocidade na qual podem responder com mensagens ICMP. Para tal dispositivo, menos de três valores da hora poderão aparecer. Para cada investigação que o dispositivo não responde por causa dos limites da velocidade, um asterisco é mostrado no lugar do valor da hora. Você pode ver um exemplo disso na saída anterior. O roteador, no segundo salto, não foi capaz de responder à segunda investigação, como indicado pelo asterisco. Os dispositivos baseados no Cisco IOS limitam a velocidade das respostas ICMP a uma por segundo.

Além das mensagens ICMP com limite de velocidade, alguns roteadores no caminho poderão não responder com uma mensagem ICMP "TTL-Expired". Alguns poderão reutilizar o TTL do pacote que entra, resultando na expiração do TTL da mensagem ICMP antes de a mensagem poder retornar para o emissor. E em outros casos, a filtragem dos pacotes poderá impedir que os pacotes de resposta ICMP atinjam o roteador fonte. Em todos esses casos, uma linha de asteriscos será vista em uma linha da saída em vez das informações do endereço. Na saída **trace**, a seguir, o segundo roteador no caminho falhou em responder às consultas **trace**:

```
SF-Core-1#trace   131.108.3.5

Type  escape  sequence  to  abort.
Tracing  the  route  to  testy.zipnet.com  (131.108.3.5)

        1  s0/0-SanJose-sj.zipnet.com  (131.108.240.2)  25  msec  25  msec  25  msec
        2  *            *            *
        3  testy.zipnet.com  (131.108.3.5)  178  msec  178  msec  178  msec
SF-Core-1#
```

A versão privilegiada do comando **trace** permite ajustar os parâmetros do comando, inclusive se os endereços IP são determinados ao inverso para os nomes do host, o número de investigações enviadas para cada etapa TTL, um valor TTL mínimo e máximo etc. A seguir está o exemplo **trace** anterior repetido no modo de rastreamento privilegiado no qual apenas as respostas numéricas são exibidas:

```
SF-Core-1#trace
Protocol  [ip]:
Target  IP  address:  131.108.3.5
Source  address:
Numeric  display  [n]:  y
Timeout  in  seconds  [3]:
```

```
Probe count [3]:
Minimum Time to Live [1]:
Maximum Time to Live [30]:
Port Number [33434]:
Loose, Strict, Record, Timestamp, Verbose[none]:
Type escape sequence to abort.
Tracing the route to 131.108.3.5

  1 131.108.240.2 25 msec 25 msec 25 msec
  2 131.108.241.2 176 msec *  176 msec
  3 131.108.3.5 178 msec 178 msec 178 msec
SF-Core-1#
```

Se uma estação, que é atingível através de uma interface LAN conectada diretamente, não estiver respondendo, a razão poderá ser que o roteador não seja capaz de determinar o endereço IP para o endereço MAC. Para verificar os endereços MAC, que o roteador foi capaz de determinar, use o comando Cisco IOS EXEC **show ip arp**. Esse comando tem como parâmetro um endereço IP específico, uma interface específica ou um endereço MAC com 48 bits específico. Ele exibe apenas as entradas ARP para esse parâmetro. Quando nenhum parâmetro é fornecido, todas as entradas IP ARP são exibidas. A saída do comando inclui o mapeamento do IP para o ARP, a idade da entrada na tabela e a interface à qual a entrada ARP está associada. (O roteador tem o tempo esgotado em uma entrada ARP a partir da tabela ARP depois de quatro horas por default.) A seguir está um exemplo do comando **show ip arp** no roteador ZIP SF-Core-1:

```
SF-Core-1#show ip arp
Protocol  Address       Age (min)  Hardware Addr   Type  Interface
Internet  131.108.20.      -       0000.0c07.b627  ARPA  FastEthernet0/0
Internet  131.108.20.2     4       0000.0c67.b62c  ARPA  FastEthernet0/0
Internet  131.108.20.4     2       0000.0cf1.a9c1  ARPA  FastEthernet0/0
Internet  131.108.20.1    12       0000.0cb8.02bc  ARPA  FastEthernet0/0
Internet  131.108.20.99    0       Incomplete            ARPA
SF-Core-1#
```

No exemplo anterior, a entrada da tabela ARP para 131.108.20.99 mostra a palavra *incomplete* (incompleto) em vez de um endereço do hardware MAC real, indicando que o roteador enviou uma solicitação ARP mas que nenhuma resposta foi recebida para completar a entrada da tabela ARP. Neste caso, podemos supor que nenhuma estação existe com esse endereço ou que a estação é incapaz de responder, talvez porque esteja desligada.

As estatísticas gerais sobre a operação do protocolo IP no roteador poderão ser obtidas a partir do comando **show ip traffic**. Ele inclui contadores para informações como o número total de pacotes recebidos e enviados pelo roteador, o número de transmissões públicas recebidas e enviadas, as estatísticas do protocolo ICMP/UDP/TCP e muito mais. Essas estatísticas poderão ajudar a determinar se o roteador enviou ou recebeu uma repetição ICMP, se um endereço IP falha em determinar um endereço MAC (conhecido também como falha de encapsulação) e se certos pacotes do protocolo de roteamento estão sendo recebidos ou enviados. Os contadores em **show ip traffic** são cumulativos e são redefinidos apenas quando o roteador é recarregado ou religado. Adiante, um exemplo de saída do comando **show ip traffic** no roteador ZIP SF-Core-1:

```
SF-Core-1#show ip traffic
IP statistics:
      Rcvd: 4686565 total, 2623438 local destination
            0 format errors, 0 checksum errors, 77 bad hop count
```

```
                0 unknown protocol, 1 not a gateway
                0 security failures, 0 bad options, 0 with options
        Opts: 0 end, 0 nop, 0 basic security, 0 loose source route
                0 timestamp, 0 extended security, 0 record route
                0 stream ID, 0 strict source route, 0 alert, 0 other
        Frags:    0 reassembled, 0 timeouts, 0 couldn't reassemble
                0 fragmented, 0 couldn't fragment
        Bcast:      5981 received, 0 sent
        Mcast:      2482184 received, 3581861 sent
        Sent: 3893477 generated, 2062048 forwarded
                954 encapsulation failed, 208 no route
ICMP  statistics:
        Rcvd: 0 format errors, 0 checksum errors, 5 redirects, 5070 unreachable
                3 echo, 16 echo reply, 0 mask requests, 0 mask replies, 0 quench
                0 parameter, 0 timestamp, 0 info request, 0 other
                0 irdp solicitations, 0 irdp advertisements
        Sent: 0 redirects, 18050 unreachable, 66 echo, 3 echo reply
                0 mask request, 0 mask replies, 0 quench, 0 timestamp
                0 info reply, 7 time exceeded, 0 parameter problem
                0 irdp solicitations, 0 irdp advertisements
UDP  statistics:
        Rcvd: 52836 total, 4 checksum errors, 18085 no port
        Sent: 50699 total, 5949 forwarded broadcasts
TCP  statistics:
        Rcvd: 47895 total, 0 checksum errors, 1 no port
        Sent: 46883 total
Probe  statistics:
        Rcvd: 0 address requests, 0 address replies
                0 proxy name requests, 0 where-is requests, 0 other
        Sent: 0 address requests, 0 address replies (0 proxy)
                0 proxy name replies, 0 where-is replies
EGP  statistics:
        Rcvd: 0 total, 0 format errors, 0 checksum errors, 0 no listener
        Sent: 0 total
IGRP  statistics:
        Rcvd: 0 total, 0 checksum errors
        Sent: 0 total
OSPF  statistics:
        Rcvd: 0 total, 0 checksum errors
                0 hello, 0 database desc, 0 link state req
                0 link state updates, 0 link state acks
        Sent: 0 total
IP-IGRP2  statistics:
        Rcvd: 2105381 total
        Sent: 3140121 total
PIMv2  statistics: Sent/Received
        Total:     0/0, 0 checksum errors, 0 format errors
        Registers: 0/0, Register Stops: 0/0
IGMP  statistics: Sent/Received
        Total: 0/0, Format errors: 0/0, Checksum errors: 0/0
        Host Queries: 0/0, Host Reports: 0/0, Host Leaves: 00
        DVMRP: 0/0, PIM: 0/0
ARP  statistics:
        Rcvd: 8540 requests, 4 replies, 0 reverse, 0 other
        Sent: 89 request, 9018 replies (0 proxy), 0 reverse
SF-Core-1#
```

Os contadores na saída de **show ip traffic** contam os eventos que ocorreram e os tipos de pacotes que foram enviados e recebidos. Se o contador com falha da encapsulação estivesse aumentando, indicaria que o roteador não recebeu respostas ASP para suas solicitações ARP para os pacotes que estavam tentando ser comutados para as interfaces de destino e que os pacotes foram descartados. A contagem de repetição ICMP indica quantos pings o roteador está gerando e a contagem de respostas repetidas indica o número de pings para os quais está respondendo.

Além dos comandos de solução de problemas e de verificação apresentados nesta seção, vários comandos IOS EXEC **debug** existem para ajudar a determinar a operação do IP no roteador. Esses comandos **debug** fornecem uma saída de diagnóstico geral e detalhada que podem ajudar a solucionar problemas e a verificar a operação do roteador, os protocolos de roteamento e ouras funções. Alguns dos comandos **debug** mais comuns usados para o TCP/IP estão resumidos na Tabela 4-7.

Tabela 4-7 *Os comandos debug para o IP.*

Comando	Descrição
debug ip routing	Exibe as alterações que ocorrem na tabela de roteamento como o resultado dos acréscimos e a eliminação das rotas.
debug ip packet	Exibe os endereços IP de fonte e destino dos pacotes que atravessam o roteador. Esse comando **debug** pode sobrecarregar o roteador, portanto tenha cuidado ao usá-lo. Recomenda-se que uma lista de acesso seja usada em conjunto com esse comando para limitar o carregamento da CPU.
debug ip udp	Exibe os pacotes UDP enviados para o roteador.
debug ip icmp	Exibe as mensagens ICMP enviadas e geradas pelo roteador.
debug arp	Exibe as solicitações ARP geradas por e as respostas enviadas para o roteador.

Os comandos de depuração para os vários protocolos de roteamento dinâmico incluem **debug ip rip**, **debug ip eigrp**, **debug ip igrp**, **debug ip ospf** e **debug ip bgp**. Cada um desses comandos de depuração tem parâmetros opcionais que controlam quais informações da depuração sobre o protocolo de roteamento são exibidas para o usuário. Deve-se ter cuidado ao usar algumas versões desses comandos, pois podem exigir muito da CPU. Para obter uma descrição completa de todos os comandos de depuração e uma saída de amostra, consulte o CD-ROM Cisco Connection Documentation ou a versão on-line encontrada em www.cisco.com/univercd/home/home.htm.

DICA Ao usar os comandos **debug** que são conhecidos por aumentarem o carregamento da CPU, não os execute na porta do console. Ao contrário, desative o registro do console pelo comando de configuração global IOS **no logging console** e ative o registro em buffer por meio do comando de configuração global IOS **logging buffered**. Então execute o comando a partir de uma sessão do terminal virtual e exiba a saída nessa sessão. Se a sessão ficar sem responder, o console poderá ser usado para desativar a depuração porque ele tem uma prioridade mais alta que a sessão do terminal virtual. A saída da depuração poderá então ser revisada no buffer de registro pelo comando IOS EXEC **show log**. Se o syslog estiver ativado, a saída também poderá ser exibida no arquivo de registro no servidor syslog.

Como configurar outras opções IP

O software IOS encontrado nos roteadores Cisco e outros dispositivos tem dezenas de recursos para ajudar na operação da rede e do próprio roteador. Nesta seção, iremos examinar quatro recursos comumente implementados no roteador que melhoram a operação da rede e facilitam o uso do roteador em si.

Como configurar os serviços de nome do domínio

Nas redes TCP/IP atuais, a maioria das pessoas se refere aos servidores, impressoras, estações de trabalho e outros dispositivos IP por seus nomes em vez de seus endereços IP. Lembrar os endereços IP pode ser fácil para o administrador da rede que está intimamente familiarizado com a rede, mas para o usuário comum, é mais fácil lembrar o nome de um sistema. Para tanto, os servidores que determinam os nomes para os endereços IP, chamados de *servidores do serviço de nome do domínio* (DNS), geralmente residem em algum lugar na intranet de uma entidade. Os roteadores podem usar o sistema DNS para converter os nomes em endereços IP e ajudar a reduzir o número de endereços IP que o administrador da rede tem que lembrar.

O DNS normalmente fica ativado no software Cisco IOS. Contudo, se ele foi desativado, poderá ser restaurado pelo comando de configuração global IOS **ip domain-lookup**. Depois do DNS ser ativado, um dispositivo IOS deverá ser configurado com o nome do domínio no qual reside e com o endereço IP dos servidores do nome DNS que pode usar para a resolução do nome. O nome do domínio poderá ser configurado por meio do comando de configuração global IOS **ip domain-name**. O(s) servidor(es) do nome DNS pode(m) ser configurado(s) pelo comando de configuração global IOS **ip name-server**. O comando **ip name-server** tem um ou mais endereços IP dos servidores do nome como parâmetros. Se o dispositivo IOS residir em diversos domínios DNS, o comando de configuração global IOS **ip domain-list** poderá ser usado para especificar uma lista de nomes do domínio que deverá ser pósfixada aos nomes não qualificados.

A seguir está um exemplo de como configurar o DNS no roteador ZIP SF-Core-1. Neste exemplo, o nome do domínio é zipnet.com e os endereços IP do servidor do nome são 131.108.110.34 e 131.108.110.35:

```
SF-Core-1#configure
Configuring from terminal, memory, or network [terminal]?
Enter configuration commands, one per line.  End with CNTL/Z.
SF-Core-1(config)#ip   domain-lookup
SF-Core-1(config)#ip   domain-name    zipnet.com
SF-Core-1(config)#ip   domain-list    zipnet.com
SF-Core-1(config)#ip   domain-list    zipnet.net
SF-Core-1(config)#ip   name-server    131.108.110.34   131.108.110.35
SF-Core-1(config)#^Z
```

A verificação da configuração do DNS no roteador poderá ser feita por meio do comando IOS EXEC **show host**. E mais, o comando **show host** exibe uma lista de hosts que tiveram seus nomes determinados para os endereços IP e também exibe a idade de cada entrada. A seguir está um exemplo da saída do comando **show host** do roteador ZIP SF-Core-1:

```
SF-Core-1#show   host
Default    domain    is   zipnet.com
```

Capítulo 4 - O básico do TCP/IP | **161**

```
Domain list:    zipnet.com,   zipnet.net
Name/address lookup uses domain service
Name servers are 131.108.110.34, 131.108.110.35

Host                         Flags         Age   Type   Address(es)
testy.zipnet.com             (temp, OK)    1     IP     131.108.3.5
s1-Seoul1-kr.zipnet.com      (temp, OK)    1     IP     131.108.241.2
s0/0-SanJose-sj.zipnet.com   (temp, OK)    1     IP     131.108.240.2
SF-Core-1#
```

Os mapeamentos do nome de host para o endereço IP podem também ser configurados estaticamente no roteador nas situações em que os servidores DNS não estão disponíveis, você prefere criar nomes especiais diferentes daqueles no DNS ou deseja mapear portas do servidor do terminal individuais para os endereços IP. O mapeamento do nome para o endereço IP estático é configurado com o comando de configuração global IOS **ip host**. O comando **ip host** tem como parâmetro um nome de host, uma porta do protocolo Telnet opcional e um ou mais endereços IP para os quais o nome do host pode determinar. A seguir está um exemplo de vários nomes do host diferentes mapeados estaticamente para os endereços IP no roteador ZIP SF-Core-1:

```
SF-Core-1#configure
Configuring from terminal, memory, or network [terminal]?
Enter configuration commands, one per line. End with CNTL/Z.
SF-Core-1(config)#ip host grouchy 131.108.3.5
SF-Core-1(config)#ip host grouchy-console 2001 131.108.3.50
SF-Core-1(config)#ip host farout 131.108.3.88 131.108.3.150
SF-Core-1(config)#^Z
```

Os mapeamentos estáticos do nome do host para o endereço IP podem também ser verificados por meio do comando **show host**. Segue exemplo, novamente do roteador ZIP SF-Core-1, depois dos mapeamentos dos nomes do host estáticos para os endereços IP terem sido fornecidos:

```
SF-Core-1#show host
Default domain is zipnet.com
Domain list:    zipnet.com,   zipnet.net
Name/address lookup uses domain service
Name servers are 131.108.110.34, 131.108.110.35

Host                         Flags         Age   Type   Address(es)
testy.zipnet.com             (temp, OK)    1     IP     131.108.3.5
s1-Seoul1-kr.zipnet.com      (temp, OK)    1     IP     131.108.241.2
s0/0-SanJose-sj.zipnet.com   (temp, OK)    1     IP     131.108.240.2
grouchy                      (perm, OK)    2     IP     131.108.3.5
grouchy-console              (perm, OK)    2     IP     131.108.3.50
farout                       (perm, OK)    2     IP     131.108.3.88
                                                        131.108.3.150
SF-Core-1#
```

As entradas estáticas na tabela de nomes do host podem ser diferenciadas das aprendidas através do DNS pelo campo Flags para a entrada do nome de host. Um flag do tipo temp indica que o nome foi aprendido dinamicamente através do DNS e fica velho na tabela depois de um período de tempo. Um flag do tipo perm indica que o nome foi configurado estaticamente e nunca ficará velho na tabela.

As entradas temporárias na tabela de hosts IP podem ser limpas pelo comando IOS EXEC **clear host**. O mapeamento do nome de host individual pode ser limpo fornecendo um nome de host como o parâmetro para o comando. Todas as entradas de host temporárias podem ser limpas fornecendo um asterisco como o parâmetro. A seguir está um exemplo de como limpar o nome de host para o mapeamento IP para o nome de host testy.zipnet.com no roteador ZIP SF-Core-1:

```
SF-Core-1#clear host testy.zipnet.com
SF-Core-1#
```

Envio da transmissão pública IP

Uma das vantagens que os roteadores fornecem em uma rede é limitar os pacotes de transmissão pública IP e MAC ao segmento LAN local. A maioria das transmissões públicas é usada para solicitar informações como um endereço MAC desconhecido para um endereço IP (ARP) em um segmento local, portanto isolar as transmissões públicas a um segmento LAN local não apresenta nenhum problema inerente e é altamente benéfico para o desempenho da rede.

Em algumas situações, as estações IP usam as transmissões públicas UDP para localizar os serviços que podem não estar no segmento LAN local. As aplicações que contam com o NetBIOS no IP, por exemplo, usam as transmissões públicas UDP para localizar o determinado tipo de serviço de que o usuário precisa. Se esse serviço residir em um segmento LAN diferente daquele ao qual a estação do usuário está anexada, o roteador bloqueará a transmissão pública, tornando esse serviço indisponível. Outros serviços, como o DHCP e o Bootstrap Protocol (BOOTP), enviam as transmissões públicas UDP para ajudar as estações IP a determinarem seus endereços IP durante o processo de iniciação; as transmissões públicas são recebidas pelos servidores que atribuem os endereços. Se esses servidores residirem fora do segmento LAN local, a estação IP não poderá receber um endereço IP atribuído pelo servidor.

Para compensar os recursos de isolamento da transmissão pública do roteador, o software IOS tem a capacidade de enviar as transmissões públicas UDP para um host ou sub-rede específica. Esse recurso, que é chamado de *envio da transmissão pública IP*, é ativado usando o subcomando de configuração da interface IOS **ip helper-address** e o comando de configuração global IOS **ip forward-protocol**. Uma aplicação comum desses comandos é enviar solicitações do endereço DHCP de um segmento LAN local para o segmento LAN onde o servidor DHCP reside, como mostrado na Figura 4-11. Iremos examinar o uso do recurso de envio da transmissão pública no site ZIP de São Francisco no roteador SF-2.

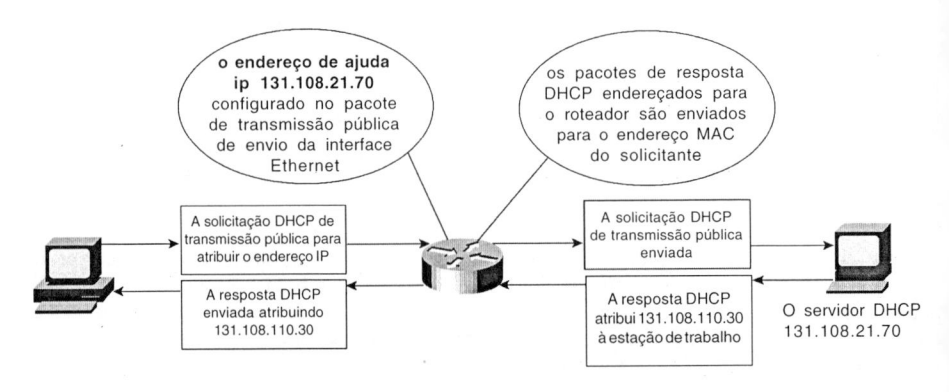

Figura 4-11 *Uma transmissão pública de solicitação DHCP é enviada pelo uso de um endereço de ajuda.*

Na rede ZIP em São Francisco, fora do roteador SF-2, as estações de trabalho Microsoft Windows 95/98, NT e Windows 2000 usam o DHCP para obter seus endereços IP dinamicamente. Essas estações de trabalho residem nos roteadores SF-2 Ethernet 0 e segmentos LAN Ethernet 1. O servidor DHCP reside no segmento LAN Fast Ethernet 0. As transmissões públicas dos segmentos Ethernet não percorrem o roteador e assim as transmissões públicas DHCP não atingem o segmento Fast Ethernet e o servidor DHCP. Para ativar o envio das transmissões públicas, o comando **ip helper-address** poderá ser aplicado nos segmentos Ethernet onde o roteador recebe as transmissões públicas. O comando **ip helper-address** tem como parâmetro um endereço de host IP ou um endereço de transmissão pública IP. O endereço fornecido é o endereço de host do servidor DHCP específico ou o endereço de transmissão pública do segmento LAN onde o servidor DHCP reside.

A seguir está um exemplo de comando **ip helper-address** na interface Ethernet 0 do roteador ZIP SF-2, que resulta em transmissões públicas sendo enviadas diretamente para o servidor DHCP em 131.108.21.70:

```
SF-2#configure
Configuring from terminal, memory, or network [terminal]?
Enter configuration commands, one per line. End with CNTL/Z.
SF-2(config)#interface ethernet 1
SF-2(config-if)#ip helper-address 131.108.21.70
SF-2(config)#^Z
```

Em vez de ser enviada diretamente para o servidor DHCP, a transmissão pública poderia ter sido enviada para o segmento LAN onde o servidor DHCP reside. Essa alternativa é útil quando mais de um servidor DHCP poderia responder à solicitação. Adiante está um exemplo de como usar o endereço de transmissão pública IP do segmento LAN em que o servidor DHCP reside como o destino do envio:

```
SF-2#configure
Configuring from terminal, memory, or network [terminal]?
Enter configuration commands, one per line. End with CNTL/Z.
SF-2(config)#interface ethernet 0
SF-2(config-if)#ip helper-address 131.108.23.255
SF-2(config-if)#^Z
```

O **ip help-address** é usado para especificar para onde as transmissões públicas devem ser enviadas. O comando **ip forward-protocol** é usado para controlar quais transmissões públicas UDP são enviadas. Por default, vários tipos de transmissões públicas UDP são enviadas sempre que o comando **ip helper-address** é aplicado em uma interface:

- Trivial File Transfer Protocol (TFTP) (porta 69)
- Domain Naming System (porta 53)
- Serviço da hora (porta 37)
- NetBIOS Name Server (porta 137)
- NetBIOS Datagram Server (porta 138)
- Diagramas do cliente e servidor Boot Protocol (BOOTP) (portas 67 e 68)
- Serviço TACACS (porta 49)

Se houver uma aplicação que faz transmissões públicas em uma porta diferente das listadas e suas transmissões públicas precisarem ser enviadas, o comando **ip forward-protocol** será usado para especificar que o determinado tipo de transmissão pública deverá ser incluído entre os que são enviados. Com o acréscimo da palavra-chave no, esse comando também poderá ser usado para impedir que qualquer protocolo default seja enviado. O comando **ip forward-protocol** tem como parâmetros o tipo de envio a ser executado (como UDP) e o número da porta específica do protocolo a ser enviado. O próximo exemplo ensina como usar o comando para permitir que as transmissões públicas na porta UDP 1965 sejam enviadas e limitar o envio do NetBIOS Name Server e Datagram Server no roteador ZIP SF-2:

```
SF-2#configure
Configuring from terminal, memory, or network [terminal]?
Enter configuration commands, one per line. End with CNTL/Z.
SF-2(config)#ip forward-protocol udp 1965
SF-2(config)#no ip forward-protocol udp 137
SF-2(config)#no ip forward-protocol udp 138
SF-2(config)#^Z
```

Você poderá verificar as configurações **ip helper-address** com o comando show ip interface, como analisado nas seções anteriores.

Mais referência: outras aplicações de transmissão pública

A técnica de envio da transmissão pública analisada nesta seção é designada a satisfazer as necessidades de um ambiente de envio de transmissões públicas limitado. É bem adequada para tarefas como enviar solicitações do endereço IP através do DHCP ou BOOTP para um servidor ou grupo de servidores que residem em um local central na rede. Há outras aplicações para as quais um envio de transmissão pública mais substancial pode ser requerido. Essas aplicações – por exemplo, os dados de registro das ações – geralmente usam as transmissões públicas para compartilhar informações entre um grande grupo de usuários da estação de trabalho em uma grande parte da rede. Tais aplicações não são bem adequadas para o modelo do endereço de ajuda. Ao contrário, requerem técnicas avançadas, como o fluxo UDP e a réplica da transmissão pública em diversas coerções, para impedir que a CPU do roteador seja esmagada pelo tráfego dos pacotes de transmissão pública e a réplica. A Cisco Systems tem atualmente um estudo de caso que analisa as implicações do endereço de ajuda e os modelos de fluxo. Poderá ser encontrado no CCO em www.cisco.com/univercd/cc/td/doc/cisintwk/ics/cs006.htm.

Atribuição dinâmica de endereços com o servidor IOS DHCP

Na seção anterior, analisamos as solicitações de atribuição do endereço DHCP de envio como uma das aplicações para o envio da transmissão pública IP. Quando um roteador envia essas solicitações de atribuição do endereço, é dito que está agindo como um agente de relé DHCP. O papel do agente de relé DHCP é receber as transmissões públicas LAN locais para as atribuições do endereço e enviá-las para um servidor DHCP identificado previamente. O servidor DHCP é geralmente uma estação de trabalho ou servidor como um sistema UNIX ou Windows NT executando um pacote do software do servidor DHCP ou serviço. Como alternativa, um roteador baseado no IOS ou servidor de acesso pode servir como uma fonte para as atribuições dinâmicas do endereço.

O servidor DHCP do software IOS opera de modo semelhante com os servidores DHCP baseados na estação de trabalho, aceitando as solicitações/restaurações da atribuição do endereço e atribuindo os endereços a partir de grupos predefinidos de endereços chamados *pools*. Os *pools* de endereços podem também ser configurados para fornecer informações adicionais ao cliente solicitante como o(s) endereço(s) IP do(s) servidor(es) DNS, o roteador default e outras informações úteis. O servidor IOS DHCP pode aceitar as transmissões públicas a partir dos segmentos LAN anexados localmente ou das solicitações DHCP que foram enviadas por outros agentes de relé DHCP na rede.

NOTA Além do servidor DHCP baseado no software IOS, a Cisco Systems cria um DNS baseado na estação de trabalho e servidor DHCP chamado Cisco Network Registrar executado em sistemas operacionais como o Solaris, HP-UX e Microsoft Windows. A decisão de usar o servidor DHCP baseado no IOS ou um servidor DHCP baseado na estação de trabalho envolve muitos fatores, inclusive o tamanho de sua rede, o número de nós que requerem endereços dinâmicos, a freqüência das solicitações e restaurações de endereços, a necessidade da redundância e o custo. Em geral, o servidor DHCP baseado no IOS é mais prático em redes pequenas a médias ou para usar em um modelo descentralizado como diversos escritórios remotos. Os servidores DHCP baseados na estação de trabalho são mais adequados para grandes organizações com uma necessidade de redundância e um esquema de gerenciamento altamente centralizado.

O servidor IOS DHCP geralmente participará em duas etapas do processo de atribuição do endereço, o DHCPOFFER e o DHCPACK. A Figura 4-12 representa as etapas básicas envolvidas quando um cliente DHCP solicita um endereço de um servidor DHCP. O cliente DHCP envia uma mensagem de transmissão pública DHCPDISCOVER para localizar um servidor DHCP. Um servidor DHCP oferece os parâmetros de atribuição do endereço para o cliente em uma resposta com uma coerção DHCPOFFER. Então o cliente DHCP envia uma mensagem de transmissão pública DHCPREQUEST formal para a resposta oferecida indicando que os endereços solicitados foram atribuídos ao cliente. As quatro etapas mostradas na Figura 4-12 representam o processo de negociação do endereço normal sem erros ou conflitos. O processo de atribuição do endereço completo, inclusive o tratamento das mensagens DHCPDECLINE, é descrito no RFC 2131, "Dynamic Host Configuration Protocol".

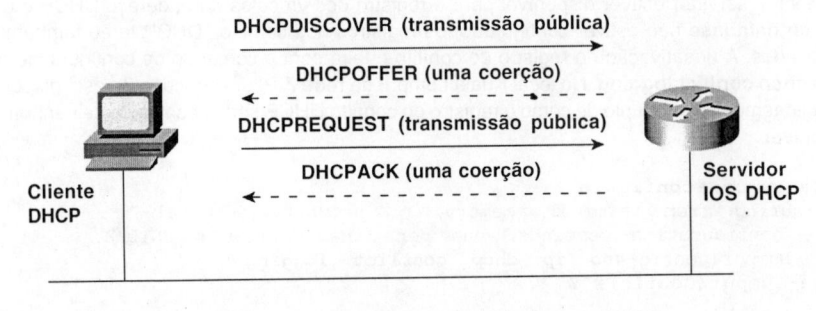

Figura 4-12 *A atribuição do endereço DHCP por um servidor DHCP.*

A ativação do roteador baseado no IOS ou servidor de acesso para ser executado como um servidor DHCP é feita com quatro etapas de configuração maiores:

- Identificar o local para registrar as informações de atribuição DHCP
- Criar uma lista de endereços IP para excluir da atribuição dinâmica
- Criar um *pool* de endereços para usar para a atribuição dinâmica
- Adicionar atributos extras aos *pools* de endereços que serão fornecidos para as estações solicitantes

Iremos examinar a configuração do servidor IOS DHCP usando o roteador ZIP Kuala Lumpur.

A primeira etapa para ativar o servidor IOS DHCP é configurar um local na rede para registrar e armazenar as atribuições do endereço DHCP (também chamado de vínculos). Esse local é geralmente uma estação de trabalho ou servidor que suporta o protocolo de transferência de arquivo TFTP, FTP ou RCP. Especificar esse local permitirá ao roteador ou ao servidor de acesso ser reiniciado sem perder informações sobre quais endereços estão alocados para quais sistemas clientes DHCP. E mais, fornece um local para registrar os conflitos de atribuição do endereço que podem surgir durante o processo de negociação DHCP. O comando de configuração global IOS **ip dhcp database** é usado para especificar o local. O comando tem como parâmetro um URL que especifica o endereço do servidor e o nome de arquivo a usar para o registro. O comando de configuração pode ser repetido diversas vezes para permitir armazenar os vínculos em diversos servidores. Segue um exemplo de como configurar o local do banco de dados DHCP no roteador ZIP Kuala Lumpur para registrar um servidor com o endereço IP 131.108.2.77 e um arquivo chamado kl-dhcp-info usando o protocolo TFTP:

```
Kuala-Lumpur#configure
Configuring from terminal, memory, or network [terminal]?
Enter configuration commands, one per line. End with CNTL/Z.
Kuala-Lumpur(config)#ip dhcp database tftp://131.108.2.77/kl-dhcp-info
Kuala-Lumpur(config)#^Z
```

Durante o processo de atribuição do endereço, o servidor IOS DHCP tenta assegurar que o endereço IP oferecido não esteja em uso. Ele faz isso enviando uma série de pacotes **ping** para o endereço oferecido antes de responder ao cliente DHCP. Se o endereço estiver em uso, ele será registrado como um conflito e não será oferecido até que o administrador da rede o resolva.

Se nenhum servidor estiver disponível para o registro dos vínculos do endereço DHCP e o comando **ip dhcp database** não estiver configurado, os registros dos conflitos DHCP terão também que estar desativados. A desativação do registro do conflito é feita com o comando de configuração global IOS **no ip dhcp conflict logging**. No local Kuala Lumpur da rede ZIP, um servidor tftp está disponível, mas, a seguir, temos um exemplo de como o registro do conflito DHCP seria desativado se nenhum estivesse disponível:

```
Kuala-Lumpur#configure
Configuring from terminal, memory, or network [terminal]?
Enter configuration commands, one per line. End with CNTL/Z.
Kuala-Lumpur(config)#no ip dhcp conflict logging
Kuala-Lumpur(config)#^Z
```

Quando um local é estabelecido para registrar os vínculos, uma lista de endereços, que devem ser excluídos como atribuições oferecidas dinamicamente, é construída. Essa lista inclui o endereço do(s) roteador(es) em uma dada faixa de endereços, qualquer endereço atribuído estaticamente ou um endereço que deva ser reservado e não oferecido a um cliente DHCP. O comando de configuração global IOS **ip dhcp excluded-address** é usado para construir essas listas. O comando tem como parâmetro um único endereço IP a ser excluído ou um par de endereços que representam os endereços inicial e final de uma faixa de endereços IP. O comando pode ser repetido várias vezes na configuração para excluir diversos endereços IP que não são contínuos ou que se estendem em diversos *pools* de atribuição do endereço IP. A seguir está um exemplo de como excluir a faixa de endereços IP 131.108.2.1 até 131.108.2.10 e um único endereço IP 131.108.2.57 no roteador ZIP Kuala Lumpur:

```
Kuala-Lumpur#configure
Configuring from terminal, memory, or network [terminal]?
Enter configuration commands, one per line. End with CNTL/Z.
Kuala-Lumpur(config)#ip dhcp excluded-address 131.108.2.1 131.108.2.10
Kuala-Lumpur(config)#ip dhcp excluded-address 131.108.2.57
Kuala-Lumpur(config)#^Z
```

A etapa final, ao ativar o servidor IOS DHCP, é a definição dos *pools* de atribuição do endereço IP que serão usados para fornecer endereços dinâmicos. No mínimo, o *pool* de endereços DHCP especifica a faixa de endereços que serão oferecidos para os clientes DHCP que *solicitem* endereços (sem incluir os endereços excluídos). Mais de um *pool* poderá ser definido no servidor IOS DHCP se houver diversos segmentos LAN anexados ao roteador ou servidor de acesso agindo como um servidor DHCP ou se ele fornecer endereços para diversos segmentos LAN em outro lugar na rede. O comando de configuração global IOS **ip dhcp pool** estabelece um *pool* de atribuição de endereços. O comando tem como parâmetro uma string arbitrária para descrever o *pool* ou um inteiro numérico. Uma vez definido, comandos do *pool* de endereços adicionais serão fornecidos a partir do modo do subcomando de configuração DHCP, indicado pelo prompt (**config-dhcp**)#. O seguinte exemplo configura um *pool* de endereços DHCP chamado *kl-users* no roteador de Kuala Lumpur e coloca o administrador da rede no modo do subcomando de configuração DHCP para continuar a configuração do *pool* de endereços:

```
Kuala-Lumpur#configure
Configuring from terminal, memory, or network [terminal]?
Enter configuration commands, one per line. End with CNTL/Z.
Kuala-Lumpur(config)#ip dhcp pool kl-users
Kuala-Lumpur(config-dhcp)#^Z
```

O subcomando de configuração IOS DHCP network é usado para definir a faixa de endereços que um dado *pool* de endereços irá oferecer aos clientes DHCP. O subcomando **network** requer dois parâmetros, um endereço da rede IP e uma máscara da rede ou máscara de contagem dos bits. O endereço da rede e máscara especificados para um dado *pool* devem corresponder ao endereço da rede e máscara no segmento LAN para o qual esse *pool* oferecerá os endereços. Quando o servidor DHCP fornecer endereços para diversos segmentos LAN, *pools* DHCP separados deverão ser definidos, cada um com um subcomando **network** com o devido endereço e máscara, para esse segmento LAN. A seguir está um exemplo de como estabelecer o *pool* de endereços DHCP kl-users novamente no roteador Kuala Lumpur, usando o subcomando **network** para especificar a faixa de endereços a serem atribuídos aos clientes DHCP (observe o uso da máscara de contagem de bits / 25 no lugar da máscara da rede 255.255.255.128):

```
Kuala-Lumpur#configure
Configuring from terminal, memory, or network [terminal]?
Enter configuration commands, one per line. End with CNTL/Z.
```

```
Kuala-Lumpur(config)#ip dhcp pool kl-users
Kuala-Lumpur(config-dhcp)#network 131.108.2.0 /25
Kuala-Lumpur(config-dhcp)#^Z
```

Neste exemplo, especificar a rede 131.108.2.0 com uma máscara da contagem de bits /25 significa que os endereços na faixa de 131.108.2.1 a 131.108.2.127 serão oferecidos aos clientes DHCP (sem incluir os endereços excluídos anteriormente). Ao exibir o arquivo de configuração de execução ou iniciação, a máscara da contagem de bits /25 será convertida em uma máscara da rede 255.255.255.128.

Subcomandos de configuração DHCP adicionais permitirão ao administrador da rede configurar o servidor IOS DHCP para fornecer informações complementares para o cliente DHCP usando o processo de negociação de endereços. As informações adicionais são geralmente o(s) endereço(s) do roteador default do cliente no segmento LAN, os endereços dos servidores DNS, os endereços dos servidores NetBIOS/WINS e outras informações que do contrário teriam de ser configuradas manualmente em cada cliente pelo usuário ou pelo administrador da rede. Segue a lista dos subcomandos de configuração DHCP mais configurados:

- Subcomando **domain-name** – Especifica o nome do domínio DNS ao qual o cliente pertencerá.
- Subcomando **dns-server** – Especifica um ou mais endereços IP dos servidores DNS que o cliente poderá consultar para determinar os nomes para os endereços IP.
- Subcomando **netbios-name-server** – Especifica um ou mais endereços IP dos servidores NetBIOS/WINS que os clientes NetBIOS (geralmente as estações de trabalho Microsoft) podem consultar para localizar os recursos na rede.
- Subcomando **netbios-node-type** – Especifica o modo operacional do cliente NetBIOS na rede.
- Subcomando **default-router** – Especifica um ou mais endereços IP de um roteador default para os quais os clientes podem enviar pacotes para destinos desconhecidos.
- Subcomando **lease** – Especifica por quanto tempo um endereço atribuído DHCP (um prazo) é válido antes de requerer uma restauração.

Os subcomandos dns-server, netbios-name-server e default-router têm parâmetros de um a oito endereços IP que o cliente pode contactar para cada uma dessas funções. O subcomando domain-name tem como parâmetro uma string arbitrária que representa o nome do domínio DNS para o cliente. O subcomando lease tem como parâmetro até três inteiros para especificar o número de dias, horas e minutos que um endereço atribuído é válido. A palavra-chave infinite pode também ser usada para especificar que um prazo é válido por um período ilimitado de tempo. O subcomando netbios-node-type tem como parâmetro os valores do caractere b, p, m ou h que representam um nó de transmissão pública NetBIOS, um nó não hierarquizado, um nó misto ou um nó híbrido, respectivamente, para indicar o modo operacional do cliente. Se você não estiver familiarizado com esses modos operacionais, a seleção do modo híbrido será recomendada.

A seguir está um exemplo de como configurar o roteador Kuala Lumpur com subcomandos de configuração DHCP extras para fornecer aos clientes DHCP informações sobre os servidores na rede ZIP:

```
Kuala-Lumpur#configure
Configuring from terminal, memory, or network [terminal]?
Enter configuration commands, one per line. End with CNTL/Z.
Kuala-Lumpur(config)#ip dhcp pool kl-users
Kuala-Lumpur(config-dhcp)#dns-server 131.108.101.34 131.108.101.35
Kuala-Lumpur(config-dhcp)#domain-name zipnet.com
Kuala-Lumpur(config-dhcp)#netbios-name-server 131.108.21.70
Kuala-Lumpur(config-dhcp)#netbios-node-type h
Kuala-Lumpur(config-dhcp)#default-router 131.108.2.1
Kuala-Lumpur(config-dhcp)#lease 0 1
Kuala-Lumpur(config-dhcp)#^Z
```

Como mencionado anteriormente, diversos *pools* de endereços DHCP poderão ser configurados no mesmo servidor IOS DHCP. A coleção de *pools* de endereços DHCP nesse servidor é referida como banco de dados DHCP. O banco de dados DHCP é organizado em uma estrutura hierárquica ou de árvore para que um *pool* de endereços possa ser uma sub-rede do endereço de rede de um *pool* de endereços DHCP diferente. Essa estrutura hierárquica permite que as propriedades sejam herdadas pelo *pool* de endereços, que é uma sub-rede do outro. As propriedades que são comuns a diversos *pools* devem ser definidas no nível da rede ou sub-rede mais alto, adequado para o servidor DHCP ou rede sendo configurada. As propriedades definidas em um nível mais alto podem ser anuladas em um nível da sub-rede mais baixo. Vejamos isso no roteador ZIP Kuala Lumpur.

No exemplo anterior, um *pool* de endereços chamado kl-users foi definido para uma rede 131.108.2.0/25. No exemplo, as propriedades adicionais foram definidas especificamente para os servidores DNS, o roteador default etc. Se, no futuro, um segundo pool de endereços fosse criado para o endereço da rede 131.108.2.128/25, as propriedades adicionais precisariam novamente ser definidas em um novo *pool* de endereços pois não é uma sub-rede do *pool* definido anteriormente. Assim, a configuração no roteador Kuala Lumpur para esse novo *pool* de endereços seria:

```
Kuala-Lumpur#configure
Configuring  from  terminal,  memory,  or  network  [terminal]?
Enter  configuration  commands,  one  per  line.  End  with  CNTL/Z.
Kuala-Lumpur(config)#ip  dhcp  excluded-address  131.108.2.129  131.108.2.135
Kuala-Lumpur(config)#ip  dhcp  pool  kl-users-2
Kuala-Lumpur(config-dhcp)#network  131.108.2.128/25
Kuala-Lumpur(config-dhcp)#dns-server  131.108.101.34  131.108.101.35
Kuala-Lumpur(config-dhcp)#domain-name  zipnet.com
Kuala-Lumpur(config-dhcp)#netbios-name-server  131.108.21.70
Kuala-Lumpur(config-dhcp)#netbios-node-type  h
Kuala-Lumpur(config-dhcp)#default-router  131.108.2.129
Kuala-Lumpur(config-dhcp)#lease  0  1
Kuala-Lumpur(config-dhcp)#^Z
```

Na configuração do *pool* de endereços kl-users-2, há vários subcomandos cujos parâmetros são iguais aos parâmetros do *pool* kl-users, tornando as propriedades atribuídas aos clientes idênticas a esses subcomandos.

Para evitar a repetição do subcomando em kl-users e kl-users-2, esses *pools* de endereços poderão ser reconfigurados para serem sub-redes de outro *pool* de endereços da rede. Quando isso estiver completo, apenas os subcomandos que definem as propriedades exclusivas para esse *pool* de endereços serão necessários. Para o roteador ZIP Kuala Lumpur, um *pool* de endereços será definido para o endereço da rede 131.108.2.0/24 e as propriedades que serão herdadas pelos *pools* de endereços da sub-rede serão definidas. O *pool* de endereços kl-users e kl-users-2 rescritos serão reduzidos de sete subcomandos para apenas dois subcomandos.

Eis um exemplo dos *pools* de endereços DHCP rescritos no roteador Kuala Lumpur no qual os *pools* de endereços kl-users e kl-users-2 herdarão as propriedades de um *pool* de endereços chamado kl-common:

```
Kuala-Lumpur#configure
Configuring  from  terminal,  memory,  or  network  [terminal]?
Enter  configuration  commands,  one  per  line.  End  with  CNTL/Z.
Kuala-Lumpur(config)#ip  dhcp  pool  kl-common
Kuala-Lumpur(config-dhcp)#network  131.108.2.0/24
Kuala-Lumpur(config-dhcp)#dns-server  131.108.101.34  131.108.101.35
Kuala-Lumpur(config-dhcp)#domain-name  zipnet.com
```

170 | Como configurar roteadores Cisco

```
Kuala-Lumpur(config-dhcp)#netbios-name-server   131.108.21.70
Kuala-Lumpur(config-dhcp)#netbios-node-type   h
Kuala-Lumpur(config-dhcp)#lease  0  1
Kuala-Lumpur(config-dhcp)#ip   dhcp   pool   kl-users
Kuala-Lumpur(config-dhcp)#network   131.108.2.0/25
Kuala-Lumpur(config-dhcp)#default-router   131.108.2.1
Kuala-Lumpur(config-dhcp)#ip   dhcp   pool   kl-users-2
Kuala-Lumpur(config-dhcp)#network   131.108.2.128/25
Kuala-Lumpur(config-dhcp)#default-router   131.108.2.129
Kuala-Lumpur(config-dhcp)#^Z
```

Neste exemplo, como 131.108.2.0/25 e 131.108.2.128/25 são sub-redes de 131.108.2.0/24, os pools de endereços correspondentes herdarão as propriedades comuns do pool de endereços da rede de nível mais alto. Apenas o subcomando **default-router** é usado para definir o endereço IP específico que é adequado para cada pool de endereços da sub-rede.

Quando os pools de endereços e suas propriedades foram definidos e o servidor IOS DHCP começou a atribuir os endereços IP, a operação do servidor DHCP pôde ser verificada usando vários comandos IOS EXEC diferentes. A verificação de que o servidor IOS DHCP está registrando o vínculo e as informações de conflito para a estação de trabalho configurada ou servidor é feita através do comando IOS EXEC **show ip dhcp database**. O comando tem como parâmetro o URL para exibir informações sobre um local de registro específico do banco de dados. Se nenhum for fornecido, as informações sobre todos os locais serão exibidas. A seguir está um exemplo do comando **show ip dhcp database** no roteador ZIP Kuala Lumpur:

```
Kuala-Lumpur>show   ip   dhcp   database
URL            :   tftp://131.108.2.77/kl-dhcp-info
Read           :   Never
Written        :   Jun  30  2000  12:01  AM
Status         :   Last  Write  Successful.
Delay          :   300  seconds
Timeout        :   300  seconds
Failures       :   0
Successes      :   72
Kuala-Lumpur>
```

A saída de **show ip dhcp database** indica o local no qual as informações de vínculo estão sendo gravadas, a data e hora da última leitura ou gravação no banco de dados de vínculo, o status da última leitura ou gravação e o número de sucessos e falhas ao tentar gravar.no banco de dados de vínculos.

As informações específicas de atribuição dos endereços podem ser exibidas usando o comando IOS EXEC **show ip dhcp binding**. Quando um endereço IP é fornecido como um parâmetro opcional para o comando, apenas as informações de vínculo para esse endereço são mostradas; do contrário, todas as informações de vínculo serão exibidas. A seguir está um exemplo do comando show ip dhcp binding no roteador ZIP Kuala Lumpur, que exibe as atribuições do endereço alocado atualmente, o endereço MAC associado do cliente DHCP e a hora de término do prazo:

```
Kuala-Lumpur>show   ip   dhcp   binding
IP  address         Hardware   address    Lease  expiration           Type
131.108.2.89        00a0.9802.32de        Jul   01  2000  12:00  AM   Automatic
131.108.2.156       00a0.9478.43ae        Jul   01  2000   1:00  AM   Automatic
Kuala-Lumpur>
```

As informações para os conflitos do endereço que ocorreram quando o servidor IOS DHCP estava tentando atribuir um endereço a um cliente DHCP podem ser exibidas com o comando **show ip dhcp conflict**. Quando um endereço IP é fornecido como um parâmetro opcional para o comando, apenas as informações de conflito para esse endereço são mostradas (se houver); do contrário, todas as informações do conflito serão exibidas. A seguir está um exemplo do comando **show ip dhcp conflict** no roteador ZIP Kuala Lumpur, que indica o endereço IP em conflito, a hora da detecção e o método da detecção:

```
Kuala-Lumpur>show ip dhcp conflict
IP adddress       Detection Method    Detection time
131.108.2.126     Ping                Jul 02 2000 12:28 AM
131.108.2.254     Gratuitous ARP      Jul 02 2000 01:12 AM
Kuala-Lumpur>
```

A coluna Detection Method (Método da Detecção) indica qual método foi usado pelo servidor IOS DHCP para determinar se o endereço estava em conflito. O método de detecção **ping** indica que, antes da atribuição do endereço, o servidor IOS DHCP tentou aplicar o **ping** no endereço e recebeu uma resposta bem-sucedida. O método de detecção Gratuitous ARP indica que, antes da atribuição do endereço, o servidor IOS DHCP detectou uma entrada ARP atual e válida para o endereço em sua tabela ARP. Qualquer um desses métodos de detecção indica que o endereço provavelmente está em uso (talvez por causa de um uso não autorizado ou porque alguém esqueceu de adicionar à lista de endereços excluídos).

A verificação de o servidor IOS DHCP estar recebendo e respondendo às solicitações DHCP pode ser feita com o comando IOS EXEC **show ip dhcp server statistics**. O comando fornece informações úteis como o número de pools de endereços configurados, a quantidade de memória sendo consumida pelo banco de dados de vínculos DHCP e os contadores que indicam o número de diferentes tipos de mensagens DHCP que foram enviadas e recebidas. A seguir está um exemplo do comando **show ip dhcp server statistics** no roteador ZIP Kuala Lumpur:

```
Kuala-Lumpur>show ip dhcp server statistics
Memory usage           40392
Address pools          3
Database agents        1
Automatic bindings     48
Manual bindings        0
Expired bindings       7
Malformed messages     0

Message                Received
BOOTREQUEST            22
DHCPDISCOVER           175
DHCPREQUEST            168
DHCPDECLINE            0
DHCPRELEASE            0
DHCPINFORM             0

Message                Sent
BOOTREPLY              17
DHCPOFFER              166
DHCPACK                155
DHCPNAK                3
Kuala-Lumpur>
```

Redundância IP com o Hot Standby Router Protocol

Muitos administradores da rede se preocupam em ter pontos simples de falha na rede. Eles desejam fornecer caminhos redundantes e um equipamento redundante em locais-chave da rede para impedir que qualquer dispositivo faça com que os recursos vitais da rede fiquem indisponíveis. Os roteadores (e alguns servidores) lidam com os diversos caminhos IP muito bem trocando as informações de roteamento dinâmico sobre os vários caminhos na rede, selecionando o(s) melhor(es) caminho(s) em qualquer dado momento e roteando de novo quando há alterações do caminho por causa de falha do equipamento ou do circuito.

Porém, muitas implementações da estação de trabalho, servidor e impressora não são capazes de trocar informações de roteamento dinâmico. Esses dispositivos geralmente são configurados com um único endereço IP da porta default que serve como seu condutor para o resto da rede. Se o roteador, que é a porta default, falhar, o dispositivo estará limitado a se comunicar apenas no segmento de rede IP local e estará efetivamente cortado do resto da rede. Mesmo que um roteador redundante exista podendo servir como uma porta default, não haverá nenhum método dinâmico para as estações de trabalho usarem para trocar para um novo endereço IP da porta default e a reconfiguração manual geralmente está além da capacidade técnica do usuário.

A fim de ajudar os administradores da rede com essa situação problemática, a Cisco Systems desenvolveu o Hot Standby Router Protocol (HSRP). O HSRP foi designado para o segmento LAN, onde diversos roteadores estão presentes e onde há dispositivos que usam apenas um endereço IP da porta default estático.

O conceito do HSRP é bem simples. O administrador cria um endereço da porta default virtual e o atribui a roteadores redundantes que participam no HSRP no dado segmento da LAN. Os dispositivos IP são configurados para usarem o endereço da porta virtual como a porta default. Os roteadores gerenciam esse endereço da porta virtual, comunicando entre si mesmos para determinar qual roteador é responsável por enviar o tráfego mandado para o endereço IP virtual. Em intervalos regulares, eles trocam informações para determinar quais roteadores ainda estão presentes e são capazes de enviar o tráfego. Se o roteador primário ou principal de um grupo de roteadores HSRP falhar, um roteador auxiliar no mesmo grupo começará a enviar o tráfego para o grupo HSRP. Como os roteadores decidem entre eles mesmos qual envia o tráfego para o endereço virtual e como as estações de trabalho em um segmento conhecem apenas o endereço IP virtual como sua porta default, uma falha do roteador primário, que envia, será descoberta simplesmente pelos usuários da estação de trabalho e não irá requerer nenhuma intervenção por parte do usuário ou administrador da rede.

O HSRP é muito flexível. O administrador da rede pode controlar todo o comportamento dos roteadores em um grupo HSRP – inclusive qual roteador é o roteador de envio primário, qual roteador (ou roteadores) é o auxiliar, se o roteador auxiliar mantém o papel de envio quando o primário está novamente disponível e a capacidade da outra interface no roteador mandar o tráfego para o roteador auxiliar.

Iremos examinar a configuração do HSRP nos roteadores ZIP localizados em Seul, Coréia. Em Seul, dois roteadores, Seoul-1 e Seoul-2, são anexados à mesma rede IP lógica, 131.108.3.0. A presença de dois ou mais roteadores que podem agir como as portas defaults no segmento LAN é a primeira parte do critério para configurar o HSRP. A outra parte do critério é ter dispositivos IP na rede que possam suportar apenas um endereço IP como a porta default. Neste caso, as impressoras, os servidores e as estações de trabalho PC entram no critério.

A configuração básica do HSRP requer apenas o subcomando de configuração da interface IOS **standby ip**. Esse comando tem como parâmetro o endereço IP que é usado como o endereço IP da porta default virtual. O comando é aplicado em todos os roteadores na mesma rede IP lógica que participam no mesmo grupo HSRP. A seguir está um exemplo de como configurar o HSRP nos roteadores ZIP Seoul-1 e Seoul-2 com um endereço IP virtual auxiliar 131.108.3.3:

```
Seoul-1#configure
Configuring from terminal, memory, or network [terminal]?
Enter configuration commands, one per line. End with CNTL/Z.
Seoul-1(config)#interface ethernet 0
Seoul-1(config-if)#standby ip 131.108.3.3
Seoul-1(config-if)#^Z

Seoul-2#configure
Configuring from terminal, memory, or network [terminal]?
Enter configuration commands, one per line. End with CNTL/Z.
Seoul-2(config)#interface ethernet 0
Seoul-2(config-if)#standby ip 131.108.3.3
Seoul-2(config-if)#^Z
```

Depois do endereço auxiliar HSRP ser configurado, os roteadores negociam qual será o roteador de envio primário e qual será o auxiliar. E mais, ambos os roteadores fornecem o endereço IP e o endereço MAC para o endereço IP virtual na tabela ARP. O roteador de envio primário começa a enviar o tráfego mandado para o endereço IP virtual auxiliar assim como a responder os **pings** e a aceitar as sessões do terminal virtual para esse endereço. Note que o endereço MAC para o endereço IP virtual nas interfaces Ethernet, Fast Ethernet, Gigabit Ethernet e FDDI têm a forma 0000.0c07.acXX, onde XX é um identificador do grupo HSRP. O endereço MAC do endereço IP virtual no Token Ring é um endereço funcional com a forma 1000.xxxx.xxxx. Segue um exemplo do comando **show ip arp** 131.108.3.3 no roteador ZIP Seoul-1, que é configurado com o HSRP:

```
Seoul-1#show ip arp 131.108.3.3
  Protocol   Address          Age (min)   Hardware Addr   Type   Interface
  Internet   131.108.3.3        -         000.0c07.ac00   ARPA   Ethernet0
Seoul-1#
```

> **DICA** *Alguns dispositivos no Token Ring não aceitam o endereço MAC de um dispositivo IP como um endereço funcional do grupo. Neste caso, use o subcomando de configuração da interface IOS standby use-bia para fazer com que o endereço IP virtual HSRP use o endereço da interface marcado no hardware, que limita o número de grupos HSRP na interface a um.*

Como mencionado anteriormente, o administrador da rede tem várias opções de configuração que controlam o comportamento do HSRP. Para controlar qual roteador é o roteador de envio primário, use o subcomando de configuração da interface IOS **standby priority**. O comando tem como parâmetro um valor entre 0 e 255. O roteador em um grupo HSRP com a prioridade mais alta torna-se o roteador de envio. Neste exemplo, configuramos o roteador ZIP Seoul-1 com uma prioridade HSRP 100 e o roteador Seoul-2 com uma prioridade 95, fazendo com que Seoul-1 se torne o roteador de envio ativo:

```
Seoul-1#configure
Configuring from terminal, memory, or network [terminal]?
```

```
Enter configuration commands, one per line. End with CNTL/Z.
Seoul-1(config)#interface ethernet 0
Seoul-1(config-if)#standby priority 100
Seoul-1(config-if)#^Z

Seoul-2#configure
Configuring from terminal, memory, or network [terminal]?
Enter configuration commands, one per line. End with CNTL/Z.
Seoul-2(config)#interface ethernet 0
Seoul-2(config-if)#standby priority 95
Seoul-2(config-if)#^Z
```

Se o roteador auxiliar for requerido a se tornar o roteador ativo, ele assumirá automaticamente esse papel. Você poderá controlar se o primeiro roteador primário retomará seu papel de envio ativo quando estiver disponível de novo. O subcomando de configuração da interface IOS **standby preempt** faz com que o roteador retome o papel de envio ativo a partir de um roteador com uma prioridade mais baixa. No caso de nosso exemplo ZIP Seoul, Seoul-2 tem uma prioridade mais baixa que Seoul-1. Se Seoul-1 falhar, Seoul-2 assumirá o papel de envio ativo. Sem o comando **standby preempt** em Seoul-1, Seoul-2 manterá o papel de envio ativo. O exemplo seguinte do comando **standby preempt** faz com que o roteador ZIP Seoul-1 retome o papel de envio ativo na restauração porque tem a prioridade HSRP mais alta:

```
Seoul-1#configure
Configuring from terminal, memory, or network [terminal]?
Enter configuration commands, one per line. End with CNTL/Z.
Seoul-1(config)#interface ethernet 0
Seoul-1(config-if)#standby preempt
Seoul-1(config-if)#^Z
```

Em algumas situações, o status operacional de uma interface afeta diretamente qual roteador você deseja que seja o roteador de envio ativo. Isso ocorre particularmente quando cada um dos roteadores em um grupo HSRP tem um caminho diferente para as outras partes da rede. No caso da rede ZIP, Seoul-1 tem uma conexão com São José que, por sua vez, tem conectividade com São Francisco. O roteador Seoul-2 tem uma conectividade direta com São Francisco e então com São José. Se a conexão WAN em Seoul-1 for degradada ou falhar, os pacotes enviados para Seoul-1, o roteador de envio ativo, não poderão chegar a São Francisco ou São José. Finalmente, os protocolos de roteamento dinâmico resultam no roteador Seoul-1 enviando pacotes para Seoul-2 para enviar em sua WAN funcional, mas uma nova convergência poderá levar vários minutos e danificar o fluxo normal do tráfego da rede. Contudo, se Seoul-2 puder assumir o papel de envio ativo, ele poderia enviar os pacotes imediatamente para São Francisco e São José através de sua conexão WAN funcional.

O software IOS fornece um recurso HSRP para que Seoul-1 possa se ajustar à prioridade HSRP do grupo HSRP na Ethernet 0 de tal maneira que Seoul-2 se torne o roteador de envio ativo. Essa funcionalidade, que é chamada de controle da interface, é ativada com o subcomando de configuração da interface IOS **standby track**. Esse comando tem como parâmetro a interface a ser controlada e, opcionalmente, a quantidade a diminuir da prioridade HSRP para a interface configurada. Se nenhum valor de diminuição da prioridade for especificado, o roteador irá diminuir a quantidade padrão dez da prioridade HSRP.

A seguir está um exemplo de como configurar o comando **standby track** no roteador ZIP Seoul-1 para que, se a interface WAN Serial 1 ficar inoperante, Seoul-2 se tornará o roteador de envio ativo:

```
Seoul-1#configure
Configuring from terminal, memory, or network [terminal]?
Enter configuration commands, one per line. End with CNTL/Z.
Seoul-1(config)#interface ethernet 0
Seoul-1(config-if)#standby track serial 1
Seoul-1(config-if)#^Z
```

Você poderá verificar a operação do HSRP com o comando IOS EXEC **show standby**. O comando tem como parâmetro opcional a interface específica para a qual exibir as informações HSRP. Sem o parâmetro da interface opcional, as informações HSRP serão exibidas para todas as interfaces. A seguir está um exemplo da saída do comando **show standby** nos roteadores ZIP Seoul-1 e Seoul-2:

```
Seoul-1#show standby
Ethernet0 - Group 0
    Local state is Active, priority 100, may preempt
    Hellotime 3 holdtime 10
    Next hello sent in 00:00:01.880
    Hot standby IP address is 131.108.3.3 configured
    Active router is local
    Standby router is 131.108.3.2 expires in 00:00:07
    Tracking interface states for 1 interface, 1 up:
        Up Serial0
Seoul-1#

Seoul-2#show standby
Ethernet0 - Group 0
    Local state is Standby, priority 95, may preempt
    Hellotime 3 holdtime 10
    Next hello sent in 00:00:01.380
    Hot standby IP address is 131.108.3.3 configured
    Active router is 131.108.3.1 expires in 00:00:06
    Standby router is local
Seoul-2#
```

O comando **show standby** exibe as informações HSRP, que incluem o estado do envio, a prioridade HSRP e as interfaces sendo controladas para o roteador sendo consultado. Também exibe informações sobre o endereço IP auxiliar configurado e o(s) endereço(s) IP dos possíveis roteadores auxiliares em cada grupo HSRP.

Uma das desvantagens do HSRP original era que ele não permitia ao administrador da rede compartilhar o carregamento do tráfego em ambos os roteadores no grupo auxiliar. Basicamente, o roteador auxiliar ficaria simplesmente inativo a menos que o roteador de envio ativo falhasse.

Para tratar essa preocupação, a capacidade de suportar diversos grupos HSRP na mesma interface foi adicionada ao software IOS. Na mesma interface, você poderá criar diversos grupos HSRP – cada um com um endereço IP virtual diferente – para suportarem uns aos outros. Por exemplo, nos roteadores ZIP Seoul-1 e Seoul-2, o primeiro grupo HSRP tem um endereço IP virtual 131.108.3.3 e Seoul-1 foi designado como o roteador de envio primário em virtude de sua prioridade HSRP mais alta. Um segundo grupo HSRP poderá ser configurado para o qual o endereço IP virtual é 131.108.3.4, mas Seoul-2 está designado como o roteador de envio primário por meio da definição de sua prioridade HSRP mais alta que Seoul-1 no segundo grupo HSRP. Então Seoul-1 seria o roteador de envio ativo e Seoul-2 seria o roteador auxiliar para o primeiro grupo HSRP, ao passo que Seoul-2 seria o roteador de envio ativo e Seoul-1 seria o roteador auxiliar para o segundo grupo HSRP.

Com os dois grupos HSRP e os dois endereços IP virtuais definidos, o administrador da rede poderá configurar a porta default em alguns dos hosts com um dos endereços virtuais HSRP e alguns dos hosts com o outro. Embora não consiga exatamente um equilíbrio de carregamento igual, essa configuração compartilha o carregamento entre os dois roteadores em vez de sobrecarregar substancialmente um enquanto o outro está completamente sem uso.

Os diversos grupos HSRP são criados especificando um número do grupo opcional em todos os comandos auxiliares. Por exemplo, **standby 1 ip address 131.108.3.3** e **standby 1 priority 100** especificam que esses comandos HSRP se aplicam ao grupo auxiliar 1. Os comandos **standby 2 ip address 131.108.3.4** e **standby 2 priority 100** especificam que esses comandos HSRP se aplicam ao grupo auxiliar 2.

Resumo

Neste capítulo, examinamos a configuração básica de alguns dos elementos mais comuns do protocolo da rede TCP/IP com a rede ZIP de exemplo. Como em todos os recursos do software Cisco IOS, há centenas de sub-recursos adicionais e botões que o administrador da rede poderá configurar para melhorar a operação da rede e do roteador. Através da investigação dos vários recursos da documentação e da experiência em laboratório, o administrador da rede poderá começar a compreender mais completamente e a apreciar a capacidade do software IOS para criar um ambiente de rede robusto e eficiente. A seguir estão os principais conceitos deste capítulo:

- Os endereços IP são representações decimais de números binários com 32 bits. Os endereços IP são agrupados como blocos de endereço da rede e são colocados em categorias em determinadas classes da rede. Os administradores da rede podem subdividir o espaço do endereço da rede entre diversos segmentos LAN e WAN através da sub-rede.

- A configuração dos endereços IP envolve atribuir endereços IP às interfaces do roteador. Os endereços IP são atribuídos fora do espaço do endereço da rede pública ou privada. Os endereços públicos são fornecidos por um ISP ou um registro de endereços regional. A configuração dos endereços IP nas interfaces WAN requer comandos adicionais para mapear manualmente os endereços da ligação de dados para os endereços IP.

- A configuração do roteamento IP permite ao roteador executar a função de comutação IP. As rotas estáticas podem ser usadas para construir a tabela dos endereços da rede de destino, que é chamada de tabela de roteamento. As rotas de resumo e defaults fornecem informações de alcance enquanto minimizam a quantidade de informações que têm de ser mantidas na tabela de roteamento. O roteamento sem classe permite aos roteadores enviarem pacotes destinados aos endereços da rede que não ficam nos limites da rede com classe tradicionais.

- Os protocolos de roteamento IP dinâmico permitem aos roteadores trocarem informações de alcance sobre as redes que estão anexadas localmente a eles. Os protocolos de roteamento dinâmico são agrupados em duas categorias maiores, Interior Gateway Protocols e Exterior Gateway Protocols. Os dois tipos maiores de Interior Gateway Protocols são os protocolos do vetor de distância e do estado da ligação. O software IOS fornece ferramentas para controlar a propagação das informações de roteamento da rede e a interação dos roteadores que trocam informações de roteamento dinâmico.

- As listas de acesso IP fornecem a capacidade de filtrar o fluxo de pacotes em uma rede IP para a segurança e a privacidade. As listas de acesso são ativadas em duas etapas – definindo o critério da filtragem e então aplicando-o. As listas de acesso servem como uma ferramenta para ativar outros tipos de filtragem, como as informações de roteamento dinâmico.

- Os serviços de discagem IP básicos permitem aos usuários remotos acessarem a rede através do modem e da discagem ISDN como se estivessem anexados através de um meio da LAN.

- A conectividade IP pode ser verificada com comandos como **show ip route** e **ping**. As capacidades de diagnóstico dos comandos **trace** e **debug** permitem ao administrador da rede detectar configurações ruins e problemas em seu roteador e rede.

- Os recursos IP como o serviço do nome do domínio facilitam o suporte encarregado ao administrador da rede. O envio da transmissão pública permite aos serviços baseados na transmissão pública, como o DHCP, trabalharem em uma rede roteada. O IOS DHCP Server fornece um serviço de atribuição do endereço dinâmico baseado no roteador ou no servidor de acesso para redes pequenas e médias. O Hot Standby Router Protocol fornece uma tolerância a falhas e redundância para as estações IP que não podem suportar os protocolos de roteamento dinâmico.

Tabela 4-8 O resumo dos comandos EXEC para o IP.

Comando	Descrição
clear host	Remove as entradas temporárias da tabela de host IP.
clear ip access-list counters	Limpa a contagem do número de vezes em que cada linha de uma lista de acesso IP coincidiu.
clear ip route	Limpa a tabela de roteamento inteira ou, se especificado, uma rota em particular.
ping ip-address	Testa o endereço IP indicado para determinar se é atingível e se responde.
show {frame-relay | atm | x25 | dialer} map	Mostra os mapeamentos dos endereços IP para os endereços da ligação de dados no tipo de meio WAN especificado.
show access-lists	Mostra todas as listas de acesso definidas no roteador.
show host	Verifica a configuração DNS em um roteador e exibe uma lista de hosts que tiveram seus nomes determinados para os endereços IP.
show interface *interface*	Fornece informações gerais sobre uma interface, inclusive o endereço IP e a máscara da rede.
show ip access-lists	Mostra todas as listas de acesso IP definidas no roteador.
show ip arp	Exibe todos os endereços IP que o roteador foi capaz de determinar para os endereços MAC.
show ip dhcp binding	Exibe informações sobre as atribuições do endereço do servidor IOS DHCP.
show ip dhcp conflict	Exibe informações sobre os conflitos do endereço IP detectados pelo servidor IOS DHCP durante o processo de alocação.

Tabela 4-8 *O resumo dos comandos EXEC para o IP (continuação).*

Comando	Descrição
show ip dhcp database	Exibe informações sobre o local e o status do banco de dados usado pelo servidor IOS DHCP para registrar os vínculos e os conflitos DHCP.
show ip dhcp server statistics	Exibe as informações de status e os contadores relativos à operação do servidor IOS DHCP.
show ip interface brief	Mostra um breve resumo das informações do endereço IP e dos status da interface para todas as interfaces disponíveis no dispositivo.
show ip interface *interface*	Mostra todos os parâmetros associados à configuração IP de uma interface.
show ip masks endereço da *rede*	Lista as máscaras da rede que foram aplicadas na rede de-rede designada e o número de rotas que usam cada máscara.
show ip protocols	Mostra quais protocolos de roteamento estão sendo executados e os vários atributos desses protocolos. Quando usado com a palavra-chave summary, mostra apenas os nomes do protocolo e os números do id do processo.
show ip route	Produz a tabela de roteamento IP do roteador.
show ip route connected	Mostra as rotas associadas às interfaces operacionais e conectadas diretamente do roteador.
show ip route *endereço ip*	Mostra as informações de roteamento para a rota especificada.
show ip route static	Mostra as rotas que são derivadas dos comandos de rota da rede configurados manualmente.
show ip traffic	Produz estatísticas gerais sobre a operação do IP no roteador.
show standby	Exibe informações sobre a operação do HSRP.
Terminal ip netmask-format {decimal | bit-count | hexidecimal}	Especifica o formato de exibição das máscaras da rede a serem usadas durante o terminal virtual existente ou sessão do console.
trace *endereço ip*	Exibe cada etapa do caminho da rede que um pacote viaja para atingir o endereço IP indicado.

Tabela 4-9 *O resumo dos comandos de configuração para o IP.*

Comando	Descrição
aaa authentication ppp *método da lista*	Especifica que o PPP deve ser autenticado através do método AAA listado.
aaa authorization network *método*	Especifica que os serviços da rede devem ser autenticados através do método AAA listado.
access-list	Cria uma lista de acesso numerada e seu critério de filtragem associado.

Tabela 4-9 *O resumo dos comandos de configuração para o IP (continuação).*

Comando	Descrição
arp-server	Identifica o servidor ATM ARP que pode determinar os endereços IP para os endereços ATM NSAP.
async-bootp dns-server *endereço ip*	Especifica o(s) endereço(s) IP de um servidor DNS fornecido para os clientes de discagem durante o estabelecimento da chamada em uma base global.
async-bootp nbns-server *endereço ip*	Especifica o(s) endereço(s) IP de um servidor do nome NetBIOS/WINS fornecido para os clientes de discagem durante o estabelecimento da chamada em uma base global.
async mode {interactive | dedicated}	Especifica o método de interação do usuário em uma interface assíncrona para os usuários de discagem.
autoselect during-login	Especifica que o processo de auto-seleção deve ser executado durante o processo de autenticação.
autoselect ppp	Especifica que a autodetecção do PPP deve ser executada em uma linha assíncrona que está configurada no modo interativo.
compress	Especifica que um algoritmo de compressão deve tentar ser negociado durante a negociação da discagem PPP.
default-metric	Atribuir os valores métricos do roteamento default a serem usados durante a redistribuição da rota entre os protocolos de roteamento dinâmico.
default-router *endereço*	Define um ou mais endereços IP do roteador default que são fornecidos para os clientes HDCP pelo servidor IOS DHCP.
dialer-group *inteiro*	Especifica o grupo de quem disca ao qual uma interface pertence e especifica qual lista de quem disca é usada para definir o tráfego interessante.
dialer-list *número da lista* protocol *método do tipo*	Define uma lista de quem disca especificando os protocolos da rede e quais métodos são usados para definir o tráfego como interessante para as sessões de discagem.
dialer map ip	Mapeia um endereço IP para o nome do sistema e o número de telefone para as chamadas ISDN.
dialer rotary-group *inteiro*	Atribui uma interface ISDN para a estrutura do grupo da interface de quem disca.
distribute-list	Aplica uma lista de acesso à tarefa de filtrar o recebimento e o anúncio das rotas da rede.
dns-server *endereço*	Define um ou mais endereços IP do servidor DNS que são fornecidos para os clientes DHCP pelo **servidor IOS DHCP**.
domain-name *domínio*	Define um nome do domínio DNS que é fornecido para os clientes DHCP pelo servidor IOS DHCP.
flowcontrol {hardware | software}	Especifica o método de controle do fluxo em uma linha assíncrona.

Tabela 4-9 *O resumo dos comandos de configuração para o IP (continuação).*

Comando	Descrição
frame-relay map ip	Mapeia um endereço IP para um Frame Relay DLCI.
group-range *início fim*	Especifica quais interfaces assíncronas estão incluídas na estrutura da interface assíncrona do grupo.
ip access-group list {in | out}	Aplica a lista de acesso indicada na tarefa de filtrar os pacotes que entram e saem em uma interface.
ip access-list {extended | standard} *nome*	Cria uma lista de acesso IP nomeada e seu critério de filtragem associado.
ip address *endereço ip máscara da rede*	Atribui um endereço IP e máscara da rede às interfaces LAN e WAN.
ip classless	Ativa o roteador para operar no modo sem classe, no qual os endereços IP de destino coincidem as rotas da super-rede e do bloco CIDR.
ip default-information originate	Faz com que o OSPF gere a rota default a partir do roteador de limite do sistema autônomo no resto do domínio OSPF.
ip default-network *endereço da rede*	Configura o endereço da rede especificado como uma rede de resumo ou default.
{no} ip dhcp conflict logging	Ativa ou desativa o registro das informações de conflito do endereço pelo servidor IOS DHCP.
ip dhcp database *url*	Define o local e o método para registrar os vínculos do servidor IOS DHCP e as informações de conflito.
ip dhcp excluded-address	Especifica um ou mais endereços IP que devem ser excluídos das ofertas DHCP para os clientes DCHP pelo servidor IOS DHCP.
ip dhcp pool *nome*	Cria um pool de endereços DHCP que pode ser configurado com subcomandos de configuração DHCP adicionais.
ip dhcp-server *endereço ip*	Especifica o endereço IP de um servidor DHCP que pode atribuir dinamicamente os endereços IP para os clientes de discagem.
ip domain-list *nome*	Estabelece uma lista de nomes do domínio a anexar aos nomes de host não qualificados.
ip domain-lookup	Ativa o DNS.
ip domain-name *nome*	Configura o nome do domínio primário para anexar aos nomes de host não qualificados.
ip forward-protocol udp type	Controla qual tipo de transmissão UDP é enviada.
ip helper-address *endereço ip*	Envia as transmissões UDP para o endereço IP especificado.
ip host	Configura o mapeamento estático de um nome do host para o(s) endereço(s) IP.

Capítulo 4 - O básico do TCP/IP | **181**

Tabela 4-9 *O resumo dos comandos de configuração para o IP (continuação).*

Comando	Descrição
ip local pool (default | pool-name} *endereço inicial ip endereço final ip*	Cria um pool de endereços IP para atribuir dinamicamente os endereços IP aos clientes de discagem.
ip name-server *endereço ip*	Configura o(s) servidor(es) do nome DNS.
ip netmask-format {decimal | bit-count | hexidecimal}	Configura o formato de exibição das máscaras da rede a serem usadas durante as sessões do terminal virtual ou do console.
ip ospf network {broadcast | non-broadcast | point-to-multipoint}	Configura o tipo de rede – de transmissão pública, não de transmissão pública ou de ponto para diversos pontos – que o OSPF acredita estar conectada à interface.
ip rip {send | receive} version	Especifica qual versão RIP enviar e receber em uma interface específica.
ip route 0.0.0.0 0.0.0.0 *endereço ip de destino*	Configura uma rota default 0.0.0.0.
ip route *endereço da rede máscara da rede endereço ip de destino*	Configura uma rota estática.
ip route *endereço da rede máscara da rede endereço ip da sub-rede*	Configura uma rota de resumo, tendo como parâmetros a rota de resumo, a máscara da rede e a sub-rede não conectada.
ip routing	Ativa o roteamento IP no roteador.
ip subnet-zero	Permite que a primeira sub-rede em uma faixa de endereços da rede (sub-rede zero) seja atribuída a uma interface.
ip unnumbered *interface*	Configura uma interface WAN de ponto a ponto IP não numerada.
map-group	Atribui um grupo de mapas nomeados a uma interface para usar ao mapear os endereços IP para os endereços da ligação de dados ATM em uma interface.
map-list	Cria uma lista de mapas nomeados para configurar o mapeamento dos endereços IP para os PVCs ou SVCs no endereçamento ATM.
modem autoconfigure *{discover | tipo tipo do modem}*	Especifica que um modem anexado a uma linha assíncrona deve ser configurado automaticamente pela descoberta ou usando as definições do tipo de modem nomeado.
modem {dialin | inout}	Especifica a direção permitida das chamadas assíncronas.
neighbor *endereço ip*	Especifica o endereço IP de um roteador vizinho com o qual trocar as informações de roteamento dinâmico.
neighbor *endereço ip* description	Permite que comentários sejam adicionados ao comando BGP neighbor.

Tabela 4-9 *O resumo dos comandos de configuração para o IP (continuação).*

Comando	Descrição
neighbor *endereço ip* **distribute-list**	Permite a filtragem da rota em pares por BGP.
neighbor *endereço ip* **remote-as** *asn*	Configura o roteador vizinho com o endereço indicado no sistema autônomo indicado como um par BGP.
neighbor *endereço ip* **update-source** *interface*	Especifica que o endereço IP de origem para estabelecer a sessão de par BGP deve ser derivado da interface nomeada.
netbios-name-server *endereço*	Define um ou mais endereços IP do servidor NetBIOS/ WINS para fornecer aos clientes DHCP pelo servidor IOS DHCP.
netbios-node-type *tipo*	Define o modo de comportamento NetBIOS que é fornecido para os clientes DHCP pelo servidor IOS DHCP.
network *endereço da rede*	Especifica que as interfaces conectadas que coincidem com o endereço da rede indicado devem ser incluídas nas notificações do roteamento.
network *endereço da rede* **area** *área#*	Especifica que as interfaces conectadas que coincidem com o endereço indicado devem ser incluídas nas notificações do roteamento OSFP e que as interfaces devem ser atribuídas à área especificada.
network *número da rede* [*máscara	comprimento do prefixo*]	Especifica a faixa de endereços IP que serão oferecidos aos clientes DHCP para um dado pool de endereços DHCP pelo servidor IOS DHCP.
no auto-summary	Impede o resumo dos endereços automático nos limites da rede com classe e permite a propagação das informações da sub-rede.
no inverse-arp	Desativa a função do mapeamento do endereço IP para o DLCI dinâmico do Frame Relay.
passive-interface *interface*	Configura o roteador para atender mas não notificar as informações de roteamento na interface indicada.
peer default ip address {**pool**	**dhcp**	*endereço ip*}	Especifica o método usado para atribuir um endereço IP a uma estação de trabalho do cliente de discagem.
ppp authentication *método*	Especifica que a autenticação PPP deve ser executada antes de permitir que os serviços da rede comecem. O protocolo de autenticação nomeado é usado entre o servidor de acesso e o cliente de discagem.
ppp ipcp {**dns**	**wins**}	Especifica o(s) endereço(s) IP do DSN ou servidores NetBIOS/ WINS a serem fornecidos para os clientes de discagem durante o estabelecimento da sessão PPP por interface.
ppp multilink	Especifica que a multiplexação do canal baseada no software deve ser ativada em uma interface.
redistribute *protocol*	Ativa a redistribuição da rota a partir do protocolo indicado.

Capítulo 4 - O básico do TCP/IP | 183

Tabela 4-9 *O resumo dos comandos de configuração para o IP (continuação).*

Comando	Descrição
router {**rip** | **igrp** | **ospf** | **eigrp** | **bgp**}	Permite que o roteador execute o protocolo de roteamento dinâmico especificado.
speed *bits por segundo*	Especifica a velocidade de transmissão em uma linha assíncrona.
standby ip *endereço ip*	Configura o endereço IP como o endereço IP virtual para um grupo HSRP.
standby preempt	Faz com que um roteador HSRP com prioridade mais alta retome o envio ativo quando fica disponível de novo.
standby priority *prioridade*	Atribui um valor de prioridade a um roteador HSRP para controlar a seleção do roteador de envio primário.
standby track *interface*	Ativa o ajuste dinâmico da prioridade HSRP de um roteador HSRP com base no status operacional da interface especificada.
standby use-bia	Faz com que o endereço IP virtual HSRP seja associado ao endereço MAC marcado no hardware de uma interface.
{no} synchronization	Ativa ou desativa a exigência das rotas a serem aprendidas através do processo de roteamento IGP antes de notificar os vizinhos EBGP.
username *nome* **password** *palavra*	Define um par de nome de usuário/senha local a usar para autenticar os usuários de discagem.
version *versão rip*	Especifica qual versão do RIP é usada em um roteador com o RIP ativado.
x25 map ip	Mapeia um endereço IP para um endereço X.121.

Referências

As seguintes referências exploram mais os assuntos neste capítulo:

Bellovin, S.M., e W. R. Cheswick. *Firewalls and Internet Security: Repelling the Wily Hacker*. Reading, Massachusetts: Addison-Wesley, 1994.

Comer, D. E. *Internetworking with TCP/IP*. Volume 1, Fourth Edition. Englewood Cliffs, New Jersey: Prentice Hall, 2000.

Halabi B., and D. McPherson. *Internet Routing Architectures*, Second Edition. Indianapolis, Indiana: Cisco Press, 2000.

Zwicky, E. D. e outros. *Building Internet Firewalls*, Second Edition. Sebastopol, California: O'Reilly & Associates, 2000.

CAPÍTULO 5

Endereçamento AppleTalk e estrutura do endereço – Os fundamentos do endereço e a estrutura da rede do protocolo AppleTalk.

Como configurar os endereços AppleTalk – Uma visão geral do esquema de endereçamento AppleTalk, mais exemplos de configuração do endereço para diferentes tipos de interface LAN e WAN.

Configuração do roteamento AppleTalk – O básico da configuração do roteamento AppleTalk usando rotas estáticas e verificando o roteamento AppleTalk.

Como configurar os protocolos de roteamento AppleTalk – As características dos protocolos de roteamento dinâmico RTMP e EIGRP AppleTalk e exemplos da configuração básica.

Como configurar o filtro AppleTalk através de listas de acesso – Como controlar o acesso da rede e a segurança usando os comandos access-list e appletalk access-group.

Como configurar os serviços básicos de discagem AppleTalk – As opções para configurar o IOS para fornecer acesso remoto aos usuários AppleTalk de discagem.

Como verificar a conectividade AppleTalk e solucionar problemas – Como identificar os problemas da conectividade usando os comandos show, ping e debug

O básico do AppleTalk

O AppleTalk é uma das primeiras implementações da computação do cliente e servidor. Foi criado em meados de 1980, pela Apple Computer, para os usuários finais da família de produtos Macintosh para compartilhar recursos, basicamente impressoras e arquivos localizados nos servidores.

Embora tenha ganho seguidores fiéis entre seus usuários finais por sua facilidade de uso, o AppleTalk desenvolveu simultaneamente uma reputação um tanto negativa entre os engenheiros de rede e construtores como um protocolo não dimensionável que era difícil de manter em grandes ambientes da empresa. Embora as melhorias tenham ganho algumas críticas da comunidade da rede, os defensores mais fortes do AppleTalk mantêm seus usuários finais. Ironicamente, alguns dos recursos do AppleTalk que levaram os construtores a criticá-lo pela utilização excessiva da rede, como a negociação dinâmica do endereço, têm sido implementados em outros protocolos largamente distribuídos, a saber o IP na forma do Dynamic Host Configuration Protocol (DHCP).

A Figura 5-1 mostra os vários protocolos no conjunto AppleTalk de protocolos da rede. Não apresentaremos todos esses protocolos, mas iremos nos concentrar em vários nas camadas da rede e de transporte – a saber, o AppleTalk Address Resolution Protocol (AARP), o Datagram Delivery Protocol (DDP), o Routing Table Maintenance Protocol (RTMP), o Name Binding Protocol (NBP) e o AppleTalk Echo Protocol (AEP). E mais, iremos explorar o Zone Information Protocol (ZIP) na seção "Como configurar o filtro AppleTalk através de listas de acesso". Os outros protocolos da rede na Figura 5-1, com os quais você pode estar familiarizado, são fornecidos como um quadro de referência.

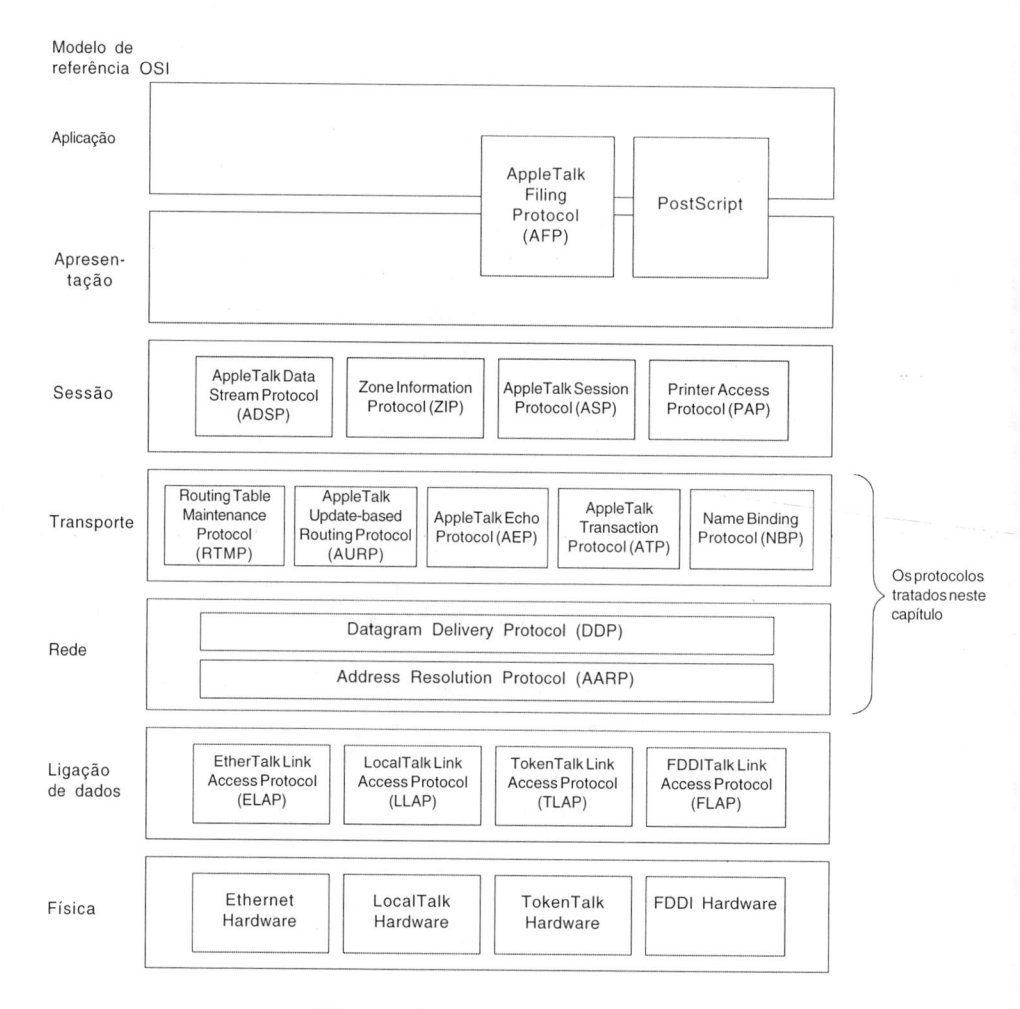

Figura 5-1 *O conjunto de protocolos AppleTalk.*

NOTA Nem todas as revisões do Cisco IOS suportam o AppleTalk. Você precisará assegurar que a versão do IOS, executada em seu roteador, suporte o Desktop Protocols Suite.

Endereçamento AppleTalk e estrutura do endereço

Ao passo que o TCP/IP – que é examinado no Capítulo 4, "O básico do TCP/IP" – é descrito como um protocolo aberto, o AppleTalk é um protocolo patenteado, controlado pela Apple Computers. A AppleTalk tem uma estrutura de endereços da rede exclusiva e uma metodologia de nomenclatura exclusiva para os serviços da rede.

Esta seção explora a estrutura de endereços da rede AppleTalk que todos os clientes (também chamada de estações de trabalho) e servidores têm de usar para se comunicarem com uma rede da Internet AppleTalk.

O endereço da rede AppleTalk é um endereço com 24 bits consistindo em dois componentes distintos – a saber, uma parte da rede com 16 bits e um endereço do nó com 8 bits. A parte da rede identifica um segmento LAN ou WAN, ao passo que o endereço do nó identifica uma estação de trabalho ou servidor. Os dois componentes são geralmente escritos juntos como rede.nó usando a notação decimal. Por exemplo, o endereço 52.6 identifica a estação de trabalho ou servidor 6 na rede 52. Diferente do TCP/IP, que tem diversos níveis da hierarquia de endereços e resumo, o AppleTalk está limitado a esses dois níveis. O DDP coordena a administração do endereço na rede AppleTalk além de fornecer um envio sem conexão dos pacotes AppleTalk.

Os endereços da rede para os segmentos LAN e WAN são determinados pelo administrador da rede da mesma maneira como as sub-redes TCP/IP são atribuídas pelo administrador para identificar um segmento da rede. O AppleTalk identifica dois tipos diferentes de métodos de endereçamento da rede para os segmentos LAN e WAN, o AppleTalk Fase 1 e 2. No AppleTalk Fase 1, os segmentos da rede são identificados por um único número da rede.

No AppleTalk Fase 2, os segmentos da rede são identificados por uma faixa de cabos que correspondem a um ou mais números da rede lógica. Uma faixa de cabos é um número da rede ou uma seqüência contínua de vários números da rede especificados por um número da rede inicial e final no formato *início-fim*. Por exemplo, a faixa de cabos 100-100 identifica uma rede lógica que tem o número de rede simples 100, ao passo que a faixa de cabos 50-64 identifica uma rede lógica que se estende em 15 números da rede, de 50 a 64.

Cada dispositivo em uma rede AppleTalk precisa de um número do nó com o qual se comunicar com os outros dispositivos. Diferente dos protocolos da rede que requerem que o administrador da rede atribua os endereços do nó ou de host, um dispositivo AppleTalk determina seu endereço do nó dinamicamente. Como na parte de rede do endereço, o AppleTalk Fases 1 e 2 tem exigências diferentes que controlam a seleção do endereço do nó durante o processo de negociação.

Os segmentos da rede AppleTalk Fase 1 podem ter até 254 endereços de nó – 127 são reservados para as estações de trabalho e 127 são reservados para os servidores. Cada estação de trabalho ou servidor no segmento de rede Fase 1 tem de ter um número de nó exclusivo. No AppleTalk Fase 1, um segmento de rede lógica poderá suportar apenas 127 hosts AppleTalk. Isso provou ser um problema de dimensionamento que foi resolvido no AppleTalk Fase 2.

Os segmentos da rede AppleTalk Fase 2 têm duas classificações para os endereços do nó, que são chamadas de estendida e não estendida. Em um segmento de rede Fase 2 não estendida, 253 números de nós podem ser associados a um único endereço de rede no segmento. Cada servidor, ou estação de trabalho, é atribuído a um único endereço de nó na faixa de 1-253. Os segmentos de rede Fase 2 estendida também permitem uma atribuição dos endereços de nó na faixa de 1-253. Porém, como diversos números de rede podem existir no segmento (através da faixa de cabos), cada estação de trabalho ou servidor é atribuído a uma combinação de endereço rede.nó exclusiva. A diferença entre os endereços estendido e não estendido pode parecer um pouco sutil. Resumindo, uma rede estendida pode suportar diversos números de rede e uma não estendida pode suportar apenas um único endereço de rede.

> **NOTA** Os segmentos de rede não estendida Fase 2 são geralmente redes LocalTalk ou segmentos WAN. O LocalTalk é a primeira implementação da Apple da rede nas camadas da ligação de dados e física que usa o cabo telefônico como o transporte físico e a carrier sense multiple access collision detect (CSMA/CD) na camada da ligação de dados O LocalTalk e o AppleTalk Fase 1 foram desenvolvidos para as aplicações do grupo de trabalho. O AppleTalk Fase 2 resultou da necessidade de melhorar o dimensionamento do protocolo AppleTalk para suportar a distribuição em uma estação de empresa. Como muitas das mesmas características são compartilhadas entre os segmentos de rede AppleTalk Fase 1 e Fase 2 não estendida, você poderá considerar um segmento de rede Fase 1 como simplesmente um segmento de rede Fase 2 não estendido.
>
> Os roteadores Cisco nunca suportaram o LocalTalk, embora os segmentos WAN possam ser endereçados no estilo AppleTalk Fase 1. Contudo, recomendamos que o endereçamento Fase 2 seja usado exclusivamente ao configurar os dispositivos Cisco para ter consistência, clareza e flexibilidade.

Como mencionado anteriormente, o endereço do nó é negociado dinamicamente no momento em que um dispositivo AppleTalk inicia ou é redefinido. O AARP é responsável pela negociação dos endereços do nó para os dispositivos em um segmento da rede. A atribuição dinâmica do endereço é feita usando um algoritmo muito simples. Sempre que um dispositivo AppleTalk é reiniciado e tenta se anexar à rede, ele verifica se um endereço da rede foi atribuído anteriormente a ele. Se foi, o dispositivo envia um pacote AARP para verificar se o endereço ainda é válido e não foi reclamado por outro nó no segmento da rede. Se disponível, o endereço será usado e o nó começará as operações normais da rede. Se o endereço tiver sido reclamado, o nó enviará uma série de pacotes AARP adicionais propondo um novo endereço do nó até que um endereço válido seja encontrado. A Figura 5-2 representa o processo de negociação do endereço.

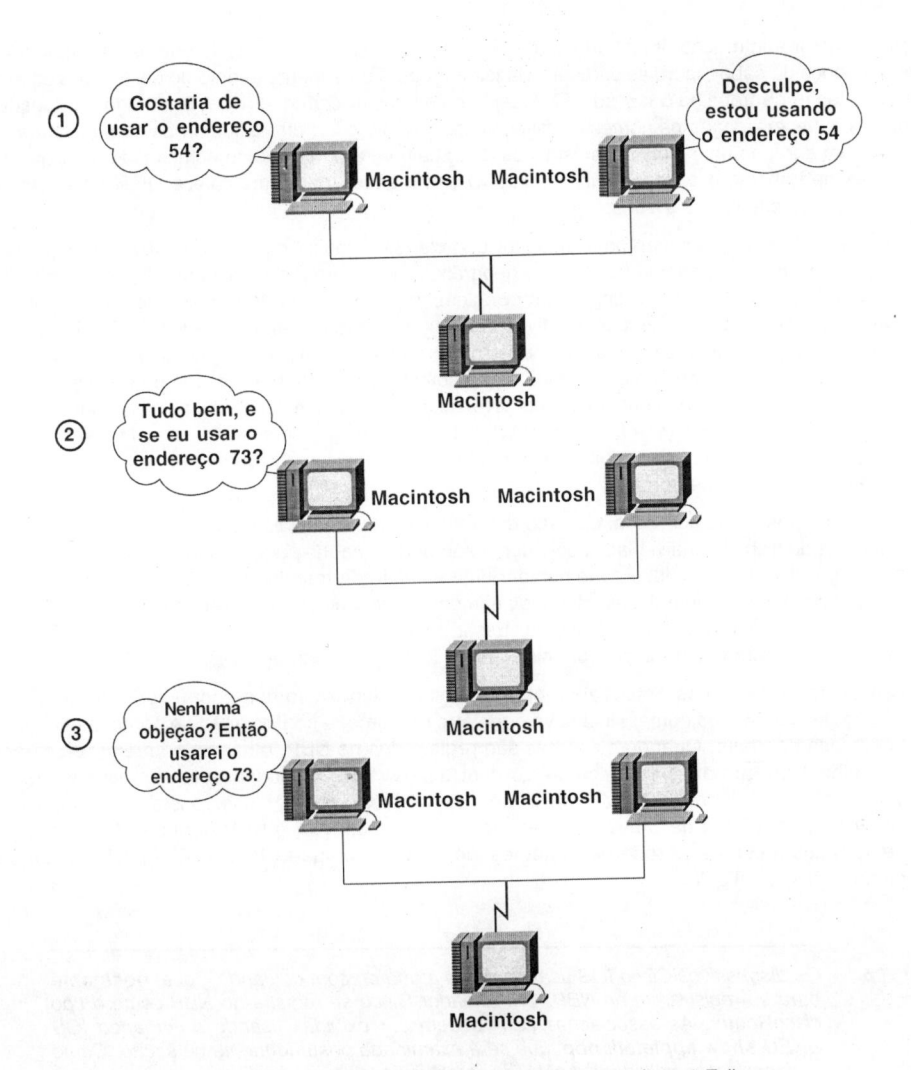

Figura 5-2 *O processo de seleção de endereços do nó AppleTalk.*

Para melhorar a interação do usuário com a rede AppleTalk, a Apple decidiu que os usuários devem ser poupados de saber sobre as particularidades da rede e do endereçamento do nó. Em vez de saber que a estação de trabalho 5 na rede 10 deseja se comunicar com o servidor 8 na rede 20, o usuário precisa conhecer apenas os nomes do dispositivo. A Apple criou um esquema de nomenclatura que permite um agrupamento lógico das estações de trabalho e a atribuição de nomes individuais para as estações de trabalho e servidores individuais. O termo usado para uma coleção lógica de estações de trabalho ou servidores é *zona*.

As zonas podem ser definidas para qualquer característica lógica de uma organização, como suas operações distintas, departamentos e locais geográficos. Por exemplo, uma empresa poderia criar uma Marketing Zone (Zona de Marketing) e uma Engineering Zone (Zona de Engenharia), todas podendo cruzar diversas geografias. Como alternativa, uma empresa poderia ter uma New York City Zone (Zona de Nova Iorque) que engloba todas as funções organizacionais para a área geográfica identificada. A seleção e a atribuição dos nomes da zona estão completamente sob a vontade do administrador da rede. Para aceitar um grupamento lógico em diversos segmentos LAN ou WAN físicos, o administrador poderá fornecer a mesma zona a diversas redes. E mais, um segmento da rede poderá ser atribuído a diversos nomes da zona para aceitar os diferentes grupos lógicos que podem ter os recursos da rede anexados a esse segmento.

Em oposição aos nomes da zona, que são determinados pelo administrador da rede, os nomes para as estações de trabalho individuais e servidores são determinados pelo usuário ou pelo administrador desse dispositivo. Um indivíduo pode nomear uma estação de trabalho Mac ou Godzilla de John, ao passo que um administrador do servidor pode nomear um servidor, segundo sua função, como Finance (Financeiro) ou Publications (Publicações). Esses nomes, junto com a zona em que residem, são registrados com a rede logo depois da iniciação do dispositivo feita pelo NBP.

O NBP associa os nomes AppleTalk e os atributos do dispositivo aos endereços. Ele organiza o processo de vínculo dos nomes, inclusive o registro do nome, a confirmação do nome, a eliminação e a pesquisa do nome. Quando os nomes são registrados no NBP, o exemplo anterior da estação de trabalho 10.5 que deseja se comunicar com o servidor 20.8 poderia ser expressado como a seguir: o Mac de John na New York Zone deseja se comunicar com o servidor Finance na Accounting Zone (Zona da Contabilidade). Como você pode ver, o NBP permite que os usuários se refiram aos recursos da rede pelos nomes, de modo muito parecido com o serviço do nome do domínio (DNS) do TCP/IP.

NOTA	Os dispositivos Cisco IOS usam o nome atribuído com comando global **hostname** para se registrarem no NBP. Um roteador Cisco se registra no NBP como o tipo ciscoRouter. As associações NBP podem ser exibidas usando o comando IOS EXEC **show appletalk nbp**, que será examinado posteriormente na seção "Como verificar a conectividade AppleTalk e solucionar problemas".

Embora a atribuição de nomes da zona não faça parte do endereço da rede, é uma parte integral da devida operação de uma rede AppleTalk. A devida configuração do AppleTalk nos roteadores requer que as zonas sejam atribuídas além dos números da rede ou faixas de cabos.

A Tabela 5-1 resume as diferenças entre as várias exigências da numeração da rede e dos nós.

Tabela 5-1 *As capacidades do AppleTalk Fase 1 e Fase 2.*

Capacidade	AppleTalk Fase 1	AppleTalk Fase 2
Redes, nós e zonas		
Número de redes lógicas (segmentos do cabo)	1	65279
Número máximo de dispositivos	254*	253**
Número máximo de nós finais	127	Nenhum limite para os nós finais; limite total dos nós de 253
Número máximo de servidores	127	Nenhum limite nos servidores; limite total de nós de 253
Número de zonas nas quais uma rede pode existir	1	1 (não estendida); 255 (estendida)
Encapsulação no nível do meio		
Rede não estendida	Não se aplica	Sim
Rede estendida	Não se aplica	Sim
Endereçamento do cabo	Não se aplica; usa os números da rede	Número da rede simples (não estendida); faixa de cabos de 1 ou mais (estendida)

* Os números de nós 1 e 255 são reservados
** Os números de nós 0, 254 e 255 são reservados

Como configurar os endereços AppleTalk

Nesta seção, iremos examinar a configuração dos endereços AppleTalk nas interfaces LAN e WAN. Antes de você atribuir os endereços, deverá desenvolver um esquema de endereçamento sensível e global para sua rede. Algumas regras regem o endereçamento. A seguir estão dicas para ajudá-lo:

- ◆ Os números da rede simples devem aparecer apenas em um segmento LAN ou WAN.
- ◆ As faixas de cabos devem aparecer em apenas um segmento LAN ou WAN e nenhuma faixa de cabos ou parte de uma faixa de cabos deve ser duplicada nos diferentes segmentos da rede.
- ◆ Uma faixa de cabos de um número da rede deve ser atribuída às interfaces WAN.
- ◆ Como regra, você deve adicionar um número da rede a uma faixa de cabos para cada 50 nós em um segmento da rede.
- ◆ O uso de um esquema de endereçamento da rede lógica poderá ajudar a simplificar a solução de problemas no futuro.

A última recomendação pode parecer um pouco óbvia, mas iremos explorá-la um pouco mais vendo as atribuições do endereço para o local São Francisco na rede ZIP. A Tabela 5-2 mostra a atribuição dos endereços da rede AppleTalk para o local ZIP São Francisco.

Tabela 5-2 As atribuições da rede AppleTalk ZIP de São Francisco.

Faixa de cabos	Geografia	Andar	Recurso
1-10	São Francisco	Independente	Anel FDDI e rede principal do servidor
11-100	São Francisco	1° andar	Estações de trabalho do usuário
101-200	São Francisco	2° andar	Estações de trabalho do usuário
201-900	São Francisco	Reservado para um futuro crescimento	Reservado para um futuro crescimento
901-901	SF-São José	-	Ligação WAN
902-902	SF-Seul	-	Ligação WAN
903-1000	SF-para fora	Reservado para um futuro crescimento	WAN não atribuída

Na rede ZIP, as faixas de endereços da rede foram reservadas para certos locais. Neste caso, todo o endereço da rede São Francisco está na faixa de 1-1000. Ao solucionar os problemas da rede, os administradores da rede ZIP poderão identificar rapidamente um dispositivo AppleTalk como localizado em São Francisco com base em seu endereço da rede. Do mesmo modo, a faixa de 1-1000 foi dividida em partes menores. A faixa de 1-10 foi reservada para a rede principal do servidor e a faixa de 11-900 foi reservada para os andares do prédio onde as estações de trabalho do usuário e as impressoras residem. Finalmente, a faixa de 901-1000 foi reservada para o endereçamento das ligações WAN.

Como pode ver, essa abordagem lógica para a atribuição dos endereços da rede facilita um reconhecimento rápido da função e o local dos dispositivos nessa rede AppleTalk.

Configuração da interface LAN

Todos os roteadores Cisco, que estão roteando o AppleTalk, têm um endereço rede.nó AppleTalk exclusivo em cada um de seus segmentos LAN anexados. Esse endereço rede.nó é determinado dinamicamente com base no número da rede Fase 1 ou na faixa de cabos Fase 2 atribuída à interface. A atribuição de endereços exclusivos a cada interface permite aos roteadores saberem quais redes estão conectadas a cada interface e para onde os pacotes dessas redes devem ser enviados.

Como no TCP/IP, cada um dos cinco tipos de LAN, descritos no Capítulo 3, "O básico das interfaces do dispositivo", (Ethernet/IEEE 802.3, Fast Ethernet, Gigabit Ethernet, Token Ring/IEEE 802.5 e FDDI), suporta o conceito de mapear dinamicamente o endereço MAC encontrado no adaptador LAN para o endereço AppleTalk atribuído à interface. Esse processo de resolução do endereço é suportado pelo

AARP, que também desempenha um papel na atribuição do endereço do nó dinâmico. Quando uma estação de trabalho AppleTalk precisa contactar outra estação de trabalho AppleTalk na mesma rede lógica e não conhece o endereço da ligação de dados dessa estação, envia uma transmissão pública solicitando que o endereço da ligação de dados seja fornecido para o endereço AppleTalk desejado. Cada estação nessa rede lógica examinará a solicitação; se o endereço MAC de uma estação coincidir com o endereço AppleTalk solicitado, responderá com seu endereço MAC.

Como o Address Resolution Protocol (ARP) no TCP/IP, o AARP elimina a necessidade de saber quais endereços MAC residem na rede lógica de uma estação para se comunicar com as outras estações de trabalho ou servidores. Muitos protocolos WAN não suportam um mapeamento dinâmico da ligação de dados para os endereços AppleTalk, portanto a configuração WAN requer uma configuração do endereço AppleTalk adicional para se comunicar com as outras estações na interface WAN.

> **NOTA**   *O AppleTalk funciona bem com cada interface LAN descrita no Capítulo 3. Embora o protocolo da camada de ligação para o AppleTalk seja igual em cada uma das implementações LAN – a saber, IEEE 802.2 SNAP LLC – a Apple refere-se a suas implementações do AppleTalk em cada meio por nomes diferentes. A Apple refere-se ao AppleTalk, na Ethernet, como EtherTalk, ao AppleTalk, no Token Ring, como TokenTalk e ao AppleTalk, no FDDI, como FDDITalk.*
>
> *A Apple também nomeou cada um dos protocolos da camada de ligação que suporta o AppleTalk nesses meios. Esses protocolos incluem o EtherTalk Link Access Protocol (ELAP), o TokenTalk Link Access Protocol (TLAP) e o FDDITalk Link Access Protocol (FLAP). A diferença básica entre esses tipos de camada de ligação está em sua encapsulação SNAP. Nas interfaces Ethernet, Token Ring e FDDI, a encapsulação SNAP consiste em, respectivamente, um padrão IEEE 802.3, um padrão IEEE 802.5 ou um cabeçalho FDDI e um cabeçalho IEEE 802.2 SNAP LLC. Nomear os protocolos da camada de ligação simplesmente facilita analisar a implementação AppleTalk nesses meios e a referir-se aos drivers que os sistemas operacionais Apple precisam para suportar o AppleTalk nesses meios.*

A atribuição dos números da rede AppleTalk Fase 1 nas interfaces LAN e WAN é feita com o subcomando da interface Cisco IOS **appletalk address**. Esse comando tem como parâmetro a rede AppleTalk e o número do nó no formato *rede.nó*. O número da rede fornecido tem de concordar com os outros roteadores operacionais já presentes no segmento LAN ou WAN configurado. O número do nó fornecido é um número do nó sugerido. Poderá mudar no processo da negociação dinâmica descrito anteriormente. Embora a rede ZIP tenha escolhido implementar o endereçamento Fase 2 exclusivamente, a seguir está um exemplo de como configurar o roteador SF-1 com um endereço AppleTalk Fase 1 em sua interface ethernet 1 não usada:

```
SF-1#configure
Configuring from terminal, memory or network [terminal]?
Enter configuration commands, one per line. End with CTRL+Z.
SF-1(config)#interface ethernet 1
SF-1(config-if)#appletalk address 201.1
SF-1(config-if)#^Z
```

A atribuição das faixas de cabo AppleTalk Fase 2 nas interfaces LAN e WAN é feita com o subcomando da interface Cisco IOS **appletalk cable-range**. Esse comando tem como parâmetro uma faixa de números com o formato *início-fim* que indica os números do endereço da rede inicial e final a serem incluídos na faixa de cabos. A faixa de cabos fornecida tem de concordar com os outros roteadores operacionais já presentes no segmento LAN ou WAN configurado. O comando tem como parâmetro opcional o endereço rede.nó inicial a ser usado durante a negociação do endereço. No exemplo seguinte, iremos configurar o roteador SF-2 com uma faixa de cabos AppleTalk Fase 2 em cada uma de suas três interfaces LAN:

```
SF-2#configure
Configuring from terminal, memory or network [terminal]?
Enter configuration commands, one per line. End with CTRL+Z.
SF-2(config)#interface ethernet 0
SF-2(config-if)#appletalk cable-range 151-200
SF-2(config-if)#interface ethernet 1
SF-2(config-if)#appletalk cable-range 101-150
SF-2(config-if)#interface fddi 0
SF-2(config-if)#appletalk cable-range 1-10
SF-2(config-if)#^Z
```

Depois de configurar os endereços, a configuração dos nomes da zona nas interfaces será a próxima etapa ao estabelecer com sucesso o endereçamento AppleTalk. Os nomes da zona nas interfaces LAN e WAN são configurados usando o subcomando da interface Cisco IOS **appletalk zone**. O comando tem como parâmetro uma string de caracteres, que é o nome da zona. O nome da zona pode incluir caracteres alfas, numéricos e especiais. E mais, os caracteres do conjunto de caracteres especiais Macintosh poderão ser incluídos. Simplesmente digite dois pontos, seguidos do valor hexadecimal do conjunto de caracteres especiais. Os nomes da zona levam em conta as letras maiúsculas e minúsculas.

Diversos nomes da zona poderão ser especificados fornecendo o comando **appletalk zone** diversas vezes para uma dada interface. O primeiro nome da zona especificado é considerado o nome da zona primário para essa interface. As configurações da zona da interface têm de coincidir exatamente – no nome e no número de zonas – com as zonas já configuradas nos roteadores AppleTalk operacionais do mesmo segmento da rede. No próximo exemplo, iremos configurar cada uma das interfaces do roteador SF-2 com um nome de zona exclusivo:

```
SF-2#configure
Configuring from terminal, memory or network [terminal]?
Enter configuration commands, one per line. End with CTRL+Z.
SF-2(config)#interface ethernet 0
SF-2(config-if)#appletalk zone Marketing
SF-2(config-if)#interface ethernet 1
SF-2(config-if)#appletalk zone Sales
SF-2(config-if)#interface fddi 0
SF-2(config-if)#appletalk zone SF Zone
SF-2(config-if)#^Z
```

O AppleTalk e o software Cisco IOS suportam o conceito de configurar dinamicamente o endereço da rede e o(s) nome(s) da zona para as interfaces LAN baseadas nas informações disponíveis a partir dos roteadores operacionais já presentes no segmento da rede. A configuração dinâmica é feita colocando a interface no modo de descoberta. O modo de descoberta é útil quando um roteador não está presente no segmento da rede e teve seu endereço da rede ou nome(s) da zona estabelecido(s) manualmente pelos comandos de configuração (esses comandos sendo para os roteadores Cisco IOS ou outros tipos de roteadores). Os novos roteadores adicionados a esse segmento da rede simplesmente adquirem sua configuração a partir do roteador AppleTalk estabelecido.

O modo de descoberta também permite uma reconfiguração fácil de todos os roteadores em um segmento da rede porque apenas o roteador configurado manualmente – o *roteador de geração* – requer uma reconfiguração manual. Os outros roteadores no modo de descoberta nesse segmento da rede aprendem de novo sua configuração a partir do roteador de geração reconfigurado.

Para o modo de descoberta funcionar devidamente, pelo menos o roteador de geração terá que estar presente no segmento da rede. Se todos os roteadores no segmento da rede forem colocados no modo de descoberta, nenhum roteador poderá estabelecer sua configuração AppleTalk e começar a transmitir o tráfego AppleTalk.

A configuração do modo de descoberta AppleTalk nas interfaces LAN é feita usando o subcomando da interface Cisco IOS **appletalk discovery**. Esse comando é usado geralmente no lugar do comando **appletalk address** ou **appletalk cable-range**. Como alternativa, o modo de descoberta poderá ser estabelecido especificando o endereço rede. nó 0.0 como um parâmetro para o comando **appletalk address** ou **appletalk cable-range**. Independentemente do comando usado para implementar o modo de descoberta, o comando **appletalk zone** não será usado. Embora o modo de descoberta não seja implementado na rede ZIP, a seguir está um exemplo de como configurar o AppleTalk na interface **tokenring 0/0** do roteador San Jose:

```
San-Jose#configure
Configuring from terminal, memory or network [terminal]?
Enter configuration commands, one per line.  End with CTRL+Z.
San-Jose(config)#interface tokenring 0/0
San-Jose(config-if)#appletalk discovery
San-Jose(config-if)#^Z
```

Configuração da interface WAN

O endereçamento WAN no AppleTalk é parecido com o endereçamento LAN no sentido de que é configurado usando o subcomando de configuração da interface **appletalk address** ou **appletalk cable-range** em conjunto com o comando **appletalk zone**. O modo de descoberta AppleTalk não é suportado em nenhuma interface WAN. Nesta seção, iremos explorar como atribuir os números da rede AppleTalk às interfaces WAN de ponto a ponto e com diversos pontos. Note que as interfaces WAN requerem métodos de encapsulação específicos (como X.25 ou Frame Relay) para operarem e que o AppleTalk usa esses métodos de encapsulação no meio WAN. Todas as interfaces WAN requerem endereços do nó AppleTalk exclusivos, mas as interfaces específicas na mesma WAN compartilham uma faixa de cabos e nome da zona comuns.

Endereçamento da interface WAN de ponto a ponto

Como visto no Capítulo 4, durante a análise do IP, uma interface WAN de ponto a ponto é a que conecta exatamente dois dispositivos. Para dois roteadores rotearem o AppleTalk em uma interface WAN de ponto a ponto, eles têm de ser configurados com o mesmo número da rede AppleTalk ou faixa de cabos nas interfaces conectadas. Como em uma interface LAN, cada dispositivo, em uma interface WAN, tem um número do nó AppleTalk exclusivo, determinado dinamicamente.

A configuração dos números da rede AppleTalk nas interfaces WAN de ponto a ponto é feita com o subcomando da interface Cisco IOS **appletalk address** para os endereços Fase 1 ou o subcomando da interface Cisco IOS **appletalk cable-range** para os endereços Fase 2. Cada conexão WAN de ponto a ponto separada (ou subinterface de ponto a ponto) deve ser atribuída a um número da rede AppleTalk separado ou faixa de cabos. Os nomes da zona AppleTalk podem também ser atribuídos às interfaces

WAN de ponto a ponto usando o subcomando da interface Cisco IOS **appletalk zone**. No exemplo a seguir, iremos configurar o roteador Seoul-1 com as faixas de cabos AppleTalk e os nomes da zona em cada uma de suas interfaces de ponto a ponto (duas subinterfaces Frame Relay e uma interface High-Level Data Link Control [HDCL]):

```
Seoul-1#configure
Configuring from terminal, memory or network [terminal]?
Enter configuration commands, one per line. End with CTRL+Z.
Seoul-1(config)#interface serial 0.16 point-to-point
Seoul-1(config-if)#appletalk cable-range 2901-2901
Seoul-1(config-if)#appletalk zone WAN Zone
Seoul-1(config-if)#interface serial 0.17 point-to-point
Seoul-1(config-if)#appletalk cable-range 2902-2902
Seoul-1(config-if)#appletalk zone WAN Zone
Seoul-1(config-if)#interface serial 1
Seoul-1(config-if)#appletalk cable-range 1901-1901
Seoul-1(config-if)#appletalk zone WAN Zone
Seoul-1(config-if)#^Z
```

Endereçamento da interface WAN com diversos pontos

As questões gerais envolvidas ao configurar os endereços do protocolo da rede nas interfaces WAN com diversos pontos foram analisadas no Capítulo 4 com referência ao IP. Como o IP, o AppleTalk pode ser usado com muitas interfaces WAN com diversos pontos diferentes, inclusive o Frame Relay, X.25 ISDN e ATM. Você poderá configurar cada uma dessas interfaces WAN com diversos pontos para rotearem o AppleTalk usando o subcomando da interface IOS **appletalk address** ou **appletalk cable-range**, como analisado nas seções anteriores. Como nos tipos de interface anteriores, o subcomando da interface IOS **appletalk zone** é requerido para a devida operação do AppleTalk nas interfaces WAN com diversos pontos.

O AppleTalk também requer que um endereço da camada da ligação de dados específico seja mapeado para um endereço rede.nó AppleTalk específico. Esse mapeamento é configurado de modo diferente para cada protocolo WAN. Os comandos usados para executar esses mapeamentos requerem um endereço rede.nó específico. Recomenda-se que os endereços rede.nó sejam fornecidos como parâmetros para o comando **appletalk address** ou **appletalk cable-range** para assegurar que o administrador da rede saiba quais endereços do nó são atribuídos a quais roteadores na nuvem WAN com diversos pontos.

Para as interfaces com diversos pontos Frame Relay, o roteador precisará mapear os números de identificador da conexão da ligação de dados (DLCI) em uma interface Frame Relay com diversos pontos para um número rede.nó AppleTalk. O Inverse ARP do Frame Relay pode mapear o número DLCI para uma rede AppleTalk e o número do nó dinamicamente. Como alternativa, você poderá usar o subcomando de configuração da interface **frame-relay map appletalk** para mapear estaticamente o endereço DLCI Frame Relay associado a uma rede AppleTalk e um número do nó que são atingíveis através da interface WAN com diversos pontos.

O endereçamento das interfaces X.25 WAN com diversos pontos é parecido com o endereçamento das interfaces Frame Relay no sentido de que ambas usam subcomandos de configuração da interface do mapa estático. As interfaces X.25 têm de ter seus endereços rede.nó AppleTalk mapeados para os endereços X.121 usados para configurar os circuitos virtuais entre os sistemas. Cada circuito virtual é identificado pelo endereço X.121 usado para configurar a conexão. Use o subcomando de configuração da interface **x25 map appletalk** para estabelecer o mapeamento estático entre o endereço AppleTalk e o endereço X.121 em uma interface WAN com diversos pontos.

Capítulo 5 - O básico do AppleTalk | 197

endereçamento das interfaces ISDN com diversos pontos também requer comandos do mapa estático. Com o AppleTalk, diferente do IP, os comandos do mapeamento ISDN são requeridos para qualquer dispositivo que deseje se comunicar com outro dispositivo em uma conexão ISDN. O subcomando de configuração da interface IOS **dialer map appletalk** é usado para fornecer o mapeamento entre os endereços rede.nó AppleTalk, os nomes do sistema e os números de telefone usados para configurar as chamadas no ISDN.

O mapeamento entre os endereços do identificador do caminho virtual/identificador do canal virtual (VPI/VCI) da ligação de dados ATM e o número rede.nó AppleTalk na interface ATM com diversos pontos depende dos tipos de protocolos ATM e dos circuitos virtuais usados. Para o AppleTalk, você poderá usar a encapsulação do controle da ligação lógica/SNAP (LLC/SNAP) no ATM com os circuitos virtuais permanentes (PVCs) e os circuitos virtuais comutados (SVCs). Com os PVCs, um circuito virtual permanente é estabelecido através da rede ATM e os pacotes são identificados como sendo destinados para um endereço AppleTalk na outra extremidade do circuito virtual específico. Com os SVCs, os pacotes AppleTalk são identificados como sendo destinados para um endereço da camada de ligação ATM definido estaticamente e específico. O comutador ATM estabelece o circuito virtual em demanda quando o roteador solicita uma conexão com o endereço ATM para obter um endereço rede.nó AppleTalk específico.

A encapsulação LLC/SNAP com os PVCs usa o subcomando de configuração da interface IOS **map-group** e o comando de configuração global IOS **map-list** para mapear os endereços rede.nó AppleTalk para os PVCs específicos. A encapsulação LLC/SNAP com os SVCs usa o subcomando de configuração da interface IOS **map-group** e o comando de configuração global IOS **map-list** para mapear os endereços rede.nó AppleTalk para os endereços do ponto de acesso do serviço da rede (NSAP) usados para identificar os dispositivos remotos na rede ATM.

Como verificar a configuração do endereço AppleTalk

A verificação dos endereços AppleTalk e outros atributos AppleTalk que foram atribuídos às suas interfaces poderá ser feita por meio do comando EXEC **show appletalk interface**. Esse comando fornece uma visão completa dos parâmetros associados à configuração AppleTalk de todas as interfaces. Se uma interface específica for fornecida como um parâmetro para o comando, apenas as informações sobre essa interface serão exibidas. A seguir está a saída do comando **show appletalk interface ethernet 0** executado no roteador SF-2 da rede ZIP:

```
SF-2#show appletalk interface ethernet 0
Ethernet0 is up, line protocol is up
    AppleTalk cable range is 151-200
    AppleTalk address is 198.72, Valid
    AppleTalk zone is "Marketing"
    AppleTalk address gleaning is disabled
    AppleTalk route cache is enabled
```

Na primeira linha da saída, você pode ver o status administrativo e operacional da interface. Durante a validação da configuração AppleTalk dessa interface com os outros roteadores operacionais no segmento da rede, as informações do status são exibidas acima e nessa linha. A segunda linha mostra o endereço da rede da faixa de cabos AppleTalk. A terceira linha mostra o endereço rede.nó e indica se o endereço entra em conflito com qualquer outro endereço nessa interface. A quarta linha mostra o nome da zona à qual essa interface pertence. Linhas adicionais poderão estar presentes na saída desse comando se recursos AppleTalk adicionais, como os filtros do pacote, forem aplicados. Um exemplo dessa situação aparece na seção "Como configurar o filtro AppleTalk através de listas de acesso", apresentada posteriormente neste capítulo.

O comando IOS EXEC **show appletalk interface** tem uma forma opcional que permite ver um pequeno resumo das informações do endereço AppleTalk e os status de todas as interfaces disponíveis no dispositivo. Essa versão resumida é obtida usando o comando **show appletalk interface brief**.

Adiante está a saída do comando **show appletalk interface brief** executado no roteador ZIP SF-2:

```
SF-2#show   appletalk  interface  brief
Interface    Address      Config        Status/Line  Protocol   Atalk  Protocol
Ethernet0    198.72       Extended      up                      up
Ethernet1    120.45       Extended      up                      up
Fddi0        7.12         Extended      up                      up
Loopback1    unassigned   not config'd  up                      n/a
```

Além de verificar a configuração AppleTalk na próxima interface, você poderá exibir os mapeamentos estáticos e dinâmicos dos endereços rede.nó AppleTalk para os endereços da ligação de dados nos vários meios com diversos pontos WAN. Para tanto, use os comandos IOS EXEC **show frame-relay map**, **show atm map** e **show dialer maps**, como demonstrado nos capítulos anteriores.

Configuração do roteamento AppleTalk

A atribuição dos números da rede AppleTalk e dos nomes da zona para os dispositivos IOS e interfaces é necessária mas não suficiente para dois dispositivos AppleTalk se comunicarem entre si. Para transmitir os dados, as estações de trabalho e os servidores na rede AppleTalk também terão que conhecer quais caminhos tomar para atingir uns aos outros. Os roteadores AppleTalk constroem e consultam as tabelas de números da rede, que são conhecidas como tabelas de roteamento. As tabelas de roteamento AppleTalk operam de modo muito parecido com as de roteamento IP, fornecendo informações do caminho da rede que permitem ao roteador enviar os dados diretamente para o destino final ou para o próximo roteador no caminho para o destino final. Para determinar onde as redes AppleTalk estão localizadas e compartilhar essas informações entre si, os roteadores utilizam algoritmos de roteamento, também conhecidos como protocolos de roteamento.

No AppleTalk, os protocolos de roteamento podem ser estáticos ou dinâmicos por natureza. Nos protocolos estáticos, você configura manualmente a tabela de roteamento AppleTalk com as informações do caminho da rede. Os protocolos de roteamento dinâmico contam com os próprios roteadores para notificarem informações sobre as diferentes redes AppleTalk às quais estão anexados. O AppleTalk usa dois protocolos de roteamento dinâmico diferentes, que serão examinados na seção "Como configurar os protocolos de roteamento AppleTalk", mais tarde neste capítulo.

Como configurar os comandos de roteamento AppleTalk

Antes de o roteador ser configurado com as informações do protocolo AppleTalk e começar a transmitir o tráfego AppleTalk, o roteamento AppleTalk terá de ser ativado. Os dispositivos Cisco IOS não ativam automaticamente o roteamento AppleTalk, como no TCP/IP.

Para ativar o roteamento AppleTalk, o comando de configuração global IOS **appletalk routing** é usado.
No próximo exemplo, ativaremos o roteamento AppleTalk no roteador ZIP SF-2:

```
SF-2#configure
Configuring from terminal, memory or network [terminal]?
Enter configuration commands, one per line. End with CTRL+Z.
SF-2(config)#appletalk routing
SF-2(config)#^Z
```

Depois de o roteamento AppleTalk ser ativado, o roteador construirá a tabela de roteamento usada para comutar os pacotes. Por default, quando um endereço AppleTalk ou faixa de endereço é configurada em uma interface LAN ou WAN e essa interface é colocada em um estado operacional, as informações da rede AppleTalk para a interface são colocadas na tabela de roteamento. Todas as interfaces operacionais conectadas ao roteador são colocadas na tabela de roteamento. Se apenas um roteador estiver em sua rede, ele conterá informações sobre todas as suas redes AppleTalk conectadas. Apenas quando dois ou mais roteadores existem na rede, as entradas da tabela de roteamento dinâmico são criadas. Essas entradas são criadas usando o Routing Table Maintenance Protocol (RTMP), que iremos analisar posteriormente neste capítulo.

Você poderá usar o comando IOS EXEC **show appletalk route** para exibir a tabela de roteamento AppleTalk. Quando o comando é fornecido sem parâmetros, a tabela de roteamento AppleTalk inteira é exibida. O exemplo seguinte mostra o roteador SF-2 na rede ZIP, com apenas as interfaces operacionais conectadas e nenhuma entrada da tabela de roteamento adicional:

```
SF-2#show  appletalk route
Codes:     R - RTMP derived, E - EIGRP derived, C - connected, A - AURP
           S - static P - proxy
3 routes in internet

The first zone listed for each entry is its default (primary) zone.

C Net 1-10    directly connected, Fddi0,    zone SF Zone
C Net 101-150 directly connected, Ethernet1, zone Sales
C Net 151-200 directly connected, Ethernet0, zone Marketing
```

O comando **show appletalk route** fornece dados úteis para o administrador da rede. É a principal ferramenta usada para determinar qual caminho um pacote AppleTalk segue na rede. A saída desse comando é parecida com o comando **show ip route** que exibe a tabela de roteamento IP, como analisado no Capítulo 4.

A primeira seção da saída é a legenda para a primeira coluna da tabela. Informa de onde uma rota foi derivada. Cada uma das três últimas linhas nessa tabela de roteamento AppleTalk mostra uma única rota para um conjunto de redes AppleTalk especificadas como faixas de cabos, como as rotas foram derivadas, as zonas às quais as redes pertencem e a interface associada às rotas. O "C", na primeira coluna, indica que todas as rotas são conhecidas a partir das redes AppleTalk operacionais conectadas. Iremos estudar mais o comando **show appletalk route** na seção "Como verificar a configuração do roteamento AppleTalk", mais tarde neste capítulo.

Como configurar o roteamento estático

Na análise do roteamento IP no Capítulo 4, apresentamos várias razões para usar as rotas IP estáticas inclusive as ligações da rede instáveis e as conexões da rede de discagem. As mesmas razões poderã ser aplicadas no uso das rotas AppleTalk estáticas. Você poderá usar o comando de configuração globa **appletalk static** para configurar as rotas AppleTalk estáticas na tabela de roteamento AppleTalk. N próximo exemplo, o roteador ZIP SF-2 será configurado com uma rota estática que direciona os pacote AppleTalk destinados para a rede 40000-40000 para um nó 5.10, que é encontrado no FDDI. Nest exemplo, o nome da zona SF Zone é associado à faixa de cabos 40000-40000 pelo comando **appletal static**:

```
SF-2#configure
Configuring from terminal, memory or network [terminal]?
Enter configuration commands, one per line. End with CTRL+Z.
SF-2(config)#appletalk static cable-range 40000-40000 to 5.10 zone SF Zon
SF-2(config)#^Z
```

Usando o comando **show appletalk route**, poderemos verificar a entrada da rota estática na tabel de roteamento do roteador SF-2:

```
SF-2#show appletalk route
Codes:    R - RTMP derived,  E - EIGRP derived,  C - connected,  A - AURP
          S - static P - proxy
4 routes in internet

The first zone listed for each entry is its default (primary) zone.

C Net 1-10 directly connected, Fddi0, zone SF Zone
C Net 101-150 directly connected, Ethernet1, zone Sales
C Net 151-200 directly connected, Ethernet0, zone Marketing
S Net 40000-40000 [1/G] via 5.10, 315 sec, Fddi0, zone SF Zone
```

As rotas estáticas AppleTalk também poderão ser exibidas com o comando IOS EXEC **show appl static**:

```
SF-2#show apple static

              AppleTalk     Static         Entries:
              ---------------------------------------
   Network    NextIR        Zone           Status
   40000-40000  5.10        SF Zone        A
```

Como verificar a configuração do roteamento AppleTalk

Como examinado anteriormente, a configuração do roteamento AppleTalk pode ser verificada usanc o comando IOS EXEC **show appletalk route**. Nesta seção, iremos explorar os comandos adiciona que ajudam a verificar e gerenciar a configuração da tabela de roteamento AppleTalk.

O comando **show appletalk route** é a ferramenta usada para exibir o estado da tabela de roteamento AppleTalk. Se as rotas estáticas forem configuradas ou os protocolos de roteamento dinâmico estiverem sendo executados, esse comando mostrará se a rotas que foram configuradas, ou que se espera que serão aprendidas, estão, no momento, presentes no roteador. Iremos analisar os protocolos de roteamento AppleTalk dinâmico na próxima seção deste capítulo. A seguir está uma exceção da saída do comando **show appletalk route** no roteador ZIP SF-2:

```
SF-2#show appletalk route
Codes:    R - RTMP derived, E - EIGRP derived, C - connected, A - AURP
          S - static  P - proxy
5 routes in internet

The first zone listed for each entry is its default (primary) zone.

C Net 1-10 directly connected, Fddi0, zone SF Zone
C Net 101-150 directly connected, Ethernet1, zone Sales
C Net 151-200 directly connected, Ethernet0, zone Marketing
R Net 11-100 [1/G] via 2.12, 10 sec, Fddi0, zone Operations
R Net 40000-40000 [1/G] via 5.10, 315 sec, Fddi0, zone SF Zone
```

Na saída anterior, vemos as rotas para as redes AppleTalk conectadas diretamente no roteador SF-2 e uma rota aprendida dinamicamente para a rede AppleTalk 11-100, que é aprendida a partir do roteador SF-1 usando o protocolo de roteamento dinâmico AppleTalk RTMP. A saída também fornece as seguintes informações:

- ◆ O próximo endereço rede.nó do roteador AppleTalk e a interface de saída para as rotas exibidas (ou apenas a interface de saída no caso das rotas conectadas diretamente).

- ◆ Se a rota for aprendida dinamicamente, a duração do tempo (em segundos) em que a rota esteve na tabela ou a duração desde a última atualização, dependendo do protocolo de roteamento em particular.

- ◆ A métrica do protocolo de roteamento (o número à esquerda da barra entre colchetes) e o estado da rota para tudo, exceto as rotas conectadas diretamente. O estado da rota é a letra à direita da barra dentro dos colchetes. O valor G, S ou B é usado para indicar que a rota é boa (ou seja, ativa e disponível), suspeita ou ruim, respectivamente.

Os estados da rota são mantidos por um processo separado, que verifica a cada 20 segundos determinadas rotas que não foram atualizadas. Para cada período de 20 segundos que passa sem uma atualização em uma rota, seu status muda de G para S e então de S para B. Depois de 1 minuto sem atualizações, a rota é limpa. Sempre que uma atualização útil é recebida, o status da rota é redefinido para G. As atualizações serão úteis se notificarem uma rota que seja tão boa ou melhor que a atual na tabela.

Como no comando **show ip route**, você poderá exibir uma rota específica usando o comando **show appletalk route** especificando um número da rede como um parâmetro. Poderá também limpar as rotas AppleTalk da tabela de roteamento usando o comando EXEC privilegiado **clear appletalk route**. Ao solucionar problemas de roteamento AppleTalk, poderá usar esse comando para limpar manualmente uma rota e então usar o **show appletalk route** para verificar a partir de onde o roteador aprende originalmente essa rota.

A configuração do nome da zona AppleTalk pode ser verificada usando comando IOS EXEC **show appletalk zone**. Quando nenhum nome da zona for fornecido como um parâmetro para o comando, todos os nomes da zona serão exibidos. A seguir está uma exceção da saída de **show appletalk zone** a partir do roteador ZIP SF-2:

```
SF-2#show appletalk zone
Name                      Network(s)
SF Zone                   1-10  40000-40000
Sales                     101-150
Marketing                 151-200
Operations                11-100
Total of 4 zones
```

Quando dois ou mais roteadores AppleTalk estão presentes em uma rede, eles trocam informações do roteamento dinâmico. O comando IOS XEC **show appletalk neighbors** poderá ser usado para verificar se o roteamento AppleTalk está ativado e verificar a existência de outros roteadores AppleTalk na rede. O próximo exemplo é uma exceção a partir da saída do comando **show appletalk neighbors** no roteador SF-2. Ele mostra que o roteador SF-2 foi aprendido sobre seu roteador vizinho AppleTalk SF-1 e que SF-1 está executando o protocolo de roteamento dinâmico RTMP:

```
SF-2#show appletalk neighbors
AppleTalk neighbors:
2.12        SF-1.Fddi0        Fddi0, uptime 33:27, 2 secs
            Neighbor is reachable as a RTMP peer
```

Como configurar os protocolos de roteamento AppleTalk

Como indicado na análise dos protocolos de roteamento dinâmico para o TCP/IP no Capítulo 4, muitos fatores afetam a decisão de qual protocolo de roteamento implementar em sua rede. Esses fatores – topologia da rede, dimensionamento, facilidade da implementação e velocidade da convergência – são tão importantes em sua decisão sobre qual protocolo de roteamento dinâmico usar para o AppleTalk quanto são para o IP.

O Cisco IOS oferece dois protocolos de roteamento AppleTalk dinâmico: Routing Table Maintenance Protocol (RTMP) e AppleTalk EIGRP. Diferente do TCP/IP, o AppleTalk tem um protocolo de roteamento dinâmico default, o RTMP, que opera sem uma configuração manual feita pelo administrador da rede. O AppleTalk EIGRP pode ser implementado nos dispositivos IOS de uma rede segmento por segmento. Contudo, como apenas os dispositivos Cisco IOS suportam o EIGRP, os segmentos da rede com roteadores não IOS AppleTalk, ou os segmentos com uma mistura de ambos, continuarão a requerer o RTMP para o AppleTalk operar devidamente.

A rede ZIP de amostra usa o RTMP e o EIGRP. O EIGRP é implementado para reduzir o consumo da largura de banda nas ligações WAN, que é causado pelo RTMP. Se sua rede AppleTalk for pequena o suficiente e tiver uma largura de banda WAN suficiente, o RTMP sozinho provavelmente será suficiente, eliminando a necessidade de configurar os comandos adicionais requeridos para implementar o EIGRP.

Nas seções seguintes, iremos examinar a configuração do roteamento RTMP e EIGRP.

Como configurar o AppleTalk RTMP

O RTMP é o protocolo de roteamento dinâmico AppleTalk default; é parecido em função com o IP Routing Information Protocol (IP RIP). O AppleTalk RTMP é um protocolo de roteamento do vetor da distância que estabelece e mantém tabelas de roteamento AppleTalk entre os roteadores AppleTalk. Examinamos as propriedades dos protocolos de roteamento do vetor da distância e o IP RIP no Capítulo 4. O AppleTalk RTMP é um protocolo de porta interior (IGP). O AppleTalk não usa os protocolos de roteamento do protocolo de porta exterior (EGP) porque o AppleTalk é executado em intranets, não na Internet pública. O AppleTalk RTMP é ativado em todas as interfaces AppleTalk por default quando você usa o comando de configuração global **appletalk routing**.

Como o primeiro protocolo de roteamento dinâmico para as redes AppleTalk, o RTMP não tem alguns recursos avançados dos protocolos de roteamento dinâmico mais novos, basicamente nas áreas do dimensionamento e do consumo da largura de banda reduzido. Uma das falhas primárias do RTMP é a natureza extremamente "explicativa" do protocolo de roteamento – ele envia atualizações de roteamento a cada 10 segundos. Como veremos na próxima seção, os protocolos de roteamento dinâmico desenvolvidos mais recentemente resolvem algumas dessas questões.

O AppleTalk RTMP usa uma métrica de contagem de saltos parecida com o IP RIP. A contagem de saltos é a medida do número de saltos do roteador que um pacote tem de atravessar para ir da origem do pacote até o destino. O AppleTalk RTMP suporta uma contagem de saltos máxima de 30. Qualquer rota mais distante que 30 saltos será marcada como inacessível. Na saída de **show appletalk route** a partir do roteador SF-2, podemos ver que a rota para a rede AppleTalk 11-100 tem uma métrica de 1 salto, mostrada como [1/G] na tabela de roteamento AppleTalk:

```
SF-2#show appletalk route
Codes:    R - RTMP derived, E - EIGRP derived, C - connected, A - AURP
          S - static P - proxy
5 routes in internet

The first zone listed for each entry is its default (primary) zone.

C Net 1-10 directly connected, Fddi0, zone SF Zone
C Net 101-150 directly connected, Ethernet1, zone Sales
C Net 151-200 directly connected, Ethernet0, zone Marketing
R Net 11-100 [1/G] via 2.12, 10 sec, Fddi0, zone Operations
S Net 40000-40000 [1/G] via 5.10, 315 sec, Fddi0, zone SF Zone
```

Por default, apenas uma rota para uma rede AppleTalk é mantida na tabela de roteamento em qualquer momento. Esse comportamento é diferente do roteamento IP, no qual o roteador mantém automaticamente diversos caminhos com custo igual. Para permitir que o roteador coloque caminhos com custo igual em sua tabela de roteamento AppleTalk, use o comando de configuração global **appletalk maximum-paths**. Por exemplo, o comando **appletalk maximum-paths 2** permite ao roteador aprender dois caminhos com custo igual para um dado destino da rede AppleTalk. O número de caminhos com custo igual, que você permite em seu roteador, depende da topologia de sua rede AppleTalk. Quando diversos caminhos com custo igual são mantidos, o roteador compartilha o carregamento por pacote em todos os caminhos paralelos com custo igual para um destino da rede AppleTalk.

Como configurar o AppleTalk EIGRP

O AppleTalk EIGRP é uma versão melhorada do Interior Gateway Routing Protocol (IGRP), original da Cisco, adaptada para ser usada nas redes AppleTalk. O AppleTalk EIGRP usa o mesmo mecanismo de transporte, o algoritmo de atualização DUAL, e o processo de descoberta do vizinho usado pelo EIGRP para o IP, analisado no Capítulo 4. O EIGRP para o AppleTalk oferece recursos encontrados nos protocolos do estado da ligação, como as atualizações de aumento parciais e o tempo de convergência diminuído. O EIGRP envia as atualizações do roteamento apenas quando ocorrem alterações na topologia da rede, portanto usa menos largura de banda que o RTMP, que envia atualizações da tabela de roteamento completas, com freqüência. A implementação do EIGRP, nas ligações WAN, particularmente naquelas com uma largura de banda limitada, poderá resultar no melhor desempenho da rede para o tráfego que percorre essas ligações.

A configuração do processo de roteamento AppleTalk EIGRP consiste em duas etapas: ativar o roteador para executar o EIGRP e identificar quais interfaces são incluídas no processo de roteamento EIGRP.

Para ativar o EIGRP para o AppleTalk, use o comando de configuração global IOS **appletalk routing eigrp**. Esse comando tem como parâmetro um identificador do processo, que geralmente é o número do sistema autônomo usado ao configurar o IP EIGRP ou o IP BGP. No exemplo a seguir, iremos ativar o AppleTalk EIGRP no roteador Singapore usando o número do sistema autônomo 25000:

```
Singapore#configure
Configuring   from  terminal,  memory  or  network  [terminal]?
Enter  configuration  commands,  one  per  line.  End  with  CTRL+Z.
Singapore(config)#appletalk  routing  eigrp  25000
Singapore(config)#^Z
```

Depois do AppleTalk EIGRP ser ativado, você terá de identificar quais interfaces do roteador devem ser incluídas nas atualizações do roteamento EIGRP. O subcomando de configuração da interface IOS **appletalk protocol** é usado para instruir o roteador sobre qual protocolo de roteamento dinâmico AppleTalk usar na determinada interface. O comando tem como parâmetro a palavra-chave **eigrp** ou **rtmp**. Na rede ZIP, ativamos o AppleTalk EIGRP em todas as interfaces WAN. A seguir está um exemplo de como configurar o EIGRP como o protocolo de roteamento na interface WAN do roteador ZIP Singapore:

```
Singapore#configure
Configuring   from  terminal,  memory  or  network  [terminal]?
Enter  configuration  commands,  one  per  line.  End  with  CTRL+Z.
Singapore(config)#interface  serial  0.100
Singapore(config-if)#appletalk  protocol  eigrp
Singapore(config-if)#^Z
```

Como o RTMP é configurado por default em todas as interfaces AppleTalk, ambas as atualizações EIGRP e RTMP são enviadas nas interfaces nas quais o EIGRP é ativado. Isso poderá ser verificado usando o comando **show apple interface**, como visto no roteador ZIP Singapore:

```
Singapore#show  appletalk  interface  serial  0.100
Serial0.100  is  up,  line  protocol  is  up
     AppleTalk  cable  range  is  2902-2902
     AppleTalk  address  is  2902.2,  Valid
```

```
AppleTalk zone is "WAN Zone"
AppleTalk protocols enabled: RTMP & EIGRP
AppleTalk address gleaning is not supported by hardware
AppleTalk route cache is not initialized
```

Note que, depois do AppleTalk EIGRP ter sido ativado no roteador, a redistribuição automática das informações do roteamento entre o AppleTalk EIGRP e RTMP é executada. Esse processo assegura que as rotas aprendidas por qualquer protocolo de roteamento dinâmico serão trocadas mutuamente de modo que os roteadores EIGRP e RTMP conheçam todos os endereços da rede disponíveis. O comando de configuração global IOS **appletalk route-redistribution** é inserido automaticamente na configuração do roteador configurado para o AppleTalk EIGRP para chamar a redistribuição. Desativar intencionalmente a redistribuição automática poderá fazer com que os roteadores EIGRP não conheçam as rotas derivadas do RTMP e vice-versa, tornando alguns recursos da rede potencialmente indisponíveis para alguns usuários.

Nas interfaces nas quais apenas os roteadores Cisco IOS AppleTalk estão presentes, o roteamento RTMP poderá ser desativado para eliminar a notificação redundante das atualizações do roteamento. É importante não desativar o RTMP em nenhuma interface na qual há estações de trabalho AppleTalk, servidores, impressoras ou roteadores AppleTalk baseados não no IOS. Desativar o RTMP nas interfaces com esses dispositivos irá impedi-los de acessar os serviços da rede AppleTalk. Na rede ZIP, desativamos o RTMP em todas as interfaces WAN nas quais apenas os roteadores Cisco IOS AppleTalk estão presentes. Para desativar o RTMP, use o subcomando de configuração da interface IOS **no appletalk protocol rtmp**. A seguir, um exemplo de como desativar o RTMP na interface WAN do roteador ZIP Singapore:

```
Singapore#configure
Configuring from terminal, memory or network [terminal]?
Enter configuration commands, one per line. End with CTRL+Z.
Singapore(config)#interface serial 0.100
Singapore(config-if)#no appletalk protocol rtmp
Singapore(config-if)#^Z
```

Como já mencionado, o RTMP não pode ser desativado completamente nas interfaces AppleTalk onde outras estações finais AppleTalk e roteadores AppleTalk não IOS residem. Porém, se apenas as estações finais AppleTalk estiverem anexadas ao segmento da rede (que é conhecido como rede stub), a notificação das atualizações completas do roteamento RTMP poderão ser omitidas em favor de uma atualização de roteamento curta modificada. A forma curta de atualização do roteamento é suficiente para permitir aos servidores AppleTalk, estações de trabalho e impressoras continuarem a operar e não tem o overhead extra da rede de enviar atualizações completas da tabela de roteamento através do RTMP.

O subcomando de configuração da interface IOS **appletalk rtmp-stub** configura o roteador para enviar apenas a atualização de stub na interface em que o comando está configurado. Embora tenhamos escolhido implementar esse recurso na rede ZIP, a seguir está um exemplo de como configurar o comando se escolhêssemos implementá-lo na interface Ethernet do roteador Singapore:

```
Singapore#configure
Configuring from terminal, memory or network [terminal]?
Enter configuration commands, one per line. End with CTRL+Z.
Singapore(config)#interface ethernet
Singapore(config-if)#appletalk rtmp-stub
Singapore(config-if)#^Z
```

A operação do EIGRP e RTMP AppleTalk pode ser verificada com o comando **show appletalk route** examinado anteriormente. Para ajudá-lo mais a verificar a configuração e a operação EIGRP do AppleTalk, comandos IOS EXEC adicionais poderão ser usados, como indicado na Tabela 5-3.

Tabela 5-3 Os comandos IOS EXEC do AppleTalk EIGRP.

Comando IOS EXEC do EIGRP	Função
show appletalk eigrp interfaces	Exibe informações sobre as interfaces configuradas para o AppleTalk EIGRP.
show appletalk eigrp neighbors	Exibe os vizinhos descobertos pelo AppleTalk EIGRP.
show appletalk eigrp topology	Exibe a tabela da topologia AppleTalk EIGRP.
show appletalk eigrp traffic	Exibe o número de pacotes enviados e recebidos para o(s) processo(s) AppleTalk EIGRP.

Como configurar o filtro AppleTalk através de listas de acesso

Os recursos de filtragem de pacotes para o AppleTalk no software Cisco IOS permitem que um administrador da rede limite o acesso a certos recursos AppleTalk – inclusive servidores individuais, impressoras, segmentos da rede, faixas de endereços e zonas inteiras – com base em vários critérios. Como a configuração da lista de acesso para o TCP/IP, o processo de filtragem de pacotes consiste em definir o critério de filtragem e então aplicar o critério em interfaces AppleTalk específicas.

Como definir as listas de acesso

As listas de acesso AppleTalk são ligeiramente mais complicadas que as listas de acesso TCP/IP, em parte por causa das zonas lógicas que podem se estender em diversas interfaces e números da rede AppleTalk. E mais, o AppleTalk usa muito os nomes do dispositivo – como registrados no NBP – para o acesso da estação de trabalho e servidor para os recursos da rede. Como examinados anteriormente, os endereços rede.nó associados a esses recursos da rede podem mudar com o tempo com base na negociação dinâmica do endereço do nó de um dispositivo.

Como resultado dessas condições, avisamos sobre o uso das capacidades de filtragem AppleTalk que permitem a filtragem com base nos endereços da rede. Tentar limitar o acesso aos recursos em uma certa zona, restringindo o acesso a uma determinada rede ou faixa de cabos, poderá ser extremamente capcioso quando essa zona se estender em diversas interfaces e geografias. E mais, uma lista de acesso baseada em um endereço da rede ou do nó poderá não funcionar mais se o endereço desse recurso mudar dinamicamente em algum ponto no futuro. Configurações ruins poderão permitir um acesso aonde nada é desejado ou bloquear, sem intenção. o acesso às pessoas que precisam dele.

Em vez de filtrar com base nos endereços da rede AppleTalk, recomendamos a filtragem baseada nos nomes do serviço AppleTalk – como registrados no NBP – e com base nas solicitações e propagação do nome da zona. Como esses conceitos estão intimamente ligados à operação AppleTalk, é lógico controlar o acesso com base nesses critérios. Iremos examinar o NBP e a filtragem do nome da zona na parte restante desta seção.

Todos os critérios de filtragem AppleTalk são implementados pelo comando de configuração global IOS **access-list** usando as listas numeradas na faixa 600-699. Diferente das listas de acesso IP e Internetwork Packet Exchange (IPX), a ordem dos comandos da lista de acesso AppleTalk não é importante. Contudo, dois critérios importantes devem ser observados na construção das listas de acesso AppleTalk.

Primeiro, as entradas da lista de acesso não devem se sobrepor. Um exemplo de sobreposição é permitir uma certa rede com um comando **permit network** e então negar a mesma rede com um comando **deny network**. Se você fornecer entradas que se sobrepõem, a última fornecida anulará e removerá a anterior da lista de acesso. Neste caso, a instrução **permit network** será removida da lista de acesso quando você digitar a instrução **deny network**.

Segundo, o critério de filtragem lógica do AppleTalk e a filtragem da rede AppleTalk são implementados com a mesma lista de acesso e são avaliados simultaneamente. Portanto, cada lista de acesso tem sempre que ter um método para lidar com os pacotes ou as atualizações de roteamento que não satisfazem nenhuma dessas instruções de controle do acesso na lista de acesso. Para especificar explicitamente como você deseja que esses pacotes ou atualizações de roteamento sejam lidados, terá de usar um dos seguintes comandos, dependendo de suas circunstâncias:

- O comando de configuração global **access-list other-access**, ao definir as condições de acesso para as redes e faixas de cabos.

- O comando de configuração global **access-list additional-zones**, ao definir as condições de acesso para as zonas.

- O comando de configuração **global access-list other-nbps**, ao definir as condições de acesso para os recursos da rede nomeados usando os pacotes NBP.

Esses comandos podem ser colocados em qualquer lugar na lista de acesso. O software Cisco IOS coloca automaticamente um comando **access-list deny other-access** no final da lista de acesso. Também coloca os comandos **access-list deny additional-zones** e **access-list deny other-nbps** no final da lista de acesso quando as zonas e as condições de acesso NBP são negadas, respectivamente. Se você não especificar explicitamente como lidar com os pacotes ou as atualizações de roteamento que não satisfazem nenhuma das instruções de controle do acesso, os pacotes ou as atualizações do roteamento serão negados automaticamente e, no caso dos pacotes de dados, descartados.

Para implementar a filtragem com base nos nomes dos recursos da rede, como são registrados com o NBP, use o parâmetro da palavra-chave **nbp** da lista de acesso AppleTalk numerada. As palavras-chave adicionais permitem filtrar com base nos tipos de objeto, nomes do objeto, zona na qual um objeto reside ou no tipo da função NBP. No próximo exemplo, definiremos um filtro NBP no roteador de São José para impedir o acesso a todos os servidores em São José, exceto um servidor público designado no departamento de engenharia. A lista de acesso definida permite acessar um recurso nomeado (neste caso, o servidor Engineering Public), um tipo de objeto (um servidor de arquivo AppleTalk ou AFPServer) e a zona em que o objeto reside (zona São José). A opção **deny other-nbps** impede o acesso a todos os outros recursos nomeados:

```
San-Jose#configure
Configuring from terminal, memory or network [terminal]?
Enter configuration commands, one per line. End with CTRL+Z.
San-Jose(config)#access-list 601 permit nbp 1 object Engineering Public
San-Jose(config)#access-list 601 permit nbp 1 type AFPServer
San-Jose(config)#access-list 601 permit nbp 1 zone San Jose Zone
San-Jose(config)#access-list 601 deny other-nbps
San-Jose(config)#^Z
```

A filtragem do nome da zona permite selecionar as solicitações de nome da zona e a propagação do nome da zona. Iremos examinar como cada um é aplicado na próxima seção. Ambos os tipos de listas de filtragem de nomes da zona são implementados com o parâmetro da palavra-chave **zone** para a lista de acesso AppleTalk numerada. No exemplo a seguir, definiremos um filtro de nome da zona no roteador de Singapura que nega o acesso a Operations Zone (Zona de Operações) enquanto permite acesso a todas as outras através da palavra-chave additional-zones:

```
Singapore#configure
Configuring from terminal, memory or network [terminal]?
Enter configuration commands, one per line. End with CTRL+Z.
Singapore(config)#access-list 605 deny zone Operations
Singapore(config)#access-list 605 permit additional-zones
Singapore(config)#^Z
```

Como aplicar as listas de acesso

Depois do critério de filtragem de uma lista de acesso AppleTalk ser definido, você terá de aplicá-lo em uma ou mais interfaces para que os pacotes possam ser filtrados. Algumas aplicações da lista de acesso poderão ser aplicadas na direção que entra ou que sai na interface. Para a direção que entra, os pacotes estão chegando no roteador a partir da interface. Para a direção que sai, os pacotes estão deixando o roteador e viajando para a interface.

Quando as listas de acesso AppleTalk são definidas como filtros NBP, são aplicadas por meio do subcomando de configuração da interface IOS **appletalk access-group**. Esse comando tem como parâmetro a palavra-chave **in** ou **out**, com o default sendo **out** se nenhuma palavra-chave for fornecida. O próximo exemplo aplica-se à lista de acesso 601 AppleTalk definida anteriormente no roteador de São José para as interfaces WAN, assim permitindo acesso apenas ao servidor público de engenharia a partir das outras partes da rede ZIP:

```
San-Jose#configure
Configuring from terminal, memory or network [terminal]?
Enter configuration commands, one per line. End with CTRL+Z.
San-Jose(config)#interface serial 0/0
San-Jose(config-if)#appletalk access-group 601
San-Jose(config-if)#interface serial 1/0
San-Jose(config-if)#appletalk access-group 601
San-Jose(config-if)#^Z
```

Para compreender como as listas de acesso AppleTalk definidas para a filtragem dos nomes da zona são aplicadas nas solicitações e propagação dos nomes da zona, uma explicação rápida do gerenciamento dos nomes da zona é necessária.

Os nomes da zona são mapeados para os números da rede nos roteadores pelo Zone Information Protocol (ZIP). Quando um roteador recebe uma nova notificação da rede em sua tabela de roteamento, o ZIP fornece a rede na Zone Information Table (ZIT) e envia transmissões públicas de solicitação ZIP solicitando informações sobre quais zonas são mapeadas para o novo endereço da rede. Assim, o ZIP pode construir uma lista completa de todas as zonas que correspondem aos endereços da rede aprendidos via RTMP ou EIGRP.

Os usuários da estação de trabalho são os principais beneficiários das informações ZIP. Quando um usuário Apple Macintosh abre o Chooser, os pacotes de solicitação de listas da zona ZIP são transmitidos publicamente para o segmento de rede local. Qualquer roteador AppleTalk, no segmento da rede local, poderá responder com uma lista das zonas disponíveis.

NOTA	Não confunda nossa análise do Zone Information Protocol (ZIP) com nossa rede de amostra para a empresa Zoom Integrated Products (ZIP).

Com o papel do ZIP em mente, poderemos examinar as duas aplicações dos filtros do nome da zona AppleTalk. Para filtrar a propagação dos nomes da zona de um roteador para outro, o subcomando de configuração da interface IOS **appletalk zip-reply-filter** será usado. Esse filtra funciona fazendo com que o roteador responda às solicitações ZIP para obter os mapeamentos da rede para o nome da zona com apenas os nomes da zona permitidos na lista de acesso. Conseqüentemente, **appletalk zip-reply-filter** aplica-se apenas a responder os pacotes que saem da interface na qual está configurado. No exemplo a seguir, iremos configurar o roteador de Singapura com a lista de acesso 605 AppleTalk definida anteriormente em sua interface Ethernet para impedir que qualquer roteador desconhecido aprenda sobre a Operations Zone:

```
Singapore#configure
Configuring from terminal, memory or network [terminal]?
Enter configuration commands, one per line. End with CTRL+Z.
Singapore(config)#interface ethernet 0
Singapore(config-if)#appletalk zip-reply-filter 605
Singapore(config-if)#^Z
```

Para impedir que os usuários aprendam sobre certas zonas, use o subcomando de configuração da interface IOS **appletalk getzonelist-filter**. O filtro funciona fazendo com que o roteador responda às solicitações ZIP para obter as listas de zonas com apenas os nomes da zona permitidos pela lista de acesso. Como no **appletalk zip-reply-filter**, os únicos pacotes de resposta que são filtrados são os que saem da interface na qual **getzonelist-filter** está configurado. No exemplo seguinte, iremos configurar o roteador de Singapura com a lista de acesso 605 AppleTalk definida anteriormente em sua interface Ethernet para impedir que quaisquer estações de trabalho do usuário final aprendam sobre a Operations Zone ao exibir os recursos em seus Choosers:

```
Singapore#configure
Configuring from terminal, memory or network [terminal]?
Enter configuration commands, one per line. End with CTRL+Z.
Singapore(config)#interface ethernet 0
Singapore(config-if)#appletalk getzonelist-filter 605
Singapore(config-if)#^Z
```

NOTA	Como mencionado anteriormente, quando diversos roteadores estiverem em um segmento da rede, qualquer um deles poderá responder às solicitações ZIP GetZoneList. Dado este fato, é importante que a filtragem dos nomes da zona seja aplicada em todos os roteadores no mesmo segmento da rede de modo idêntico. A falha em filtrar de modo idêntico faz com que os usuários recebam listas de zonas diferentes, dependendo de qual dispositivo responde à solicitação. E mais, uma filtragem inconsistente poderá fazer com que as zonas apareçam e desapareçam na estação de trabalho do usuário a cada segundo. Dado o potencial para inconsistências, você deverá aplicar normalmente os filtros dos nomes da zona apenas quando todos os roteadores forem baseados no IOS, a menos que os roteadores não IOS tenham capacidades de filtragem parecidas.

Você poderá exibir o comportamento das listas de acesso e verificar se foram configuradas devidamente usando os comandos IOS EXEC **show access-lists** e **show appletalk access-lists**. O primeiro comando mostra todas as listas de acesso definidas no roteador, ao passo que o último mostra apenas as listas de acesso AppleTalk definidas no roteador. Cada comando pode ter como parâmetro um número da lista de acesso e pode exibir apenas o conteúdo dessa lista. Se nenhum parâmetro for fornecido, todas as listas serão exibidas. A seguir está a saída do comando **show appletalk access-lists** no roteador de Singapura para o exemplo da lista de acesso anterior:

```
Singapore#show appletalk access-lists
AppleTalk access list 605:
    deny zone Operations
    permit additional-zones
```

O comando IOS EXEC **show appletalk interface** mostra onde as listas de acesso AppleTalk são aplicadas em uma interface e para qual aplicação de filtragem. As duas últimas linhas da saída a seguir no roteador de Singapura indicam que a lista de acesso 605 AppleTalk foi aplicada como **zip-reply-filter** e **getzonelist-filter**:

```
Singapore#show appletalk interface ethernet 0
Ethernet0 is up, line protocol is up
    AppleTalk cable range is 4001-4010
    AppleTalk address is 4008.30, Valid
    AppleTalk zone is "Manufacturing"
    AppleTalk address gleaning is disabled
    AppleTalk route cache is enabled
    AppleTalk GetZoneList filter is 605
    AppleTalk Zip Reply filter is 605
```

Como configurar os serviços básicos de discagem AppleTalk

Neste capítulo, estamos vendo as capacidades de roteamento para o AppleTalk no Cisco IOS. O Cisco IOS também permite o acesso remoto a partir dos clientes AppleTalk, parecido com a funcionalidade tratada no capítulo anterior para o IP de discagem. O acesso remoto AppleTalk fornece aos usuários a capacidade de usar os serviços da rede AppleTalk, embora não estejam fisicamente conectados a um segmento LAN dedicado na rede.

No IOS, a capacidade de acesso remoto para o AppleTalk está disponível nas linhas de discagem assíncrona e ISDN. Neste capítulo, escolhemos analisar os comandos AppleTalk específicos comumente usados para os clientes de discagem assíncrona que acessam os serviços da rede através do AppleTalk Remote Access Protocol (ARAP) e o AppleTalk Control Protocol (ATCP) do Point-to-Point Protocol (PPP). O acesso AppleTalk no ISDN é comumente usado no roteamento de discagem em demanda entre os roteadores, um tópico além do escopo deste livro.

Como vimos no Capítulo 4, durante a configuração dos serviços de discagem IP, o acesso remoto consiste em fazer a configuração da linha assíncrona ativar os serviços AAA para os usuários e configurar as opções específicas do protocolo. Para o AppleTalk, a configuração da linha assíncrona é praticamente idêntica à mostrada para o IP no Capítulo 4.

Apenas o ARAP requer comandos de configuração da linha adicionais. Os clientes AppleTalk que usam o ARAP requerem a configuração dos serviços AAA adicionais, ao passo que os usuários do protocolo da ligação de dados PPP usam a configuração dos serviços AAA, como mencionado anteriormente para o IP e em maiores análises que se encontram no Capítulo 7, "As questões básicas administrativas e de gerenciamento". Ambos os usuários de discagem ARAP e AppleTalk PPP requerem que os comandos de configuração específicos do protocolo sejam aplicados na interface assíncrona do grupo do servidor de acesso.

Primeiro daremos um exemplo dos comandos de configuração adicionais requeridos para suportar os clientes de discagem ARAP. Três comandos da linha assíncrona são requeridos para implementar os serviços de discagem ARAP. Esses comandos ativam o protocolo ARA, especificam o método de autenticação ARAP e determinam como o ARAP é chamado durante a sessão de discagem.

O subcomando de configuração da linha IOS **arap enable**, o primeiro desses três comandos, permite ao protocolo ARA operar nas linhas de discagem. O subcomando de configuração da linha IOS **arap authentication default** instrui o servidor de acesso para usar o método de autenticação ARAP default configurado através do serviço AAA. Por último, o subcomando de configuração da linha IOS **autoselect arap** configura o servidor de acesso para reconhecer automaticamente que um usuário de discagem está tentando se conectar com o protocolo ARA. A seguir está um exemplo de como adicionar os subcomandos de configuração da linha ARAP para o servidor de acesso de Singapura Sing2511, que foi configurado anteriormente para os serviços de discagem IP:

```
Sing2511#configure
Configuring from terminal, memory or network [terminal]?
Enter configuration commands, one per line. End with CTRL+Z.
Sing2511(config)#line 1 16
Sing2511(config-line)#arap enable
Sing2511(config-line)#arap authentication default
Sing2511(config-line)#autoselect arap
Sing2511(config-line)#^Z
```

Comandos de autenticação AAA adicionais são requeridos para verificar a identidade dos usuários de discagem que acessam através do protocolo ARA. O comando de configuração global IOS **aaa authentication arap** é usado para especificar o critério pelo qual os usuários ARAP são identificados. O comando tem como parâmetros um nome do método e uma lista dos métodos de autenticação. Como no PPP, o ARAP pode ser autenticado usando um nome de usuário local ou um servidor de autenticação, como o Terminal Access Controller Access Control System (TACACS+). O controle das conexões dos convidados poderá também ser especificado com a palavra-chave **auth-guest**, que especifica que a conexão ARAP do convidado será permitida apenas se um usuário tiver sido autenticado anteriormente para o IOS EXEC durante a sessão de discagem.

Os usuários de discagem ARAP têm também que ser fornecidos com uma rede AppleTalk e número da zona, aos quais são atribuídos durante sua sessão de discagem. O comando de configuração global IOS **arap network** é usado para especificar o número da rede ARAP e o nome da zona.

No exemplo a seguir, o servidor de acesso de Singapura, denominado Sing2511, é configurado com as informações da autenticação e do protocolo AppleTalk para permitir que os usuários de discagem ARAP acessem a rede AppleTalk. Os usuários ARAP são autenticados para o banco de dados de nomes do usuário local configurado nesse servidor de acesso e são atribuídos à rede AppleTalk 2500 na Mac-dialup Zone (Zona de discagem Mac):

```
Sing2511#configure
Configuring from terminal, memory or network [terminal]?
Enter configuration commands, one per line. End with CTRL+Z.
```

```
Sing2511(config)#aaa authentication arap default auth-guest local
Sing2511(config)#arap network 2500 Mac-dialup
Sing2511(config)#^Z
```

Permitir que os usuários de discagem acessem os serviços AppleTalk com o ATCP e PPP requer apenas dois comandos do protocolo além dos comandos PPP e de configuração da linha configurados anteriormente para os serviços de discagem IP, no Capítulo 4. Como no ARAP, os clientes AppleTalk PPP precisam ter uma rede AppleTalk e nome da zona à qual podem ser atribuídos. Embora o número da rede ARAP e o nome da zona possam ser iguais, um comando IOS separado é usado para criar o número da rede PPP de discagem e o nome da zona.

Depois do número da rede de discagem PPP e do nome da zona serem estabelecidos, os serviços do cliente AppleTalk PPP serão ativados na interface assíncrona do grupo. O comando de configuração global IOS **appletalk virtual-net** é usado para estabelecer o número da rede PPP e o nome da zona fornecendo esses itens como parâmetros para o comando. O subcomando de configuração da interface IOS **appletalk client-mode** ativa os serviços de discagem PPP na interface na qual é aplicado. Quando o modo do cliente é ativado, o roteamento AppleTalk é desativado na interface e as atualizações do roteamento não são enviadas. A seguir está um exemplo de como configurar o servidor de acesso de Singapura, denominado Sing2511, para suportar os clientes de discagem AppleTalk PPP que são atribuídos à rede AppleTalk 2501 e à Mac-dialup Zone:

```
Sing2511#configure
Configuring from terminal, memory or network [terminal]?
Enter configuration commands, one per line. End with CTRL+Z.
Sing2511(config)#apple virtual-net 2501 Mac-dialup
Sing2511(config)#interface group-async 1
Sing2511(config-if)#appletalk client-mode
Sing2511(config-if)#^Z
```

Como verificar a conectividade AppleTalk e solucionar problemas

O software IOS oferece várias ferramentas para ajudar o administrador da rede a controlar os problemas da conectividade AppleTalk, os erros de configuração da rede e os problemas do protocolo de roteamento dinâmico. Nesta seção, iremos examinar os comandos IOS EXEC **show**, os comandos **debug** e os comandos de diagnóstico que facilitam identificar os problemas da rede.

Como examinado anteriormente, o comando IOS EXEC **show appletalk interface** é uma ferramenta útil para identificar as configurações erradas do número da rede e dos nomes da zona, assim como controlar o andamento da iniciação da interface AppleTalk. A segunda linha da saída desse comando controla o status da iniciação e também informa sobre qualquer configuração ruim. A seguir está um exemplo de uma configuração ruim causada pelo esquecimento do nome da zona na ethernet 0 do roteador ZIP SF-2:

```
SF-2#show appletalk interface ethernet 0
Ethernet0 is up, line protocol is up
    AppleTalk node down, Port configuration error
    AppleTalk cable range is 151-200
    AppleTalk address is 198.72, Invalid
    AppleTalk zone is not set.
    AppleTalk address gleaning is disabled
    AppleTalk route cache is enabled
```

O comando IOS EXEC **show appletalk nbp** é útil ao determinar o número da rede associado a um determinado recurso nomeado. O comando exibe o endereço rede.nó associado a um nome que é registrado no NBP. O administrador da rede poderá verificar se o recurso nomeado tem o número rede.nó esperado ou vice-versa. A seguir está uma exceção da saída do comando **show appletalk nbp** no roteador ZIP SF-1, que mostra os registros de sua interface com o NBP:

```
SF-1#show   appletalk   nbp
    Net    Adr    Skt    Name              Type             Zone
     2     12     254    SF-1.Fddi0        ciscoRouter      SF Zone
    22      7     254    SF-1.Ethernet0    ciscoRouter      Operations
```

Ao solucionar os problemas da conectividade, será útil determinar se uma estação, que deve ser atingida através de uma interface LAN conectada diretamente, está respondendo. Para verificar se o roteador foi capaz de determinar o endereço da rede AppleTalk para um endereço MAC, use o comando IOS EXEC **show appletalk arp**. Esse comando pode ter como parâmetro um endereço rede.nó AppleTalk específico. Quando nenhum parâmetro for fornecido, todas as entradas AppleTalk ARP serão exibidas. A saída desse comando inclui o mapeamento AppleTalk do endereço para o MAC, a idade da entrada na tabela e a interface à qual a entrada ARP está associada. (O roteador esgota o tempo de uma entrada ARP na tabela ARP depois de quatro horas.) A seguir está um exemplo do comando **show appletalk arp** no roteador ZIP SF-1:

```
SF-1#show   appletalk   arp
Address    Age (min)    Type        Hardware Addr        Encap   Interface
2.12         -          Hardware    0000.0c0c.34d1.0000  SNAP    Fddi0
9.159        -          Hardware    0000.0c0c.23d1.0000  SNAP    Ethernet1
5.20         -          Dynamic     0000.030c.11c4.0000  SNAP    Fddi0
```

Como o TCP/IP, o AppleTalk implementa um protocolo de repetição da solicitação/resposta chamado AppleTalk Echo Protocol (AEP). O AEP permite a uma estação AppleTalk enviar uma solicitação repetida para uma estação de destino. Quando a estação recebe a solicitação, envia uma resposta de repetição para a estação de origem. Esse protocolo simples permite que os administradores da rede testem o alcance dos servidores AppleTalk, impressoras e outros dispositivos. O AEP é implementado no software IOS com o comando **ping appletalk**. Além de fornecer as informações básicas do alcance, o comando **ping appletalk** informa sobre quanto tempo aproximadamente a solicitação e a resposta repetidas levam para atingir e retornar da estação de destino. No exemplo adiante, o comando IOS EXEC **ping appletalk** envia cinco solicitações AEP com 100 bytes para o endereço AppleTalk dado, como visto no roteador SF-1:

```
SF-1#ping   appletalk   5.20

Type escape sequence to abort.
Sending 5, 100-byte AppleTalk Echos to 5.20, timeout is 2 seconds:
!!!!!
Success rate is 100 percent (5/5), round-trip min/avg/max = 1/2/4 ms
```

O roteador envia cinco solicitações de repetição AEP e informa por meio do ponto de exclamação (!) que todas as respostas foram recebidas. Também informa o número de tentativas de solicitação repetidas e o número de respostas repetidas recebidas. Então o roteador calcula a porcentagem dos pings com sucesso. Os tempos de resposta mínimo, máximo e médio também são calculados.

A Tabela 5-4 mostra os diferentes caracteres de resposta que podem ser recebidos como resultado de um ping AppleTalk:

Tabela 5-4 *Os caracteres de resposta do comando ping.*

Caractere	Significado
!	Cada ponto de exclamação indica o recebimento de uma resposta (repetição) a partir do endereço de destino.
.	Cada ponto indica que o servidor da rede teve o tempo esgotado enquanto aguardava uma resposta do endereço de destino.
B	A repetição recebida do endereço de destino estava ruim ou malformada.
C	Uma repetição com um total de verificação DDP ruim foi recebida.
E	A transmissão de um pacote de repetição para o endereço de destino falhou em encontrar um endereço MAC.
R	A transmissão do pacote de repetição para o endereço de destino falhou porque faltou uma rota para o endereço de destino.

O comando **ping appletalk**, como seu correspondente IP, tem uma versão privilegiada e não privilegiada. No modo EXEC do usuário, a versão não privilegiada permite ao usuário especificar apenas um endereço AppleTalk. A versão privilegiada, disponível no modo EXEC, permite ao usuário modificar os parâmetros da solicitação de repetição, inclusive o número de solicitações, o tamanho dos pacotes enviados, o valor do intervalo e diversos outros valores. A seguir está um exemplo da versão privilegiada do comando **ping appletalk** executada no roteador SF-1; o tamanho do pacote de solicitação foi aumentado para 500 bytes:

```
SF-1#ping appletalk
Target AppleTalk address:   5.20
Repeat count [5]:
Datagram size [100]:   500
Timeout in seconds [2]:
Verbose [n]:
Sweep range of sizes [n]:
Type escape sequence to abort.
Sending 5, 500-byte AppleTalk Echos to 5.20, timeout is 2 seconds:
!!!!!
Success rate is 100 percent (5/5), round-trip min/avg/max = 1/4/6 ms
```

As informações gerais sobre o desempenho e a operação do AppleTalk no roteador Cisco poderão ser obtidas usando dois comandos IOS EXEC diferentes. O comando **show appletalk traffic** inclui contadores para informações como o número total de pacotes recebidos e enviados pelo roteador, o número de transmissões públicas recebidas e enviadas, as estatísticas RTMP e EIGRP e se o roteador enviou ou recebeu AppleTalk Echoes. Os contadores no show appletalk traffic são cumulativos e podem ser redefinidos com o comando EXEC privilegiado IOS **clear appletalk traffic**, recarregando ou fazendo o clico de energia no roteador. A seguir está um exemplo da saída do comando **show appletalk traffic** no roteador ZIP Singapore:

```
Singapore#show appletalk traffic
AppleTalk statistics:
```

```
Rcvd: 90 total, 0 checksum errors, 0 bad hop count
      45 local destination, 0 access denied, 0 fast access denied
      0 for MacIP, 0 bad MacIP, 0 no client
      0 port disabled, 0 no listener
      0 ignored, 0 martians
Bcast:0 received, 18766 sent
Sent: 18766 generated, 0 forwarded, 0 fast forwarded, 45 loopback
      0 forwarded from MacIP, 0 MacIP failures
      25 encapsulation failed, 0 no route, 0 no source
DDP:  235 long, 0 short, 0 macip, 0 bad size
NBP:  30 received, 0 invalid, 0 proxies
      0 replies sent, 55 forwards, 25 lookups, 0 failures
RTMP: 0 received, 0 requests, 0 invalid, 0 ignored
      17624 sent, 0 replies
ATP:  0 received
ZIP:  0 received, 20 sent, 0 netinfo
Echo: 40 received, 0 discarded, 0 illegal
      20 generated, 20 replies sent
Responder: 0 received, 0 illegal, 0 unknown
      0 replies sent, 0 failures
AARP: 0 requests, 0 replies, 0 probes
      0 martians, 0 bad encapsulation, 0 unknown
      153 sent, 0 failures, 0 delays, 25 drops
Lost: 0 no buffers
Unknown:    0 packets
Discarded:  0 wrong encapsulation, 0 bad SNAP discriminator
AURP: 0 Open Requests, 0 Router Downs
      0 Routing Information sent, 0 Routing Information received
      0 Zone Information sent, 0 Zone Information received
      0 Get Zone Nets sent, 0 Get Zone Nets received
      0 Get Domain Zone List sent, 0 Get Domain Zone List received
      0 bad sequence
EIGRP: 0 received, 0 hellos, 0 updates, 0 replies, 0 queries
       1097 sent, 0 hellos, 0 updates, 0 replies, 0 queries
```

O segundo comando IOS EXEC para fornecer informações gerais sobre a operação AppleTalk é o comando **show appletalk globals**. Esse comando fornece informações sobre as várias definições da opção de configuração para os protocolos de roteamento dinâmico, o número de rotas da rede e zonas com a rede AppleTalk e como os pacotes com erros serão lidados quando chegarem no roteador. Esse comando é útil para verificar se as opções de configuração desejadas estão configuradas e se estão operando como o esperado em seus roteadores. O exemplo seguinte mostra a saída do comando **show appletalk globals** no roteador ZIP SF-1:

```
SF-1#show appletalk globals
AppleTalk global information:
    Internet is incompatible with older, AT Phase1, routers.
    There are 16 routes in the internet.
    There are 11 zones defined.
    Logging of significant AppleTalk events is disabled.
    ZIP resends queries every 10 seconds.
    RTMP updates are sent every 10 seconds.
    RTMP entries are considered BAD after 20 seconds.
    RTMP entries area discarded after 60 seconds.
    AARP prove retransmit count: 10, interval: 200 msec.
    AARP request retransmit count: 5, interval: 1000 msec.
```

Como configurar roteadores Cisco

```
DDP datagrams will    checksummed.
RTMP datagrams will be strictly checked.
RTMP routes may not be propagated without zones.
Routes will be distributed between routing protocols.
Routing between local devices on an interface will not be performed.
IPTalk uses the upd base port of 768 (Default).
EIGRP router id is: 25.0
EIGRP maximum active time is 3 minutes
Alternate node address format will not be displayed.
Access control of any networks of a zone hides the zone.
```

Além de solucionar os problemas e verificar os comandos apresentados nesta seção, há vários comandos IOS EXEC privilegiados **debug** para ajudar a determinar a operação do protocolo AppleTalk no roteador. Os comandos **debug** fornecem uma saída de diagnóstico geral e detalhada que pode ajudar a solucionar problemas e verificar a operação do roteador, protocolos de roteamento e outras funções. Por exemplo, a saída do comando **debug appletalk errors** pode ajudar a separar as configurações ruins do endereço da rede e dos nomes da zona nas interfaces do roteador. Alguns dos comandos **debug** mais comuns usados para o AppleTalk são resumidos na Tabela 5-5.

Tabela 5-5 Os comandos debug para o AppleTalk.

Comando	Descrição
debug appletalk arp	Exibe as solicitações AARP geradas e as respostas enviadas para o roteador e a atividade mais antiga do AARP.
debug appletalk eigrp-packet	Exibe o conteúdo dos pacotes AppleTalk EIGRP enviados e recebidos pelo roteador.
debug appletalk eigrp-update	Exibe a atividade de atualização do AppleTalk EIGRP no roteador.
debug appletalk errors	Exibe informações sobre os erros que ocorrem com o protocolo AppleTalk.
debug appletalk events	Exibe os eventos AppleTalk importantes que ocorrem no roteador.
debug appletalk nbp	Exibe as atividades do NBP no roteador.
debug appletalk packet	Exibe os endereços AppleTalk de origem e destino dos pacotes que são roteados pelo roteador. Como no pacote debug ip, esse comando debug pode sobrecarregar o roteador, portanto deve-se ter cuidado ao usá-lo. É sugerido que a depuração do pacote seja limitada a uma interface em particular.
debug appletalk routing	Exibe as alterações que ocorrem na tabela de roteamento como resultado do acréscimo e da eliminação das rotas para o EIGRP e o RTMP.
debug appletalk rtmp	Exibe as alterações que ocorrem na tabela de roteamento como resultado do acréscimo e da eliminação das rotas para as rotas RTMP apenas.
debug appletalk zip	Exibe as atividades do Zone Information Protocol no roteador.

Capítulo 5 - O básico do AppleTalk | 217

Resumo

Neste capítulo, examinamos a configuração básica requerida para implementar o AppleTalk com a rede ZIP de amostra. Embora esses comandos básicos e recursos possam ativar e executar sua rede AppleTalk, muitos outros recursos avançados poderão melhorar a operação e o dimensionamento de sua rede. Os textos e os recursos Web citados na seção "Referência" servem como excelentes tutoriais sobre como compreender, implementar e solucionar os problemas desses recursos. A seguir estão os principais conceitos deste capítulo:

- O endereçamento AppleTalk Fase 1 usa um único número da rede para identificar um segmento da rede. O endereçamento Fase 2 usa um único número da rede ou uma seqüência contínua de números com a forma *início-fim* para identificar uma ou mais redes.

- Um endereço Fase 2 não estendido pode suportar apenas um único endereço da rede, ao passo que um endereço Fase 2 estendido pode suportar diversos números da rede.

- Os números do nó são atribuídos dinamicamente pelo AARP.

- Os números da rede LAN e as zonas podem ser configurados manualmente ou usando um roteador de geração e modo de descoberta.

- Os protocolos de roteamento dinâmico oferecidos pelo Cisco IOS para serem usados com o AppleTalk são o RTMP e o EIGRP. O RTMP é configurado por default quando o roteador AppleTalk é ativado com o comando **appletalk routing**. O EIGRP é útil ao reduzir o consumo da largura de banda nas ligações LAN.

- Devido à natureza flexível e dinâmica dos endereços AppleTalk, usá-los como uma base para filtrar as listas de acesso não é recomendado. Ao contrário, filtre com base nos nomes do serviço como registrados no NBP e com base nas solicitações e propagação dos nomes da zona.

- Os comandos da lista de acesso não dependem da ordem no AppleTalk, como no IP e IPX. Quando há comandos em conflito ou que se sobrepõem, o primeiro na lista é descartado e o último é implementado.

- Cada lista de acesso tem de especificar um método para lidar com os pacotes e as atualizações do roteamento que não satisfazem nenhuma instrução de controle do acesso na lista de acesso. Do contrário, esses pacotes e atualizações de roteamento são negados ou descartados automaticamente.

- Vários comandos **show**, **debug** e **ping** estão disponíveis para verificar as configurações e solucionar problemas em sua rede AppleTalk. Além dos resumidos na Tabela 5-6, veja as tabelas 5-3 e 5-5 para obter uma revisão dos comandos pertinentes.

Tabela 5-6 *O resumo dos comandos EXEC para o AppleTalk.*

Comando	Definição
clear appletalk route	Limpa a tabela de roteamento inteira ou, se especificado, uma rota em particular.
clear appletalk traffic	Limpa os contadores em **show appletalk traffic**.
ping appletalk *rede.nó*	Testa para determinar se o endereço AppleTalk indicado é atingível e se responde.
show appletalk access-lists	Mostra todas as listas de acesso AppleTalk definidas no roteador ou, se especificado, o conteúdo de uma lista em particular.

Tabela 5-6 *O resumo dos comandos EXEC para o AppleTalk (continuação).*

Comando	Definição
show appletalk globals	Fornece informações gerais sobre a configuração e a operação A pleTalk.
show appletalk interface brief	Mostra um pequeno resumo das informações do endereço AppleTalk e status da interface para todas as interfaces no dispositivo.
show appletalk interface *interface*	Mostra todos os parâmetros associados à configuração AppleTalk de uma interface.
show appletalk nbp	Mostra o número da rede associado a um certo recurso nomeado.
show appletalk neighbors	Fornece uma lista dos vizinhos AppleTalk aprendidos através do roteamento dinâmico.
show appletalk route *endereço da rede*	Mostra a tabela de roteamento completamente ou, se especificado, uma rota em particular.
show appletalk static	Mostra as rotas estáticas que foram configuradas.
show appletalk traffic	Produz estatísticas gerais sobre a operação do protocolo AppleTalk no roteador.
show appletalk zone	Exibe uma lista de todas as zonas AppleTalk conhecidas para o roteador.

Tabela 5-7 *O resumo dos comandos de configuração para o AppleTalk.*

Comando	Definição
aaa authentication arap *método da lista*	Especifica que o ARAP deve ser autenticado através do método AAA listado.
access-list	Cria uma lista de acesso numerada e seu critério de filtragem associado.
access-list *número*[permit|deny] additional-zones	Permite ou nega os pacotes e as atualizações do roteamento, por zonas, que não satisfazem nenhuma outra instrução de controle do acesso na lista de acesso.
access-list *número*[permit|deny] other-access	Permite ou nega os pacotes e as atualizações do roteamento, por números da rede ou faixas de cabos, que não satisfazem nenhuma outra instrução de controle do acesso na lista de acesso.
access-list *número*[permit|deny] other-nbps	Permite ou nega os pacotes e as atualizações do roteamento que não satisfazem nenhuma outra instrução de controle do acesso com base no NBP.
appletalk access-group *número*	Aplica a lista de acesso indicada na tarefa de filtrar os pacotes que entram ou saem em uma interface.
appletalk address *rede.nó*	Atribui um número da rede Fase I a uma interface LAN ou WAN.

Capítulo 5 - O básico do AppleTalk | 219

Tabela 5-7 *O resumo dos comandos de configuração para o AppleTalk (continuação)*

Comando	Definição
appletalk cable-range *início-fim*	Atribui uma faixa de cabos Fase II a uma interface LAN ou WAN.
appletalk client-mode	Ativa os serviços de discagem AppleTalk PPP na interface assíncrona na qual é aplicado.
appletalk discovery	Implementa a configuração dinâmica de um endereço da rede e nome(s) da zona pela descoberta.
appletalk getzonelist-filter *número*	Aplica a lista de acesso indicada na tarefa de filtrar as respostas ZIP GetZoneList que saem enviadas para as estações de trabalho e servidores.
appletalk maximum-paths *número*	Configura o roteador para permitir o número especificado de caminhos com custo igual em sua tabela de roteamento AppleTalk.
appletalk protocol[eigrp|rtmp]	Especifica qual protocolo de roteamento (EIGRP ou RTMP) usar em uma certa interface nas redes AppleTalk onde o EIGRP está ativado.
appletalk route-redistribution	Chama a redistribuição da rota entre o EIGRP e o RTMP.
appletalk routing	Ativa o roteamento AppleTalk em um roteador.
appletalk routing eigrp *sistema-autônomo*	Ativa o EIGRP para o AppleTalk em um roteador.
appletalk rtmp-stub	Configura o roteador para enviar apenas atualizações de stub na interface em que é aplicado.
appletalk static	Configura um roteador AppleTalk estático.
appletalk virtual-net	Estabelece o número da rede PPP e o nome da zona para os usuários de discagem.
appletalk zip-repy-filter *número*	Aplica a lista de acesso indicada na tarefa de filtrar as respostas do nome da zona ZIP que saem enviadas para outros roteadores.
appletalk zone *nome*	Configura um nome da zona em uma interface.
arap authentication default	Especifica que a autenticação ARAP deve ser executada antes de permitir que os serviços da rede comecem. O protocolo de autenticação default é usado entre o servidor de acesso e o cliente de discagem.
arap enable	Permite que o ARAP opere nas linhas assíncronas.
arap network	Especifica o número da rede ARAP e o nome da zona para os usuários de discagem.
autoselect arap	Especifica que a autodetecção do ARAP deve ser executada em uma linha assíncrona configurada no modo interativo.
dialer map appletalk	Mapeia um endereço rede.nó AppleTalk para o nome do sistema e número de telefone para as chamadas ISDN.

Tabela 5-7 *O resumo dos comandos de configuração para o AppleTalk (continuação)*

Comando	Definição
frame-relay map appletalk	Mapeia estaticamente um endereço rede.nó AppleTalk para um Frame Relay DLCI.
map-group	Atribui um grupo de mapas nomeados a uma interface para usar ao mapear os endereços AppleTalk para os endereços da ligação de dados ATM em uma interface.
map-list	Cria uma lista de mapas nomeados para configurar o mapeamento dos endereços AppleTalk para os PVCs ou SVCs no endereçamento ATM.
x25 map appletalk	Mapeia estaticamente um endereço rede.nó AppleTalk para um endereço X.121.

Referências

Cisco Systems. *Troubleshooting Internetworking Systems: AppleTalk Connectivity*. (Este guia apresenta a solução de problemas para vários protocolos e tecnologias da rede. Está disponível diretamente na Cisco, assim como on-line no seguinte endereço: www.cisco.com/univercd/cc/td/doc/cisintwk/tis_doc/76523.htm.)

Sidhu, G., R. Andrews e A. Oppenheimer. *Inside AppleTalk*, 2nd Edition. Reading, Massachusetts: Addison-Wesley, 1990.

Vandersluis, K. e A. Eissa. *Troubleshooting Macintosh Networks: A Comprehensive Guide to Troubleshooting and Debugging Macintosh Networks*. Indianapolis, Indiana: IDG Books Worldwide, 1993.

CAPÍTULO 6

Endereçamento IPX e estrutura do endereço – Os fundamentos do endereço e da estrutura da rede do protocolo IPX.

Como configurar os endereços IPX – Uma visão geral do esquema de endereçamento IPX, mais os exemplos de configuração do endereço para os diferentes tipos de interface LAN e WAN.

Configuração do roteamento IPX – O básico da configuração do roteamento IPX usando rotas estáticas e verificando o roteamento IPX.

Como configurar os protocolos de roteamento IPX – As características dos protocolos de roteamento dinâmico IPX RIP e NLSP e exemplos básicos da configuração.

Como configurar o filtro IPX através de listas de acesso – Como controlar o acesso da rede e a segurança usando os comandos access-list e ipx access-group.

Como configurar os serviços básicos da discagem IPX – Como configurar a conectividade de discagem assíncrona do cliente IPX.

Como verificar a conectividade IPX e solucionar problemas – Como identificar os problemas da conectividade usando os comandos show, ping e debug.

Como configurar o envio do pacote IPX tipo 20 – As opções para configurar o IOS para enviar pacotes IPX do tipo 20.

O básico do IPX

No final dos anos 1970, a Xerox criou um protocolo de rede chamado Xerox Network Systems (XNS) que foi largamente implementado pela maioria dos revendedores LAN, inclusive a Novell, Inc. A Novell fez algumas alterações no protocolo no início da década de 80, renomeou-o como protocolo Internet Package Exchange (IPX) e incorporou-o ao NetWare. O protocolo da camada de transporte NetWare, o Streams Packet Exchange (SPX) também foi derivado do conjunto de protocolos XNS. O Novell NetWare opera no conjunto de protocolos IPX/SPX, assim como no conjunto de protocolos TCP/IP.

O NetWare é um conjunto de protocolos para compartilhar recursos – basicamente os serviços de impressão e de arquivo – entre as estações de trabalho em uma implementação do cliente/servidor. A Novell descreve o NetWare como um sistema operacional da rede (NOS) porque fornece aos usuários finais acesso aos recursos que estão disponíveis através da LAN ou WAN. O NetWare, um NOS da empresa dominante, é largamente distribuído em muitas redes da Internet.

A Figura 6-1 mostra diversos protocolos comumente usados no conjunto de protocolos NetWare. Não cobriremos cada um desses protocolos neste capítulo. Ao contrário, iremos nos concentrar em explicar os protocolos nas camadas da rede e de transporte – a saber, IPX, IPX Routing Information Protocol (RIP), NetWare Link State Protocol (NLSP), Service Advertisement Protocol (SAP) e SPX. Os protocolos mostrados na Figura 6-1 referem-se às outras tecnologias da rede da Internet com as quais você pode estar familiarizado.

> **NOTA** Nem todas as revisões do Cisco IOS suportam o IPX. Você terá de assegurar que a versão IOS, que está executando em seu roteador, suporte o Desktop Protocols Suite.

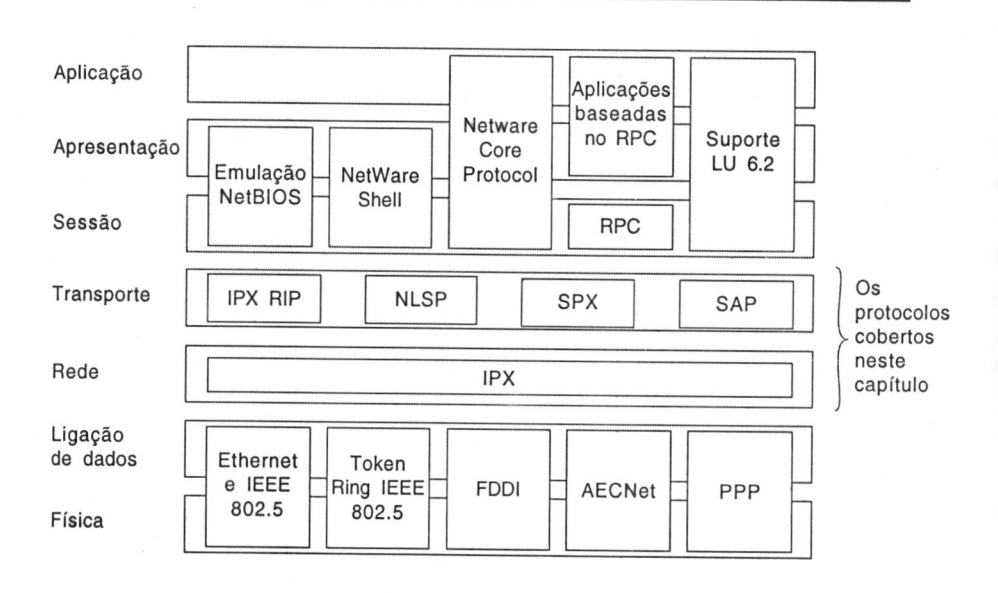

Figura 6-1 O conjunto de protocolos IPX.

Endereçamento IPX e estrutura do endereço

O IPX é um protocolo da camada da rede com sua própria estrutura de endereçamento patenteada. Esta seção apresenta a estrutura do endereço IPX que cada cliente IPX (algumas vezes chamado de *estação de trabalho* na documentação NetWare) ou servidor tem de ter para se comunicar com os outros dispositivos IPX em uma rede da Internet.

Um endereço IPX tem dois componentes, um componente da *rede* com 32 bits que se aplica a um dado segmento da LAN ou WAN e um componente do *nó* com 48 bits que identifica com exclusividade um cliente ou servidor. A maioria dos nós determina esse número exclusivo lendo o endereço da camada da ligação de dados com 48 bits (camada 2) em sua interface LAN. Como veremos, não é uma exigência do IPX fazer com que o endereço da camada da ligação de dados do dispositivo coincida com o componente do nó, mas, por convenção, esses dois números geralmente coincidem.

Esses dois componentes, expressos juntos como *rede.nó*, são escritos usando um formato hexadecimal. A hierarquia com duas camadas da estrutura do endereço IPX torna esse esquema de endereçamento dimensionável para as redes da Internet, ainda que não tão dimensionáveis quanto as diversas hierarquias da estrutura de endereçamento IP.

O administrador da rede atribui o número da rede para um segmento da rede IPX da mesma maneira como seleciona as sub-redes IP para certos segmentos LAN e WAN. Todos os clientes IPX, servidores IPX e roteadores Cisco no mesmo segmento LAN ou WAN têm de ter o mesmo número da rede.

Os servidores NetWare têm números da rede IPX internos que diferem dos números da rede IPX para qualquer interface LAN ou WAN. O número da rede IPX interno é usado como o número da rede de origem para os serviços NetWare no servidor. Iremos analisar a notificação do serviço posteriormente neste capítulo quando analisarmos o SAP. Um roteador Cisco pode ser configurado com um número da rede IPX interno usando o comando de configuração global **ipx internal-network**. Iremos analisar mais esse número da rede interno na seção "Como configurar o NLSP".

Cada servidor IPX ou cliente precisa ter um número do nó exclusivo em um segmento LAN ou WAN. Geralmente, os clientes IPX obtêm esse número exclusivo lendo o endereço da ligação de dados com 48 bits em sua interface LAN e então usando esse número como seu endereço do nó da camada da rede exclusivo. Embora o endereço da ligação de dados da interface LAN seja igual ao endereço do nó IPX, você não deverá concluir que um cliente usa esses dois endereços da mesma maneira. O endereço da camada da ligação de dados é usado para a encapsulação da camada da ligação de dados, como a Ethernet ou o Token Ring. O endereço do nó IPX é a segunda parte do endereço rede.nó da camada da rede IPX para um dado cliente. Um cliente IPX na rede 10 com um endereço da ligação de dados 0802.044d.d88f em sua interface Ethernet deverá ser conhecido na rede IPX como 10.0802.044d.d88f lendo o endereço da camada da ligação de dados com 48 bits em sua interface LAN.

Usar o endereço da camada da ligação de dados para determinar um endereço do nó IPX com 48 bits exclusivo não é requerido pelo protocolo IPX. Você pode ter um endereço do nó que não coincide com um endereço da camada da ligação de dados, contanto que o endereço do nó seja exclusivo em uma certa rede IPX. Por exemplo, vimos que um dispositivo IOS pode ter diversas interfaces LAN. Quando o roteamento IPX é ativado, o dispositivo IOS escolhe o endereço da camada da ligação de dados na primeira interface LAN no dispositivo como o endereço do nó exclusivo para todos os segmentos da rede IPX. Agora imagine que o endereço da camada da ligação de dados na Ethernet 0 de um roteador seja 0000.0c11.12ab. Se a Ethernet 0 estiver na primeira interface LAN nesse roteador e se o roteador estiver conectado à rede IPX 10 e à rede IPX 20, o roteador será visto como 10.0000.0c11.12ab na rede IPX 10 e como 20.0000.0c11.12ab na rede IPX 20.

O comando de configuração global IOS **ipx routing** ativa um roteamento IPX em um dispositivo IOS (e ativa o IPX RIP, que iremos analisar posteriormente neste capítulo). O dispositivo escolherá automaticamente um número do nó IPX com base na primeira interface LAN quando esse comando de configuração global for configurado. No exemplo a seguir, iremos ativar o roteamento IPX no roteador SF-2 na rede ZIP:

```
SF-2#configure
Configuring from terminal, memory, or network [terminal]?
Enter configuration commands, one per line. End with CTRL+Z.
SF-2(config)#ipx routing
SF-2(config)#^Z
```

> **NOTA** Se seu roteador não tiver uma interface LAN, você terá de configurar um endereço do nó IPX exclusivo como um parâmetro opcional para o comando **ipx routing**. O endereço do nó precisa ter 12 dígitos decimais e tem de ser um número do nó exclusivo para as redes IPX conectadas ao roteador.

O uso do endereço da camada da ligação de dados para determinar o endereço do nó IPX simplifica o serviço do administrador da rede, pois os clientes IPX não precisam de uma configuração manual. E mais, esse mapeamento do endereço da camada da ligação de dados para o endereço da camada da rede pode eliminar a necessidade de um protocolo separado para mapear entre os endereços nessas duas camadas, como o ARP. Isso é analisado no Capítulo 4, "O básico do TCP/IP".

Como configurar os endereços IPX

Esta seção analisa como configurar os endereços IPX nas interfaces LAN e WAN para os roteadores Cisco. Também iremos analisar a configuração das quatro encapsulações da interface IPX LAN usadas em um ambiente IPX.

Configuração da interface LAN

Todos os roteadores Cisco que estão roteando o IPX têm um endereço rede.nó IPX exclusivo em cada um dos segmentos LAN anexados. Esse endereço permite ao roteador saber quais redes estão conectadas a cada interface e para onde os pacotes para essas redes devem ser enviados.

A atribuição dos endereços da rede IPX para as interfaces LAN e WAN é feita com o subcomando da interface Cisco IOS **ipx network**. O endereço do nó IPX é definido por meio do comando de configuração global **ipx routing**, como mencionamos anteriormente neste capítulo. No exemplo seguinte, iremos configurar o roteador SF-2 com os endereços IPX em cada uma de suas três interfaces LAN:

```
SF-2#configure
Configuring from terminal, memory, or network [terminal]?
Enter configuration commands, one per line. End with CTRL+Z.
SF-2(config)#interface ethernet 0
SF-2(config-if)#ipx network 200
SF-2(config-if)#interface ethernet 1
SF-2(config-if)#ipx network 150
SF-2(config-if)#interface fddi 0
SF-2(config-if)#ipx network 10
SF-2(config-if)#^Z
```

Encapsulações da interface IPX LAN

Como visto na Figura 6-1, o IPX opera em vários protocolos da ligação de dados. Originalmente, o IPX foi desenvolvido na Ethernet. Então, quando novos protocolos da ligação de dados foram inventados – como o IEEE 802.3, IEEE 802.5 e FDDI – o IPX foi melhorado para suportar as encapsulações para esses protocolos da ligação de dados. Como resultado, diferentes versões do NetWare suportam diferentes protocolos da ligação de dados em seus métodos de encapsulação associados. O IPX usa um único protocolo da camada da ligação de dados para as tecnologias LAN mais recentes, mas tem quatro métodos de encapsulação diferentes para os segmentos Ethernet LAN.

As encapsulações LAN são conhecidas por nomes diferentes para o IPX e o Cisco IOS. A Tabela 6-1 mapeia os nomes do tipo de quadro IPX para a sintaxe da encapsulação Cisco IOS.

Tabela 6-1 *A terminologia da encapsulação IPX e a sintaxe da encapsulação Cisco IOS.*

Tipo do quadro IPX	Nome da encapsulação Cisco IOS
Ethernet_802.3	sap
Ethernet_802.3	novell-ether
Ethernet_II	arpa
Ethernet_Snap	snap
Token-Ring	sap
Roken-Ring_Snap	snap
Fddi_Snap	snap
Fddi_802.2	sap
Fddi_Raw	novell-fddi

NOTA *O tipo de encapsulação Cisco IOS default para todas as interfaces Ethernet nos roteadores Cisco é novell-ether. As interfaces Cisco Token Ring têm como default a encapsulação sap, ao passo que as interfaces Cisco FDDI têm como default a encapsulação snap.*

O nome sap da encapsulação Cisco IOS é a encapsulação default usada pelo NetWare versão 4.0. Nas interfaces Ethernet, esse tipo de quadro usa um cabeçalho IEEE 802.3 padrão, seguido de um cabeçalho de controle da ligação lógica (LLC) IEEE 802.2, também conhecido como ponto de acesso do serviço (SAP). O cabeçalho LLC IEEE 802.2 fornece um meio da camada da ligação de dados determinar o protocolo da camada da rede em um quadro do protocolo da ligação de dados. Nas interfaces Token Ring, a encapsulação sap, que é a encapsulação default, consiste em um cabeçalho IEEE 802.5 padrão, seguido de um cabeçalho LLC IEEE 802.2. Do mesmo modo, nas interfaces FDDI, esse tipo de quadro consiste em um cabeçalho FDDI padrão, seguido de um cabeçalho LLC IEEE 802.2.

NOTA *Não confunda o método de encapsulação LLC SAP (ponto de acesso do serviço) IEEE 802.2 com o NetWare SAP (Service Advertising Protocol). Iremos analisar o NetWare SAP posteriormente neste capítulo.*

A encapsulação novell-ether do Cisco IOS, que é igual à encapsulação Ethernet_802.3 da Novell, opera apenas nas interfaces Ethernet. O tipo de quadro novell-ether consiste em um cabeçalho IEEE 802.3 padrão, seguido do cabeçalho IPX com o campo do total de verificação definido para o valor hexadecimal FFFF. A encapsulação default novell-ether é usada pelo NetWare versão 3.1† e pelo IOS nos roteadores Cisco.

Para as interfaces Ethernet que precisam lidar com o TCP/IP e o tráfego IPX, você deverá usar a encapsulação Novell Ethernet_II (chamada de arpa no Cisco IOS). Essa encapsulação simplesmente usa um cabeçalho Ethernet, que é seguido de um cabeçalho IPX.

A encapsulação snap do Cisco IOS na Ethernet usa um cabeçalho IEEE 802.3 padrão, seguido de um cabeçalho SNAP LLC IEEE 802.2. O Subnetwork Access Protocol (SNAP) é um método padrão de encapsular os datagramas da camada da rede nos protocolos IEEE. Nas interfaces Token Ring e FDDI, o tipo de quadro SNAP consiste em um cabeçalho IEEE 802.5 ou FDDI padrão, seguido de um cabeçalho SNAP LLC IEEE 802.2

Nas interfaces FDDI, a encapsulação novell-fddi do Cisco IOS coincide com a encapsulação Fddi_Raw da Novell. Esse tipo de quadro consiste em um cabeçalho FDDI padrão, seguido do cabeçalho IPX com o campo do total de verificação definido para o valor hexadecimal FFFF.

Para resumir essa análise, quatro encapsulações são possíveis nas interfaces Ethernet (sap, arpa, novell-ether e snap), três são possíveis no FDDI (sap, snap e novell-fddi) e duas são possíveis no Token Ring (sap e snap). A Figura 6-2 mostra os quatro esquemas de encapsulação Ethernet..

SAP

| 802.3 | 802.2 LLC | IPX |

Novell-Ether

| 802.3 | IPX |

ARPA

| Ethernet | IPX |

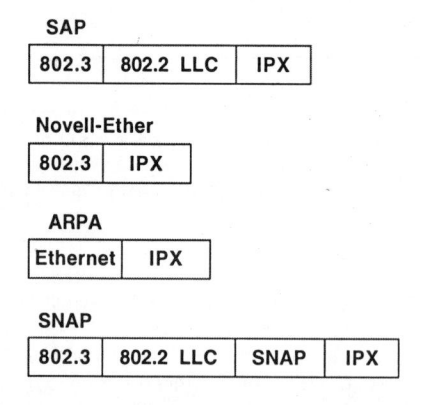

SNAP

| 802.3 | 802.2 LLC | SNAP | IPX |

Figura 6-2 *Os formatos de encapsulação para os protocolos da camada da ligação de dados IPX.*

NOTA Embora existam diversas encapsulações da ligação de dados IPX, a versão NetWare (como o NetWare 3.11 ou NetWare 4.0) sendo executada em sua rede geralmente determinará qual método de encapsulação será necessário. Todos os dispositivos têm de estar executando a mesma encapsulação IPX para os clientes NetWare, servidores NetWare e roteadores Cisco se comunicarem devidamente em um dado segmento IPX LAN.

Como configurar as encapsulações

Para configurar o método de encapsulação em uma interface LAN, use o comando **ipx network** com a opção **encapsulation**. No exemplo a seguir, iremos configurar a encapsulação snap na Ethernet 0 do roteador SF-2 da rede ZIP:

```
SF-2#configure
Configuring from terminal, memory, or network [terminal]?
Enter configuration commands, one per line. End with CTRL+Z.
SF-2(config)#interface ethernet 0
SF-2(config-if)#ipx network 200 encapsulation snap
SF-2(config-if)#^Z
```

Em algumas situações, você precisará executar várias encapsulações da camada da ligação de dados NetWare na mesma interface LAN ao mesmo tempo. Por exemplo, poderá precisar transmitir alguns clientes IPX do NetWare 3.11 para o NetWare 4.0, cada um usando um método diferente de encapsulação da camada da ligação de dados. Normalmente, os diferentes métodos de encapsulação do cliente e servidor impediriam que os clientes se comunicassem com os servidores que usam uma versão diferente do NetWare. Porém, usando duas encapsulações diferentes em um segmento IPX LAN, o roteador Cisco permitirá a comunicação entre os clientes e os servidores executando diferentes versões do NetWare.

Ao executar diferentes métodos de encapsulação, você precisará atribuir números da rede exclusivos para cada método de encapsulação da ligação de dados em uma interface do roteador. Uma das redes se tornará a rede IPX primária e a outra a rede IPX secundária. Ambas são atribuídas à mesma interface física. Use a opção **secondary** com o comando **ipx network** para atribuir as redes secundárias a uma interface LAN que está executando métodos de encapsulação diferentes. Iremos atribuir a encapsulação arpa à Ethernet 0 do roteador SF-2 da rede ZIP no exemplo a seguir:

```
SF-2#configure
Configuring from terminal, memory, or network [terminal]?
Enter configuration commands, one per line. End with CTRL+Z.
SF-2(config)#interface ethernet 0
SF-2(config-if)#ipx network 200 encapsulation arpa secondary
SF-2(config-if)#^Z
```

Configuração da interface WAN

O endereçamento WAN no IPX, que é parecido com o endereçamento LAN, é configurado usando o subcomando de configuração da interface **ipx network**. Nesta seção, iremos explorar a atribuição dos números da rede IPX para as interfaces WAN de ponto a ponto e com diversos pontos. Lembre-se do Capítulo 3, "O básico das interfaces do dispositivo", que os métodos de encapsulação específicos (como X.25 ou Frame Relay) geralmente têm de ser configurados explicitamente para operarem em uma interface WAN. Este é o caso para os métodos de encapsulação WAN usados pelo IPX.

Endereçamento da interface WAN de ponto a ponto

Como visto na análise sobre o IP no Capítulo 4, uma interface WAN de ponto a ponto conecta exatamente dois dispositivos. Para que dois roteadores roteiem o IPX em uma interface WAN de ponto a ponto, eles precisam ser configurados com o mesmo número da rede IPX nas interfaces conectadas. Como em uma interface LAN, cada dispositivo tem que ter um número de nó IPX exclusivo em uma interface WAN.

Você poderá configurar o número da rede IPX nas interfaces WAN de ponto a ponto usando o subcomando de configuração da interface **ipx network**. A seguir está um exemplo de como atribuir um número da rede IPX às interfaces WAN de ponto a ponto (duas subinterfaces Frame Relay e uma interface HDLC) no roteador Seoul-1:

```
Seoul-1#configure
Configuring from terminal, memory, or network [terminal]?
Enter configuration commands, one per line. End with CTRL+Z.
Seoul-1(config)#interface serial 0.16 point-to-point
Seoul-1(config-if)#ipx network 2901
Seoul-1(config-if)#interface serial 0.17 point-to-point
Seoul-1(config-if)#ipx network 2902
Seoul-1(config-if)#interface serial 1
Seoul-1(config-if)#ipx network 1901
Seoul-1(config-if)#^Z
```

Endereçamento da interface WAN com diversos pontos

Os problemas do endereçamento da interface WAN com diversos pontos foram tratados no Capítulo 4 com referência ao IP. Como o IP, o IPX pode ser usado com muitas interfaces WAN diferentes com diversos pontos, inclusive o Frame Relay, X.25, ISDN e ATM. Você poderá configurar cada uma dessas interfaces WAN com diversos pontos para rotear o IPX usando o subcomando de configuração da interface **ipx network**. O mapeamento do endereço específico da camada da ligação de dados para o número da rede IPX é configurado de modo diferente para cada protocolo WAN.

Quando você está usando interfaces com diversos pontos Frame Relay, o roteador precisa mapear os números DLCI em uma interface Frame Relay com diversos pontos para um número rede.nó IPX. O Inverse ARP do Frame Relay pode mapear dinamicamente o número DLCI para uma rede IPX e número do nó. Como alternativa, você poderá usar o subcomando de configuração da interface **frame-relay map ipx** para mapear estaticamente o endereço DLCI Frame Relay para um número rede.nó IPX que é atingível através da interface WAN com diversos pontos.

O endereçamento das interfaces X.25 WAN com diversos pontos é parecido com o endereçamento das interfaces Frame Relay no sentido de que ambos usam subcomandos de configuração da interface do mapa estático. As interfaces X.25 precisa ter seus endereços IPX mapeados para os endereços X.121 usados para configurar os circuitos virtuais entre os sistemas. Cada circuito virtual é identificado pelo endereço X.121 usado para configurar a conexão. Use o subcomando de configuração da interface **x.25 map ipx** para estabelecer o mapeamento estático entre o endereço IPX e o endereço X.121 em uma interface WAN com diversos pontos.

O endereçamento das interfaces ISDN com diversos pontos também requer comandos do mapa estático. No ISDN, porém, os comandos do mapeamento são requeridos apenas quando um dispositivo deseja estabelecer uma chamada para outro dispositivo. O subcomando de configuração da interface IOS **dialer map ipx** é usado para mapear os endereços IPX para os nomes do sistema e números de telefone que são usados para configurar as chamadas no ISDN.

O mapeamento entre os endereços VPI/VCI da ligação de dados ATM e o número da rede IPX na interface ATM com diversos pontos depende do tipo dos protocolos ATM e dos circuitos virtuais usados. Para o IPX, você poderá usar a encapsulação LLC/SNAP no ATM com os PVCs e SVCs. Com os PVCs, um circuito virtual permanente é estabelecido na rede ATM e os pacotes são identificados como sendo destinados para um endereço IPX na outra extremidade do circuito virtual específico. Com os SVCs, os pacotes IPX são identificados como sendo destinados para um endereço da camada da ligação ATM específico e definido estaticamente. Quando o roteador solicita uma conexão com o endereço ATM para um endereço IPX específico, o comutador ATM estabelece o circuito virtual em demanda.

A encapsulação LLC/SNAP com os PVCs usa o subcomando de configuração da interface IOS **map-group** e o comando de configuração global IOS **map-list** para mapear os endereços IPX para PVCs específicos. A encapsulação LLC/SNAP com os SVCs usa o subcomando de configuração da interface IOS **map-group** e o comando de configuração global IOS **map-list** para mapear os endereços IPX para os endereços do ponto de acesso do serviço da rede (NSAP) usados para identificar os dispositivos remotos na rede ATM.

Como verificar a configuração do endereço IPX

A verificação dos endereços IPX e outros atributos IPX atribuídos às suas interfaces pode ser feita pelo comando EXEC **show ipx interface**. Esse comando fornece uma visão completa de todos os parâmetros associados à configuração IPX de todas as interfaces. Se uma interface específica for fornecida como um parâmetro para o comando, apenas as informações sobre essa interface serão exibidas. A seguir está a saída do comando **show ipx interface ethernet 0** executado no roteador SF-2 da rede ZIP:

```
SF-2#show ipx interface ethernet 0
Ethernet0 is up, line protocol is up
    IPX address is 200.0000.0c0c.11bb, NOVELL-ETHER [up]
    Delay of this IPX network, in ticks is 1 throughput 0 link delay 0
    IPXWAN processing not enabled on this interface.
    IPX SAP update interval is 60 seconds
    IPX type 20 propagation packet forwarding is disabled
    Incoming access list is not set
    Outgoing access list is not set
    IPX helper access list is not set
    SAP GNS processing enabled, delay 0 ms, output filter list is 1010
    SAP Input filter list is not set
    SAP Output filter list is not set
    SAP Router filter list is not set
    Input filter list is not set
    Output filter list is not set
    Router filter list is not set
    Netbios Input host access list is not set
    Netbios Input bytes access list is not set
    Netbios Output host access list is not set
    Netbios Output bytes access list is not set
    Updates each 60 seconds, aging multiples RIP: 3 SAP: 3
    SAP interpacket delay is 55 ms, maximum size is 480 bytes
    RIP interpacket delay is 55 ms, maximum size is 432 bytes
    IPX accounting is disabled
    IPX fast switching is configured (enabled)
    RIP packets received 6, RIP packets sent 1861
    SAP packets received 330, SAP packets sent 4
```

Na primeira linha da saída, você pode ver o status administrativo e operacional da interface. A segunda linha mostra o endereço rede.nó IPX e a encapsulação IPX. A saída também mostra o status de muitos filtros IPX diferentes e listas de acesso, alguns que iremos analisar mais tarde neste capítulo.

O comando IOS EXEC **show ipx interface** tem uma opção que permite ver um pequeno resumo das informações do endereço IPX e os status da interface para todas as interfaces disponíveis no dispositivo. Essa versão resumida é obtida usando o comando **show ipx interface brief**. A seguir está a saída do comando **show ipx interface brief** executado no roteador ZIP SF-2:

```
SF-2#show ipx interface brief
Interface   IPX Network   Encapsulation   Status   IPX State
Ethernet0   200           NOVELL-ETHER    up       [up]
Ethernet1   150           NOVELL-ETHER    up       [up]
Fddi0       0             SNAP            up       [up]
Loopback1   unassigned    not config'd    up       n/a
```

Na saída anterior, você pode ver o número da rede IPX atribuído a cada interface, a encapsulação Novell e o status operacional de cada interface.

Além de verificar a configuração IPX da própria interface, você poderá exibir os mapeamentos estático e dinâmico dos endereços IPX para os endereços da ligação de dados em vários meios com diversos pontos WAN. Para tanto, use os comandos IOS EXEC **show frame-relay map**, **show atm map**, **show x25 map** e **show dialer maps**.

Configuração do roteamento IPX

A atribuição dos endereços rede.nó IPX para os dispositivos IOS e interfaces é necessária para rotear o IPX. Outro componente vital é o roteamento IPX. Os roteadores têm que estar roteando o IPX e ter rotas para as redes IPX em uma rede da Internet para ativarem uma comunicação total, exatamente como nas redes IP. Para determinar onde as redes IPX existem, os roteadores usam uma tabela de roteamento criada pelos algoritmos de roteamento, que são também conhecidos como protocolos de roteamento.

No IPX, os protocolos de roteamento podem ser estáticos ou dinâmicos por natureza. Nos protocolos estáticos, você configura manualmente a tabela de roteamento IPX com as informações do caminho da rede. Os protocolos de roteamento dinâmico contam com os próprios roteadores para notificarem informações sobre as diferentes redes IPX às quais estão anexados. O IPX usa três protocolos de roteamento dinâmico diferentes, que serão examinados na seção "Como configurar os protocolos de roteamento IPX" posteriormente neste capítulo.

Como configurar os comandos de roteamento IPX

Como mencionado anteriormente neste capítulo, você ativa o roteamento IPX com o comando de configuração global **ipx routing**. Depois do roteamento IPX ser ativado, o roteador constrói a tabela de roteamento usada para rotear. Por default, quando um endereço IPX é configurado em uma interface LAN ou WAN e essa interface é colocada em um estado operacional, o endereço da rede IPX para essa interface é colocado na tabela de roteamento. Todas as interfaces operacionais conectadas ao roteador são colocadas na tabela de roteamento. Se apenas um único roteador estiver em sua rede, ele terá informações sobre todas as redes IPX conectadas e não haverá nenhuma necessidade de configurar um roteamento estático ou dinâmico. Somente quando dois ou mais roteadores existirem na rede, as entradas da tabela de roteamento estático ou dinâmico serão necessárias.

Você poderá usar o comando IOS EXEC **show ipx route** para exibir a tabela de roteamento IPX. Quando fornecido sem parâmetros, a tabela de roteamento IPX inteira será exibida. O exemplo seguinte mostra o roteador SF-2 na rede ZIP com apenas as interfaces operacionais conectadas e nenhuma entrada da tabela de roteamento adicional:

```
SF-2#show ipx route
Codes:  C - Connected primary network,    c - Connected secondary network
        S - Static, F - Floating static, L - Local (internal), W - IPXWAN
        R - RIP, E - EIGRP, N - NLSP, X - External, A - Aggregate
        s - seconds, u - uses, U - Per-user static

3 Total IPX routes, Up to 1 parallel paths and 16 hops allowed.

No default route known.

C    10       (NOVELL-FDDI),    Fd0
C    150      (NOVELL-ETHER),   Et1
C    200      (NOVELL-ETHER),   Et0
```

O comando **show ipx route** fornece dados úteis para o administrador da rede e é a principal ferramenta usada para determinar qual caminho um pacote IPX seguirá na rede. A saída desse comando é parecida com o comando **show ip route** que exibe a tabela de roteamento IP, como analisado no Capítulo 4.

A primeira seção da saída é a legenda para a primeira coluna da tabela. Informa de onde uma rota foi derivada. Cada uma das últimas três linhas nessa tabela de roteamento IPX mostra uma única rota para uma rede IPX, como a rota foi derivada, o método de encapsulação IPX LAN e a interface associada à rota. O "C" na primeira coluna indica que todas essas rotas são conhecidas a partir das redes IPX primárias conectadas e operacionais. Iremos explorar o comando **show ipx route** depois da seção "Como verificar a configuração do roteamento IPX".

Como configurar o roteamento estático

No Capítulo 4, analisamos as várias razões para usar as rotas IP estáticas. As mesmas razões poderão ser aplicadas nas rotas IPX estáticas. Você poderá usar o comando de configuração global **ipx route** para configurar as rotas IPX estáticas na tabela de roteamento IPX.

Como verificar a configuração do roteamento IPX

Como mencionado anteriormente, o comando para verificar a configuração do roteamento IPX é o comando IOS EXEC **show ipx route**. Nesta seção, iremos apresentar os outros comandos que ajudam a verificar e a gerenciar a configuração da tabela de roteamento IPX.

O comando **show ipx route** é a ferramenta usada para exibir o estado da tabela de roteamento IPX Se rotas estáticas são ou não configuradas ou se protocolos de roteamento dinâmico estão em execução, esse comando mostrará se a rotas, que foram configuradas ou que se espera que serão aprendidas, estão de fato presentes no roteador. Iremos explorar os protocolos de roteamento IPX dinâmico na próxima seção. A seguir está uma exceção da saída do comando **show ipx route** no roteador ZIP SF-2:

```
SF-2#show ipx route
Codes:C - Connected primary network,   c - Connected secondary network
      S - Static, F - Floating static, L - Local (internal), W - IPXWAN
      R - RIP, E - EIGRP, N - NLSP, X - External, A - Aggregate
      s - seconds, u - uses

4 Total IPX routes. Up to 1 parallel paths and 16 hops allowed.

No default route known.

C    10  (NOVELL-FDDI),   Fd0
C    150 (NOVELL-ETHER),  Et1
C    200 (NOVELL-ETHER),  Et0
R    100 [02/01] via 100.0000.1c2c.23bb, 19s, Fd0
```

Na saída anterior, vemos rotas para as redes IPX conectadas diretamente no roteador SF-2 e uma rota para a rede IPX 100 que é aprendida dinamicamente, usando o IPX RIP, a partir do roteador SF-1.

Você poderá exibir uma rota específica com o comando **show ipx route** especificando um número da rede, exatamente como pode ao usar o comando **show ip route**. Poderá limpar as rotas IPX da tabela de roteamento usando o comando EXEC privilegiado **clear ipx route**. Ao depurar o roteamento IPX, poderá usar esse comando para limpar manualmente uma rota e então usar o **show ipx route** para verificar onde o roteador aprende essa rota.

Como configurar os protocolos de roteamento IPX

No Capítulo 4, analisamos as seguintes questões, que você precisará considerar ao escolher um protocolo de roteamento dinâmico:

- Topologia da rede
- Resumo do endereço e da rota
- Velocidade da convergência
- Critério de seleção da rota
- Dimensionamento
- Facilidade da implementação
- Segurança

No Cisco IOS, há diversos protocolos de roteamento IPX dinâmico. Ao escolher um protocolo otimizado para sua rede, precisará considerar os critérios anteriores.

Porém, antes de entrarmos nos protocolos de roteamento dinâmico individuais, teremos de considerar o SAP. O SAP é um protocolo de serviço dinâmico intimamente ligado aos protocolos de roteamento IPX dinâmico. Depois de explicar o SAP, iremos analisar os protocolos de roteamento dinâmico IPX IPX RIP, NLSP e IPX EIGRP.

SAP

O Service Advertisement Protocol (SAP) é um protocolo patenteado da Novell que notifica os serviços NetWare em uma rede IPX. Um serviço é um recurso que os clientes IPX podem querer usar, como um serviço de arquivo ou serviço de impressão. Todos os serviços têm um tipo de serviço, que é indicado por um número hexadecimal. Alguns tipos de serviço são definidos pela Novell, ao passo que outros são patenteados pelos revendedores que fazem os serviços para o NetWare. Por exemplo, o SAP tipo 4 é o tipo de serviço padrão para o serviço de arquivos NetWare, e o SAP tipo 7 é o tipo de serviço padrão para as impressoras.

Por default, os servidores NetWare transmitem os pacotes SAP a cada 60 segundos para notificarem os serviços conhecidos. Cada servidor NetWare aprende os serviços SAP de modo muito parecido como aprende as informações do protocolo de roteamento dinâmico e constrói uma tabela dessas informações, chamada de tabela SAP.

Os roteadores Cisco ativam o SAP por default para todas as interfaces configuradas para o IPX. Um roteador constrói uma tabela SAP a partir das informações SAP aprendidas a partir dos servidores NetWare e outros roteadores. Para exibir a tabela SAP em um roteador Cisco, use o comando IOS EXEC **show ipx servers**. O próximo exemplo mostra a saída de **show ipx servers** no roteador SF-1 da rede ZIP:

```
SF-1#show ipx servers
Codes:S - Static, P - Periodic, E - EIGRP, N - NLSP, H - Holddown, + = details
2 Total IPX Servers
Table ordering is based on routing and server info
Type Name          Net Address              Port     Route       Hops       Itf
P    4  SF-MAIN    100.0001.0002.0006:0451  2/01     1           Et0
P    4  SF-ENG     100.0809.0001.0002:0451  2/01     1           Et0
```

Esta saída mostra que o roteador SF-1 aprendeu os dois servidores IPX, cada um oferecendo um serviço de arquivo (mostrado como o número 4 na primeira parte do nome do servidor). Para cada serviço IPX, você pode ver o endereço IPX do servidor oferecendo o serviço, a métrica da rota IPX para o serviço e a interface onde o roteador ouviu o serviço. Ambos os serviços neste exemplo são identificados como periódicos, o que significa que foram aprendidos pelo SAP (que notifica os serviços em um intervalo periódico regular). Iremos apresentar outros métodos para aprender os serviços IPX nas seções "Como configurar o NLSP" e "Como configurar o IPX EIGRP" posteriormente neste capítulo.

Exatamente como você tem rotas IPX estáticas, também poderá ter entradas da tabela SAP estática. Poderá definir as entradas da tabela SAP estática usando o comando de configuração global **ipx sap**. As entradas da tabela SAP estática poderão ser úteis em alguns ambientes da rede, como os que utilizam a discagem ou o backup de discagem.

Depois de um servidor ou roteador ter uma tabela SAP, ele poderá responder aos clientes NetWare que solicitem os serviços. Os clientes NetWare enviam mensagens IPX Get Nearest Server (GNS) para pesquisarem um servidor que possa fornecer os serviços dos quais eles precisam. Os servidores NetWare, que conhecem o serviço, poderão responder ao cliente, fornecendo-lhe o endereço IPX específico onde o serviço reside. Um roteador Cisco também poderá responder aos clientes com o endereço IPX de um serviço se o serviço estiver na tabela SAP do roteador. Se um roteador Cisco ouvir uma mensagem GNS em um segmento LAN onde o serviço é conhecido por existir, o roteador não responderá à mensagem GNS.

NOTA	O servidor mais próximo é definido como o que fornece o serviço e que tem a rota mais curta na tabela SAP. Se diversos servidores coincidirem com esse critério, um roteador Cisco responderá com o servidor ouvido mais recentemente. Isso poderá resultar em diversos clientes NetWare recebendo respostas GNS para o mesmo servidor. Não será uma situação boa se a rede IPX tiver diversos servidores fornecendo o mesmo serviço para o equilíbrio do carregamento das solicitações do cliente.

Use o comando de configuração global **gns-round-robin** para informar ao roteador para rotear, em rodízio, um conjunto de servidores elegíveis quando ele responder às solicitações GNS. Veja a próxima seção para obter informações sobre como filtrar as respostas GNS enviadas por um roteador em interfaces específicas.

Filtros SAP

O Cisco IOS permite que um administrador da rede filtre com base em quais serviços SAP um dispositivo envia a partir de e recebe em sua tabela SAP. Os filtros SAP são comumente usados em uma rede de Internet para limitar a quantidade de tráfego SAP enviado e recebido por um roteador.

Muitas redes IPX usam os filtros SAP para reduzir o número de mensagens SAP enviadas nas interfaces WAN, assim reduzindo o carregamento do tráfego. A filtragem das notificações SAP recebidas poderá reduzir o número de serviços IPX que um roteador tem na RAM e poderá fornecer uma segurança da rede limitada. A segurança da rede limitada é feita não permitindo que o dispositivo IOS forneça as entradas da tabela SAP para os serviços que desejam manter algo oculto em uma rede IPX. Para obter mais informações sobre como filtrar os pacotes IPX, veja a seção "Como configurar o filtro IPX através de listas de acesso" posteriormente neste capítulo.

Você poderá usar o comando de configuração global **access-list** para criar filtros SAP baseados nos endereços IPX ou no tipo de serviço SAP. Os filtros SAP usam os números 1000 até 1099 do **access-list**. Como as listas de acesso IP e AppleTalk, essas listas de acesso permitem o uso de máscaras *curinga* ou *sem cuidado*. Essa capacidade permite que um único comando da lista de acesso de configuração global IOS represente diversos endereços IPX.

No exemplo a seguir, no roteador San-Jose do ZIP, criamos um filtro SAP para permitir apenas os serviços SAP notificados pelo único servidor NetWare 10.0000.0000.a0b0:

```
San-Jose#configure
Configuring from terminal, memory, or network [terminal]?
Enter configuration commands, one per line. End with CTRL+Z.
San-Jose(config)#access-list 1000 permit 10.0000.0000.a0b0
San-Jose(config)#access-list 1000 deny -1
San-Jose(config)#^Z
```

NOTA	Ao construir os filtros SAP (e as listas de acesso IPX para os filtros do pacote, como será analisado, posteriormente, neste capítulo), o número da rede IPX -1 indica todas as redes IPX. Assim, no exemplo anterior, a segunda linha da lista de acesso 1000 nega todos os SAPs. Como as listas de acesso no IP, uma linha de negação está implícita nas listas de acesso IPX. A configuração explícita é apresentada aqui apenas para mostrar o uso do número da rede IPX -1.

Capítulo 6 - O básico do IPX | 235

Depois de configurar um filtro SAP, você terá de aplicá-lo em uma dada interface no dispositivo IOS. Poderá filtrar as mensagens SAP recebidas ou enviadas pelo dispositivo por interface usando os subcomandos de configuração da interface **ipx input-sap-filter** e **ipx output-sap-filter**. Aplicamos um filtro SAP usando a lista de acesso 1000 em todas as notificações SAP de saída na interface Serial 0 do roteador San-Jose:

```
San-Jose#configure
Configuring from terminal, memory, or network [terminal]?
Enter configuration commands, one per line. End with CTRL+Z.
San-Jose(config)#interface serial 0
San-Jose(config-if)#ipx output-sap-filter 1000
San-Jose(config-if)#^Z
```

Como outro exemplo, você poderá querer construir um filtro SAP que permite, a partir de todos os servidores, apenas que os serviços de arquivo e de impressão sejam notificados em uma interface WAN. No exemplo a seguir, iremos construir um filtro SAP para permitir apenas o serviço de arquivo (SAP tipo 4) e o serviço de impressão (SAP tipo 7) a partir de todos os servidores. Iremos aplicar esse filtro nas notificações da saída SAP na interface Serial 0 do roteador San-Jose na rede ZIP:

```
San-Jose#configure
Configuring from terminal, memory, or network [terminal]?
Enter configuration commands, one per line. End with CTRL+Z.
San-Jose(config)#access-list 1005 permit -1 4
San-Jose(config)#access-list 1005 permit -1 7
San-Jose(config)#interface serial 0
San-Jose(config-if)#ipx output-sap-filter 1005
San-Jose(config-if)#^Z
```

Outro tipo de filtro SAP permite ou nega os serviços NetWare com base no endereço IP de um roteador. Uma aplicação desse tipo do filtro SAP é ocultar todos os serviços que se originam de um dado roteador. O comando de configuração da interface IOS **ipx router-sap-filter** aplica um filtro SAP do roteador em uma certa interface. No exemplo a seguir, aplicaremos um filtro SAP do roteador na interface FDDI 0/ 0 do roteador SF-Core-1 da rede ZIP para ocultar todos os serviços NetWare de um servidor de engenharia:

```
SF-Core-1#configure
Configuring from terminal, memory, or network [terminal]?
Enter configuration commands, one per line. End with CTRL+Z.
SF-Core-1(config)#access-list 1001 permit aa.0207.0104.0874
SF-Core-1(config)# interface fddi 0/0
SF-Core-1(config-if)#ipx router-sap-filter 1001
SF-Core-1(config-if)#^Z
```

O Cisco IOS permite filtrar, por interface, quais serviços da tabela SAP são elegíveis como respostas para as consultas GNS enviadas pelos clientes NetWare. Usar um filtro GNS na saída de uma interface será útil ao impedir que os clientes identifiquem servidores específicos como o servidor mais próximo ou ao fazer com que todas as consultas GNS sejam lidadas por um servidor específico. No próximo exemplo, no roteador SF-Core-1, especificaremos uma lista de acesso IPX para permitir que um único servidor GNS seja usado como uma resposta para as consultas GNS. Aplicaremos essa lista de acesso como um filtro GNS de saída na interface FDDI 0/0 do roteador SF-Core-1 usando o subcomando de configuração da interface IOS **ipx output-gns-filter**:

```
SF-Core-1#configure
Configuring from terminal, memory, or network [terminal]?
Enter configuration commands, one per line. End with CTRL+Z.
SF-Core-1(config)#access-list 1010 permit aa.0207.0104.0874
SF-Core-1(config)# interface fddi 0/0
SF-Core-1(config-if)#ipx output-gns-filter 1010
SF-Core-1(config-if)#^Z
```

Como configurar o IPX RIP

O IPX RIP é um protocolo de roteamento dinâmico NetWare parecido em função com o IP RIP. O IPX RIP é um protocolo de roteamento do vetor da distância que estabelece e mantém tabelas de roteamento IPX entre os roteadores IPX e os servidores NetWare. Analisamos o IP RIP e as propriedades dos protocolos de roteamento do vetor da distância no Capítulo 4. O IPX RIP é um protocolo de porta interior (IGP). Não há nenhum protocolo de roteamento do protocolo de porta exterior (EGP) no IPX porque o NetWare é executado em intranets, não na Internet pública. O IPX RIP é ativado em todas interfaces IPX por default quando você usa o comando de configuração global **ipx routing**.

O IPX RIP foi o primeiro protocolo de roteamento dinâmico para as redes IPX, portanto não tem alguns recursos avançados dos protocolos de roteamento dinâmico mais novos em termos de resumo do endereço e da rota, a velocidade da convergência, o critério de seleção da rota e o dimensionamento. Como você verá posteriormente nesta seção, o NLSP e o EIGRP – os protocolos de roteamento dinâmico mais modernos para o IPX – resolvem alguns desses problemas.

Ao passo que o IP RIP usa uma contagem de saltos como sua métrica de roteamento, o IPX RIP usa uma métrica diferente, conhecida como *marcações do clock*, para tomar as decisões do roteamento. Uma marcação do clock representa um oitavo de um segundo. A métrica da marcação do clock para um destino é medida examinando a largura de banda na interface usada para atingir esse destino. Na saída de **show ipx route** do roteador SF-2, a rota para a rede IPX 100 tem uma métrica de duas marcações do clock e um salto, mostrados como [02/01] na tabela de roteamento IPX:

```
SF-2#show ipx route

Codes:C - Connected primary network,   c - Connected secondary network
S - Static, F - Floating static, L - Local (internal), W - IPXWAN
R - RIP, E - EIGRP, N - NLSP, X - External, A - Aggregate
s - seconds, u - uses

4 Total IPX routes. Up to 1 parallel paths and 16 hops allowed.

No default route known.

C    10  (NOVELL-FDDI),   Fd0
C    150 (NOVELL-ETHER),  Et1
C    200 (NOVELL-ETHER),  Et0
R    100 [02/01] via 100.0000.1c2c.23bb,  19s, Fd0
```

Se o número de marcações do clock para atingir um destino for igual para diversas rotas na tabela de roteamento IPX RIP, o roteador usará o número mais curto de saltos do roteador para desempatar. O IPX RIP tem uma contagem de saltos máxima default de 16, como o IP RIP. Como todos os protocolos roteados no IOS, o roteador compartilhará o carregamento do tráfego para o destino em todos os caminhos com custo igual disponíveis se a tabela de roteamento tiver caminhos com custo igual (se as marcações do clock e os saltos do roteador empatarem).

NOTA *Por default, um roteador que usa o Cisco IOS não aprende sobre diversos caminhos com custo igual paralelos IPX para um dado destino. O roteador aprende um único caminho para um destino e descarta as informações sobre os caminhos alternativos com custo igual paralelos, como indicado pela frase* **show ipx route** *"Up to 1 parallel paths and 16 hops allowed" (Até um caminho paralelo e 16 saltos permitidos). Esse comportamento default é baseado na implementação de alguns clientes NetWare e serviços que não podem lidar com os pacotes IPX que chegam fora de ordem – que pode acontecer quando o compartilhamento do carregamento ocorre em caminhos paralelos com custo igual.*

Para permitir que um roteador coloque caminhos com custo igual em sua tabela de roteamento IPX, use o comando de configuração global **ipx maximum-paths**. *Por exemplo, o comando* **ipx maximum-paths 2** *permite que o roteador aprenda dois caminhos com custo igual para um certo destino. O número de caminhos com custo igual que você permite em seu roteador depende da topologia de sua rede IPX.*

O comportamento default de um roteador Cisco é compartilhar o carregamento por pacote em todos os caminhos com custo igual paralelos para um endereço IPX de destino. Por razões de desempenho, você poderá querer que todos os pacotes para cada endereço IPX de destino exclusivo tomem o mesmo caminho ainda que diversos caminhos com custo igual existam. Para ativar esse recurso, use o comando de configuração global IOS **ipx per-host-load-share**.

Como configurar o NLSP

O NLSP é um protocolo de porta interior do estado da ligação para as redes IPX. O NLSP, que é baseado no protocolo OSI Intermediate System-to-Intermediate System (IS-IS), tem recursos parecidos com os de outros protocolos do estado da ligação, como o OSPF. Como os outros protocolos do estado da ligação, o NLSP suporta o endereçamento hierárquico e a convergência rápida.

O NLSP tem a capacidade de usar técnicas de roteamento hierárquicas para agregar e resumir os números da rede IPX. A agregação da rota e o resumo são úteis nas grandes redes IPX pelas mesmas razões que são úteis nas grandes redes IP.

O primeiro nível no roteamento NLSP é uma *área*. Uma área NLSP é um grupo lógico de endereços da rede IPX; é conceitualmente parecida com uma área OSPF, que é uma coleção de redes IP e sub-redes. O *roteamento Nível 1* do NLSP ocorre em uma área. A comunicação NLSP entre as áreas é chamada de *roteamento Nível 2*. Você poderá agrupar todas as áreas com os roteadores NLSP que se comunicam com o roteamento Nível 2 em uma coleção hierárquica chamada *domínio do roteamento*. A comunicação NLSP entre os domínios do roteamento é o *roteamento Nível 3*. A Figura 6-3 mostra uma rede da Internet NLSP.

Uma rede da Internet NLSP IPX

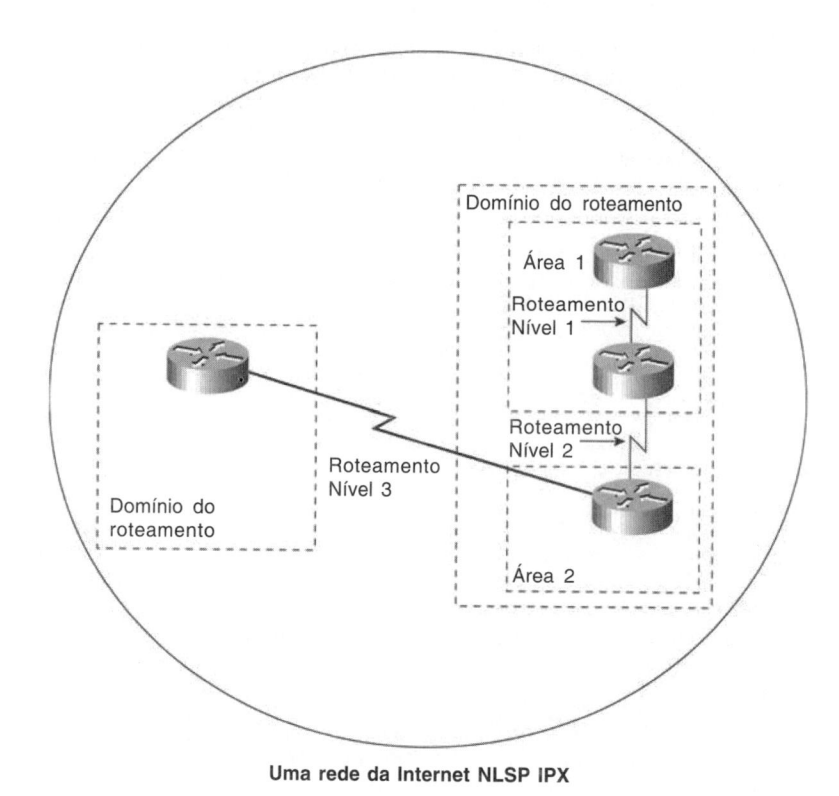

Figura 6-3 *A estrutura hierárquica de uma rede NLSP IPX.*

O NLSP requer que um número da rede IPX interno seja configurado em um roteador Cisco. Você poderá fazer isso usando o comando de configuração global IOS **ipx internal-network**, como mencionado anteriormente neste capítulo, na seção "Endereçamento IPX e estrutura do endereço".

Para ativar o NLSP, use o comando de configuração global IOS **ipx router nlsp**. Esse comando de configuração requer que um parâmetro *tag* seja usado para especificar o processo NLSP no IOS. Para definir um conjunto de números da rede como parte da área NLSP atual, use o comando de configuração global IOS **area-address**. O comando **area-address** tem duas opções, um endereço da rede IPX e uma máscara. A máscara indica o quanto o número da área identifica a área e o quanto esse número identifica as redes individuais na área. Embora não usemos o NLSP na rede ZIP, o próximo exemplo mostra a ativação do NLSP no roteador Singapore. O uso a seguir do comando **area-address** descreve uma área de 16 redes na faixa de 4000 a 400F:

```
Singapore#configure
Configuring from terminal, memory, or network [terminal]?
Enter configuration commands, one per line.  End with CTRL+Z.
Singapore(config)#ipx router nlsp 1
Singapore(config-ipx-router)# area-address 4000 FFF0
Singapore(config-ipx-router)#^Z
```

Capítulo 6 - O básico do IPX | **239**

O NLSP precisa ser ativado por interface usando o subcomando da interface IOS **ipx nlsp enable**. Esse comando de configuração especifica a tag do processo NLSP a usar ao enviar as informações do roteamento em uma dada interface. Iremos ativar o NLSP processo 1 na interface Ethernet 0 do roteador Singapore no exemplo a seguir:

```
Singapore#configure
Configuring from terminal, memory, or network [terminal]?
Enter configuration commands, one per line. End with CTRL+Z.
Singapore(config)#interface ethernet 0
Singapore(config-if)#ipx nlsp 1 enable
Singapore(config-if)#^Z
```

Como configurar o IPX EIGRP

Você poderá usar o EIGRP como um protocolo de roteamento dinâmico IPX. Como visto nos capítulos anteriores, o EIGRP tem os recursos encontrados nos protocolos do vetor da distância (atualizações enviadas apenas para os vizinhos) e do estado da ligação (atualizações de aumento parciais e tempo de convergência diminuído). Para ativar o EIGRP para o IPX, use o comando de configuração maior **ipx router eigrp**. Esse comando requer um número do sistema autônomo para identificar o processo EIGRP. Em um único domínio administrativo IPX, o número do sistema autônomo EIGRP tem de ser igual para todos os roteadores que se comunicam com o IPX EIGRP.

O subcomando **network** associa um número da rede IPX ao EIGRP, instruindo o EIGRP para transmitir informações de roteamento sobre esse número da rede IPX. No exemplo a seguir, iremos ativar o EIGRP para o IPX no roteador Singapore usando o número do sistema autônomo 25000. Iremos informar o EIGRP para transmitir informações de roteamento sobre as redes IPX 4010 e 2902:

```
Singapore#configure
Configuring from terminal, memory, or network [terminal]?
Enter configuration commands, one per line. End with CTRL+Z.
Singapore(config)#ipx router eigrp 25000
Singapore(config)#network 4010
Singapore(config-ipx-router)#network 2902
Singapore(config-ipx-router)#^Z
```

DICA | *Você poderá ativar o EIGRP para todas as redes IPX em um roteador usando o subcomando **network all** do **ipx router eigrp**.*

Ao usar o IPX EIGRP, poderá fazer com que o IOS envie mensagens SAP periodicamente ou apenas quando uma alteração ocorrer na tabela SAP. O EIGRP envia mensagens SAP periódicas por default nas interfaces LAN, permitindo que as notificações SAP atinjam os servidores e os clientes IPX. As mensagens SAP periódicas também são enviadas por default em qualquer interface que não tenha nenhum roteador EIGRP, pois a interface pode conectar os servidores e clientes IPX.

Se uma interface tiver apenas roteadores EIGRP, você poderá configurar o EIGRP para enviar as mensagens SAP apenas quando uma alteração ocorrer na tabela SAP. Esse recurso poderá ajudar a reduzir o tráfego nas interfaces WAN que interconectam os dispositivos IOS eliminando as mensagens SAP periódicas que consomem a largura de banda. Se um roteador EIGRP estiver presente em uma interface WAN, o comportamento default do IOS será enviar atualizações SAP apenas quando a tabela SAP mudar.

Para enviar as mensagens SAP apenas quando uma alteração ocorrer na tabela SAP, use c subcomando de configuração da interface IOS **ipx sap-incremental-eigrp**. Esse comando reque como parâmetro o número do sistema autônomo para o EIGRP. A saída do comando IOS EXEC **show ipx servers** informa se um serviço IPX foi aprendido a partir de uma atualização SAP periódica ou a partir do EIGRP.

Como configurar o filtro IPX através de listas de acesso

Os recursos de filtragem do pacote IPX do software Cisco IOS permitem que um administrador da rede limite o acesso a certos sistemas, segmentos da rede, faixas de endereços e serviços com base em vários critérios. Como a filtragem SAP, a filtragem IPX é feita com listas de acesso. Os filtros SAP aplicam as listas de acesso nas mensagens SAP enviadas ou recebidas. A filtragem do pacote IPX usa listas de acesso para permitir ou negar o tráfego IPX roteado por interface.

Como definir as listas de acesso

As listas de acesso IPX padrões, que são numeradas de 800 a 899, permitem limitar o fluxo do pacote com base nos endereços IPX de origem e nos endereços IPX de destino. Uma faixa de endereços poderá ser especificada usando máscaras *curingas* ou *sem cuidado*.

As listas de acesso IPX estendidas, numeradas de 900 a 999, permitem as mesmas capacidades de filtragem das listas de acesso IPX padrões. E mais, permite a filtragem na base dos protocolos NetWare (como RIP, SAP e SPX) e números do soquete IPX. Os soquetes IPX são usados para identificar os serviços da aplicação NetWare da camada superior. Você poderá registrar a atividade da lista de acesso com a palavra-chave do parâmetro **log**. Iremos explorar o registro com mais detalhes no Capítulo 7 "As questões básicas administrativas e de gerenciamento".

No exemplo a seguir, no roteador ZIP SF-2, iremos configurar uma lista de acesso IPX padrão para permitir que os pacotes da rede IPX de origem 10 atinjam a rede IPX de destino 200:

```
SF-2#configure
Configuring from terminal, memory, or network [terminal]?
Enter configuration commands, one per line.  End with CTRL+Z.
SF-2(config)# access-list 800 permit 10 200
SF-2(config)#^Z
```

Exatamente como nas listas de acesso IP, você poderá atribuir nomes às listas de acesso IPX. A provisão do protocolo para as listas de acesso IPX nomeadas significa que você poderá especificar uma string arbitrária de caracteres ao invés de um número para identificar a lista de acesso. O comando para criar uma lista de acesso IPX nomeada é o comando de configuração global IOS **ipx access-list**. Você poderá criar filtros padrões, estendidos ou SAP usando listas de acesso nomeadas IPX. No exemplo a seguir, iremos nomear a lista de acesso numerada IPX anterior como pass-marketing no roteador SF-2 da rede ZIP:

```
SF-2#configure
Configuring from terminal, memory, or network [terminal]?
Enter configuration commands, one per line.  End with CTRL+Z.
SF-2(config)#ipx access-list standard pass-marketing
SF-2(config-ipx-std-nacl)#permit 10 200
SF-2(config-ipx-std-nacl)#^Z
```

Como aplicar as listas de acesso

Depois do critério de filtragem de uma lista de acesso IPX ser definido, você terá de aplicá-lo em uma ou mais interfaces para que os pacotes possam ser filtrados. A lista de acesso poderá ser aplicada na direção que entra ou que sai na interface. Para a direção que entra, os pacotes estão vindo para o roteador a partir da interface. Para a direção que sai, os pacotes estão viajando do roteador para a interface. A lista de acesso é aplicada por meio do subcomando de configuração da interface IOS **ipx access-group**. O comando tem como parâmetro a palavra-chave **in** ou **out**, com o default sendo out se nenhuma palavra-chave for fornecida. O próximo exemplo aplica-se à lista de acesso padrão 800, definida na seção anterior, na interface FDDI 0 do roteador ZIP SF-1:

```
SF-1#configure
Configuring from terminal, memory, or network [terminal]?
Enter configuration commands, one per line. End with CTRL+Z.
SF-1(config)#interface fddi 0
SF-1(config-if)#ipx access-group 800 out
SF-1(config-if)#^Z
```

Você poderá exibir o comportamento das listas de acesso e verificar se foram configuradas devidamente usando os comandos IOS EXEC **show access-lists** e **show ipx access-lists**. O primeiro comando mostra todas as listas de acesso definidas no roteador, enquanto o segundo mostra apenas as listas de acesso IPX definidas no roteador. Cada comando tem como parâmetro um número da lista de acesso e exibe apenas o conteúdo dessa lista. Se nenhum parâmetro for fornecido, todas as listas serão exibidas. A seguir está a saída do comando show ipx access-lists no roteador ZIP SF-1 para os exemplos da lista de acesso anteriores:

```
SF-1#show ipx access-lists
IPX standard access list 800
    permit 10 200
IPX standard access list pass-marketing
    permit 10 200
```

O comando IOS EXEC **show ipx interface** mostra se as listas de acesso IPX estão definidas em uma interface. Na oitava linha da saída a seguir, no roteador SF-1, você pode ver a lista de acesso padrão IPX 800 aplicada nos pacotes IPX que saem:

```
SF-2#show ipx interface fddi 0
Fddi0 is up, line protocol is up
    IPX address is 10.0000.0c0c.11bb, SNAP [up]
    Delay of this IPX network, in ticks is 1 throughput 0 link delay 0
    IPXWAN processing not enabled on this interface.
    IPX SAP update interval is 60 seconds
    IPX type 20 propagation packet forwarding is disabled
    Incoming access list is not set
    Outgoing access list is 800
    IPX helper access list is not set
    SAP GNS processing enabled, delay 0 ms, output filter list is not set
    SAP Input filter list is not set
    SAP Output filter list is not set
    SAP Router filter list is not set
    Input filter list is not set
```

```
Output filter list is not set
Router filter list is not set
Netbios Input host access list is not set
Netbios Input bytes access list is not set
Netbios Output host access list is not set
Netbios Output bytes access list is not set
Updates each 60 seconds, aging multiples RIP: 3 SAP: 3
SAP interpacket delay is 55 ms, maximum size is 480 bytes
RIP interpacket delay is 55 ms, maximum size is 432 bytes
IPX accounting is disabled
IPX fast switching is configured (enabled)
RIP packets received 54353, RIP packets sent 214343
SAP packets received 94554422, SAP packets sent 93492324
```

Como configurar os serviços básicos da discagem IPX

Neste capítulo, estamos vendo as capacidades de roteamento IPX no Cisco IOS. O Cisco IOS também permite o acesso remoto a partir dos clientes IPX, de modo muito parecido com a funcionalidade que vimos nos capítulos anteriores com o IP de discagem e AppleTalk. O acesso remoto IPX fornece aos usuários a capacidade de usar os serviços NetWare mesmos que eles não estejam conectados fisicamente a um segmento LAN dedicado na rede.

No IOS, a capacidade de acesso remoto está disponível nas linhas de discagem assíncrona e no ISDN. Neste capítulo, escolhemos analisar os comandos IPX específicos comumente usados para os clientes IPX de discagem assíncrona. O acesso IPX no ISDN é comumente usado no roteamento de discagem em demanda entre os roteadores, um tópico além do escopo deste livro.

Como vimos nos dois capítulos anteriores, estabelecer o acesso remoto consiste em fazer a configuração da linha assíncrona, ativar os serviços AAA para os usuários e configurar as opções específicas do protocolo. A configuração da linha assíncrona IPX é igual para o IP, como analisado no Capítulo 4. Os clientes IPX usam o protocolo da ligação de dados PPP, tornando a configuração dos serviços AAA para o IPX iguais aos protocolos da rede analisados anteriormente. Esse assunto é mais analisado no Capítulo 7.

A primeira etapa ao adicionar as opções de discagem assíncrona específica do IPX em um servidor de acesso é atribuir um endereço IPX à interface Loopback 0 usando o subcomando de configuração da interface IOS **ipx network** (analisado anteriormente neste capítulo). Esse endereço se tornará o número da rede IPX usado pelos clientes de discagem IPX. Então usaremos o subcomando da interface IOS **ipx ppp-client loopback** para atribuir o número da rede Novell IPX Loopback 0 a uma interface assíncrona do grupo. Iremos configurar o servidor de acesso Sing2511 na rede ZIP como a seguir:

```
Sing2511#configure
Configuring from terminal, memory, or network [terminal]?
Enter configuration commands, one per line. End with CTRL+Z.
Sing2511(config)#interface loopback 0
Sing2511(config-if)#ipx network 2500
Sing2511(config-if)#interface group-async1
Sing2511(config-if)#ipx ppp-client loopback 0
Sing2511(config-if)#^Z
```

Os clientes IPX de discagem não precisam ouvir as informações IPX RIP ou SAP. Para evitar o envio de atualizações periódicas normais a cada 60 segundos nas interfaces assíncronas, poderemos usar o subcomando de configuração da interface IOS **ipx update interval**. Esse subcomando requer um parâmetro **sap** ou **rip** e um valor em segundos para a freqüência com a qual enviar as devidas atualizações na interface. No exemplo a seguir, iremos configurar o servidor de acesso Sing2511 para enviar as atualizações IPX RIP e SAP a cada 10 horas (36.000 segundos). Definimos **ipx update interval** para esse valor alto com a suposição de que um cliente de discagem IPX não fique conectado por 10 horas:

```
Sing2511#configure
Configuring from terminal, memory, or network [terminal]?
Enter configuration commands, one per line. End with CTRL+Z.
Sing2511(config)#interface group-async1
Sing2511(config-if)#ipx update interval sap 36000
Sing2511(config-if)#ipx update interval rip 36000
Sing2511(config-if)#^Z
```

Como verificar a conectividade IPX e solucionar problemas

O ping IPX é uma ferramenta útil ao ajudar a identificar os problemas da conectividade IPX. Dois tipos diferentes de pings estão disponíveis no IPX. O primeiro, um Cisco Echo, é patenteado da Cisco; apenas os dispositivos IOS respondem a esses pacotes Echo. O segundo, um Novell Standard Echo, é suportado pelos dispositivos IOS e serviços NetWare que executam a versão 1.0 ou posterior da especificação NLSP.

A partir de um dispositivo IOS no modo não privilegiado EXEC, você poderá enviar Cisco Echoes usando o comando IOS EXEC **ping ipx**. O comando IOS EXEC **ping ipx** envia cinco IPX Cisco Echoes com 100 bytes para um dado endereço IPX, como mostrado no exemplo seguinte, no roteador SF-Core-1:

```
SF-Core-1#ping ipx 10.0000.0c0c.23ce

Type escape sequence to abort.
Sending 5, 100-byte IPX cisco Echoes to 10.0000.0c0c.23ce, timeout is 2
seconds:
!!!!!
Success rate is 100 percent (5/5), round-trip min/avg/max = 1/1/4 ms
```

No exemplo anterior, você pode ver cinco IPX Cisco Echoes e cinco respostas a partir do endereço de destino. A Tabela 6-2 mostra a significado dos caracteres exibidos pelo roteador para cada ping IPX enviado.

Tabela 6-2 *Os caracteres de resposta do comando ping IPX.*

!	Um ponto de exclamação indica o recebimento de uma resposta a partir do endereço de destino.
.	Um ponto indica que o servidor da rede teve o tempo esgotado enquanto aguardava uma resposta do endereço de destino.
U	Um erro do destino IPX não atingido foi recebido.

Tabela 6-2 *Os caracteres de resposta do comando ping IPX (continuação).*

C	Um pacote de congestionamento IPX experimentado foi recebido.
I	Um usuário interrompeu manualmente o teste.
?	Um tipo de pacote IPX desconhecido foi recebido.
&	A duração do pacote IPX foi excedida.

No modo privilegiado, o comando IOS EXEC **ping** poderá ser usado para enviar Cisco Echoes ou Novell Standard Echoes. O comando **ping** no modo privilegiado também permite que você especifique diversas características das repetições enviadas, como o número de repetições a fazer, o tamanho das repetições e o período de intervalo a aguardar para uma repetição. No próximo exemplo, enviaremos um ping IPX a partir do roteador ZIP SF-Core-1 usando o comando **ping** no modo privilegiado:

```
SF-Core-1#ping

Protocol   [ip]:ipx
Target IPX address:10.0000.0c0c.23ce
Repeat count [5]:
Datagram size [100]:
Timeout in seconds [2]:
Verbose [n]:
Novell Standard Echo [n]:
Type escape sequence to abort.
Sending 5 100-byte IPX echoes to 10.0000.0c0c.23ce, timeout is 2 seconds.
!!!!!
Success rate is 100 percent (5/5)
```

Você poderá obter estatísticas gerais sobre a operação do protocolo IPX em um roteador Cisco com o comando **show ipx traffic**. Inclui os contadores para informações como o número total de pacotes recebidos e enviados pelo roteador; o número de transmissões públicas recebidas e enviadas; as estatísticas SAP, IPX RIP, EIGRP e NLSP; e se o roteador enviou ou recebeu IPX Echoes. Os contadores cumulativos em **show ipx traffic** serão redefinidos apenas quando o roteador for recarregado ou fizer o ciclo de energia. A seguir está um exemplo de saída do comando **show ipx traffic** no roteador ZIP SF-Core-1:

```
SF-Core-1#show ipx traffic
System Traffic for 0.0000.0000.0001 System-Name: zipnet
Rcvd: 603143 total, 94947 format errors, 0 checksum errors, 0 bad hop count,
      0 packets pitched, 401 local destination, 0 multicast
Bcast:406 received, 6352 sent
Sent: 6355 generated, 0 forwarded
      0 encapsulation failed, 19 no route
SAP:  368 SAP requests, 0 SAP replies, 2 servers
      0 SAP Nearest Name requests, 0 replies
      0 SAP General Name requests, 0 replies
      27 SAP advertisements received, 138 sent
      20 SAP flash updates sent, 0 SAP format errors
RIP:  6 RIP request, 0 RIP replies, 5 routes
```

```
       5629 RIP advertisements received, 6139 sent
       0 RIP flash updates sent, 0 RIP format errors
Echo: Rcvd 0 requests, 0 replies
      Sent 0 requests, 0 replies
      0 unknown: 0 no socket, 0 filtered, 0 no helper
      0 SAPs throttled, freed NDB len 0
Watchdog:
      0 packets received, 0 replies spoofed
Queue lengths:
      IPX input: 0, SAP 0, RIP 0, GNS 0
      SAP throttling length: 0/(no limit), 0 nets pending lost route reply
      Delayed process creation: 0
EIGRP: Total received 0, sent 0
       Updates received 0, sent 0
       Queries received 0, sent 0
       Replies received 0, sent 0
       SAPs received 0, sent 0
NLSP: Level-1 Hellos received 0, sent 0
```

Além dos comandos de solução de problemas e de verificação apresentados nesta seção, vários comandos IOS EXEC **debug** privilegiados existem para ajudar a determinar a operação do protocolo IPX no roteador. Esses comandos **debug** fornecem uma saída de diagnóstico geral e detalhada que pode ajudar a solucionar problemas e a verificar a operação do roteador, dos protocolos de roteamento e outras funções. Alguns dos comandos **debug** mas comuns usados para o IPX estão resumidos na Tabela 6-3.

Tabela 6-3 *Os comandos debug para o IPX.*

Comando	Descrição
debug ipx eigrp	Exibe o conteúdo dos pacotes IPX EIGRP enviados e recebidos pelo roteador.
debug ipx nlsp	Exibe as atividades do protocolo NLSP executado no roteador.
debug ipx packet	Exibe os endereços IPX de origem e destino dos pacotes que são roteados pelo roteador.
debug ipx routing	Exibe as alterações que ocorrem na tabela de roteamento IPX como resultado dos acréscimos e eliminações da rota.
debug ipx sap	Exibe informações sobre as notificações SAP enviadas e recebidas pelo roteador.

Como mencionado nos capítulos anteriores, alguns comandos **debug** podem afetar de modo adverso o desempenho do roteador. Deve-se ter cuidado ao usar esses comandos EXEC privilegiados.

Como configurar o envio do pacote IPX tipo 20

Muitas aplicações no ambiente NetWare usam os serviços de solicitação Network Basic Input/Output System (NetBIOS) a partir dos servidores IPX. Esses serviços incluem o estabelecimento da sessão, o término e a transferência das informações.

Em um cliente NetWare, uma aplicação NetBIOS, que usa o IPX, transmite pacotes de propagação do tipo 20 para todas as redes IPX a fim de obter informações sobre os nós nomeados na rede. O NetBIOS usa nós nomeados para os recursos na rede. Para se comunicar com esses recursos, os clientes NetWare precisam mapear esses nós nomeados para os endereços IPX.

O NetBIOS usa um mecanismo IPX para mapear os nós nomeados para o endereço IPX. Como você viu neste livro, os roteadores Cisco bloqueiam todos os pacotes de transmissão pública da camada da rede por default, inclusive os pacotes de propagação IPX tipo 20. Se um roteador não enviar nenhum pacote de propagação do tipo 20 e um cliente NetWare com uma aplicação que usa o NetBIOS precisar atravessar o roteador para obter informações sobre um nó nomeado na rede, o cliente NetWare não será capaz de se comunicar com o servidor.

O subcomando da interface IOS **ipx type-20-propagation** instrui o roteador para aceitar e enviar os pacotes de propagação tipo 20 para as outras interfaces IPX que também têm esse subcomando configurado. O IOS tenta enviar os pacotes de propagação IPX tipo 20 de uma maneira inteligente – como, por exemplo, não colocando os pacotes nas interfaces que roteiam para a interface fonte original.

Ao invés de enviar os pacotes de propagação IPX tipo 20 para diversos segmentos da rede, você poderá enviar esses pacotes para um endereço da rede IPX específico, assim reduzindo potencialmente o número de pacotes de transmissão pública enviados em sua rede IPX. O comando de configuração global IOS **ipx type-20-helpered** permite enviar os pacotes IPX tipo 20 para um endereço IPX específico. O subcomando da interface IOS **ipx helper-address** especifica o endereço IP para o qual enviar os pacotes tipo 20. Os comandos **ipx type-20-helpered** e **ipx type-20-propagation** são mutuamente exclusivos. O IOS tem de enviar os pacotes de propagação tipo 20 para as outras interfaces configuradas de modo semelhante ou enviar os pacotes tipo 20 para um endereço IPX.

Na configuração a seguir, na rede ZIP, iremos enviar todos os pacotes IPX tipo 20 no roteador Singapore, através da interface Ethernet 0, para um servidor IPX específico em São Francisco, no endereço IPX aa.0005.0112.0474:

```
Singapore#configure
Configuring  from  terminal,  memory,  or  network  [terminal]?
Enter configuration commands, one per line. End with CTRL+Z.
Singapore(config)#ipx  type-20-helpered
Singapore(config)#interface  ethernet  0
Singapore(config-if)#ipx  helper-address  aa.0005.0112.0474
Singapore(config-if)#^Z
```

Resumo

Cobrimos o básico do conjunto de protocolos IPX, os comandos básicos para ativar uma rede IPX e alguns comandos adicionais geralmente implementados nas grandes redes IPX. De modo algum este capítulo irá torná-lo um especialista nas redes IPX, mas fará com que fique ativado e em execução. A seguir estão os conceitos centrais do capítulo:

- ♦ Um endereço IPX tem a forma *rede.nó*, na qual *rede* é um número com 32 bits designando um segmento LAN ou WAN e *nó* é um número com 48 bits designando um cliente ou servidor. A parte da rede é atribuída pelo administrador da rede. A parte do nó é geralmente igual ao endereço da camada da ligação de dados com 48 bits para o dispositivo.

- ♦ Para os clientes NetWare, os servidores NetWare e os roteadores Cisco se comunicarem devidamente em um segmento IPX LAN, eles deverão estar executando a mesma encapsulação IPX. Embora em algumas situações você possa escolher entre diversos métodos de encapsulação, muito freqüentemente a versão do NetWare ditará qual terá de ser usado.

- ♦ Como o roteamento IP, o roteamento IPX pode ser configurado manualmente ou por meio dos protocolos de roteamento dinâmico. O RIP, NLSP e EIGRP são protocolos de roteamento dinâmico para o IPX. O IPX RIP é ativado em todas as interfaces IPX defaults quando você usa o comando de configuração global **ipx routing**.

- ♦ O SAP é um protocolo de serviços dinâmicos que notifica quais serviços estão disponíveis em uma rede IPX. É configurado por default em todas as interfaces configuradas pelo IPX. Os filtros SAP podem ser usados para limitar a quantidade de tráfego SAP enviado e recebido por um roteador.

- ♦ Para ativar as transmissões públicas NetBIOS a serem recebidas e enviadas por um roteador Cisco, você terá de usar o comando **ipx type-20-propagation** ou **ipx type-20-helpered**.

- ♦ Vários comandos **show**, **debug** e **ping** estão disponíveis para verificar as configurações e solucionar os problemas de sua rede IPX. Além dos resumidos na Tabela 6-4, veja a Tabela 6-5 para obter uma revisão dos comandos pertinentes.

Tabela 6-4 *O resumo dos comandos EXEC para configurar o IPX.*

Comando	Descrição
clear ipx route	Limpa a tabela de roteamento IPX inteira ou, se especificado, uma determinada rota.
ping *rede.nó*	Testa o endereço IPX indicado para determinar se é atingível e responde.
ping ipx *rede.nó*	No modo privilegiado, usado para enviar Cisco Echoes ou Novell Standard Echoes para o endereço IPX indicado para determinar se é atingível e responde.
show ipx access-lists	Mostra todas as listas de acesso IPX definidas no roteador.
show ipx interface brief	Mostra um pequeno resumo das informações da rede IPX e os status da interface para todas as interfaces disponíveis no dispositivo.
show ipx interface *interface*	Mostra todos os parâmetros associados à configuração IPX de uma interface.

Tabela 6-4 *O resumo dos comandos EXEC para configurar o IPX (continuação).*

Comando	Descrição
show ipx route	Produz a tabela de roteamento IPX do roteador.
show ipx route *rede.nó*	Mostra as informações de roteamento IPX para a rota especificada.
show ipx servers	Mostra uma lista de todos os servidores IPX conhecidos atualmente.
show ipx traffic	Produz estatísticas gerais sobre a operação do IPX no roteador.

Tabela 6-5 *O resumo dos comandos de configuração para as redes IPX.*

Comando	Descrição
access list	Cria uma lista de acesso numerada e seus critérios de filtragem associados.
area-address *máscara do endereço*	Define o prefixo do endereço da área e a máscara para o NLSP.
dialer map ipx	Mapeia estaticamente um endereço IPX para os nomes do sistema e números de telefone para as chamadas ISDN.
frame-relay map ipx	Mapeia um endereço IPX para um Frame Relay DLCI.
ipx access-group *lista* [in | out]	Aplica a lista de acesso indicada na tarefa de filtrar os pacotes que entram ou saem em uma interface.
ipx access-list{extended | sap | standard} *nome*	Atribui um acesso IPX nomeado e seus critérios de filtragem associados.
ipx gns-round-robin	Estipula um método de seleção de rodízio para escolher entre os diversos servidores elegíveis quando o roteador responde às solicitações GNS.
ipx input-sap-filter *lista*	O subcomando da interface que instrui o roteador a filtrar os pacotes SAP que entram com base nos critérios da lista de acesso específicos.
ipx internal-network *rede*	Define um número da rede interno no roteador para o NLSP.
ipx maximum paths *número*	Configura o roteador para permitir o número especificado de caminhos com custo igual em sua tabela de roteamento IPX.
ipx network *rede* [encapsulation | secondary]	Define a rede IPX para essa interface. Opcionalmente, define o método de encapsulação (por exemplo, snap e arpa) usado nessa interface e se a rede é ou não primária ou secundária na interface.
ipx output-gns-filter *lista*	O subcomando da interface que instrui o roteador para filtrar os pacotes GNS que saem dos roteadores com base nos critérios da lista de acesso específicos.
ipx output-sap-filter *lista*	O subcomando da interface que instrui o roteador para filtrar os pacotes SAP que saem com base nos critérios da lista de acesso específicos.

Capítulo 6 - O básico do IPX | **249**

Tabela 6-5 *O resumo dos comandos de configuração para as redes IPX (continuação)*

Comando	Descrição
ipx ppp-client loopback	O subcomando da interface que atribui o número IPX de uma interface de loopback para ser usado pelos clientes IPX PPP.
ipx route	Configura uma rota IPX estática.
ipx router eigrp *sistema-autônomo*	Ativa o EIGRP como um processo de roteamento para o IPX.
ipx router nlsp *tag*	Ativa o processo NLSP especificado como um processo de roteamento para o IPX.
ipx router-sap-filter	Aplica um filtro em todas as notificações SAP com base nos critérios da lista de acesso específicos.
ipx routing	Ativa o roteamento IPX no roteador.
ipx sap	Define as entradas da tabela SAP estática.
ipx sap-incremental-eigrp	Configura um roteador para enviar mensagens SAP apenas quando uma alteração ocorre na tabela SAP.
ipx update interval {rip | sap} *segundos*	O subcomando da interface que altera o intervalo IPX RIP ou SAP para o número de segundos especificados.
map group	Atribui um grupo de mapas nomeado a uma interface para ser usado ao mapear os endereços IPX para os endereços da ligação de dados ATM em uma interface.
map list	Cria uma lista de mapas nomeada para configurar o mapeamento dos endereços IPX para os PVCs ou SVCs no endereçamento ATM.
rede *rede*	Associa um número da rede IPX ao EIGRP.
x25 map ipx	Mapeia estaticamente um endereço IPX para um endereço X.121.

Referências

As seguintes referências exploram mais os assuntos neste capítulo:

Currid, C. e A. Currid. *Novell's Introduction to Networking*. Foster City, California: IDG Books Worldwide, 1997.

Heywood, D. *Novell's Guide to TCP/IP and Intranetware*. Foster City, California: IDG Books Worldwide, 1997.

Siyan, K.S. e outros. *Novell Intranetware Professional Reference*. Indianapolis, Indiana: New Riders Publishing, 1997.

CAPÍTULO 7

Controle do acesso básico – O básico de como configurar o controle de acesso do dispositivo usando os protocolos RADIUS e TACACS+ no Cisco IOS.

Prevenção básica contra ataques – O básico de como configurar os recursos no IOS para impedir alguns ataques Internet Denial-of-Service (DoS) básicos.

Gerenciamento básico da rede – Uma pequena visão geral do Simple Network Management Protocol (SNMP) e sua configuração no Cisco IOS.

Controle básico da hora – Como configurar o Network Time Protocol e o clock do sistema nos dispositivos Cisco.

Registro básico – O básico de como configurar a funcionalidade de registro no Cisco IOS.

As questões básicas administrativas e de gerenciamento

Este capítulo explica o básico do gerenciamento Cisco IOS que é essencial para criar redes de dados confiáveis, redundantes e eficientes. Esse básico inclui controlar o acesso para um dispositivo Cisco, registrar a atividade do sistema, impedir ataques, configurar os protocolos de gerenciamento da rede e sincronizar a hora e a data dos dispositivos Cisco IOS.

Controle do acesso básico

O Cisco IOS oferece uma série de mecanismos e protocolos que ajudam a controlar a acessibilidade dos dispositivos. Esses mecanismos básicos de controle do acesso podem ajudá-lo a limitar quem está acessando seus dispositivos da rede e o que é feito em cada dispositivo. Essa tarefa importante é necessária para assegurar a segurança de sua rede e para criar uma trilha de auditoria de qualquer alteração na rede.

Como conectar um terminal virtual usando o Telnet e o SSH

Os métodos comuns de acessar um dispositivo executando o IOS são através da porta do console (como analisado no Capítulo 2, "O básico da configuração do dispositivo") ou através de linhas terminais virtuais (vty). As linhas terminais virtuais são o software que permite conectar o roteador através de uma rede de dados. Um dispositivo IOS também suporta cinco sessões simultâneas através das linhas terminais virtuais.

O uso de um cliente Telnet ou de um cliente Secure Shell (SSH) são os dois métodos mais comuns para conectar uma linha terminal virtual. Um cliente Telnet usa um protocolo padrão definido no RFC 854 para fornecer uma conexão insegura com o software do servidor sendo executado em uma linha terminal virtual. Por default, todos os dispositivos IOS têm um servidor Telnet ativado em todas as linhas terminais virtuais; iremos analisar a segurança dessas linhas na seção a seguir, "Como ativar o servidor SSH".

O SSH é um protocolo que fornece uma conexão segura e criptografada entre um cliente SSH e o servidor sendo executado em uma linha terminal virtual com uma funcionalidade parecida com uma conexão Telnet. Diferente do servidor Telnet, um servidor SSH não é ativado por default nas linhas terminais virtuais. A ativação do servidor SSH é analisada na seção a seguir.

Seu administrador do sistema deverá ser capaz de ajudar a usar o cliente Telnet ou o cliente SSH em seu sistema local. E mais, a partir de um prompt EXEC, um dispositivo IOS poderá ser um cliente Telnet ou um cliente SSH usando os comandos **telnet** ou **ssh**.

NOTA Atualmente, duas versões do SSH estão disponíveis: o SSH versão 1 e o SSH versão 2. No momento, o Cisco IOS suporta apenas o SSH versão 1.

Os clientes SSH e os servidores podem fornecer a autenticação do usuário usando um sistema de criptografia de chaves públicas inventado por Rivest, Shamir e Adelman (RSA). A autenticação do usuário RSA disponível nos clientes SSH não é suportada no servidor SSH para o Cisco IOS. O Cisco IOS autentica os usuários usando uma combinação do ID do usuário e senha apenas. O servidor SSH no IOS usa o RSA para gerar o par de chaves usado para configurar uma sessão criptografada para o cliente, como será mostrado na próxima seção.

O SSH assegura a conexão entre o cliente SSH e o servidor usando o algoritmo de criptografia DES (56 bits) ou Triple DES (168 bits). Contudo, nem todas as versões do IOS suportam o DES ou o Triple DES e você deverá usar o comando **show version** para ver se a versão do IOS que você está executando suporta esses algoritmos de criptografia.

NOTA Alguns algoritmos de criptografia (inclusive a criptografia de dados com 56 bits, entre outras) estão sujeitos aos controles de exportação do governo dos Estados Unidos. Usar esses algoritmos – e a versão do IOS que os suporta – fora dos Estados Unidos requer uma licença de exportação.

Como ativar o servidor SSH

Para ativar o servidor SSH e permitir que os clientes SSH conectem as linhas terminais virtuais, seu dispositivo IOS terá que ter um nome de host devidamente configurado e nome do domínio. Você irá configurar esses parâmetros com os comandos de configuração global **hostname** e **ip domain-name**, analisados anteriormente.

Para configurar o servidor SSH, terá que gerar um par de chaves RSA usado para criptografar a sessão entre o cliente e o servidor. No dispositivo IOS, você irá gerar o par de chaves RSA usando o comando de configuração global **crypto key generate rsa**. Quando você gera um par de chaves RSA para o dispositivo IOS, ativa automaticamente o servidor SSH nas linhas terminais virtuais. Para apagar uma chave RSA, usará o comando de configuração global **crypto key zeroize rsa**, que desativa automaticamente o servidor SSH.

> **NOTA** O comando de configuração global **crypto key generate rsa** não aparecerá na saída de **show running-config** ou **show startup-config**.

O comando de configuração global **ip ssh** ativa o servidor SSH em todas as linhas terminais virtuais:

```
SF-1#configure
Configuring from terminal, memory, or network [terminal]?
Enter configuration commands, one per line. End with CNTL/Z.
SF-1(config)#crypto key generate rsa
SF-1(config)#ip ssh
SF-1(config)#^Z
```

Como verificar a configuração SSH

Você poderá exibir a chave RSA pública usada pelo SSH utilizando comando EXEC **show crypto key mypubkey rsa**:

```
SF-1>show crypto key mypubkey rsa
% Key pair was generated at: 19:01:46 EDT Aug 7 2000
Key name: SF-1.zipnet.com
     Usage: General Purpose Key
     Key Data:
     305C300D  06092A86  4886F70D  01010105  00034B00  30480241  00C6F6D1  CCBF889A
     6D3E451F  C362DD75  866F084B  04F43C95  0B68BA44  0B8D5B8C  35264CFA  04B8B532
     0FF6473C  4768C46F  CD820DAF  B7CA8C75  4977CF6E  7ED1ACE3  FF020301  0001
%Key pair was generated at: 23:14:52 EDT Aug 29 2000
Key name: SF-1.zipnet.com.server
     Usage: Encryption Key
     Key Data:
     307C300D  06092A86  4886F70D  01010105  00036B00  30680261  00C5D98C  E628790E
     17B0BA2B  C31C9521  8543AE24  F19E0988  BF2901DC  11D723EF  3512DD29  C280DBC53
     8112755C  307AC527  14B955F0  A0DD29AD  AE53BA00  4D84657B  4C605E8E  6EBDDB6E
     4FB98167  8616F964  E067604A  F852A27F  1F9B7AFF  3EC73F5C  75020301  0001
```

E mais, poderá exibir as sessões SSH ativas em seu dispositivo IOS usando o comando **show ip ssh**:

```
SF-1#sh ip ssh
Connection      Version     Encryption      State       Username
0               1.5         3DES            6           admin
```

Como assegurar a porta do console e os terminais virtuais

No nível dos dispositivos IOS individuais, você poderá configurar uma senha para acessar através da porta do console usando comando maior IOS **line console 0** e o subcomando IOS **password**. Para as linhas terminais virtuais, poderá adicionar senhas usando o comando maior **line vty 0 4** e o subcomando **password**.

Usando o subcomando **access-class** de **line**, poderá especificar uma lista de endereços IP que são capazes de conectar ou de serem atingidos a partir das linhas terminais em um dispositivo IOS. Você poderá especificar se uma classe de acesso é utilizada para as sessões que entram ou que saem usando a palavra-chave **in** ou **out**. Esse subcomando usa uma lista de endereços IP para qualificar os endereços IP antes que qualquer sessão que entre ou saia seja iniciada. Poderá usar o subcomando **access-class** como uma maneira de permitir que apenas as estações de trabalho do administrador da rede atinjam as linhas terminais virtuais em seus dispositivos IOS, que é um método adicional de assegurar o acesso para os dispositivos.

No exemplo a seguir, o roteador SF-1 é configurado com o console e a senha terminal virtual Zipmein:

```
SF-1#configure
Configuring from terminal, memory, or network [terminal]?
Enter configuration commands, one per line. End with CNTL/Z.
SF-1(config)#line console 0
SF-1(config)#password Zipmein
SF-1(config)#line vty 0 4
SF-1(config)#password Zipmein
SF-1(config)#^Z
```

O console e as senhas terminais virtuais são mantidos em texto claro nas configurações de execução e de iniciação. Se você quiser criptografar todas as senhas exibidas por qualquer comando EXEC (como **show running-config** ou **show startup-config**), poderá usar o comando de configuração global **service password-encryption**. Como resultado desse comando, as versões decodificadas das senhas não serão mais visíveis por meio de nenhum comando EXEC. A Cisco documentou os procedimentos de recuperação de senhas para cada tipo de dispositivo, no caso de você esquecer suas senhas.

Uma alternativa para configurar as senhas por dispositivo para obter o controle do acesso é usar um protocolo de controle do acesso na rede. Esses protocolos de controle do acesso executam três funções: autenticação, autorização e contabilidade, que são conhecidas coletivamente como AAA. A *autenticação* é o processo de identificar e verificar um usuário. No Cisco IOS, vários métodos poderão ser usados para autenticar um usuário, inclusive uma combinação de nome do usuário e senha ou a transmissão de uma chave exclusiva. A *autorização* determina o que um usuário pode fazer depois de ser autenticado, como ter acesso e executar tarefas em certos dispositivos da rede ou hosts de acesso. A *contabilidade* é o método de registrar o que um usuário está fazendo ou fez.

O AAA requer dois componentes: um cliente que funcione em um dispositivo Cisco IOS e o software do servidor de controle do acesso afim, que geralmente é executado em uma estação de trabalho da rede. O Remote Authentication Dial-In User Service (RADIUS) e o Terminal Access Controller Access Control System (TACACS+) são os dois protocolos comumente usados para fornecer a comunicação entre o cliente AAA em um dispositivo Cisco e o software do servidor de controle do acesso.

Considere um usuário que use a aplicação Telnet para conectar um roteador no qual nenhum protocolo de controle do acesso esteja configurado. O usuário é solicitado a fornecer imediatamente a senha da linha terminal virtual, como a seguir:

```
% telnet singapore
Trying...

Password:
```

Se o usuário fornecer a senha correta, ele terá acesso ao modo EXEC do roteador. Esse usuário não está sujeito a um processo de autenticação e autorização e está livre para executar qualquer tarefa (inclusive entrar no modo privilegiado, se a senha for conhecida). E mais, o usuário que executa essa ação não é registrado. Claramente, tal estratégia aberta é inaceitável em quase todas as redes. Uma exceção pode ser em um ambiente de laboratório ou de teste no qual o acesso não considerado para um dispositivo feito por muitos usuários não afete a segurança da rede, a configuração ou o desempenho.

Se um dispositivo Cisco IOS for configurado para usar um protocolo de controle do acesso, o dispositivo solicitará ao usuário um nome do usuário e senha:

```
% telnet singapore
Trying...

Username: allan
Password:
```

Usando um protocolo de controle do acesso, o dispositivo Cisco IOS executa as seguintes tarefas:

1   O cliente do controle de acesso no dispositivo solicita o nome do usuário e senha quando recebe a solicitação da conexão Telnet que chega.

2   O cliente do controle de acesso consulta o usuário e envia a combinação de nome do usuário e senha na mensagem de solicitação da autenticação para o servidor de controle do acesso.

3   O servidor do controle de acesso autentica a combinação de nome do usuário e senha. A combinação é passada ou falha na autenticação e a devida mensagem é retornada para o cliente. O servidor pode fornecer informações ao cliente sobre sua autorização. O servidor é responsável pela transação.

4   O cliente do controle de acesso permite ou nega a combinação de nome do usuário e senha. Se permitido, o usuário recebe acesso para o sistema e é autorizado a executar as ações especificadas nas informações de autorização transmitidas pelo servidor.

Essa seqüência de comunicação entre o cliente do controle de acesso e o servidor é mostrada na Figura 7-1.

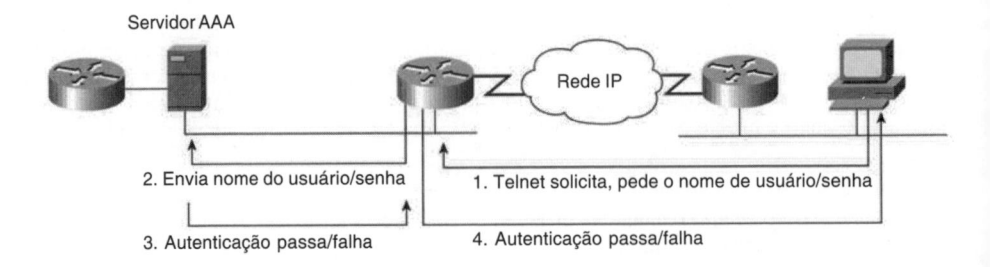

Figura 7-1 *Como um cliente AAA, o dispositivo Cisco IOS troca informações com o servidor AAA para executar o controle do acesso.*

Como ativar o AAA

Para ativar todos os serviços AAA no Cisco IOS, você precisará usar o comando de configuração global **aaa new-model**.

Então poderá ativar o cliente AAA para obter uma configuração da autenticação, da autorização e da contabilidade específica usando os seguintes comandos de configuração global: **aaa authentication**, **aaa authorization** e **aaa accounting**. Cada um dos comandos AAA é configurado usando listas de métodos. Uma lista de métodos é uma lista configurada que descreve os métodos AAA a serem tentados, em uma seqüência ordenada, para autenticar um usuário, autorizar uma atividade ou considerar uma ação. Por exemplo, com as listas de métodos, você poderá especificar diversos mecanismos de autenticação em uma tentativa para autenticar um usuário no caso de o método inicial falhar. Um dispositivo IOS tentará usar o primeiro método listado para autenticar os usuários; se esse método falhar em responder, o dispositivo tentará o próximo método de autenticação na lista de métodos. Isso continuará até que haja uma comunicação bem-sucedida com um método de autenticação listado ou até que todos os métodos definidos sejam usados. As listas de métodos para a autorização e a contabilidade funcionam de modo parecido com as descritas anteriormente para a autenticação.

> **NOTA** Um dispositivo IOS tentará usar o próximo método em uma lista de métodos apenas se o dispositivo não puder se comunicar com o método anterior. Por exemplo, se qualquer método de autenticação responder mas falhar em autenticar o usuário, o próximo método de autenticação não será usado.

Os dois protocolos AAA comuns são o RADIUS e o TACACS+, que serão descritos posteriormente nesta seção. Com os comandos de configuração global **aaa authentication**, **aaa authorization** e **aaa accounting**, você poderá especificar o método a usar como o RADIUS utilizando o método **group radius** e como TACACS+ utilizando o método **group tacacs+**.

O comando **aaa authentication** especifica os protocolos de autenticação em uma lista de métodos ordenada, que o dispositivo poderá tentar usar para verificar o acesso. O comando **aaa authorization** permite especificar se a autorização é feita nos comandos EXEC ou no início das sessões EXEC ou de rede (como as sessões PPP). Também permite especificar o protocolo a usar para executar essas tarefas. O comando **aaa accounting** permite especificar quando as mensagens da contabilidade serão enviadas para o servidor AAA, como no início ou no final de cada sessão do usuário e depois de cada comando. Esse comando também especifica o tipo de contabilidade que o cliente AAA executa. Você

Capítulo 7 - As questões básicas administrativas e de gerenciamento | 257

poderá registrar a atividade do sistema IOS, os serviços relacionados à rede (como PPP e ARAP) e as sessões EXEC. Poderá usar o TACACS+ e o RADIUS para enviar as informações da contabilidade de um cliente AAA para um servidor AAA.

No exemplo a seguir, os processos AAA são configurados para o roteador Singapore. A autenticação AAA é ativada para as sessões de conexão usando o comando de configuração global **aaa authentication login**. O primeiro protocolo de autenticação na lista de métodos é o TACACS+. Se o agente TACACS+ for incapaz de contactar o servidor para executar a autenticação, o dispositivo executará a autenticação por meio de um segundo método – a saber, usando o comando de configuração global **enable secret** ou **enable password**. Essa lista de métodos é vista, no comando **aaa authentication login**, como a opção **group tacacs+**, seguida da opção **enable**.

DICA   Recomendamos que você não conte unicamente com um protocolo AAA para a autenticação de suas sessões de conexão em seus dispositivos IOS. Ter um segundo método de autenticação para as sessões de conexão irá assegurar que poderá sempre ter acesso para seu dispositivo se um servidor AAA estiver indisponível.

Ao configurar os comandos **aaa accounting** e **aaa authorization**, aplicamos a mesma lógica como fizemos com os comandos **aaa authentication**. Você poderá especificar diferentes métodos de autorização para as sessões EXEC e as sessões da rede (como o PPP) usando as opções **exec** e **network** para o comando de configuração global **aaa authorization**. A palavra-chave do método **if-authenticated** informa ao cliente AAA que precisa conceder a autorização se a autenticação tiver passado para a sessão.

Finalmente, todas as sessões EXEC são registradas quando param de usar o protocolo ATACACS+ utilizando o comando de configuração global **aaa accounting**.

```
Singapore#configure
Configuring from terminal, memory, or network [terminal]?
Enter configuration commands, one per line. End with CNTL/Z.
Singapore(config)#aaa  new-model
Singapore(config)#aaa  authentication  login default  group  tacacs+  enable
Singapore(config)#aaa  authorization  exec  group  tacacs+  if-authenticated
Singapore(config)#aaa  authorization  network  group  radius  if-authenticated
Singapore(config)#aaa  accounting  exec  stop-only  group  tacacs+
Singapore(config)#^Z
```

Neste exemplo, a opção **group tacacs+** instrui o dispositivo IOS a contactar os servidores TACACS+ definidos pelo comando de configuração global **tacacs-server host**, como será analisado posteriormente na seção "TACACS+". Você poderá definir opcionalmente seus próprios grupos de servidores AAA com um nome definido pelo usuário com um grupo de servidores AAA usando o comando de configuração global **aaa server group** e o subcomando **server**. Um grupo de servidores AAA definido pelo usuário será útil quando você tiver um grupo de usuários que conte com um servidor AAA e outro grupo de usuários que conte com outro servidor AAA. Esses dois grupos poderão ou não estar usando o mesmo protocolo AAA (como o RADIUS). Antes da invenção dos grupos de servidores AAA, apenas um único conjunto de servidores AAA podia ser usado para cada método para todos os usuários. Um exemplo comum de usar os grupos de servidores AAA é autenticar os usuários de discagem usando um servidor RADIUS e autenticar os administradores da rede em outro servidor RADIUS.

Nas seguintes seções, você poderá ver como especificar os servidores RADIUS e TACACS+ para o cliente AAA.

RADIUS

O protocolo RADIUS foi publicado originalmente pela Livingston Enterprises, Inc., como um protocolo padrão que troca informações AAA entre um cliente e o servidor RADIUS. O RADIUS é um protocolo aberto; vários dispositivos da rede têm um cliente RADIUS. Um servidor RADIUS é uma estação de trabalho que executa o software do servidor RADIUS de um revendedor ou organização como Livingston, Merit ou Microsoft. Você poderá especificar o endereço IP do servidor RADIUS com o qual o cliente IOS se comunica usando o comando de configuração global **radius-server host**.

Ao executar a autenticação, o protocolo RADIUS criptografa as senhas enviadas entre o cliente e o servidor. Você precisará configurar uma string secreta para essa criptografia da senha em seu servidor RADIUS e no Cisco IOS. Para configurar essa string no cliente Cisco IOS, use o comando de configuração global **radius-server key**.

O roteador de São José é configurado na rede ZIP, com um servidor RADIUS e uma chave da criptografia:

```
San Jose#configure
Configuring from terminal, memory, or network [terminal]?
Enter configuration commands, one per line. End with CNTL/Z.
San Jose(config)#radius-server host 131.108.110.33
San Jose(config)#radius-server key Radius4Me
San Jose(config)#^Z
```

TACACS+

O TACACS+ é um protocolo AAA conceitualmente parecido com o RADIUS. O TACACS+ é a terceira revisão do protocolo TACACS. A segunda revisão é chamada de Extended TACACS ou XTACACS. O TACACS+ é um protocolo patenteado da Cisco e todos os dispositivos IOS têm um cliente TACACS+ nativo.

O software do servidor TACACS+ está disponível a partir de várias fontes, inclusive a Cisco (no produto CiscoSecure) e outros revendedores, em muitas plataformas de hardware da estação de trabalho. Você poderá especificar o endereço IP do servidor TACACS+ com o qual o cliente IOS se comunica, usando o comando de configuração global **tacacs-server host**.

O protocolo TACACS+ criptografa toda a comunicação enviada entre o cliente e o servidor. Você deverá configurar uma string secreta para essa criptografia da comunicação em seu servidor TACACS+ e no Cisco IOS. Para configurar a string no cliente Cisco IOS, use o comando de configuração global **tacacs-server key**.

O roteador SF-Core-1 é configurado na rede ZIP com um servidor TACACS+ e uma chave de criptografia:

```
SF-Core-1#configure
Configuring from terminal, memory, or network [terminal]?
Enter configuration commands, one per line. End with CNTL/Z.
SF-Core-1(config)#tacacs-server host 131.108.110.33
SF-Core-1(config)#tacacs-server key ZIPSecure
SF-Core-1(config)#^Z
```

RADIUS e TACACS+ comparados

As diferenças entre o RADIUS e o TACACS+ são várias, mas sua funcionalidade é basicamente igual. O RADIUS, que é um padrão, usa a camada de transporte UDP. O TACACS+, que é patenteado, usa a camada de transporte TCP. O RADIUS funciona bem nos ambientes IP apenas, ao passo que o TACACS+ é útil nos ambientes com diversos protocolos. O RADIUS suporta atualmente mais atributos no protocolo e permite que o cliente e o servidor transmitam mais informações que o TACACS+. O RADIUS criptografa apenas a senha enviada entre o cliente e o servidor, enquanto que o TACACS+ criptografa toda a comunicação.

Muitos revendedores que suportam um protocolo ou outro questionam veementemente os méritos do protocolo AAA que eles suportam. A Cisco suporta ambos os protocolos. Se sua rede for largamente heterogênea, o RADIUS talvez seja o protocolo AAA certo a usar porque muitos revendedores o suportam atualmente. Se sua rede usa principalmente os dispositivos Cisco, o TACACS+ muito provavelmente é a solução correta.

Prevenção básica contra ataques

Os recursos de interceptação TCP e do envio do caminho inverso com uma coerção do IOS permitem configurar alguma segurança básica nos dois tipos de ataques de negação de serviço: o fluxo TCP SYN e a falsificação do endereço IP de origem.

Um ataque de negação de serviço (DoS) é aquele no qual um *hacker* viola um recurso da rede com o tráfego pretendido não para danificar os dados, mas para utilizar recursos suficientes no recurso da rede para que não possa executar sua função pretendida. Por exemplo, um ataque de fluxo TCP SYN (sincronização) ocorre quando um *hacker* inunda um servidor com um grande número de solicitações TCP SYN (usadas para iniciar uma conexão TCP) a partir de um endereço IP de origem inválido. Cada uma dessas solicitações tem um endereço IP de origem inatingível que significa que as conexões não podem ser estabelecidas. O grande número de conexões abertas, não estabelecidas, sobrecarrega o servidor e pode fazer com que ele negue o serviço para validar as solicitações, impedindo que os usuários conectem o servidor e executem suas tarefas desejadas.

Interceptação TCP

O recurso de interceptação TCP ajuda a evitar o fluxo SYN interceptando e validando as solicitações de conexão quando elas passam por um roteador. Você poderá fazer com que um recurso de interceptação TCP intercepte as mensagens TCP SYN que chegam ou observe as conexões TCP quando o roteador as enviar.

No modo de interceptação, o roteador intercepta ativamente cada TCP SYN que chega e responde ao servidor de destino real com um TCP ACK e um SYN. É a primeira etapa em um processo de estabelecimento da conexão TCP padrão chamado de *handshake com três direções*. Então o roteador aguarda um TCP ACK do segundo TCP SYN a partir da origem. Quando esse ACK é recebido, o roteador configurou uma conexão TCP válida com a fonte e completou o handshake com três direções. Em seguida, o roteador envia o TCP SYN original para o servidor de destino real e executa um segundo handshake com três direções. Depois, o roteador reúne as duas conexões TCP de modo transparente, enviando os pacotes entre as duas conexões TCP na duração da conexão.

No modo de interceptação, o recurso de interceptação TCP ajuda e impedir o ataque DoS do TCP SYN porque os pacotes de um host inatingível nunca chegarão ao servidor de destino. Você poderá configurar o roteador para interceptar as solicitações com base em uma lista de acesso estendida IP, permitindo-o especificar quais solicitações o roteador deverá interceptar.

Como alternativa para interceptar cada conexão TCP, você poderá fazer com que o recurso de interceptação TCP observe as solicitações da conexão quando elas forem enviadas pelo roteador. Se uma conexão TCP falhar em iniciar em um intervalo configurável, o software IOS irá interceptar e terminar a tentativa de conexão.

Você irá configurar o recurso de interceptação TCP usando o comando de configuração global IOS **ip tcp intercept mode**. O comando de configuração global **ip tcp intercept list** atribui uma lista de acesso estendida IP para especificar quais solicitações o roteador deve interceptar. O comando **ip tcp intercept watch-timeout** especifica o número de segundos que o roteador deverá permitir antes de redefinir uma conexão TCP que não completou um handshake com três direções válido com o servidor de destino. Por default, um roteador irá redefinir uma conexão TCP se um handshake com três direções não se completar em 30 segundos. No exemplo a seguir, o roteador SF-Core-1 é configurado para observar todas as conexões TCP a partir da rede 131.108.0.0 e redefinir as conexões que não forem estabelecidas depois de 15 segundos:

```
SF-Core-1#configure
Configuring from terminal, memory, or network [terminal]?
Enter configuration commands, one per line. End with CNTL/Z.
SF-Core-1(config)#access-list 120 permit ip any 131.108.0.0 0.0.255.255
SF-Core-1(config)#ip tcp intercept mode watch
SF-Core-1(config)#ip tcp intercept list 120
SF-Core-1(config)#ip tcp intercept watch-timeout 15
SF-Core-1(config)#^Z
```

O comando EXEC **show tcp intercept connections** exibe todas as conexões TCP incompletas e estabelecidas. O comando EXEC **show tcp intercept statistics** mostra estatísticas sobre o comportamento do recurso de interceptação TCP.

Envio do caminho inverso com uma coerção

O recurso do envio do caminho inverso com uma coerção (RPF) poderá ajudar a evitar o ataque DoS da falsificação do endereço IP de origem (algumas vezes chamado de engano IP). O ataque de falsificação do endereço IP de origem usa endereços IP de origem malformados ou um IP de origem que muda rapidamente para atacar uma rede. Se sua rede estiver sendo atacada por um endereço IP de origem malformado ou um conjunto de endereços IP de origem que mudam rapidamente, poderá ser impossível configurar uma lista de acesso IP para parar o ataque.

NOTA *O recurso RPF com uma coerção estará disponível em seu dispositivo IOS apenas se você estiver usando o Cisco Express Forwarding (CEF). O CEF é um mecanismo avançado usado para enviar os pacotes e construir as tabelas de roteamento IP. No momento, o CEF opera apenas em certos dispositivos IOS de ponta.*

O recurso RPF com uma coerção ajuda a resolver isso descartando automaticamente os pacotes IP que não têm um endereço IP de origem verificável. O roteador verifica os endereços IP de origem vendo todos os pacotes recebidos em uma interface para assegurar que o endereço fonte e a interface do roteador fonte apareçam na tabela de roteamento IP e coincidam com a interface na qual o pacote foi recebido. A rota recebida e a rota para trás, como vistas na tabela de roteamento para o endereço IP de origem, terão de ser simétricas. Uma rota será simétrica se um pacote chegar em uma interface do roteador em um dos melhores caminhos de retorno para a origem do pacote, não limitado à interface exata do roteador, permitindo que você use técnicas de roteamento como o equilíbrio do carregamento com custo igual.

Se não houver nenhuma rota do caminho inverso na mesma interface fonte ou caminho de retorno a partir do qual o pacote foi recebido, poderá significar que o endereço fonte foi modificado ou falsificado e o pacote será descartado. Verificar se o endereço IP de origem é atingível através do caminho inverso no qual o pacote será enviado ajudará a impedir a falsificação do endereço IP de origem.

O recurso RPF com uma coerção poderá ser usado em qualquer configuração da rede na qual há um único caminho de conectividade a partir da rede. Quando você tem um único caminho de conectividade, mesmo com diversos caminhos com carregamento compartilhado, o roteamento da rede será praticamente sempre simétrico. Essa configuração em geral ocorre no ponto de saída da rede de fluxo superior para a Internet. Você não deverá usar o recurso RPF com uma coerção em sua rede interna quando diversas rotas existirem para os destinos IP.

A configuração do recurso RPF com uma coerção é feita por meio de um único subcomando da interface: **ip verify unicast reverse-path**. Em um ambiente comum, você aplicará esse comando apenas na interface de fluxo superior (ou interfaces em um ambiente com carregamento compartilhado) em seu roteador que conecta a Internet.

Registro básico

Os dispositivos Cisco IOS têm a capacidade de registrar mensagens sobre a atividade do sistema. Essas mensagens de registro poderão ser úteis ao controlar a atividade do sistema, os erros e as notificações. O registro usa oito níveis de mensagens de notificação, como resumido na Tabela 7-1.

Tabela 7-1 As mensagens de registro do Cisco IOS.

Nível	Descrição
Nível 0 – Emergências	O sistema ficou inútil.
Nível 1 – Alertas	Uma ação imediata é necessária para restaurar a estabilidade do sistema.
Nível 2 – Crítico	Ocorreram condições críticas que podem requerer atenção.
Nível 3 – Erros	Ocorreram condições de erro que podem ajudar a controlar os problemas.
Nível 4 – Avisos	Ocorreram condições de aviso que não são graves.
Nível 5 – Notificações	Condições normais mas importantes admitem uma notificação.
Nível 6 – Informacional	Essas mensagens informacionais não requerem ação.
Nível 7 – Depuração	São mensagens de depuração para a solução de problemas do sistema apenas.

No IOS, você define o nível mínimo das mensagens de registro (em termos de gravidade) que deseja registradas. Fará isso identificando o nível pelo nome no comando de configuração. As emergências (Nível 0) são as de nível mais grave, ao passo que a depuração (Nível 7) se situa no menos grave. Todas as mensagens no nível que você identifica e nos níveis mais graves são enviadas para um dos quatro locais:

- ◆ Um servidor syslog (registro do sistema), configurado, usando o comando **logging trap**.
- ◆ Um buffer do dispositivo interno, configurado, usando o comando **logging buffered**.
- ◆ A porta do console de um dispositivo, configurada, usando o comando **logging console**.
- ◆ As linhas terminais de um dispositivo, configuradas, usando o comando **logging monitor**.

Os comandos **logging** anteriores são comandos de configuração global que permitem especificar o nível das mensagens enviadas para cada local de registro. Um servidor syslog é um excelente local de registro porque o sistema normalmente grava as mensagens em um disco. E mais, como o syslog é um utilitário com finalidade geral que muitos programas diferentes utilizam, você poderá ter uma fonte central para registrar as mensagens a partir de diferentes dispositivos.

O buffer do dispositivo interno será um recurso de registro útil se você não tiver um servidor syslog ou se quiser que cada dispositivo mantenha um registro separado dos eventos. O buffer do dispositivo interno tem um tamanho default de 4096 bytes. Você poderá alterar o tamanho usando o comando **logging buffered**. Por exemplo, poderá especificar um tamanho do buffer maior, como **logging buffered 8192**, que especifica um buffer do dispositivo inteiro com 8192 bytes. Embora útil para algumas situações, o buffer do dispositivo interno está na RAM do dispositivo, portanto é perdido com cada recarregamento do dispositivo.

O registro das mensagens no console ou nas linhas terminais de um dispositivo (inclusive as sessões terminais virtuais) é útil para a notificação imediata de eventos críticos. Os quatro locais diferentes de registro não são mutuamente exclusivos e você poderá usar diversos recursos de registro ao mesmo tempo.

> **NOTA** Você deverá usar o comando EXEC **terminal monitor** para ver as mensagens de registro em uma linha terminal ou sessão terminal virtual. Esse comando pode ser executado no modo privilegiado.

Poderá configurar as mensagens para o servidor syslog pelo comando **logging trap**. Para ativar o registro syslog no IOS, terá de usar o comando de configuração global **logging** para especificar o endereço IP do host de registro.

Como mencionado anteriormente, é possível registrar mensagens em mais de um dos locais. Por exemplo, você poderá querer que todo o Nível 7 e as mensagens de nível mais grave sejam enviados para o servidor syslog. Poderá querer que as mensagens de emergência sejam enviadas para o console do dispositivo também por causa de sua natureza crítica. No exemplo a seguir, o roteador Seoul-1 é configurado na rede ZIP para registrar da maneira recém-descrita:

```
Seoul-1#configure
Configuring from terminal, memory, or network [terminal]?
Enter configuration commands, one per line.  End with CNTL/Z.
Seoul-1(config)#logging    131.108.110.33
Seoul-1(config)#logging    trap debugging
Seoul-1(config)#logging    console emergencies
Seoul-1(config)#^Z
```

Capítulo 7 - As questões básicas administrativas e de gerenciamento | **263**

NOTA O utilitário syslog registra as mensagens do sistema em um arquivo de texto no UNIX e em outros tipos de estações de trabalho. Para registrar as mensagens do dispositivo IOS em um servidor syslog, você terá de configurar seu processo syslog. Precisará ser um superusuário em uma estação de trabalho UNIX para ativar o recurso syslog local7, o recurso usado por todos os dispositivos IOS. Como superusuário (acesso-raiz), deverá adicionar a seguinte linha ao arquivo /etc/syslog.conf:

```
local7.debug            /var/adm/router.log
```

Em seguida, reinicie o daemon syslog na estação de trabalho UNIX, o que geralmente é feito com o seguinte comando:

```
% kill -HUP 'cat /etc/syslog.pid'
```

Se tudo funcionar bem, agora você estará pronto para que seus dispositivos IOS registrem nessa estação de trabalho UNIX.

Se um dispositivo IOS for configurado para registrar em um buffer interno, os resultados do registro poderão ser exibidos com o comando EXEC **show logging**. Supondo que o roteador Seoul-1 seja configurado para registrar em um buffer assim como no syslog e console, a saída de **show logging** será:

```
Seoul-1>show logging
Syslog logging: enabled (0 messages dropped, 0 flushes, 0 overruns)
    Console logging: level debugging, 2 messages logged
    Monitor logging: level debugging, 2 messages logged
    Trap logging: level debugging, 2 message lines logged
        Logging to 131.108.110.33, 2 message lines logged
    Buffer logging: level debugging, 2 messages logged

Log Buffer (4096 bytes):
Mar 17 17:45:56: %LINK-3-UPDOWN: Interface Serial0, changed state to down
Mar 17 18:23:10: %LINK-3-UPDOWN: Interface Serial0, changed state to up
```

A saída anterior mostra que o registro syslog está ativado. Também mostra o número de mensagens registradas no console do dispositivo, nas linhas terminais do dispositivo (registro do monitor) e em um host de registro syslog que também mostra o número de mensagens armazenadas em buffer. As duas últimas linhas da saída exibem o buffer do registro, com duas mensagens de registro mostrando as mensagens de alteração do estado da ligação (mensagens Nível 6).

Note as informações do timbre da hora na saída. A seção "Controle básico da hora", a ser apresentada, posteriormente, neste capítulo, analisará como configurar o roteador para manter essas informações.

DICA Recomendamos que você ative o registro no nível da depuração em pelo menos um local de registro. Isso permite assegurar que todas as mensagens de erro que o dispositivo IOS envie sejam registradas. A maioria dos gerenciados da rede tende a definir o **logging trap debug** para ativar o syslog para registrar todas as mensagens do dispositivo IOS.

Gerenciamento básico da rede

O gerenciamento da rede é o processo de gerenciar as falhas, controlar as configurações, monitora o desempenho, garantir a segurança e considerar a atividade em uma rede de dados. Cada uma dessas tarefas é necessária para ter um controle completo do ambiente da rede de dados, que é um componente essencial de uma organização. O ISO Network Management Forum definiu o ambiente da rede como a soma de todas as atividades requeridas para executar o gerenciamento das falhas, configuração desempenho, segurança e contabilidade para uma rede de dados.

As plataformas do gerenciamento da rede são sistemas de software designados a executar as atividades do gerenciamento da rede. Alguns exemplos de plataformas de gerenciamento da rede são Hewlett-Packard OpenView, Cabletron Spectrum, Sun Solstice Enterprise Manager, IBM NetView/AIX e CiscoWorks2000. As plataformas de gerenciamento da rede fornecem a arquitetura do software para as aplicações de gerenciamento da rede que executam uma grande variedade de tarefas. Elas não podem ser agrupadas em uma única categoria. Algumas apresentam um mapa da rede e verificam o status de todos os dispositivos da rede, fornecendo uma função de gerenciamento de falhas. Algumas ferramentas de gerenciamento do desempenho esquematizam a utilização da ligação da rede e enviam avisos caso ocorram erros em uma interface LAN. Outras ainda procuram os problemas de segurança da rede e enviam avisos por e-mail ou pagers alfanuméricos.

As aplicações de gerenciamento da rede se comunicam com o software nos dispositivos da rede chamados agentes. A comunicação do gerenciamento com o agente permite que o gerenciador reúna um conjunto padrão de informações, que são definidas em uma base de informações do gerenciamento (MIB). Cada parte das informações, que existem em um MIB, é chamada de objeto. Um MIB contém objetos úteis para os gerenciados realizarem as tarefas do gerenciamento da rede. A Figura 7-2 mostra a relação entre um gerenciador e um agente.

Agente SNMP

**Sistema de gerenciamento da rede
Gerenciador SNMP**

Interceptar mensagens

Obter ou definir os objetos MIB

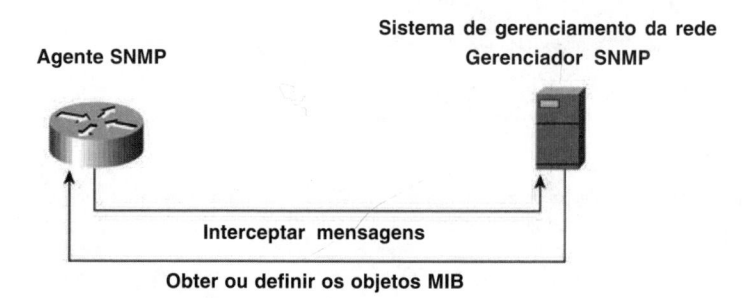

Figura 7-2 *Em um protocolo de gerenciamento da rede, o gerenciador solicita e define as informações no MIB e o agente envia as mensagens de interceptação, que contêm informações sobre os eventos do dispositivo para o gerenciador.*

Os dois tipos de MIBs são padrões e patenteados. Os MIBs padrões, como o MIB-II (RFC 1213), fornecem os objetos básicos aplicáveis a praticamente todos os dispositivos em uma rede de dados. Por exemplo o MIB-II contém informações do sistema sobre um dispositivo, como, por exemplo, seu tempo de funcionamento e nome, o tráfego específico da interface, os contadores de erro e as informações do protocolo IP. Os MIBs específicos da tecnologia, que são os padrões, são para protocolos como o Frame Relay (RFC 1285) ou Token Ring (RFC 1315). Eles contêm objetos relacionados a uma tecnologia específica em um dispositivo da rede. Os MIBs específicos do revendedor, que são os patenteados, definem os objetos específicos para os dispositivos de rede de um único revendedor.

As aplicações de gerenciamento da rede reúnem as informações MIB dos dispositivos e mudam o comportamento desses dispositivos da rede usando um protocolo de gerenciamento da rede. O Simple Network Management Protocol (SNMP), definido no RFC 1157, é um protocolo de gerenciamento da rede padrão e é o mais usado. O SNMP usa o UDP na camada de transporte e o IP na camada da rede. Há também os protocolos de gerenciamento da rede patenteados e alguns revendedores os implementaram em seus dispositivos da rede.

A comunicação entre um agente SNMP e um gerenciador ocorre com cinco tipos de pacotes:

- Get-Request
- Get-Next-Request
- Set-Request
- Get-Response
- Trap

Um Get-Request é uma mensagem do gerenciamento para um agente solicitando um conjunto de objetos MIB específicos, como o nome de um dispositivo, local, número de interfaces físicas etc. Um Get-Next-Request é uma mensagem do gerenciador para um agente solicitando a próxima parte dos dados tabulares, como referido a partir de um ponto específico no MIB. Esse tipo de mensagem será útil na travessia da tabela MIB e na recuperação de uma tabela como a tabela de roteamento IP. Um Set-Request é uma mensagem solicitando ao agente que mude o valor de um objeto MIB específico, como alterar o status de uma interface em um dispositivo. Um agente responde a cada Get-Request, Get-Next-Request ou Set-Request enviando um Get-Response para o gerenciador que contém os valores solicitados dos objetos MIB ou mostra o valor de um objeto MIB que foi alterado. A mensagem Trap (Interceptar) é uma mensagem voluntária do agente para o gerenciador sobre um evento.

Cada agente SNMP é configurado com uma string de verificação chamada *string da comunidade*. A string da comunidade é incluída em cada solicitação do gerenciador para obter ou definir as informações MIB. O agente verifica-a antes de responder. Uma string da comunidade é uma autenticação fraca codificada no ASCII. Não se deve contar com ela como a única maneira de assegurar o acesso SNMP para um agente. (Veja a dica que aparece posteriormente nesta seção para obter sugestões sobre como melhorar a segurança.)

O comando de configuração global Cisco IOS **snmp-server community** configura o agente com a string da comunidade. Uma opção desse comando permite que você estipule que a string da comunidade seja aplicável nas mensagens de leitura apenas ou de leitura-gravação para o agente. As mensagens Get-Request e Get-Next-Request são de leitura apenas; as mensagens Set-Request são de leitura e gravação. As palavras-chave usadas para estipular a leitura apenas e a leitura-gravação são **RO** e **RW**, respectivamente. A string da comunidade de leitura apenas default para muitas aplicações de gerenciamento da rede é **public** e a leitura-gravação default é geralmente **private**. Uma opção final desse comando global é especificar uma lista de acesso padrão IP de hosts permitidos para consultar o agente usando as strings da comunidade válidas.

No exemplo a seguir, o roteador Singapore é configurado para a string da comunidade RO **Zipnet** e a string da comunidade RW **ZIPprivate**. O IP **access-list 2** também é definido para permitir que o gerenciador da rede no endereço IP 131.108.20.45 use qualquer uma string da comunidade. O número da lista de acesso é o último parâmetro opcional em ambos os comandos **snmp-server community**:

```
Singapore#configure
Configuring from terminal, memory, or network [terminal]?
Enter configuration commands, one per line. End with CNTL/Z.
Singapore(config)#access-list 2 permit 131.108.20.45
Singapore(config)#snmp-server community Zipnet RO 2
Singapore(config)#snmp-server community ZIPprivate RW 2
Singapore(config)#^Z
```

> **NOTA** Para aumentar a segurança da rede SNMP em seu dispositivo IOS, sugerimos que você configure strings da comunidade diferentes para o acesso RO e RW. E mais, recomendamos que limite os hosts que podem consultar seus dispositivos IOS através do SNMP usando a opção **access-list** para o comando **snmp-server community**.

Você deverá configurar seu dispositivo Cisco IOS para enviar as mensagens SNMP Trap. As se mensagens SNMP Trap (Interceptação SNMP) padrões que todos os agentes enviam são definida no RFC 1157:

- coldStart
- warmStart
- linkUp
- linkDown
- authenticationFailure
- egpNeighborLoss

Um coldStart significa que o agente acabou de ser iniciado. O Trap warmStart indica que o própri software do agente acabou de ser redefinido. Na prática, a maioria dos agentes envia apenas os Trap coldStart porque o agente geralmente é reiniciado quando o dispositivo, no qual o agente está send executado, é ligado. Os Traps linkUp e linkDown alertam um gerenciador sobre a mudança do statu para uma ligação no dispositivo. Um authenticationFailure indica que um gerenciador enviou ao agen uma solicitação SNMP com uma string da comunidade incorreta. Finalmente, o Trap egpNeighborLos informa ao gerenciador que um vizinho External Gateway Protocol (EGP) ficou inatingível. Esse últim Trap raramente é usado porque o EGP foi substituído pelo BGP4.

As seis mensagens Trap anteriores são os SNMP Traps padrões, mas não são as únicas que um agen pode enviar. Muitos MIBs definem Traps específicos do protocolo, como os Traps específicos pa o ISDN, Frame Relay ou BGP4. Na época da composição deste livro, o IOS suportava os Traps par vários protocolos e funções IOS, inclusive o BGP, Frame Relay, ISDN, X.25, monitor do ambiente alterações da configuração IOS.

O Cisco IOS pode ser configurado para enviar SNMP Traps para qualquer quantidade de gerenciadore Você terá de usar o comando **snmp-server host** para especificar o endereço IP e a string d comunidade do gerenciador para onde os Traps deverão ser enviados. No exemplo a seguir, o roteado Singapore é configurado na rede ZIP para enviar os SNMP Traps para o gerenciador no endereço l 131.108.20.45 usando a string da comunidade **Zipnet**. Os parâmetros opcionais do comando **snm server host** também são para especificar que desejamos que o agente envie os Traps SNMP, Fram Relay e de alteração da configuração IOS:

```
Singapore#configure
Configuring from terminal, memory, or network [terminal]?
Enter configuration commands, one per line. End with CNTL/Z.
Singapore(config)#snmp-server host 131.108.20.45 Zipnet snmp frame-relay
config
Singapore(config)#^Z
```

Capítulo 7 - As questões básicas administrativas e de gerenciamento | 267

DICA	Sugerimos que você configure seu agente SNMP para enviar Traps sobre todas as tecnologias ativas no dispositivo. As mensagens SNMP Traps geralmente não consomem muitas largura de banda e podem fornecer informações úteis para diagnosticar os problemas da rede.

Você poderá configurar manualmente o agente SNMP no IOS com o local físico e a pessoa de contato para o dispositivo. Então as aplicações de gerenciamento da rede poderão recuperar essas informações. Necessitará usar os comandos de configuração global **snmp-server location** e **snmp-server contact** para configurar essas informações. Cada um desses comandos permite fornecer uma string de texto com 255 caracteres para descrever o local ou o contato. No próximo exemplo, o roteador Singapore é configurado com as informações de contato e do local:

```
Singapore#configure
Configuring from terminal, memory, or network [terminal]?
Enter configuration commands, one per line. End with CNTL/Z.
Singapore(config)#snmp-server location 1 Raffles Place, Singapore
Singapore(config)#snmp-server contact Allan Leinwand, allan@telegis.net
Singapore(config)#^Z
```

O comando EXEC **show snmp** demonstra as estatísticas SNMP para um dado dispositivo. Esse comando é útil para ajudar a controlar a atividade SNMP no dispositivo. A seguir está a saída de **show snmp** a partir do roteador Singapore:

```
Singapore>show snmp
Chassis: 25014624
Contact: Allan Leinwand, allan@digisle.net
Location: 45 Raffles Place, Singapore
4620211 SNMP packets input
    0 Bad SNMP version errors
    0 Unknown community name
    0 Illegal operation for community name supplied
    0 Encoding errors
    23493606 Number of requested variables
    0 Number of altered variables
    576553 Get-request PDUs
    4043613 Get-next PDUs
    0 Set-request PDUs
4623230 SNMP packets output
    0 Too big errors (Maximum packet size 1500)
    1757 No such name errors
    0 Bad values errors
    0 General errors
    4620166 Get-response PDUs
    3064 SNMP trap PDUs

SNMP logging: enabled
    Logging to 131.108.20.45, 0/10, 3064 sent, 0 dropped
```

Na saída anterior, você pode ver as estatísticas relativas ao SNMP. A primeira linha da saída mostra o número serial da placa do sistema disponível através do MIB patenteado da Cisco. A segunda e a terceira linhas mostram as strings de texto para o contato e o local do dispositivo, como configurado usando os comandos de configuração global **snmp-server contact** e **snmp-server location**. As estatísticas sobre o número total dos pacotes SNMP fornecidos, o número total de pacotes SNMP fornecidos com a string da comunidade errada e o número total de objetos SNMP solicitados pelos gerenciados (referidos como variáveis) estão disponíveis no início da saída. Você também pode ver uma análise dos tipos de pacote SNMP recebidos.

A segunda seção da saída mostra o número total dos pacotes SNMP que são produzidos, os vários erros do protocolo SNMP padrão enviados e o número total das mensagens de resposta e Trap enviadas. As duas últimas linhas da saída mostram se o agente está configurado para enviar Traps (chamado de registro SNMP), os endereços IP de cada gerenciador que recebe Traps e o número de Traps enviados para cada gerenciador específico.

Controle básico da hora

O Cisco IOS permite que um dispositivo controle a hora e a data atuais usando um clock do sistema. O clock do sistema começa quando o dispositivo é ligado e pode distribuir a hora para vários sistemas internos, como o registro da hora e da data para as alterações da configuração, a exibição da hora das mensagens de registro armazenadas em buffer e o envio da hora e data nas mensagens SNMP. Nos roteadores Cisco 7000 apenas, a hora do clock do sistema é definida no hardware. Nos outros modelos, o clock do sistema é definido por default para a meia-noite de 1º de março de 1993.

Depois de ser definido, o clock do sistema determina se a data e a hora são de uma fonte confiável. Se a fonte da hora for confiável, ela será redistribuída para outros processos no IOS; do contrário, a hora estará disponível apenas para as finalidades de exibição. As seguintes seções analisarão como assegurar que a fonte da hora definida, como uma fonte do clock atômico, é uma confiável.

Você poderá exibir a hora e a data do clock do sistema usando o comando EXEC **show clock**:

```
SF-1>show clock
06:56:50.314 PST Fri Mar 30 2001
```

Os roteadores da série Cisco 7000 contêm um calendário que controla a data e a hora nas reinicializações do sistema e faltas de energia. Em uma reinicialização do sistema, o calendário é sempre usado inicialmente para definir o clock do sistema. Então outro protocolo poderá alterar ou atualizar o clock. Em uma rede na qual nenhuma outra fonte de hora oficial existe, o calendário poderá ser usado como a fonte da hora oficial e poderá ser transmitido para outros processos (como o Network Time Protocol, NTP, que será analisado em uma seção posterior). Você poderá ver a definição atual do sistema do calendário usando o comando EXEC **show calendar**:

```
SF-1>show calendar
06:57:26 PST Fri Mar 30 2001
```

O clock do sistema controla a hora internamente com base no Coordinated Universal Time (UTC), também referido como Greenwich Mean Time (GMT). O IOS permite que você configure um dispositivo com o fuso horário local e, se relevante, com o horário de verão (referido como **summer-time** na sintaxe do IOS) para que o dispositivo exiba a hora correta durante o ano.

Capítulo 7 - As questões básicas administrativas e de gerenciamento | **269**

NOTA	Se quiser que seu dispositivo IOS indique a data e hora atuais nas mensagens de depuração e registro, use o comando de configuração global **service timestamps**. Você poderá exibir a hora desde que o dispositivo IOS foi reiniciado, a data e a hora usando o GMT ou o fuso horário local e a hora com a precisão de milissegundos. Recomendamos que use os comandos de configuração **service timestamps log datetime localtime** e **service timestamps debug datetime localtime**. O comando **service timestamps log datetime localtime** adiciona a data e a hora às mensagens de registro; o **service timestamps debug datetime localtime** adiciona a data e a hora às mensagens de depuração.

Várias fontes poderão ser usadas para definir o clock do sistema. As três fontes mais usadas são as seguintes:

- Manualmente
- NTP
- SNTP

Elas serão analisadas com mais detalhes nas próximas seções.

Configuração manual da hora e data

Se seu dispositivo IOS estiver isolado e não puder usar uma fonte da hora oficial externa, você poderá definir a hora e a data do dispositivo manualmente. Essas definições serão válidas até que o dispositivo seja redefinido ou recarregado. Você deverá usar esses serviços de controle da hora manual apenas quando outra fonte de hora oficial estiver indisponível.

Para definir manualmente o fuso horário para seu dispositivo IOS, use o comando de configuração global **clock timezone**. Esse comando tem como opções o fuso horário no qual o dispositivo está localizado e o número de horas da diferença entre o fuso horário e o UTC. Por exemplo, para o Pacific Standard Time (PST), que fica oito horas atrás do UTC, você fornecerá o seguinte comando global: **clock timezone PST -8**.

Se o fuso horário no qual o dispositivo IOS reside usar o horário de verão, você precisará usar o comando de configuração global **clock summer-time recurring**. Esse comando de configuração tem como argumento o nome do fuso horário da hora de verão, como, por exemplo, o Pacific Daylight Time (PDT). O clock do sistema é definido usando o comando de configuração global **clock set**. No exemplo a seguir, definiremos o fuso horário do roteador SF-1 para ser PST, ativaremos o horário de verão com o fuso horário PDT e definiremos o clock para 17 de março de 2001 às 14:25:

```
SF-1#configure
Configuring from terminal, memory, or network [terminal]?
Enter configuration commands, one per line. End with CNTL/Z.
SF-1(config)#clock timezone PST -8
SF-1(config)#clock summer-time PDT recurring
SF-1(config)#clock set 14:25 17 3 2001
SF-1(config)#^Z
```

Para definir o calendário nos roteadores da série Cisco 7000 manualmente, use o comando de configuração global **calendar set**. Para esse calendário ser uma fonte válida de hora e data para as outras funções IOS, use a configuração global **clock calendar-valid**.

Network Time Protocol

O Network Time Protocol (NTP), documentado no RFC 1305, é um protocolo que sincroniza as horas dos dispositivos que operam em uma rede de dados IP. O Cisco IOS contém um processo NTP que permite a um dispositivo enviar e receber pacotes NTP. Muitos revendedores têm processos NTP parecidos em seus dispositivos e hosts, tornando o NTP o mecanismo preferido para sincronizar a hora em sua rede inteira.

O NTP distribui uma definição da hora que ele obtém a partir de uma fonte da hora oficial em uma rede. Como mencionado anteriormente, você pode definir seu dispositivo IOS manualmente para ser essa fonte da hora, mas de preferência sua fonte da hora será um clock atômico anexado a um servidor da hora. Não precisará de seu próprio clock atômico para usar o NTP. Poderá sincronizar sua hora com outra fonte que atendeu a partir de um clock atômico.

Como muitos clocks da rede de telefonia, o NTP mede a distância entre o dispositivo no qual está sendo executado e uma fonte da hora oficial em aumentos chamados de *stratum*. Um clock, que é uma fonte da hora *stratum 1*, é anexado diretamente a um clock atômico, uma fonte *stratum 2* é sincronizada com uma fonte *stratum 1* etc. Você não poderá conectar seu dispositivo IOS diretamente a uma fonte da hora *stratum 1*. O processo NTP no Cisco IOS se sincroniza automaticamente com a fonte da hora que tem o stratum mais baixo. O processo Cisco NTP não se sincroniza com uma fonte da hora que não esteja sincronizada com outra fonte da hora no mesmo *stratum* ou menor. Se o NTP encontrar uma fonte da hora que tenha uma hora muito diferente das outras na rede, não irá se sincronizar com essa fonte, mesmo que seja a fonte de *stratum* mais baixa.

Um dispositivo que executa o NTP se comunica com outro dispositivo NTP fazendo uma *associação*. As associações são configuradas no Cisco IOS usando o comando de configuração global **ntp server** ou **ntp peer**. Uma *associação do servidor* significa que o dispositivo IOS estabelece uma associação com o dispositivo configurado, não o inverso. Em uma *associação de pares*, os dispositivos estabelecem uma associação entre si. O tipo mais comum de associação é uma associação do servidor, na qual uma fonte da hora oficial é um servidor para diversos processos NTP em vários dispositivos. A Figura 7-3 mostra uma associação do servidor entre os clientes NTP e um dispositivo Cisco IOS.

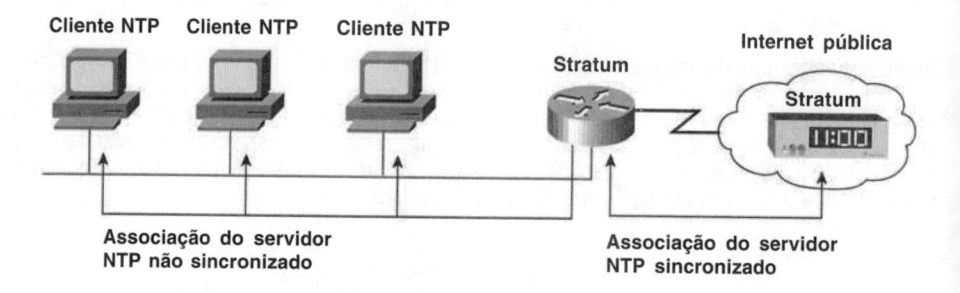

Figura 7-3 *Estes clientes NTP têm uma associação do servidor com um dispositivo Cisco IOS que está sincronizado com uma fonte da hora oficial da Internet pública.*

Capítulo 7 - As questões básicas administrativas e de gerenciamento | 271

DICA Recomendamos que você localize uma fonte da hora oficial na Internet pública para atender a sua rede. Essas fontes podem ser localizadas usando ferramentas de pesquisa na Web e são atualizadas regularmente (pesquise a palavra-chave NTP). Uma prática comum é ter diversas fontes da hora oficial a partir de vários locais onde sua rede pode conectar a Internet pública. Por exemplo, se sua rede tiver uma conexão Internet pública na Europa e uma nos Estados Unidos, escolha uma fonte da hora oficial em cada continente e deixe que o NTP se sincronize com a melhor fonte da hora disponível.

Nos roteadores da série Cisco 7000, você pode sincronizar periodicamente do NTP para o sistema do calendário. Use o comando de configuração global **ntp update-calendar** para executar essa tarefa.

Em uma LAN, pode enviar e receber mensagens NTP usando mensagens de transmissão pública, eliminando a necessidade de configurar e fazer uma associação com cada dispositivo NTP na LAN. Use o subcomando de configuração da interface **ntp broadcast client** para atender as mensagens de transmissão pública NTP em uma interface. Para transmitir as mensagens NTP para um dado segmento LAN, use o subcomando da interface **ntp broadcast**. Uma configuração comum é configurar seus dispositivos IOS em uma associação do servidor com uma fonte da hora oficial da Internet pública e então transmitir as mensagens NTP em todas as interfaces LAN nas quais os outros dispositivos NTP residem. No exemplo a seguir, iremos configurar o processo NTP no roteador SF-1 para usar duas fontes de hora oficial da Internet pública na Califórnia do Norte, para atualizar o sistema de calendário periodicamente com base no uso da data e hora NTP e para transmitir as mensagens NTP na interface (Ethernet 0):

```
SF-1#configure
Configuring from terminal, memory, or network [terminal]?
Enter configuration commands, one per line. End with CNTL/Z.
SF-1(config)#ntp server 192.216.191.10
SF-1(config)#ntp server 129.189.134.11
SF-1(config)#ntp update-calendar
SF-1(config)#interface (Ethernet 0)
SF-1(config)#ntp broadcast
SF-1(config)#^Z
```

Você poderá ver as associações NTP em um dispositivo IOS usando o comando EXEC **show ntp associations**. O primeiro caractere de cada linha da saída informa o status de uma certa associação, em termos de estar sincronizado (a última linha da saída é um código para os caracteres da primeira coluna). A saída também mostra o endereço de cada associação configurada, o nível stratum da fonte da hora e o servidor-mestre. A seguir está um exemplo:

```
SF-1>show ntp assoc
         address         ref clock   st   when   poll   reach   delay   offset    disp
*-192.216.191.10        .GPS.         1    127    512    377    285.5    7.57     32.8
+-129.189.134.11        .PPS.         1    207    512    377    147.2   -22.19    18.4
 * master (synced), #master (unsynced), + selected, - candidate, - configured
```

Você poderá exibir o status NTP usando o comando EXEC **show ntp status**. Na saída seguinte, poderá ver que o NTP está sincronizado, no Nível 2 do stratum e referindo-se à fonte da hora oficial no endereço IP 192.216.191.10:

```
SF-1>show ntp status
Clock is synchronized, stratum 2, reference is 192.216.191.10
nominal freq is 250.0000 Hz, actual freq is 250.0003 Hz, precision is 2**24
reference time is B853B821.9813EB8D (06:58:10 PST Fri Mar 30 2001)
clock offset is -7.3067 msec, root delay is 285.46 msec
root dispersion is 41.95 msec, peer dispersion is 32.82 msec
```

Se quiser desativar o NTP, poderá fazer isso em uma interface específica usando o subcomando da interface **ntp disable**. Poderá limitar o tipo de associação NTP que um dispositivo IOS pode ter usando o comando de configuração global **ntp access-group**. Esse comando requer que você especifique o tipo de associação permitido em um conjunto específico de endereços IP dados em uma lista de acesso IP. Poderá permitir que o dispositivo estabeleça uma associação de pares ou uma associação do servidor. Poderá também permitir que aceite solicitações da hora a partir do sistema apenas ou aceite mensagens NTP apenas. No exemplo a seguir, as associações do servidor são permitidas a partir de todos os sistemas na rede 131.108.0.0 no roteador SF-1:

```
SF-1#configure
Configuring from terminal, memory, or network [terminal]?
Enter configuration commands, one per line. End with CNTL/Z.
SF-1(config)#access-list 50 permit 131.108.0.0 0.0.255.255
SF-1(config)#ntp access-group server 50
SF-1(config)#^Z
```

Simple Network Time Protocol

Os roteadores Cisco 1003, 1004 e 1005 executam apenas o Simple Network Time Protocol (SNTP) que é documentado no RFC 2030. O SNTP é uma versão simplificada do NTP que pode receber a hora apenas dos servidores NTP. O SNTP não pode ser uma fonte de hora oficial para os outros dispositivos. Essa funcionalidade limitada foi julgada apropriada para o Cisco porque os roteadores da série Cisco 1000 são pequenos dispositivos com um número fixo de interfaces e com um desempenho relativamente baixo. O SNTP fornece informações da hora que são precisas em aproximadamente 100 milisegundos para o dispositivo em uso pelo IOS.

Você poderá configurar o SNTP para solicitar e aceitar os pacotes dos servidores configurados usando o comando de configuração global **sntp server**. Poderá fazer com que o processo SNTP no roteador atenda as transmissões públicas NTP usando o comando de configuração global **sntp broadcast client**. Se você configurar um servidor específico e a capacidade do roteador em receber informações de transmissão pública, o dispositivo irá preferir o servidor *stratum* mais alto ou o servidor configurado se o *stratum* de diversas fontes for igual. Poderá exibir as estatísticas sobre o SNTP usando o comando EXEC **show sntp**.

Resumo

As ferramentas administrativas e de gerenciamento analisadas neste capítulo, que estão resumidas na lista seguinte, são as partes finais da configuração IOS básica necessárias para configurar a rede ZIP. No próximo capítulo, você poderá ver as configurações para todos os dispositivos Cisco IOS na rede.

- O controle do acesso dos dispositivos da rede através dos procedimentos de autenticação, autorização e contabilidade (AAA) geralmente é recomendado. Os dois protocolos de controle do acesso, comumente usados com o Cisco IOS, são o RADIUS e o TACACS+.

- Os dispositivos Cisco IOS têm a capacidade de registrar mensagens sobre a atividade do sistema. As mensagens são classificadas em oito níveis de gravidade e você pode estipular o nível mínimo de gravidade da mensagem a ser registrado, assim como o local para onde as mensagens registradas são enviadas.

- As aplicações de gerenciamento da rede podem reunir informações e alterar o comportamento dos dispositivos da rede. O SNMP é um protocolo de gerenciamento da rede padrão.

- Para um uso otimizado do SNMP, use diferentes strings da comunidade para o acesso RO e RW e use uma lista de acesso para limitar o número de hosts que podem consultar seus dispositivos IOS através do SNMP. E mais, configure seu agente SNMP para enviar Traps sobre todas as tecnologias que estão ativas no dispositivo.

- O clock do sistema para um dispositivo Cisco IOS pode ser definido manualmente, pelo NTP ou pelo SNTP.

Tabela 7-2 *O resumo dos comandos de configuração para a administração e gerenciamento.*

Comando	Descrição
aaa accounting	Ativa a contabilidade em um cliente específico.
aaa authentication	Ativa a autenticação em um cliente específico.
aaa authorization	Ativa a autorização em um cliente específico.
aaa new-model	Ativa todos os serviços AAA no Cisco IOS.
aaa server-group	Define o grupo de servidores AAA.
access-class *lista de acesso* in	Um subcomando da linha. Especifica uma lista de acesso para o acesso da linha terminal que chega.
access-class *lista de acesso* out	Um subcomando da linha. Especifica uma lista de acesso para o acesso da linha terminal que sai.
calendar set	Define manualmente a data no clock do sistema.
clock calendar-valid	Torna a data e a hora do calendário uma fonte válida da hora para as outras funções IOS.
clock set	Define manualmente a hora no clock do sistema.
clock summer-time recurring	Define o fuso horário da hora de verão.
clock timezone	Define manualmente o fuso horário para o dispositivo IOS.

Tabela 7-2 *O resumo dos comandos de configuração para a administração e gerenciamento (continuação).*

Comando	Descrição
crypto key generate rsa	Gera o par de chaves RSA usado para a criptografia da sessão entre o servidor SSH e o cliente. Ativa o servidor SSH em todas as linhas terminais virtuais.
crypto key zeroize rsa	Remove o par de chaves RSA usado para a criptografia da sessão entre um servidor SSH e cliente. Desativa o servidor SSH em todas as linhas terminais virtuais.
ip ssh	Ativa o servidor SSH.
ip tcp intercept list *lista de acesso*	Especifica uma lista de acesso estendida IP que define as conexões TCP relevantes para o recurso de interceptação TCP.
ip tcp intercept mode {intercept | watch}	Define o modo TCP para interceptar ou observar as conexões.
ip tcp intercept watch-timeout *segundos*	Especifica o número de segundos antes de redefinir uma sessão TCP que é observada e não estabelecida.
ip verify unicast reverse-path	Um subcomando da interface para ativar o RPF com uma coerção.
line console 0	Um comando maior para a configuração dos parâmetros da linha do console.
line vty *início fim*	Um comando maior para a configuração das linhas terminais virtuais numeradas do início ao fim.
logging buffered *tamanho*	Especifica o tamanho, em bytes, do buffer do dispositivo interno.
logging *nível do local*	Especifica o registro das mensagens em e mais grave do que o nível indicado para o local especificado.
ntp access-group	Limita o tipo de associações NTP que um dispositivo IOS pode ter para os tipos definidos em uma lista de acesso IP.
ntp broadcast	Configura uma interface para transmitir mensagens NTP para um dado segmento LAN.
ntp broadcast client	Configura uma interface para atender as transmissões públicas NTP.
ntp peer	Configura uma associação de pares entre dois dispositivos configurados pelo NTP.
ntp server	Configura uma associação do servidor entre um dispositivo IOS e um dispositivo configurado pelo NTP.
ntp update-calendar	Sincroniza periodicamente o calendário de um roteador da série 7000 com o calendário NTP.
password *senha*	Especifica a senha do subcomando da linha.
radius-server host	Especifica o servidor RADIUS com o qual um cliente IOS se comunica.

Tabela 7-2 *O resumo dos comandos de configuração para a administração e gerenciamento (continuação).*

Comando	Descrição
radius-server key	Configura uma string secreta para a criptografia da comunicação entre um servidor RADIUS e o Cisco IOS.
server	Um subcomando do servidor AAA. Define os endereços IP dos servidores no grupo de servidores AAA.
service password-encryption	Configura o dispositivo IOS para criptografar todas as senhas na saída do comando EXEC.
service timestamps *tipo*	Configura o dispositivo IOS para adicionar timbres da hora para registrar e depurar as mensagens.
snmp-server community	Configura uma string da comunidade para as finalidades de segurança em um agente SNMP.
snmp-server contact	Configura uma string de texto para fornecer como o contato do dispositivo IOS.
snmp-server host	Especifica o endereço IP e a string da comunidade do gerenciador para onde os Traps devem ser enviados.
snmp-server location	Configura uma string de texto para fornecer como o local do dispositivo IOS.
sntp broadcast client	Configura o processo SNTP em um roteador para atender as transmissões públicas NTP.
sntp server	Configura o SNTP para solicitar e aceitar os pacotes dos servidores configurados.
tacacs-server host	Configura o servidor TACACS+ com o qual um cliente IOS se comunica.
tacacs-server key	Configura uma string secreta para a criptografia da comunicação entre um servidor TACACS+ e o Cisco IOS.

Tabela 7-3 *O resumo dos comandos EXEC para a administração e o gerenciamento.*

Comando	Descrição
show clock	Exibe a data e hora atuais como conhecidas pelo clock do sistema.
show calendar	Exibe a data e hora atuais como conhecidas pelo calendário do sistema nos roteadores da série Cisco 7000.
show crypto key mypubkey rsa	Exibe a chave pública RSA usada pelo SSH para a criptografia.
show ip ssh	Exibe as sessões SSH atuais no dispositivo.
show logging	Descreve o status do registro atual do dispositivo.
show ntp associations	Exibe as associações NTP atuais e seus estados atuais.

Tabela 7-3 *O resumo dos comandos EXEC para a administração e o gerenciamento (continuação)*

Comando	Descrição
show net status	Exibe o status atual do NTP no dispositivo IOS.
show snmp	Mostra as estatísticas SNMP para o agente SNMP no dispositivo IOS.
show sntp	Exibe o status do SNTP no dispositivo IOS.
show tcp intercept connections	Exibe as sessões TCP incompletas e estabelecidas atuais.
show tcp intercept statistics	Exibe as estatísticas para o recurso de interceptação TCP.

Referências

As seguintes referências exploram mais os assuntos deste capítulo:

Carasik, Anne. *UNIX SSH: Using Secure Shell*. New York: McGraw-Hill Companies, Inc., 1999.

Case, J.D., M. Fedor, M.L. Schoffstall e C. Davin. RFC 1157, "Simple Network Management Protocol (SNMP)". Maio de 1990.

Ferguson, P. e D. Senie. RFC 2827, "Network Ingress Filtering: Defeating Denial of Service Attacks Which Employ IP Source Address Spoofing". Maio de 2000.

Finseth, C. RFC 1492, "An Access Control Protocol, Sometimes Called TACACS". Julho de 1993.

Leinwand, Allan e Karen Fang-Conroy. *Network Management: A Practical Perspective*, Second Edition. Reding, Massachussetts: Addison-Wesley Publishing, 1996.

McCloghrie, K. e M. Rose. RFC 1213, "Management Information Base for Network Management Information of TCP/IP-based Internets: MIBII". Março de 1991.

Mills, D. RFC 1305, "Network Time Protocol (Version 3) Specification, Implementation and Analysis". Março de 1992.

Mills, D. RFC 2030, "Simple Network Time Protocol (SNTP) Version 4 for IPv4, IPv6 e OSI". Outubro de 1996.

Postel, J. e J. Reynolds. RFC 854, "The Telnet Specification". Maio de 1983.

Rigney, C. RFC 2866, "RADIUS Accounting". Junho de 2000.

Rigney, C., S. Willens, A. Rubens e W. Simpson. RFC 2865, "Remote Authentication Dial-In User Service (RADIUS)". Junho de 2000.

CAPÍTULO 8

Roteador Kuala-Lumpur
Roteador SF-1
Roteador SF-2
Roteador SF-Core-1
Roteador SF-Core-2
Roteador San-Jose
Roteador Seoul-1
Roteador Seoul-2
Roteador Singapore
Servidor de acesso SingISDN
Servidor de acesso Sing2511

Configuração IOS completa para a rede ZIP

Este capítulo mostra os comandos de configuração IOS completos para todos os roteadores e servidores de acesso na rede ZIP. O comando EXEC **show running-confg** é usado para exibir os comandos de configuração atuais em um dispositivo IOS.

Ao revisar esses comandos de configuração, note o seguinte:

- ◆ A rede ZIP está executando o software IOS versão 12.1. Alguns comandos de configuração IOS podem não operar como descrito nas versões anteriores.
- ◆ Alguns dispositivos têm interfaces não usadas porque o número de interfaces requeridas para a conectividade da rede ZIP é menor que o número de interfaces disponíveis como configurado pela Cisco.
- ◆ Os comandos de configuração IOS não aparecem em um dispositivo IOS na ordem na qual você os fornece no dispositivo.

- Um dispositivo IOS separa alguns segmentos do comando de configuração maior com o caractere do ponto de exclamação (!). Todos os caracteres, depois de um ponto de exclamação, em uma dada linha, em um arquivo de configuração, não são interpretados por um dispositivo IOS.
- Todos os roteadores na rede ZIP estão usando o roteador EIGRP para o IP, AppleTalk e IPX.
- Os dispositivos da rede ZIP usam uma combinação de TACACS+ e RADIUS para a autenticação, autorização e contabilidade.

Roteador Kuala-Lumpur

O dispositivo Kuala-Lumpur na rede ZIP é um roteador Cisco 2501. A configuração deste roteador apresenta o seguinte:

- Uma interface Ethernet para o segmento LAN Kuala Lumpur local.
- Uma interface de ponto a ponto Frame Relay conectando Kuala Lumpur ao roteador Seoul-1.
- Um servidor IOS DHCP que atribui endereços IP aos clientes DHCP no segmento LAN Kuala Lumpur local.

A configuração completa para o roteador Kuala-Lumpur é a seguinte:

```
version   12.1
service   timestamps  debug  datetime  localtime
service   timestamps  log    datetime  localtime
service   password-encryption
!
hostname  Kuala-Lumpur
!
aaa  new-model
aaa  authentication  login  default  group  tacacs+   enable
aaa  authorization   exec   group    atacacs+  if-authenticated
aaa  authorization   network  group  radius   if-authenticated
aaa  accounting  exec  stop-only  group  tacacs+
enable  secret  5  $2$5toY$IJQPTVD4.aEDLwZ8nPrvX.
!
ip  domain-list  zipnet.com
ip  domain-list  zipnet.net
ip  domain-list  zipnet.com
ip  name-server  131.108.110.34
ip  name-server  131.108.110.35
ip  dhcp  database  tftp://131.108.2.77/kl-dhcp-info
ip  dhcp  excluded-address  131.108.2.1  131.108.2.10
ip  dhcp  excluded-address  131.108.2.57
ip  dhcp  excluded-address  131.108.2.129  131.108.2.135
!
ip dhcp pool kl-common
     network  131.108.2.0/24
     dns-server  131.108.101.34  131.108.101.35
     domain-name  zipnet.com
     netbios-name-server  131.108.21.70
     netbios-node-type  h
     lease 0 1
!
ip dhcp pool kl-users
```

```
        network   131.108.2.0/25
        default-router  131.108.2.1
!
ip  dhcp  pool  kl-users-2
        network   131.108.2.128/25
        default-router  131.108.2.129
!
appletalk  routing  eigrp  25000
appletalk  route-redistribution
ipx  routing  0000.0b1c.2c3e
!
clock  timezone  MST  +8
!
interface  Loopback1
  description  Kuala-Lumpur  router  loopback
  ip  address  131.108.254.9  255.255.255.255
!
interface  Ethernet0
  description  Kuala-Lumpur  LAN  Segment
  ip  address  131.108.2.1  255.255.255.128

  ntp  broadcast
  appletalk  cable-range  3001-3010
  appletalk  zone  Asia  Manufacturing
  ipx  network  3010
!
interface  Serial0
  description  IETF  frame  relay  PVCs  on  circuit  M234563KL
  no  ip  address
  encapsulation  frame-relay  ietf
  bandwidth  128
  frame-relay  lmi-type  ansi
!
interface  Serial0.100  point-to-point
  description  SF  PVC  100  to  Seoul-1
  ip  address  131.108.242.2  255.255.255.252
  bandwidth  128
  frame-relay  interface-dlci  100
  appletalk  cable-range  2901-2901
  appletalk  zone  WAN  Zone
  appletalk  protocol  eigrp
  no  appletalk  protocol  rtmp
  ipx  network  2901
!
interface  Serial1
  no  ip  address
  shutdown
!
router  eigrp  25000
  network  131.108.0.0
  no  auto-summary
!
ip  classless
logging  trap  debugging
logging  console  emergencies
logging  131.108.110.33
```

```
access-list  1  permit  131.108.0.0  0.0.255.255
access-list  2  permit  host  131.108.20.45
!
ipx router eigrp 2500
  network  2901
  network  3010
!
tacacs-server  host  131.108.110.33
tacacs-server  key  ZIPSecure
radius-server  host  131.108.110.33
radius-server  key  Radius4Me
snmp-server  community  Zipnet  RO  2
snmp-server  community  ZIPprivate  RW  2
snmp-server  host  131.108.20.45  Zipnet  snmp  frame-relay  config
snmp-server  location  1  KLCC  Towers,  Kuala  Lumpur,  Malaysia
snmp-server  contact  Allan  Leinwand,  allan@telegis.net
!
line con 0
  password  7  095B59
line aux 0
line vty 0 4
  password  7  095B59
  access-class  1  in
!
ntp  update-calendar
ntp  server  192.216.191.10
ntp  server  129.189.134.11
!
end
```

Roteador SF-1

O dispositivo SF-1 na rede ZIP é um roteador Cisco 4700. A configuração deste roteador apresenta o seguinte:

- ◆ Uma interface LAN Fast Ethernet para o segmento da rede principal São Francisco local.
- ◆ Uma Ethernet conectando um segmento LAN de São Francisco.
- ◆ Um filtro da saída IPX Get-Nearest-Server no segmento LAN São Francisco local.

A configuração completa para o roteador SF-1 é a seguinte:

```
version  12.1
service  timestamps  debug  datetime  localtime
service  timestamps  log  datetime  localtime
service  password-encryption
!
hostname  SF-1
!
aaa  new-model
aaa  authentication  login  default  group  tacacs+  enable
aaa  authorization  exec  group  tacacs+  if-authenticated
aaa  authorization  network  group  radius  if-authenticated
aaa  accounting  exec  stop-only  group  tacacs+
enable  secret  5  $2$5toY$IJQPTVD4.aEDLwZ8nPrvX.
!
```

```
ip   domain-list   zipnet.com
ip   domain-list   zipnet.net
ip   domain-name   zipnet.com
ip   name-server   131.108.110.34
ip   name-server   131.108.110.35
appletalk   routing   eigrp   25000
appletalk   route-redistribution
ipx   routing   0000.1c2c.23bb
!
clock   timezone   PST   -8
clock   summer-time   PDT   recurring
!
interface   Loopback1
  description   SF-1   router   loopback
  ip   address   131.108.254.1   255.255.255.255
!
interface   FastEthernet0
  description   San   Francisco   FastEthernet   backbone   LAN
  ip   address   131.108.2.1   255.255.252.0
  appletalk   cable-range   1-10
  appletalk   zone   SF   Zone
  ipx   network   1010
  full-duplex
!
interface   Ethernet0
  description   SF-1   LAN   Segment
  ip   address   131.108.101.1   255.255.255.0
  ip   helper-address   131.108.21.70
  media-type   10BaseT
  ntp   broadcast
  appletalk   cable-range   11-100
  appletalk   zone   Operations
  ipx   network   100
  ipx   output-gns-filter   1010
!
interface   Ethernet1
  no   ip   address
  shutdown
!
router   eigrp   25000
  network   131.108.0.0
  no   auto-summary
!
ip   classless
logging   131.108.110.33
logging   trap   debugging
logging   console   emergencies
access-list   1   permit   131.108.0.0   0.0.255.255
access-list   2   permit   host   131.108.20.45
access-list   1010   permit   aa.0207.0104.0874
access-list   1010   deny   -1
!
ipx   router   eigrp   2500
  network   100
  network   1010
!
```

```
tacacs-server   host   131.108.110.33
tacacs-server   key    ZIPSecure
radius-server   host   131.108.110.33
radius-server   key    Radius4Me
snmp-server   community   Zipnet   RO   2
snmp-server   community   ZIPprivate   RW   2
snmp-server   host   131.108.20.45   Zipnet   snmp   frame-relay   config
snmp-server   location   22   Cable   Car   Drive,   San   Francisco,   CA,   USA
snmp-server   contact   Allan   Leinwand,   allan@telegis.net
!
line con 0
  password  7  095B59
line aux 0
line vty 0 4
  password  7  095B59
  access-class  1  in
!
ntp   update-calendar
ntp   server   192.216.191.10
ntp   server   129.189.134.11
!
end
```

Roteador SF-2

O dispositivo SF-2 na rede ZIP é um roteador Cisco 4700. A configuração deste roteador apresenta o seguinte:

- ◆ Uma interface LAN Fast Ethernet para o segmento da rede principal São Francisco local.
- ◆ Duas Ethernets conectando dois segmentos LAN São Francisco locais.
- ◆ Um filtro da saída IPX Get-Nearest-Server em um dos segmentos LAN São Francisco locais.

A configuração completa para o roteador SF-2 é a seguinte:

```
version   12.1
service   timestamps   debug   datetime   localtime
service   timestamps   log   datetime   localtime
service   password-encryption
!
hostname   SF-2
!
aaa   new-model
aaa   authentication   login   default   group   tacacs+   enable
aaa   authorization   exec   group   tacacs+   if-authenticated
aaa   authorization   network   group   radius   if-authenticated
aaa   accounting   exec   stop-only   group   tacacs+
enable   secret   5   $2$5toY$IJQPTVD4.aEDLwZ8nPrvX.
!
ip   domain-list   zipnet.com
ip   domain-list   zipnet.net
ip   domain-name   zipnet.com
ip   name-server   131.108.110.34
ip   name-server   131.108.110.35
appletalk   routing   eigrp   25000
appletalk   route-redistribution
```

```
ipx  routing  0000.0c0c.11bb
!
clock  timezone  PST  -8
clock  summer-time  PDT  recurring
!
interface  Loopback1
  description  SF-2  router  loopback
  ip  address  131.108.254.2  255.255.255.255
!
interface  FastEthernet0

  description  San  Francisco  FastEthernet  backbone  LAN
  ip  address  131.108.20.2  255.255.252.0
  appletalk  cable-range  1-10
  appletalk  zone  SF  Zone
  ipx  network  10
!
interface  Ethernet0
  description  SF-2  LAN  Segment  1
  ip  address  131.108.110.1  255.255.255.0
  ip  helper-address  131.108.21.70
  media-type  10BaseT
  ntp  broadcast
  appletalk  cable-range  151-200
  appletalk  zone  Marketing
  ipx  network  200
  ipx  output-gns-filter  1010
!
interface  Ethernet1
  description  SF-2  LAN  Segment  2
  ip  address  131.108.120.1  255.255.255.0
  ip  helper-address  131.108.21.70
  media-type  10BaseT
  ntp  broadcast
  appletalk  cable-range  101-150
  appletalk  zone  Sales
  ipx  network  150
!
router  eigrp  25000
  network  131.108.0.0
  no  auto-summary
!
ip  classless
logging  131.108.110.33
logging  trap  debugging
logging  console  emergencies
access-list  1  permit  131.108.0.0  0.0.255.255
access-list  2  permit  host  131.108.20.45
access-list  1010  permit  aa.0207.0104.0874
access-list  1010  deny  -1
!
ipx  router  eigrp  25000
  network  10
  network  150
  network  200
!
```

```
tacacs-server   host      131.108.110.33
tacacs-server   key       ZIPSecure
radius-server   host      131.108.110.33
radius-server   key       Radius4Me
snmp-server     community Zipnet RO 2
snmp-server     community ZIPprivate RW 2
snmp-server     host      131.108.20.45 Zipnet snmp frame-relay config
snmp-server     location  22 Cable Car Drive, San Francisco, CA, USA
snmp-server     contact   Allan Leinwand, allan@telegis.net
!
line con 0
  password 7 095B59
line aux 0
line vty 0 4
  password 7 095B59
  access-class 1 in
!
ntp   update-calendar
ntp   server 192.216.191.10
ntp   server 129.189.134.11
!
end
```

Roteador SF-Core-1

O dispositivo SF-Core-1 na rede ZIP é um roteador Cisco 7505. A configuração deste roteador apresenta o seguinte:

- Uma interface LAN FastEthernet para o segmento da rede principal São Francisco local.
- Uma ligação serial HDLC para o roteador São José.
- Uma ligação serial HDLC com o ISP da rede ZIP.
- Um grupo HSRP entre SF-Core-1 e SF-Core-2.
- O roteamento EBGP entre a rede ZIP e o ISP-B, um provedor local. As rotas notificadas e recebidas pelo BGP são controladas usando listas de distribuição.
- A redistribuição das rotas estáticas usadas para o roteamento default no processo de roteamento EIGRP.
- Uma lista de acesso IP estendida para filtrar o tráfego da Internet pública e rede ZIP.
- Um filtro SAP do roteador IPX no segmento FastEthernet.

A configuração completa para o roteador SF-Core-1 é a seguinte:

```
version 12.1
Service  timestamps debug datetime localtime
Service  timestamps log   datetime localtime
Service  password-encryption
!
hostname SF-Core-1
!
aaa new-model
aaa authentication login     default group tacacs+ enable
aaa authorization  exec      group tacacs+ if-authenticated
aaa authorization  network   group radius  if-authenticated
```

```
aaa  accounting  exec  stop-only  group  tacacs+
enable  secret   5    $2$5toY$IJQPTVD4.aEDLwZ8nPrvX.
!
ip  tcp  intercept  mode  watch
ip  tcp  intercept  list  120
ip  tcp  intercept  watch-timeout  15
ip  domain-list  zipnet.com
ip  domain-list  zipnet.net
ip  domain-name  zipnet.com
ip  name-server  131.108.110.34
ip  name-server  131.108.110.35
appletalk  routing  eigrp  25000
appletalk  route-redistribution
ipx  routing  0000.0e0d.1eb0
!
clock  timezone  PST  -8
clock  summer-time  PDT  recurring!
interface  Loopback1
  description  SF-Core-1  router  loopback
  ip  address  131.108.254.3  255.255.255.255
!
interface  FastEthernet0/0
  description  San  Francisco  FastEthernet  backbone  LAN
  ip  address  131.108.20.3  255.255.252.0
  appletalk  cable-range  1-10
  appletalk  zone  SF  Zone
  ipx  network  10
  standby  ip  131.108.20.5
  standby  preempt
  ipx  router-sap-filter  1001
!
interface  Serial1/0
  description  HDLC  leased  line  on  circuit  456WS34209  to  San-Jose
  ip  address  131.108.240.1  255.255.255.252
  appletalk  cable-range  901-901
  appletalk  zone  WAN  Zone
  appletalk  protocol  eigrp
  no  appletalk  protocol  rtmp
  ipx  network  901
!
interface  Serial1/1
  description  HDLC  leased  line  on  circuit  789WS34256  to  ISP-B
  ip  address  192.7.2.2  255.255.255.252
  ip  access-group  101  in
!
interface  Serial1/2
  no  ip  address
  shutdown
!
interface  Serial1/3
  no  ip  address
  shutdown
!
router  eigrp  25000
  redistribute  static
  redistribute  bgp  25000  network  131.108.0.0
```

```
   distribute-list   1300   out
   no   auto-summary
!
router  bgp  25000
   no  synchronization
   network   131.108.0.0
   neighbor   192.7.2.1   remote-as   1
   neighbor   192.7.2.1   description   Internet   Connection   to   ISP-B
   neighbor   192.7.2.1distribute-list   ISP-routes   in
   neighbor   192.7.2.1   distribute-list   ZIP-routes   out
   neighbor   131.108.254.6   remote-as   25000
   neighbor   131.108.254.6   description   IBGP   to   Seoul-1
   neighbor   131.108.254.6   update-source   Loopback   0
!
ip  classless
ip  default-network   131.119.0.0
ip  default-network   140.222.0.0

ip  route   131.108.232.0   255.255.255.0   FastEthernet0/0
ip  route   131.108.0.0   255.255.0.0   Null0
logging   131.108.110.33
logging   trap   debugging
logging   console   emergencies
ip  access-list   standard   ZIP-routes
   permit   131.108.0.0
ip  access-list   standard   ISP-routes
deny  host   0.0.0.0   deny   127.0.0.0   0.255.255.255
deny   10.0.0.0   0.255.255.255
deny   172.16.0.0   0.15.255.255
deny   192.168.0.0   0.0.255.255
deny   192.0.2.0   0.0.0.255
deny   128.0.0.0   0.0.255.255
deny   191.255.0.0   0.0.255.
deny   192.0.0.0   0.0.0.255
deny   233.255.255.0   0.0.0.255
deny   244.0.0.0   31.255.255.255
   permit   any
access-list   1   permit   131.108.0.0   0.0.255.255
access-list   2   permit   host   131.108.20.45
access-list   101   remark   Permits   NTP, DNS, WWW, and   SMTP
access-list   101   deny   tcp   host   192.7.2.2   host   192.7.2.2   log
access-list   101   deny   ip   131.108.0.0   0.0.255.255   any   log
access-list   101   deny   ip   10.0.0.0   0.255.255.255   any
access-list   101   deny   ip   172.16.0.0   0.15.255.255   any
access-list   101   deny   ip   192.168.0.0   0.0.255.255   any
access-list   101   deny   ip   127.0.0.0   0.255.255.255   any
access-list   101   permit   ip   host   192.7.2.1   host   192.7.2.2
access-list   101   deny   ip   any   host   192.7.2.2
access-list   101   permit   udp   any   131.108.101.99   eq   domain
access-list   101   permit   udp   host   15.255.160.64   host   131.108.254.3   eq   ntp
access-list   101   permit   udp   host   128.4.1.1   host   131.108.254.3   eq   ntp
access-list   101   permit   udp   host   16.1.0.4   host   131.108.254.3.eq   ntp
access-list   101   permit   udp   host   204.123.2.5   host   131.108.254.3   eq   ntp
access-list   101   permit   tcp   host   192.52.71.4   host   131.108.101.34   eq   domain
access-list   101   permit   tcp   host   192.52.71.4   host   131.108.101.35   eq   domain
access-list   101   permit   tcp   any   host   131.108.101.34   eq   smtp
```

```
access-list 101 permit tcp any host 131.108.101.35 eq smtp
access-list 101 permit tcp any host 131.108.101.100 eq www
access-list 101 permit tcp any host 131.108.101.100 eq ftp
access-list 101 permit tcp any host 131.108.101.100 eq ftp-data
access-list 101 permit tcp any gt 1023 host 131.108.101.100 gt 1023
access-list 101 permit icmp any any echo-reply
access-list 101 permit icmp any any time-exceeded
access-list 101 permit icmp any any port-unreachable
access-list 101 permit tcp any any established
access-list 101 permit tcp any any eq 22
access-list 101 deny tcp any any eq ident
access-list 101 deny tcp any any log
access-list 120 permit ip any 131.108.0.0 0.0.255.255
access-list 1001 permit aa.0005.0112.0474
access-list 1001 deny -1
access-list 1300 permit 131.108.0.0 0.0.255.255
access-list 1300 permit 131.119.0.0
access-list 1300 permit 140.222.0.0
!
ipx router eigrp 25000
  network 10
  network 901
!
tacacs-server host 131.108.110.33
tacacs-server key ZIPSecure
radius-server host 131.108.110.33
radius-server key Radius4Me
snmp-server community Zipnet RO 2
snmp-server community ZIPprivate RW 2
snmp-server host 131.108.20.45 Zipnet snmp frame-relay config
snmp-server location 22 Cable Car Drive, San Francisco, CA, USA
snmp-server contact Allan Leinwand, allan@telegis.net
!
line con 0
  password 7 095B59
line aux 0
line vty 0 4
  password 7 095B59
  access-class 1 in
!
ntp update-calendar
ntp server 192.216.191.10
ntp server 129.189.134.11
!
end
```

Roteador SF-Core-2

O dispositivo SF-Core-2 na rede ZIP é um roteador Cisco 7505. A configuração deste roteador apresenta o seguinte:

- ◆ Uma interface LAN Fast Ethernet para o segmento da rede principal São Francisco local.
- ◆ Uma ligação serial HDLC com o roteador Seoul-2.
- ◆ Um grupo HSRP entre SF-Core-1 e SF-Core-2.

◆ A redistribuição das rotas estáticas usadas para o roteamento default no processo de roteamento EIGRP.
◆ Um filtro SAP do roteador IPX no segmento FastEthernet.

A configuração completa do roteador SF-Core-2 é a seguinte:

```
version   12.1
service   timestamps  debug  datetime   localtime
service   timestamps  log    datetime   localtime
service   password-encryption
!
hostname  SF-Core-2
!
aaa  new-model
aaa  authentication  login  default  group  tacacs+  enable
aaa  authorization   exec   group    tacacs+  if-authenticated
aaa  authorization   network  group  radius   if-authenticated
aaa  accounting      exec   stop-only  group  tacacs+
enable  secret   5  $2$5toY$IJQPTVD4.aEDLwZ8nPrvX.
!
ip  domain-list  zipnet.com
ip  domain-list  zipnet.net
ip  domain-name  zipnet.com
ip  name-server  131.108.110.34
ip  name-server  131.108.110.35
appletalk  routing  eigrp  25000
appletalk  route-redistribution
ipx  routing  0000.cc0c.010b
!
clock  timezone    PST  -8
clock  summer-time PDT  recurring
!
interface  Loopback1
  description  SF-Core-2  router  loopback
  ip  address  131.108.254.4  255.255.255.255
!
interface  FastEthernet0/0
description  San  Francisco  FastEthernet  backbone  LAN
  ip  address  131.108.20.4  255.255.252.0
  appletalk  cable-range  1-10
  appletalk  zone  SF  Zone
  ipx  network  10
  standby  ip  131.108.20.5
  standby  preempt
  ipx  router-sap-filter  1001
!
interface  Serial1/0
  description  HDLC  leased  line  on  circuit  WSZ02980189  to  Seoul-2
  ip  address  131.108.240.5  255.255.255.252
  appletalk  cable-range  902-902
  appletalk  zone  WAN  Zone
  appletalk  protocol  eigrp
  no  appletalk  protocol  rtmp
  ipx  network  902
!
```

```
interface   Serial1/1
  no  ip  address
  shutdown
!
interface   Serial1/2
  no  ip  address
  shutdown
!
interface   Serial1/3
  no  ip  address
  shutdown
!
router  eigrp  25000
  redistribute   static
  network   131.108.0.0
  no  auto-summary
!
ip  classless
ip  route  131.108.0.0   255.255.0.0   Null0
logging   131.108.110.33
logging   trap  debugging
logging   console  emergencies
access-list   1   permit   131.108.0.0   0.0.255.255
access-list   2   permit   host   131.108.20.45
access-list   1001   permit   aa.0005.0112.0474
access-list   1001   deny   -1
!
ipx  router  eigrp  25000
  network  10
  network  902
!
tacacs-server   host   131.108.110.33
tacacs-server   key   ZIPSecure
radius-server   host   131.108.110.33
radius-server   key   Radius4Me
snmp-server   community   Zipnet  RO  2
snmp-server   community   ZIPprivate  RW  2
snmp-server   host   131.108.20.45   Zipnet   snmp   frame-relay   config
snmp-server   location   22  Cable  Car  Drive,  San  Francisco,  CA,  USA
snmp-server   contact   Allan   Leinwand,   allan@telegis.net
!
line  con  0
  password  7   095B59
line  aux  0
line  vty  0  4
  password  7   095B59
  access-class  1   in
!
ntp   update-calendar
ntp   server   192.216.191.10
ntp   server   129.189.134.11
!
end
```

Roteador San-Jose

O dispositivo San-Jose na rede ZIP é um roteador Cisco 3640. A configuração deste roteador apresenta o seguinte:
- ◆ Uma interface Token Ring com 16 MB para o segmento LAN São José local.
- ◆ Uma ligação serial HDLC com o roteador SF-Core-1.
- ◆ Uma ligação serial HDLC com o roteador Seoul-1.
- ◆ Uma lista de acesso AppleTalk usada para permitir o tráfego para a parte pública da zona de engenharia.
- ◆ Um filtro SAP da saída IPX nas ligações seriais para notificar o acesso para um servidor IPX público na engenharia.

A configuração completa para o roteador San-Jose é a seguinte:

```
version   12.1
service   timestamps   debug   datetime   localtime
service   timestamps   log   datetime   localtime
service   password-encryption
!
hostname   San-Jose
!
aaa   new-model
aaa   authentication   login   default   group   tacacs+   enable
aaa   authorization   exec   group   tacacs+   if-authenticated
aaa   authorization   network   group   radius   if-authenticated
aaa   accounting   exec   stop-only   group   tacacs+
enable   secret   5   $2$5toY$IJQPTVD4.aEDLwZ8nPrvX.
!
ip   domain-list   zipnet.com
ip   domain-list   zipnet.net
ip   domain-name   zipnet.com
ip   name-server   131.108.110.34
ip   name-server   131.108.110.35
appletalk   routing   eigrp   25000
appletalk   route-redistribution
ipx   routing   0000.c10e.100d
!
clock   timezone   PST   -8
clock   summer-time   PDT   recurring
!
interface   Loopback1
  description   San-Jose   router   loopback
  ip   address   131.108.254.4   255.255.255.255
!
interface   TokenRing0/0
  no   ip   address
  shutdown
!
interface   Serial0/0
  description   HDLC   leased   line   on   circuit   BCS20198ASL   to   SF-Core-1
  ip   address   131.108.240.2   255.255.255.252
  appletalk   cable-range   901-901
  appletalk   zone   WAN   Zone
  appletalk   protocol   eigrp
  no   appletalk   protocol   rtmp
```

```
   ipx  network  901
   ipc  output-sap-filter  1000
   appletalk  access-group  601
!
interface  Serial0/1
   no  ip  address
   shutdown
!
interface  TokenRing1/0
   description  San  Jose  LAN  Segment
   ip  address  131.108.100.1  255.255.255.128
   ip  helper-address  131.108.21.70
   ring-speed  16
   early-token-release
   ntp  broadcast
   appletalk  cable-range  1001-1010
   appletalk  zone  Engineering
   ipx  network  1010
!
interface  Serial1/0
description  HDLC  leased  line  on  circuit  BCS1014343-9901  to  Seoul-1
   ip  address  131.108.241.2  255.255.255.252
   appletalk  cable-range  1901-1901
   appletalk  zone  WAN  Zone
   appletalk  protocol  eigrp
   no  appletalk  protocol  rtmp
   ipx  network  1901
   ipc  output-sap-filter  1000
   appletalk  access-group  601
!
interface  Serial1/1
   no  ip  address
   shutdown
!
router  eigrp  25000
network  131.108.0.0
no  auto-summary
!
ip  classless
logging  131.108.110.33
logging  trap  debugging
logging  console  emergencies
access-list  1  permit  131.108.0.0  0.0.255.255
access-list  2  permit  host  131.108.20.45
access-list  601  permit  nbp  1  object  Engineering  Public
access-list  601  permit  nbp  1  type  AFPServer
access-list  601  permit  nbp  1  zone  San  Jose  Zone
access-list  601  deny  other-nbps
access-list  1000  permit  10.0000.0000.a0b0
access-list  1000  deny  -1
!
ipx  router  eigrp  25000
   network  901
   network  1010
   network  1901
!
tacacs-server  host  131.108.110.33
```

```
tacacs-server   key   ZIPSecure
radius-server   host  131.108.110.33
radius-server   key   Radius4Me
snmp-server   community   Zipnet   RO   2
snmp-server   community   ZIPprivate   RW   2
snmp-server   host   131.108.20.45   Zipnet   snmp   frame-relay   config
snmp-server   location   20   Market   Street,   San   Jose,   CA,   USA
snmp-server   contact   Allan   Leinwand,   allan@telegis.net
!
line con 0
  password 7 095B59
line aux 0
line vty 0 4
  password 7 095B59
  access-class 1 in
!
ntp   update-calendar
ntp   server   192.216.191.10
ntp   server   129.189.134.11
!
end
```

Roteador Seoul-1

O dispositivo Seoul-1 na rede ZIP é um roteador Cisco 4700. A configuração deste roteador apresenta o seguinte:

- ♦ Uma interface Ethernet para o segmento LAN Seoul com grupos HSRP redundantes.
- ♦ Duas interfaces Frame Relay de ponto a ponto para o roteador Singapore e outra para o roteador Kuala-Lumpur.

A configuração completa para o roteador Seoul-1 é a seguinte:

```
version   12.1
service   timestamps   debug   datetime   localtime
service   timestamps   log   datetime   localtime
service   password-encryption
!
hostname   Seoul-1
!
aaa   new-model
aaa   authentication   login   default   group   tacacs+   enable
aaa   authorization   exec   group   tacacs+   if-authenticated
aaa   authorization   network   group   radius   if-authenticated
aaa   accounting   exec   stop-only   group   tacacs+
enable   secret   5   $2$5toY$IJQPTVD4.aEDLwZ8nPrvX
!
ip   tcp   intercept   mode   watch
ip   tcp   intercept   list   120
ip   tcp   intercept   watch-timeout   15
ip   domain-list   zipnet.com
ip   domain-list   zipnet.net
ip   domain-name   zipnet.com
ip   name-server   131.108.110.34
ip   name-server   131.108.110.35
appletalk   routing   eigrp   25000
appletalk   route-redistribution
```

```
ipx  routing  0000.0011.bceb
!
clock  timezone  KST  +9
!
interface  Loopback1
  description  Seoul-1  router  loopback
  ip  address  131.108.254.6  255.255.255.255
!
interface  Ethernet0
  description  Seoul  LAN  Segment
  ip  address  131.108.3.1  255.255.255.128
  ip  helper-address  131.108.21.70
  no  ip  redirects
  media-type  10BaseT
  ntp  broadcast
  appletalk  cable-range  2001-2010
  appletalk  zone  Asia  Distribution
  ipx  network  2010
  standby  1  ip  131.108.3.3
  standby  1  priority  100
  standby  1  track  Serial1
  standby  1  preempt
  standby  2  ip  131.108.3.4
  standby  2  priority  95
  standby  2  preempt
!
interface  Serial0
  description  IETF  frame  relay  PVCs  on  circuit  S123789y
  no  ip  address
  encapsulation  frame-relay  ietf
  bandwidth  256
  frame-relay  lmi-type  ansi
!
interface  Serial0.16  point-to-point
  description  FR  PVC  16  to  Kuala-Lumpur
  ip  address  131.108.242.1  255.255.255.252
  bandwidth  128
  frame-relay  interface-dlci  16
  appletalk  cable-range  2901-2901
  appletalk  zone  WAN  Zone
  appletalk  protocol  eigrp
  no  appletalk  protocol  rtmp
  ipx  network  2901
!
interface  Serial0.17  point-to-point
  description  FR  PVC  17  to  Singapore
  ip  address  131.108.242.5  255.255.255.252
  bandwidth  128
  frame-relay  interface-dlci  17
  appletalk  cable-range  2902-2902
  appletalk  zone  WAN  Zone
  appletalk  protocol  eigrp
  no  appletalk  protocol  rtmp
  ipx  network  2902
!
interface  Serial1
  description  HDLC  leased  line  on  circuit  MC23-01-KL889  to  San  Jose
```

```
  ip address 131.108.241.2 255.255.255.252
  appletalk cable-range 1901-1901
  appletalk zone WAN Zone
  appletalk protocol eigrp
  no appletalk protocol rtmp
  ipx network 1901
!
interface Serial2
  description HDLC leased line on circuit ZW2390-1-H to ISP-A
  ip address 211.21.2.2 255.255.255.252
  ip access-group 101 in
!
interface Serial3
  no ip address
  shutdown
!
router eigrp 25000
  redistribute bgp 25000 network 131.108.0.0
  distribute-list 1300 out
  no auto-summary
!
router bgp 25000
  no synchronization
  network 131.108.0.0
  neighbor 211.21.2.1 remote-as 701
  neighbor 211.21.2.1 description Internet Connection to ISP-A
  neighbor 211.21.2.1 distribute-list ISP-routes in
  neighbor 211.21.2.1 distribute-list ZIP-routes out
  neighbor 131.108.254.3 remote-as 25000
  neighbor 131.108.254.3 description IBGP to SF-Core-1
  neighbor 131.108.254.3 update-source Loopback 0
!
ip classless
logging 131.108.110.33
logging trap debugging
logging console emergencies
ip access-list standard ZIP-routes
  permit 131.108.0.0
ip access-list standard ISP-routes
  deny host 0.0.0.0
  deny 127.0.0.0 0.255.255.255
  deny 10.0.0.0 0.255.255.255
  deny 172.16.0.0 0.15.255.255
  deny 192.168.0.0 0.0.255.255
  deny 192.0.2.0 0.0.0.255
  deny 128.0.0.0 0.0.255.255
  deny 191.255.0.0 0.0.255.
  deny 192.0.0.0 0.0.0.255
  deny 223.255.255.0 0.0.0.255
  deny 244.0.0.0 31.255.255.255
  permit any
access-list 1 permit 131.108.0.0 0.0.255.255
access-list 2 permit host 131.108.20.45
access-list 101 remark Permits NTP, DNS, WWW, and SMTP
access-list 101 deny tcp host 192.7.2.2 host 192.7.2.2 log
access-list 101 deny ip 131.108.0.0 0.0.255.255 any log
access-list 101 deny ip 10.0.0.0 0.255.255.255 any
```

```
access-list  101   deny    ip    172.16.0.0   0.15.255.255   any
access-list  101   deny    ip    192.168.0.0  0.0.255.255    any
access-list  101   deny    ip    127.0.0.0    0.255.255.255  any
access-list  101   permit  ip    host  192.7.2.1  host  192.7.2.2
access-list  101   deny    ip    any   host  192.7.2.2
access-list  101   permit  udp   any   131.108.101.99  eq  domain
access-list  101   permit  udp   host  15.255.160.64  host  131.108.254.3  eq  ntp
access-list  101   permit  udp   host  128.4.1.1     host  131.108.254.3  eq  ntp
access-list  101   permit  udp   host  16.1.0.4      host  131.108.254.3.eq  ntp
access-list  101   permit  udp   host  204.123.2.5   host  131.108.254.3  eq  ntp
access-list  101   permit  tcp   host  192.52.71.4   host  131.108.101.34  eq  domain
access-list  101   permit  tcp   host  192.52.71.4   host  131.108.101.35  eq  domain
access-list  101   permit  tcp   any   host  131.108.101.34  eq  smtp
access-list  101   permit  tcp   any   host  131.108.101.35  eq  smtp
access-list  101   permit  tcp   any   host  131.108.101.100 eq  www
access-list  101   permit  tcp   any   host  131.108.101.100 eq  ftp
access-list  101   permit  tcp   any   host  131.108.101.100 eq  ftp-data
access-list  101   permit  tcp   any   gt    1023  host  131.108.101.100  gt  1023
access-list  101   permit  icmp  any   any   echo-reply
access-list  101   permit  icmp  any   any   time-exceeded
access-list  101   permit  icmp  any   any   port-unreachable
access-list  101   permit  tcp   any   any   established
access-list  101   permit  tcp   any   any   eq  22
access-list  101   deny    tcp   any   any   eq  ident
access-list  101   deny    tcp   any   any   eq  log  access-list  120  permit  ip  any
131.108.0.0
0.0.255.255
access-list  1300  permit  131.108.0.0  0.0.255.255
access-list  1300  permit  131.119.0.0
access-list  1300  permit  140.222.0.0
!
ipx router eigrp 25000
  network  1901
  network  2010
  network  2901
!
tacacs-server  host  131.108.110.33
tacacs-server  key   ZIPSecure
radius-server  host  131.108.110.33
radius-server  key   Radius4Me
snmp-server  community  Zipnet  RO  2
snmp-server  community  ZIPprivate  RW  2
snmp-server  host  131.108.20.45  Zipnet  snmp  frame-relay  config
snmp-server  location  251  Second  Street,  Seoul,  Korea
snmp-server  contact   Allan  Leinwand,  allan@telegis.net
!
line con 0
  password 7  095B59
line aux 0
line vty 0 4
  password 7  095B59
  access-class 1 in
!
ntp  update-calendar
ntp  server  192.216.191.10
ntp  server  129.189.134.11
!
end
```

Roteador Seoul-2

O dispositivo Seoul-2 na rede ZIP é um roteador Cisco 4700. A configuração deste roteador apresenta o seguinte:

- Uma interface Ethernet para o segmento LAN Seoul, com grupos HSRP redundantes.
- Uma ligação serial HDLC com o roteador SF-Core-2.

A configuração completa para o roteador Seoul-2 é a seguinte:

```
version  12.1
service  timestamps  debug  datetime  localtime
service  timestamps  log  datetime  localtime
service  password-encryption
!
hostname  Seoul-2
!
aaa  new-model
aaa  authentication  login  default  group  tacacs+  enable
aaa  authorization  exec  group  tacacs+  if-authenticated
aaa  authorization  network  group  radius  if-authenticated
aaa  accounting  exec  stop-only  group  tacacs+
enable  secret  5  $2$5toY$IJQPTVD4.aEDLwZ8nPrvX.
!
ip  domain-list  zipnet.com
ip  domain-list  zipnet.net
ip  domain-name  zipnet.com
ip  name-server  131.108.110.34
ip  name-server  131.108.110.35
appletalk  routing  eigrp  25000
appletalk  route-redistribution
ipx  routing  0000.dcec.e1b0
!
clock  timezone  KST  +9
!
interface  Loopback1
  description  Seoul-2  router  loopback
  ip  address  131.108.254.7  255.255.255.255
!
interface  Ethernet0
  description  Seoul  LAN  Segment
  ip  address  131.108.3.2  255.255.255.128
  ip  helper-address  131.108.21.70
  no  ip  redirects
  media-type  10BaseT
  ntp  broadcast
  appletalk  cable-range  2001-2010
  appletalk  zone  Asia  Distribution
  ipx  network  2010
  standby  1  priority  95
  standby  1  preempt
  standby  1  ip  131.108.3.3
  standby  2  priority  100
```

```
 standby 2 track Serial0
 standby 2 preempt
 standby 2 ip 131.108.3.4

interface Serial0
 description HDLC leased line on circuit ZW983800-03 to SF-Core-2
 ip address 131.108.240.6 255.255.255.252
 appletalk cable-range 902-902
 appletalk zone WAN Zone
 appletalk protocol eigrp
 no appletalk protocol rtmp
 ipx network 902

interface Serial1
 no ip address
 shutdown

router eigrp 25000
 network 131.108.0.0
 no auto-summary

ip classless
logging 131.108.110.33
logging trap debugging
logging console emergencies
access-list 1 permit 131.108.0.0 0.0.255.255
access-list 2 permit host 131.108.20.45

ipx router eigrp 25000
 network 902
 network 2010

tacacs-server host 131.108.110.33
tacacs-server key ZIPSecure
radius-server host 131.108.110.33
radius-server key Radius4Me
snmp-server community Zipnet RO 2
snmp-server community ZIPprivate RW 2
snmp-server host 131.108.20.45 Zipnet snmp frame-relay config
snmp-server location 251 Second Street, Seoul, Korea
snmp-server contact Allan Leinwand, allan@telegis.net

line con 0
 password 7 095B59
line aux 0
line vty 0 4
 password 7 095B59
 access-class 1 in

ntp update-calendar
ntp server 192.216.191.10
ntp server 129.189.134.11

end
```

Roteador Singapore

O dispositivo Singapore na rede ZIP é um roteador Cisco 2501. A configuração deste roteador apresen o seguinte:

- ◆ Uma interface Ethernet para o segmento LAN Singapore.
- ◆ Uma interface Frame Relay de ponto a ponto para o roteador Seoul-1.
- ◆ O uso do RIP e da redistribuição das informações EIGRP no RIP no segmento LAN Singapo local.

A configuração completa para o roteador Singapore é a seguinte:

```
version 12.1
service  timestamps  debug  datetime  localtime
service  timestamps  log  datetime  localtime
service  password-encryption
!
hostname  Singapore
!
aaa  new-model
aaa  authentication  login  default  group  tacacs+  enable
aaa  authorization  exec  group  tacacs+  if-authenticated
aaa  authorization  network  group  radius  if-authenticated
aaa  accounting  exec  stop-only  group  tacacs+
enable  secret  5  $2$5toY$IJQPTVD4.aEDLwZ8nPrvX.
!
ip  domain-list  zipnet.com
ip  domain-list  zipnet.net
ip  domain-name  zipnet.com
ip  name-server  131.108.110.34
ip  name-server  131.108.110.35
appletalk  routing  eigrp  25000
appletalk  route-redistribution
ipx  routing  0000.ceec.eebb
!
clock  timezone  SST  +8
!
interface  Loopback1
 description  Singapore  router  loopback
 ip  address  131.108.254.8  255.255.255.255
!
interface  Ethernet0
 description  Singapore  LAN  Segment
 ip  address  131.108.1.1  255.255.255.128
 ip  helper-address  131.108.21.70
 ntp  broadcast
 appletalk  cable-range  4001-4010
 appletalk  zone  Asia  Manufacturing
 ipx  network  4010
!
interface  Serial0
 description  IETF  frame  relay  PVCs  on  Circuit  Z-234987-12-MS-01
 no  ip  address
 encapsulation  frame-relay  ietf
 bandwidth  128
 frame-relay  lmi-type  ansi
!
```

```
nterface Serial0.100 point-to-point
 description FR PVC 100 to Seoul-1
 ip address 131.108.242.6 255.255.255.252
 bandwidth 128
 frame-relay interface-dlci 100
 appletalk cable-range 2902-2902
 appletalk zone WAN Zone
 appletalk protocol eigrp
 no appletalk protocol rtmp
 ipx network 2902
!
interface Serial1
 no ip address
 shutdown
!
router eigrp 25000
 network 131.108.0.0
 no auto-summary
!
router zip
 redistribute eigrp 25000
 passive-interface Serial0.100
 network 131.108.0.0
 default-metric 3
!
ip classless
logging trap debugging
logging console emergencies
logging 131.108.110.33
access-list 1 permit 131.108.0.0 0.0.255.255
access-list 2 permit host 131.108.20.45
!
ipx router eigrp 25000
 network 4010
 network 2902
!
tacacs-server host 131.108.110.33
tacacs-server key ZIPSecure
radius-server host 131.108.110.33
radius-server key Radius4Me
snmp-server community Zipnet RO 2
snmp-server community ZIPprivate RW 2
snmp-server location 1 Raffles Place, Singapore
snmp-server contact Allan Leinwand, allan@telegis.net
!
line con 0
 password 7 095B59
line aux 0
line vty 0 4
 password 7 095B59
 access-class 1 in
!
ntp update-calendar
ntp server 192.216.191.10
ntp server 129.189.134.11
!
end
```

Servidor de acesso SingISDN

O SingISDN na rede ZIP é um servidor de acesso Cisco 4500. Esse servidor de acesso é configurado para lidar com os clientes de discagem ISDN para o IP e pode ser usado como um gabarito para qualquer servidor de acesso semelhante na rede ZIP. Cada servidor de acesso precisa ter endereços da camada da rede exclusivos porque é impossível ter endereços da camada da rede duplicados em uma rede da Internet. A configuração desse servidor de acesso apresenta o seguinte:

- A configuração de discagem ISDN para os clientes IP.
- Um banco de dados de nomes do usuário local para a autenticação do usuário.
- Um grupo rotativo ISDN usando quatro interfaces ISDN BRI.
- Uma interface de discagem que autentica as sessões PPP usando o PAP, CHAP e MS-CHAP
- Uma lista de acesso que permite apenas o tráfego IP específico para manter uma chamada ISD atual.

A configuração completa para o servidor de acesso SingISDN é a seguinte:

```
version  12.1
service  timestamps  debug  datetime  localtime
service  timestamps  log  datetime  localtime
service  password-encryption
!
hostname  SingISDN
!
aaa  new-model
aaa  authentication  login  default  group  tacacs+  local
aaa  authentication  ppp  default  group  tacacs+  local
aaa  authentication  arap  default  local
aaa  authorization  exec  local  group  tacacs+  if-authenticated
aaa  authorization  network  local  group  radius  if-authenticated
aaa  accounting  exec  stop-only  group  tacacs+
aaa  accounting  network  stop-only  group  tacacs+
enable  secret  5  $2$5toY$IJQPTVD4.aEDLwZ8nPrvX.
!
username  jim  password  7  53633635
username  janet  password  7  878743465
ip  domain-list  zipnet.com
ip  domain-list  zipnet.net
ip  domain-name  zipnet.com
ip  name-server  131.108.110.34
ip  name-server  131.108.110.35
ip  address-pool  local
async-bootp  dns-server  131.108.131.34  131.108.131.35
async-bootp  nbns-server  131.108.21.70
isdn  switch-type  basic-dms100
!
clock  timezone  SST  +8
!
interface  Loopback0
 ip  address  131.108.254.11  255.255.255.255
!
interface  Ethernet0
 description  Singapore  User  LAN
 ip  address  131.108.254.1.81  255.255.255.128
 media-type  10BaseT
```

```
!
interface BRI0
 no ip address
 encapsulation ppp
 isdn spid1 98050101
 isdn spid2 98060101
 isdn answer1 50101
 isdn answer2 60101
 dialer rotary-group 1
!
interface BRI1
 no ip address
 encapsulation ppp
 isdn spid1 98070101
 isdn spid2 98080101
 isdn answer1 70101
 isdn answer2 80101
 dialer rotary-group 1
!
interface BRI2
 no ip address
 encapsulation ppp
 isdn spid1 91470102
 isdn spid2 91490102
 isdn answer1 70102
 isdn answer2 90102
 dialer rotary-group 1
!
interface BRI3
 no ip address
 encapsulation ppp
 isdn spid1 91350102
 isdn spid2 91390102
 isdn answer1 50102
 isdn answer2 90102
 dialer rotary-group 1
!
interface Ethernet1
 no ip address
 shutdown
!
interface Dialer1
 description Singapore ISDN Dialup Pool
 ip unnumbered Ethernet0
 encapsulation ppp
 peer default ip address pool isdn-users
 dialer in-band
 dialer idle-timeout 300
 dialer-group 1
 ppp authentication chap ms-chap pap call-in
 ppp multilink
 compress mpcc
!
router eigrp 25000
 network 131.108.0.0
 no auto-summary
!
```

```
ip   local   pool   isdn-users   131.108.1.91   131.108.1.106
ip   classless
logging   trap   debugging
logging   131.108.110.33
access-list   1   permit   131.108.0.0   0.0.255.255
access-list   2   permit   host   131.108.20.45
access-list   102   permit   tcp   any   any   eq   telnet
access-list   102   permit   tcp   any   any   eq   www
access-list   102   permit   udp   any   any   eq   domain
access-list   102   permit   tcp   any   any   eq   ftp
tacacs-server   host   131.108.110.33
tacacs-server   key   ZIPSecure
radius-server   host   131.108.110.33
radius-server   key   Radius4Me
snmp-server   community   Zipnet   RO   2
snmp-server   community   ZIPprivate   RW   2
snmp-server   host   131.108.20.45   Zipnet   snmp   frame-relay   isdn   config
snmp-server   location   1   Raffles   Place,   Singapore
snmp-server   contact   Allan   Leinwand,   allan@telegis.net
dialer-list   1   protocol   ip   list   102
!
line   con   0
 password   7   0502C092B284B47
line   aux   0
 password   7   095B59
line   vty   0   4
 password   7   095B59
 access-class   1   in
!
ntp   clock-period   17179886
ntp   server   192.216.191.10
ntp   server   129.189.134.11
end
```

Servidor de acesso Sing2511

O Sing2511 na rede ZIP é um servidor de acesso Cisco 2511. É configurado para lidar com clientes de discagem análoga para o IP, AppleTalk e IPX. Essa configuração pode ser usada como um gabarito para qualquer servidor de acesso semelhante na rede ZIP. Cada servidor de acesso precisa ter os endereços da camada da rede exclusivos porque é impossível ter endereços da camada da rede duplicados em uma rede da Internet. A configuração desse servidor de acesso apresenta o seguinte:

- ◆ Acesso IP, AppleTalk e IPX para os clientes de discagem remota.
- ◆ Um banco de dados de nomes do usuário local de becape para a autenticação do usuário.
- ◆ Um pool de endereços IP local para os usuários IP de discagem.
- ◆ Uma interface assíncrona do grupo usada para configurar as 16 linhas terminais assíncronas.
- ◆ Configuração da linha terminal para configurar os parâmetros específicos do modem e os intervalos de inatividade da sessão do usuário.

A configuração completa para o servidor de acesso Sing2511 é a seguinte:

```
version   12.1
service   timestamps   debug   datetime   localtime
service   timestamps   log   datetime   localtime
```

```
service   password-encryption
!
hostname   Sing2511
!
aaa   new-model
aaa   authentication   login   default   group   tacacs+   local
aaa   authentication   ppp   default   group   tacacs+   local
aaa   authentication   arap   default   auth-guest   local
aaa   authorization   exec   local   group   tacacs+   if-authenticated
aaa   authorization   network   local   group   radius   if-authenticated
aaa   accounting   exec   stop-only   group   tacacs+
aaa   accounting   network   stop-only   group   tacacs+
enable   secret   5   $2$5toY$IJQPTVD4.aEDLwZ8nPrvX.
!
username   jim   password   7   15140403446A
username   jane   password   7   121B0405
ip   domain-list   zipnet.com
ip   domain-list   zipnet.net
ip   domain-name   zipnet.com
ip   name-server   131.108.110.34
ip   name-server   131.108.110.35
ip   address-pool   local
appletalk   routing   eigrp   25000
appletalk   route-redistribution

appletalk   virtual-net   3000   Mac-dialup
arap   network   2500   Mac-dialup
!
clock   timezone   SST   +8
!
interface   Loopback0
  ip   address   131.108.254.10   255.255.255.255
  ipx   network   2500
!
interface   Ethernet0
  description   Singapore   User   LAN
  ip   address   131.108.254.1.80   255.255.255.128
  appletalk   cable-range   4001-4010
  appletalk   zone   Asia   Manufacturing
  ipx   network   4010
!
interface   Serial0
  no   ip   address
  shutdown
!
interface   Serial1
  no   ip   address
  shutdown
!
interface   Group-Async1
  description   dialup   pool   on   Singapore   2511
  ip   unnumbered   Ethernet0
  encapsulation   ppp
  async   mode   interactive
  appletalk   client-mode
  ipx   ppp-client   Loopback   0
```

```
 ipx update interval rip 36000
 ipx update interval sap 36000
 peer default ip address pool modem-users
 ppp authentication pap ms-chap chap call-in
 ppp ipcp dns 131.108.101.34 131.108.131.35
 ppp ipcp wins 131.108.21.70
 compress mpcc
 group-range 1 16
!
router eigrp 25000
 network 131.108.0.0
 no auto-summary
!
ip local pool modem-users 131.108.1.111 131.108.1.126
ip classless
logging trap debugging
logging 131.108.110.33
access-list 1 permit 131.108.0.0 0.0.255.255
access-list 2 permit host 131.108.20.45
!
ipx router iegrp 25000
 network 25000
 network 4010
!
tacacs-server host 131.108.110.33
tacacs-server key ZIPSecure
radius-server host 131.108.110.33
radius-server key Radius4Me
snmp-server community Zipnet RO 2
snmp-server community ZIPprivate RW 2
snmp-server host 131.108.20.45 Zipnet snmp frame-relay config
snmp-server location 1 Raffles Place, Singapore
snmp-server contact Allan Leinwand, allan@telegis.net
!
line con 0
 password 7 052C092B284B47
line 1 16
 session-timeout 30
 autoselect arap
 autoselect during-login
 autoselect ppp
 arap enable
 arap authentication default
 session-disconnect-warning 60
 login authentication default
 modem Dialin
 modem autoconfigure type usr_courier
 stopbits 1
 rxspeed 115200
 txspeed 115200
 flowcontrol hardware
line aux 0
password 7 095B59
line vty 0 4
password 7 095B59
 access-class 1 in
```

```
!
ntp  clock-period  17179886
ntp  server  192.216.191.10
ntp  server  129.189.134.11
end
```

Resumo

Este capítulo forneceu os comandos da configuração IOS completos para os roteadores e os servidores de acesso na rede ZIP. Esses comandos de configuração representam a aplicação prática dos conceitos analisados neste livro.

Índice

Símbolos

! (ponto de exclamação), indicador do comando EXEC, 30
(cerquilha), modo de ativação, 25
. (ponto), indicador do comando EXEC, 30
? (ponto de interrogação), acessar sistema de ajuda IOS, 22-23, 37-38

Numéricos

20 bits, prefixos (endereços MAC), 47
2500, LEDs de status dos roteadores da série, 16
2B+D, 72
2, hierarquia com camadas do endereçamento IPX, 222

A

AAA (autenticação, autorização e contabilidade), serviços, 254-255
aaa accounting, comando, 256
aaa authentication, comando, 256-257
aaa authorization network, comando, 142
aaa authorization, comando, 256-257
aaa server group, comando, 257
AAL (camadas da adaptação ATM), 68
AARP (AppleTalk Address Resolution Protocol), 188
access list, comando, 134, 234
access-list additional-zones, comando, 207
access-list other-access, comando, 207
access-list other-nbps, comando, 207
acessar
    dispositivos IOS através do telnet, 19-20
    sistema de ajuda IOS, 37-38
acesso remoto, configuração do serviço de discagem, 139
adaptador do terminal (TA), discagem ISDN, 71, 148-150
adaptadores da porta, 44
adicionar descrições de texto ao comando show interface, 46
ADSL (Asymmetric DSL), 69-71
AEP (AppleTalk Echo Protocol), 213
agentes do software, 264
agentes SNMP, 264
alcance dos dispositivos AppleTalk, testar, 213
algoritmos de criptografia, regras de exportação, 252
alterar nomes de host do dispositivo, 34
anel de backup (FDDI), 55
anel primário (FDDI), 55
anexar porta do console a dispositivos, 16-17
ANSI (American National Standards Institute), Annex-D, 64
apagar arquivos da memória Flash, 33
apagar
    arquivos da memória Flash, 33
    chaves RSA, 252
aplicações
    envio da transmissão pública, 164-165

gerenciamento da rede, 264-265
aplicar
   filtros SAP nas interfaces IPX, 234-236
   listas de acesso nas interfaces, 137-139
appletalk access-group, subcomando, 208
AppleTalk Address Resolution Protocol. *Veja* AARP
appletalk cable-range, comando, 194
AppleTalk Control Protocol (ATCP)
   configuração dos serviços de discagem, 210-212
appletalk discovery, subcomando, 195
appletalk maximum-paths, comando, 204
AppleTalk Remote Access Protocol (ARAP)
   configurar do cliente de discagem, 211
appletalk routing eigrp, comando, 204
appletalk routing, comando, 198-199
appletalk static, comando, 200
appletalk zip-reply-filter, subcomando, 209
appletalk zone, subcomando, 194
AppleTalk, conjunto de protocolos, 185-186
ARAP (AppleTalk Remote Access Protocol),
   configuração do cliente de discagem, 211
area-address, comando, 238
áreas (NLSP), 237
ASN.1 (Abstract Syntax Notation One), 3
associações (NTP), 270-271
associações de servidores, 270
async-bootp, comando, 148
Asynchronous Transfer Mode. *Veja* ATM
ataques de negação de serviço, impedir. *Veja*
   DoS, impedir ataques
ATCP (AppleTalk Control Protocol), configuração dos serviços de discagem, 210-212
ativar
   AAA, 256-257
   roteamento IP, 98
ATM (Asynchronous Transfer Mode), 66-67
   AAL, 68
   canais virtuais, 67
   configurar interfaces WAN com diversos pontos, 93-95
   configurar IPX, 229
   endereçamento, 68
   endereços MAC, mapear para endereços AppleTalk, 197
   QoS, 68
   subcomandos de configuração da interface, 68-69
ATM Fórum, 66-67
atribuir
   endereços da rede AppleTalk, 191-197

números da rede IPX a interfaces WAN de ponto a ponto, 228
atributos do BGP, 124
atualizações rápidas, 117
atualizar imagens IOS, 30-31
atualizar sistema do calendário, 271-272
AUIs (interfaces da unidade complementar), 51
autenticação, 254-255. *Veja também* AAA
authenticationFailure, Trap, 266
autorização, 254. *Veja também* AAA

B

B, canais (ISDN), 72
B8ZS (substituição de 8 zeros binária), 73
BAP (Bandwidth Allocation Protocol), 151
BGP (Border Gateway Protocol), 113, 122-123
bia (endereço marcado), 48
BISDN (Broadband Integrated Services Digital Network), 66-67
bits de fim, 56
bits de início, 56-57
BRI (Basic Rate Interface), 72
buffer do dispositivo interno, 262

C

cabos RJ-45, 16
camada da aplicação (OSI), 2
camada da apresentação (modelo de referência OSI), 2-3
camada da ligação de dados (OSI), 4
camada da rede (modelo OSI), 4
camada da sessão (OSI), 3
camada de transporte (OSI), 3-4
camada física (modelo OSI), 4
camada política (modelo OSI), 4
camadas
   AAL (camadas de adaptação ATM), 68
   do modelo de referência OSI, encapsulação dos dados, 5
caminhos de transmissão (ATM), 67
caminhos virtuais, 67
caracteres de resposta
   pings AppleTalk, 214
   comando ping, 154-155
carregar imagens IOS
   método FTP, 31-32
   método TFTP, 29-30
carrier sense multiple access collision detect (CSMA/CD), 49-50
CBOS (Cisco Broadband Operating System), 71
CEF (Cisco Express Forwarding), 260-261

Índice | 309

cerquilhas, modo de ativação, 25
CIDR (rota entre domínios sem classe), blocos, 81-83
circuito virtual permanente (PVC), 57, 197
circuito virtual. *Veja* VC
Cisco 2500, LEDs de status dos roteadores da série, 16
Cisco Broadband Operating System (CBOS), 70-71
Cisco Express Forwarding (CEF), 261
Cisco HDLC (High-level Data Link Protocol), 58
Cisco IOS. *Veja também* comandos
   acessar dispositivos via telnet, 18-20
   Command Summary, 23
   configuração da memória, 27
   configurar protocolos de controle do acesso, 255-256
   especificar número do módulo, 24
   imagens, 29-32
   listar comandos EXEC, 23
   mensagens de registro, 261
   modo de ativação, 25-26
   modo de configuração, prompt config-if, 43-44
   modo não-privilegiado, 25
   modo privilegiado, 25-26
   sistema de ajuda, 22, 37-38
   terminais virtuais, definir senhas para, 18
Cisco LMI (Local Management Interface), 64
Cisco Network Registrar, 164-165
classes de endereços IP, 79-80
clear host, comando, 162
clear ip access-list counters, comando, 139
clear ip route, comando, 111
clock do sistema
   configuração manual, 269
   configuração NTP, 270-271
   configuração SNTP, 272
   definir, 268
   exibir, 268
   marcações, 236
clock summer-time recurring, comando, 269
clock timezone PST-8, comando, 269
clock, 56-57
clocks atômicos, stratum, 270. *Veja também* NTP
coldStart, Trap, 266
colisões
   Ethernet, CSMA/CD, 48
   Token Ring, 52-53
comandos ambíguos, 24
comandos de configuração defaults, 38-39

comandos de configuração
   defaults, 38-39
   exemplo de rede ZIP, 277
   mesclar, 39-40
   remover, 38
   substituir, 39-40
comandos globais, 35-38
comandos maiores, 35-36
comandos parciais, completar, 24
combinar configurações do dispositivo, 39-40
comentários, adicionar a listas de acesso, 137
comparar
   CSMA/CD e captura de fichas, 53
   endereços estendidos e não-estendidos, 188
   métodos de transmissão WAN, 57
   protocolos da camada de ligação, implementações AppleTalk, 193
compartilhar carregamento, IPX RIP, 237
completar comandos parciais, 24
compress, comando, 145
comunicação, processo de troca de dados, 5-6
comutação de pacotes, 57-58
comutadores, 7-9
conexões de ponto a ponto
   nas interfaces WAN
   nas subinterfaces, 64-65
conexões
   ATM, número VPI, 66-67
   configurar discagem, 139-140
   handshakes com três direções, 259
   interfaces, portas, 43-44
   solucionar problemas do AppleTalk, 212-215
   solucionar problemas, 159
   terminal virtual, definir senha, 19-20
   verificar IPX, 243-245
   verificar, 153
config-if, prompt (IOS), 43-44
configuração da execução
   copiar para configuração da iniciação, 28
   exibir, 27
configuração da iniciação
   copiar para configuração da execução, 27, 34
   exibir, 27
configuração do usuário, modo, 33-34
configuração manual
   agentes SNMP, 267-268
   clock do sistema, 269
configurações de diversos dispositivos, 39-40
configurar
   adicionar comentários, 137
   agentes SNMP, strings da comunidade, 266-267

AppleTalk, 206-209
assíncrona, 140-148
atribuição de endereços dinâmica, 164-171
comandos maiores, 36
definir nomeação, 136-137
definir, 134-135, 137
discagem, 139-140
DNS, 160-162
EIGRP, 204-206
endereços IP, 83-85
endereços, 191-192
estendidas, 135
interfaces LAN, 86-89
interfaces PPP, 59
interfaces WAN, 89-95
IPX, 240-242
ISDN, 148-152
LANs, endereços, 192-195
limpar contadores de coincidência, 139
listas de acesso, 133-139
listas de acesso, 206-209
máscaras curingas, 135
máscaras sem cuidado, 135
modo de descoberta, 195
protocolos de controle do acesso, 254-255
protocolos de roteamento, 198, 202
redundância, 172-176
registro da mensagem, 262-263
rotas de resumo, 102-109
rotas defaults, 102-109
roteamento estático, 99-101
roteamento IP, verificação, 109-111
roteamento sem classe, 102
RTMP, 203
senhas, 19
serviços de discagem, 210-212
sistema de ajuda IOS, 37-38
SSH, 253
subcomandos ATM, 69
subcomandos Fast Ethernet, 51
subcomandos Frame Relay, 64-66
subcomandos ISDN, 72-74
subcomandos Token Ring, 54
subcomandos X.25, 60-62
transmissões públicas, 162-164
verificação, 95-97
verificar operação, 138
WANs com diversos pontos, endereços, 196-197
WANs de ponto a ponto, endereços, 195-196
WANs, endereços, 195
configure, comando, 37

conjuntos de multilinks, controle da chamada, 151
contabilidade, 207. *Veja também* AAA
contagens de saltos, 202
controle da chamada, BAP (Bandwidth Allocation Protocol), 151
controle do fluxo, 3
controles de exportação em algoritmos de criptografia, 252
Coordinated Universal Time (UTC), 268
copiar configuração da inicialização para configuração da execução, 28, 34
copy flash tftp, comando, 30-31
copy running-config startup-config, comando, 28
copy tftp flash, comando, 30
copy, comando, 28
criar listas de acesso IP nomeadas, 134
criptografia da chave pública, RSA (Rivest, Shamir e Adelman), 252
crypto key generate rsa, comando, 253
crypto key zeroize rsa, comando, 253
CSMA/CD (carrier sense multiple access collision detect), 48-49
custo igual, caminhos
 IPX RIP, 236-237
 roteamento AppleTalk, 203

D

D, canais (ISDN), 71-72
DARPA (Defense Advanced Research Projects Agency), 77
data e hora. *Veja também* clock do sistema
 configuração manual, 269
 configuração NTP, 270-271
 configuração SNTP, 272
 definir, 268
Datagram Delivery Protocol (DDP), 187
DCE (equipamento de término do circuito de dados), 60
DDP (Datagram Delivery Protocol), 187
debug, comando, 159, 245
Defense Advanced Research Projects Agency (DARPA), 77
definir clock do sistema, 268
definir
 entradas da tabela SAP estáticas, 234
 listas de acesso, 135-137
 pacotes interessantes para discagem ISDN, 151
delete, comando, 33
DES, algoritmo de criptografia, 252
desativar RTMP nas interfaces AppleTalk, 205

Índice 311

descrições de texto, adicionar a comando show interfaces, 47
description, comando, 47
designar listas de acesso AppleTalk, 206-207
DHCP (Dynamic Host Configuration Protocol), configurar atribuição de endereço dinâmico, 164-171
dialer map ipx, subcomando, 228
dialer rotary-group, comando, 149-150
Digital Subscriber Line. *Veja* DSL
Dijkstra, algoritmo, 118
dimensionamento das redes AppleTalk, 188
discagem assíncrona
    configurar, 140-148
    processo de estabelecimento da chamada, 147-148
    selecionar algoritmos de compressão, 145
discagem em demanda, roteamento, 74
dispositivos
    agentes, 264
    AppleTalk, 212
    comunicação, 3
    configurar, 35-36
    estado administrativo, alterar, 45-46
    pontes, 7
    porta do console, conectar a, 16-17
    processo de troca de dados, 5-6
    servidores de acesso, 10-11
distância administrativa, 110
distribute-list, comando, 139
DLCI (identificador da conexão da ligação de dados), números, mapear para endereços AppleTalk, 196
DNS (Domain Name System), configurar, 160-162
DoS (denial-of-service), impedir ataques
    falsificação do endereço IP de origem, 260-263
    fluxo TCP SYN, 259
DSL (Digital Subscriber Line), 56-57
DTE (equipamento do terminal de dados), 60
Dynamic Host Configuration Protocol, servidor. *Veja* DHCP, servidor

E

E.164, endereçamento, 67
EEPROM (memória de leitura apenas eletronicamente programável e apagável), 26
EGP (Exterior Gateway Protocol), 111-112, 122-127
egpNeighborLoss, Traps, 266

EIGRP (Enhanced Interior Gateway Routing Protocol), 121-122
enable secret, comando, 18-19, 35-36
encapsulação de dados, 5
encapsulação IPX, 227
encapsulação, 5, 45
encapsulation ppp, subcomando, 59
encapsulation x25, comando, 60-61
encapsulation, subcomando, 45
endereçamento dinâmico
    configurar, 164-171
    nós AppleTalk, 188, 193
endereçamento
    ATM, 67-68
    camada da ligação de dados, comutar pacotes, 57
    camada da rede, 4
    conjunto de protocolos AppleTalk, 187
    IPX, 223
    LANs, camada da ligação de dados, 48
    X.121, 61
endereço do nó (AppleTalk), 187, 193
Enhanced Interior Gateway Routing Protocol. *Veja* EIGRP
enviar transmissões públicas UPD, 162-164
equipamento de término do circuito de dados (DCE), 60
equipamento do terminal de dados (DTE), 60
erase flash, comando, 33
erase startup-config, comando, 28
ESF (Extended Superframe), 73
especificar
    interfaces para configuração, 44
    número do módulo para sessões IOS, 24
esquemas de numeração
    interfaces, 44
    subinterfaces, 64
estabelecer
    conexões físicas com dispositivos, 16-17
    critério de filtragem dos pacotes, 133
    sessões do módulo, 24
estações de trabalho, resolução do endereço do MAC para AppleTalk, 193. *Veja também* zonas
estado administrativo
    alterar, 45-46
    interfaces desativadas, 45
estados da rota, AppleTalk, 201
estratégia do tráfego, 68
estrutura dos endereços IP, 78-80
estrutura hierárquica
    das redes NLSP IPX, 237-238
    do banco de dados DHCP, 168-169

312 | Como configurar roteadores Cisco

Ethernet, 49
EXEC, comandos do modo
  listar, 23
  show appletalk interface, 197-198
  show appletalk nbp, 190
  show appletalk route, 198-199
  show interface, 44-46
  show ipx interface, 229
  show ipx servers, 233
  sistema de ajuda, 22-23
exibir
  associações NTP, 271
  clock do sistema, 268
  configuração da execução, 27
  configuração da iniciação, 27
  conteúdo da memória Flash, 30
  informações do protocolo de roteamento, 130-132
  informações HSRP, 174-176
  opções do comando, 23-24
  rotas estáticas AppleTalk, 200-201
  sistema de calendário, 268
  status da interface, 44-45
  status Frame Relay, 65-66
  tabela de roteamento IPX, 230-231
  tabela SAP, 233
exigências
  para AAA, 255
  para endereçamento AppleTalk, 190
Extended TACACS, 258
Exterior Gateway Protocol (EGP), 111-112, 122-127

F

faixas de cabos, 187
falsificação do endereço IP de origem, impedir, 260-263
Fase 1 (AppleTalk), segmentos da rede, 187
Fase 2 (AppleTalk), segmentos da rede, 187
Fast Ethernet, 50-51
fazer uma chamada, 56
FDDI (Fiber Distributed Data Interface), 55
Fiber Channel, 51
File Transfer Protocol (FTP), executar transferências de imagens IOS, 31-32
filtragem de pacotes
  AppleTalk, 206-209
  listas de acesso, 137
filtrar tráfego. *Veja também* filtragem de pacotes
  AppleTalk, 206-209
  tráfego SAP, 234-236

Flash, memória, 29. *Veja também* EEPROM
  exibir conteúdo, 30
  gerenciamento do espaço, 33
Flash, sistema de ajuda do carregamento, 30
fluxo SYN, evitar, 259
fluxos de dados, multiplexar, 3
forma do tráfego, 68
fornecer comandos, modo de configuração do usuário, 33-34
Frame Relay, 63-64
frame-relay map appletalk, subcomando, 196
frame-relay map ipx, comando, 228
FTP (File Transfer Protocol), executar transferências de imagens IOS, 31-32
full duplex, modo, 48
fusos horários, configuração manual, 269

G

Gang-of-Four LMI (Local Management Interface), 64
gerar pares de chaves RSA, 253
gerenciamento da rede
  agentes, 264
  SNMP, 264-266
gerenciar
  espaço da memória Flash, 33
  protocolos de roteamento dinâmico, 127-130
Get-Next-Request, mensagens, 265
Get-Request, mensagens, 265
Get-Response, mensagens, 265
GetZoneList, solicitações (ZIP), filtragem de pacotes, 209
Gigabit Ethernet, 52
GMT (Greenwich Mean Time), 269
gravar configuração da iniciação, 27-28

H

half duplex, operação, 48
handshakes com três direções, 259
HDLC (High-Level Data Link Control), 56-58
hora/data, definir fontes, 268-269
hostname, comando, 35
HSRP (Hot Standby Routing Protocol)
  configurar redundância, 172-176
  exibir informações, 174-176

I

identificador da conexão da ligação de dados (DLCI), mapear números para endereços AppleTalk, 197
identificador do canal virtual (VCI), 67

Índice | 313

identificadores de perfil do serviço (SPIDs), 72
IEEE 802, 52-53. *Veja também* Token Ring
IEEE 802.3, 49, 52. *Veja também* Ethernet
IETF (Internet Engineering Task Force), 78-79
IGPs (Interior Gateway Protocols), 111
IGRP (Interior Gateway Routing Protocol), configurar, 117
imagens
   atualizar, 30
   carregar, 29-32
   comparar com configuração IOS, 29
   selecionar método de transferência, 30
   sistema de ajuda do carregamento Flash, 31
   iniciar System Configuration Dialog, resumo da interface, 17-20
instruções de negação, adicionar a listas de acesso, 134-135
instruções de permissão, adicionar a listas de acesso, 134-135
Integrated Services Digital Network. *Veja* ISDN
interface atm0, comando, 36
interface ethernet0, comando, 35
interface, comando, 43-44
interfaces assíncronas dedicadas, configurar, 144
interfaces ativadas, 44-45
interfaces da rede para o usuário, 60
interfaces de discagem, configurar, 149
interfaces de loopback, configurar no BGP, 125-126
interfaces desativadas, solucionar problemas, 44-45
interfaces seriais, ativar PPP síncrono, 59
interfaces WAN com diversos pontos
   configurar AppleTalk, 196-197
   endereços IP, 91-95
interfaces
   adicionar descrições, 47
   comutadores, 7-9
   configuração da memória, 27
   diversas configurações, 39-40
   endereço bia, 48
   exibir configuração da execução, 27
   exibir status, 44-45
   ISDN, 71
   modems, configurar discagem assíncrona, 139-148
   modo privilegiado, senhas, 19
   modo System Configuration Dialog, 21
   números do módulo, especificar para sessões IOS, 24
   portas, 44

remover com comandos de configuração, 38
roteadores, 10
senhas da segurança, 19
subinterfaces, 56, 64
TAs, configurar discagem ISDN, 148-152
terminais virtuais, 18-19
Interior Gateway Protocols (IGP), 111-112
Interior Gateway Routing Protocol (IGRP), configurar, 117
International Organization for Standardization. *Veja* ISO
International Telecommunication Union (ITU) x.25, 60
Internetwork Package Exchange. *Veja* IPX
Inverse ARP (Address Resolution Protocol), 91-93
IOS. *Veja* Cisco IOS
IP (Internet Protocol), ativar a partir de System Configuration Dialog, 20
ip access-group, comando, 138-139
ip address, comando, 90
ip default-network, comando, 103-105
ip dhcp database, comando, 165
ip dhcp excluded-address, comando, 166-167
ip dhcp pool, comando, 168
ip domain-lookup, comando, 160
ip forward-protocol, comando, 162, 163
ip ftp username, comando, 32
ip helper-address, comando, 162, 163
ip host, comando, 161
ip name-server, comando, 160
ip routing, comando, 35
ip ssh, comando, 253
ip subnet-zero, comando, 89
ip tcp intercept watch-timeout, comando, 260
IP, endereços
   atribuição de endereço dinâmica, 164-171
   blocos CIDR, 81, 83
   classes, 80
   configurar interfaces LAN, 86-89
   configurar interfaces WAN, 89-95
   configurar resolução do nome (DNS), 160-162
   configurar, 83-85
   estrutura, 78-83
   máscaras da sub-rede, 81
   resolução do endereço, 86
   sub-rede zero, 89
   verificar configuração, 95-96
IP, filtragem. *Veja* listas de acesso
IP, roteamento
   ativar, 98

configurar rotas de resumo, 103-109
configurar rotas defaults, 102-109
configurar roteamento estático, 99, 101
configurar roteamento sem classe, 102
distância administrativa, 110
loops de roteamento, 108-109
verificar configuração, 109-111
IPX (Internetwork Packet Exchange)
configurar EIGRP, 239-240
configurar encapsulações, 227
configurar envio do pacote tipo 20, 246
configurar interfaces Frame Relay, 228
configurar interfaces LAN, 224
configurar interfaces WAN, 227-228
configurar listas de acesso, 240-242
configurar roteamento estático, 231
configurar roteamento, 230-232
configurar serviços de discagem, 242-243
endereçar, 222
NLSP, 237-238
RIP, 236-237
SAP (Service Access Protocol), filtros, 233-236
verificar conectividade, 243-245
ipx access-list, comando, 241
ipx gns-round-robin, comando, 234
ipx internal-network, comando, 223, 238
ipx maximum-paths, comando, 237
ipx network, comando, 227
ipx per-host-load-share, comando, 237
ipx route, comando, 230-231
ipx router eigrp, comando, 239
ipx router nlsp, comando, 239
ipx router-sap-filter, comando, 235
ipx routing, comando, 223-224, 230-231, 236
ipx sap, comando, 234
ipx type-20-helpered, comando, 246
ISDN (Integrated Services Digital Network), 56, 71
isdn switch-type, comando, 72-73
ISI (Information Sciences Institute da University of Southern California), site web, 78
ISO (International Organization for Standardization), 2
ITU (International Telecommunication Union), X.25, 60

K-L

Kuala-Lumpur, comandos de configuração do roteador (rede ZIP), 278-280
LANE (LAN Emulation), 67
LANs (redes locais), 48
LAPB (Link Access Procedure Balanced), 62

LCP (Link Control Protocol), 59
LEDs de status, roteadores da série Cisco 2500, 16
liberação da ficha antecipada, 52
limpar
contadores de coincidências em listas de acesso, 139
rotas IPX da tabela de roteamento, 231-232
line console 0, comando, 254
linguagem de script, System Configuration Dialog, 21-22
linkDown, Trap, 266
linkUp, Trap, 266
lista de mapas, opção (comando show frame pvc/svc), 66
listar
comando EXEC, 23
opções do comando, 23-24
listas de acesso estendidas
definir IPX, 239
numeradas, 135
listas de acesso IP nomeadas, criar,134-137
listas de acesso IP numeradas
criar, 134
estendidas, 135
listas de acesso IPX padrões, configurar, 240
listas de acesso, 133-134
listas de distribuição, 125
listas de métodos, 256
Livingston Enterprises, Inc, 258
LMI (Local Management Interface), 64
localizar opções do comando EXEC, 23-24
LocalTalk, 188
loops de roteamento, 108-109
LSAs (notificações do estado da ligação), 118

M

MAC (Media Access Control), endereços, 48.
    Veja também camada da ligação de dados
mapear para endereços AppleTalk, 196
resolução do endereço AppleTalk, 193
mapear endereços MAC para endereço AppleTalk, 195-196
map-group, subcomando, 229
map-list, comando, 197
mascaramento da sub-rede com comprimento variável (VLSM), 112
máscaras curingas, 135
máscaras da sub-rede, 81
media-type, comando, 51
memória de acesso aleatório não-volátil. *Veja* NVRAM

Índice | 315

memória
  configurar, 26
  exibir configuração da execução RAM, 26
  exibir configuração da iniciação NVRAM, 27-28
  memória Flash, 29
mensagens de notificação, níveis de gravidade, 261
mensagens
  registrar no buffer do dispositivo interno, 262
  SNMP, 265
mesclar comandos da configuração, 39-40
métodos de transmissão, WANs, 57
métrica
  distância administrativa, 110
  marcações do clock, 236
  OSPF, 118-119
MIBs (base de informações do gerenciamento), 264-265. *Veja também* SNMP
MIBs padrões, 264-265
MIBs patenteados, 264-265
Microsoft Point-to-Point Compression, 145
modem autoconfigure, comando, 141
modemcap, comando, 141
modems, configurar discagem assíncrona, 140-148
modo de ativação (Cisco IOS), 25-26
modo de descoberta, 194
modo integrado (FDDI), 55-56
modo interativo (interfaces assíncronas), configurar, 144
modo não-privilegiado (Cisco IOS), 25
multiplexar, 3

N

NBP (Name Binding Protocol), 190
NCP (Network Control Protocol), 59
negociação de endereços AppleTalk, 188-189
network area, comando, 119
Network Time Protocol. *Veja* NTP
níveis de gravidade, mensagens de registro, 261
Nível 1, roteamento, 237-238
Nível 2, roteamento, 237-238
Nível 3, roteamento, 237-238
NLSP (NetWare Link Services Protocol), configurar, 237-239
no shutdown, comando, 46
nomes de host, alterar, 34
nomes do serviço (AppleTalk), filtragem de pacotes, 206-207
NOS (sistema operacional da rede), 221

nós-folhas (DSL), 69
Novell, ASP (Service Advertisement Protocol), 233-234
NSAP (ponto de acesso do serviço da rede), endereçamento, 68
NT1 (término da rede tipo 1), 71
NTP (Network Time Protocol)
  associações de pares, 270
  associações, 270-271
  definir clock do sistema, 270-271
  enviar/receber mensagens em LANs, 271
ntp access-group, comando, 272
número do módulo, especificar para sessões IOS, 24
NVRAM (memória de acesso aleatório não-volátil), 26

O

objetos (MIB), 264-265
octetos, 79
omitir atualizações do roteamento RMTP, 205
Open Shortest Path First. *Veja* OSPF
OSI, modelo de referência, 2
OSPF (Open Shortest Path First)
  configurar, 118-120
  exibir estatísticas, 132

P

pacotes interessantes, definir para discagem ISDN, 151
pacotes, 5
padrões abertos, 78-79
padronização ISO (International Organization for Standardization), 2
palavras-chave (comandos IOS), 92
parameter pool, comando, 146
pares externos (BGP), 123
pares internos (BGP), 122-123
pares
  associações, 270
  BGP, 122-123
PBXs (Private Branch Exchanges), NT2, 71
PCs, emulação do terminal, 16-17
perturbação da transmissão, 8
ping appletalk, comando, 213-214
ping ipx, comando, 243-244
ping, caracteres de resposta para AppleTalk, 214
ping, comando, 153-155
PNNI (Private Network-to-Network Interface), 67
pontes, 7
pontos de conversão, 9

pontos transparentes, 9
pools de endereços
  definir nos servidores de acesso, 146
  DHCP, 168-170
porta do console
  assegurar, 254-255
  conectar a dispositivos, 16-17
portas, 44
PPP (Point-to-Point Protocol), 56-59
ppp ipcp, comando, 152
Predictor, compressão, 145
PRI (Primary Rate Interface), 72
Private Network-to-Network Interface (PNNI), 67
procedimentos da configuração inicial, 16
procedimentos da configuração preliminares (modo System Configuration Dialog), 16
processo de estabelecimento de chamadas, discagem assíncrona, 147-148
processo de troca de dados, 5-6
prompts (IOS)
  Help System, 23
  modo de ativação, 25
  modo de configuração, 43-44
  modo privilegiado, 25-26
protocolo, comando independente de, 130, 132
protocolos baseados em conexões, 4
protocolos da camada da ligação, AppleTalk, 193
protocolos de acesso, especificar para clientes AAA, 258
protocolos de controle do acesso, 254
protocolos de roteamento com classe, 112
protocolos de roteamento dinâmico, 111
protocolos de roteamento do estado da ligação
  NLSP, 237-238
  OSPF, 118-120
protocolos de roteamento híbridos, EIGRP (Enhanced Interior Gateway Routing Protocol), 121
protocolos de roteamento sem classe, 102, 112
protocolos de roteamento
  AppleTalk, 198-199
  BGP, 122
  com classe, 112
  configurar estáticos, 99-100
  configurar RIP, 115-116
  dinâmicos, 127
  domínios, 237
  EIGRP, 121
  em redes de comutação de pacotes, 58
  exibir informações, 130-132

IGRP, configurar, 117
IPX, 230
  métrica, 110
  OSFP, 118-119
  rotas de resumo, 102-109
  rotas defaults, 102-109
  rotas simétricas, 261
  sem classe, 102, 112
protocolos de transporte, 78
protocolos não-confiáveis, UDP, 78
protocolos sem conexão, 4
protocolos síncronos, HDLC (High-level Data Link Protocol), 56-58
protocolos, 2
PVC (circuito virtual permanente), 57, 197

Q-R

QoS (qualidade do serviço), 68
quadros PPP (Point-to-Point Protocol), 59
RADIUS (Remote Authentication Dial-In User Service), 255
radius-server host, comando, 258
RAM (memória de acesso aleatório), configuração da execução
  copiar para configuração da iniciação, 27-28
  exibir, 26
rede da Internet de exemplo, 11-12
rede da Internet, 2
redefinir contadores de coincidência em listas de acesso, 139
redistribuição
  BGP, 122-123
  roteamento AppleTalk, 204-205
redundância, configurar, 172-176
registrar mensagens
  buffer do dispositivo interno, 262
  Cisco IOS, 261-263
registrar nomes de host em NBP, 190
relatório do desempenho para AppleTalk, 214-215
relé da célula, 57, 66-67. *Veja também* ATM
reload, comando, 29
Remote Authentication Dial-In User Service. *Veja* RADIUS
remover comandos da configuração, 38
repetir comandos, 33
resolução do endereço, 85
resolução do nome (DNS), configurar, 160, 162
resumo da interface, comando, 17-20
RFCs (Requests For Comments), 78
ring-speed, subcomando, 54

RIP (Routing Information Protocol), configurar, 115-116
RJ-45, conectores, 51
RO (leitura apenas), strings da comunidade, 265
rotas de resumo, configurar, 102-109
rotas defaults, configurar, 102-109
rotas estáticas, 99-101
rotas simétricas, 261
roteadores com diversos protocolos, 10
roteadores de geração, modo de descoberta, 195
roteadores, 10
router bgp, comando, 124
Routing Information Protocol. *Veja* RIP
RPF com uma coerção, 259-263
RS-232C, anexar conectores a dispositivos, 16
RSA (Rivest, Shamir e Adelman), criptografia, 253
RTMP (Routing Table Maintenance Protocol)
    configurar, 203
    desativar nas interfaces AppleTalk, 204-205
RW (leitura-gravação), strings da comunidade, 265

S

San Jose, roteador (rede ZIP), comandos da configuração, 290-291
SAP (Service Advertisement Protocol), 233
SAPs (pontos de acesso do serviço), 225
script do comando de configuração (System Configuration Dialog), 20-22
SDLC (Synchronous Data Link Control), 58
SDSL (Synchronous DSL), 71
Secure Shell. *Veja* SSH
segmentos estendidos, comparar com não-estendidos, 188
segmentos não-estendidos, comparar com estendidos, 188
segmentos
    AppleTalk, 188
    Ethernet, 49
segurança
    ativar AAA, 256-257
    configurar listas de acesso, 133-139
    discagem assíncrona, 142
    interceptação TCP, 259
    linhas vty, 254-255
    porta do console, 254-255
    protocolos de controle do acesso, 254
    RPF com uma coerção, 260-263
    senhas enable secret, 18-19
    SSH, 252
selecionar
    métodos de transferência de imagens IOS, 30

protocolos (System Configuration Dialog), 19
protocolos de roteamento dinâmico, 113-115
tipos de meio, 51
senhas
    definir terminais virtuais, 19
    enable secret, 19
Seoul-1, roteador (rede ZIP), comandos da configuração, 292-295
Seoul-2, roteador (rede ZIP), comandos da configuração, 296-297
Service Advertisement Protocol. *Veja* SAP
service timestamps, comando, 269
serviços de discagem
    assíncronos, 147-148
    configurar AppleTalk, 210-212
    configurar IPX, 242-243
    configurar, 139-140
    ISDN, 148-152
serviços ISDN. *Veja* ISDN
serviços periódicos, SAP (Service Advertisement Protocol), 233
servidor mais próximo (SAP), 234
servidores de acesso, 10-11
servidores de comunicações, 10-11
sessions, comando, 24
sessões, Cisco IOS
    especificar número do módulo, 24
    modo não-privilegiado, 25
    modo privilegiado, 25-26
Set-Request, mensagens, 265
SF-1, roteador (rede ZIP), comandos da configuração, 280-282
SF-2, roteador (rede ZIP), comandos da configuração, 282-284
SF-Core-1, roteador (rede ZIP), comandos da configuração, 284-287
SF-Core-2, roteador (rede ZIP), comandos da configuração, 287-289
Shortest Path First (SPF), algoritmo, 112
show access-lists, comando, 137-139
show appletalk arp, comando, 213
show appletalk globals, comando, 215
show appletalk interface brief, comando, 197-198
show appletalk interface, comando, 197-198, 212
show appletalk nbp, comando, 190, 213
show appletalk route, comando, 198-199
show appletalk traffic, comando, 214
show crypto key mypubkey rsa, comando, 253-254
show flash, 30
show flash, comando, 30
show frame pvc/svc, comando, 66

show frame-relay map, comando, 96
show host, comando, 160-161
show interface ethernet 0, comando, 95
show interfaces, comando, 44-46
show ip access-lists, comando, 137
show ip arp, comando, 157
show ip dhcp binding, comando, 170
show ip dhcp server statistics, comando, 171
show ip interface brief, comando, 96
show ip interface, comando, 95
show ip protocols, comando, 131
show ip route, comando, 98-99, 109, 131, 153-154
show ip traffic comando, 157-159
show ipx access-lists, comando, 241
show ipx interface, comando, 229
show ipx route, comando, 230-231
show ipx servers, comando, 233, 240
show ipx traffic, comando, 244
show logging, comando, 263
show ntp status, comando, 271
show running-config, comando, 26
show sessions, comando, 24
show snmp, comando, 267
show standby, comando, 175-176
show tcp intercept connections, comando, 260
show version, comando, 252
shutdown, comando, 45-46
Simple Network Management Protocol. *Veja* SNMP
sincronização das fontes da hora, 270
Sing2511, servidor de acesso (rede ZIP), comandos da configuração, 302-304
Singapore, roteador (rede ZIP), comandos da configuração, 298-299
SingISDN, servidor de acesso (rede ZIP), comandos da configuração, 300-302
sintaxe
   encapsulação Cisco IOS, 225
   interfaces, especificar em placas VIP, 44-45
sistema de ajuda (IOS), 22-23, 37-38
sistema do calendário
   atualizar, 271-272
   exibir, 268
sites da web
   ISI (Information Sciences Institute da University of Southern California), 78
   resumo do comando Cisco IOS, 23
slots, numeração, 44
SNAP (Subnetwork Access Protocol)
   encapsulação, 226
   LLC (Logical Link Control), implementações AppleTalk, 193

SNMP (Simple Network Management Protocol)
   configurar agentes, 264-268
   mensagens, 265
   strings da comunidade, 265-266
snmp-server community, comando, 265
snmp-server host, comando, 266
SNTP (Simple Network Time Protocol), definir clock do sistema, 272
solucionar problemas
   conectividade AppleTalk, 212-215
   conectividade, 159
   IPX, 243-245
   listas de acesso, 139
SPF (Shortest Path First), algoritmo, 112
SPIDs (identificadores de perfil do serviço), 72
squeeze, comando, 33
SSH (Secure Shell), 252
STAC, compressão, 145
stratum, 270
strings da comunidade, 265
stub, redes, 205
subcomandos de configuração da interface
   ATM, 67-68
   Frame Relay, 64-66
   ISDN, 72-74
   media-type, 51
   ring-speed, 54
   X.25, 61-62
subcomandos, 36
subinterfaces com diversos pontos, 64-65
subinterfaces, 56, 64
sub-rede zero, 89
sub-rede, 81
substituir comandos de configuração, 39-40
sucessores prováveis, 121
summary, palavra-chave (comando show ip protocols), 131
super-redes, 81
SVCs (circuitos virtuais comutados), 57
Synchronous Data Link Control (SDLC), 58
Synchronous DSL (SDSL), 70-71
syslog, 262-263
System Configuration Dialog, modo
   configurar interfaces, 21
   resumo da interface, 17-19
   script do comando de configuração, 21-22
   selecionar protocolos, 20

T

T1, controladores, 72-73
TA (adaptador do terminal), discagem ISDN, 71, 148-152

Tab, tecla para completar comandos parciais, 24
tabelas de envio (pontes), 8
tabelas de roteamento
  exibir IPX, 231
  renovar, 111
TACACS+ (Terminal Access Controller Access Control System), 254-255
tacacs-server host, comando, 253-258
tamanhos da janela (x.25), configurar, 61-62
TCP (Transmission Control Protocol), 78
TCP/IP (Transmission Control Protocol/Internet Protocol), 78
TE1 (equipamento do terminal tipo 1), 71
TE2 (equipamento do terminal tipo 2), 71
Telnet inversa, 142
Telnet, acessar dispositivos IOS, 19-20
terminais dedicados, estabelecer conexões físicas com porta do console, 17
terminais virtuais
  acessar dispositivos IOS, 19-20
  definir senha, 18
terminais, conectar a dispositivos, 17
Terminal Access Controller Access Control System. *Veja* TACACS+
terminal ip netmask-format decimal, comando, 97
TFTP (trivial file transfer protocol), 34-35
tipo 20, configurar envio do pacote (IPX), 246
Token Ring, 52-53
topologias lógicas
  segmentos Ethernet, 49-50
  Token Ring, 52-53
topologias sem loop, 8, 108-109
topologias
  FDDI, 58-59
  segmentos Ethernet, 53-54
  Token Ring, 56-57
trace, comando, 165-166
tráfego
  colisões CSMA/CD, 49
  contratos, 68
  controle do desempenho AppleTalk, 214
  estratégia, 68
  filtragem SAP, 234-236
  forma, 67-68
transferir imagens para dispositivos IOS
  através de FTP, 31-32
  através de TFTP, 30
  selecionar método, 29
transmissão assíncrona, 56

Transmission Control Protocol. *Veja* TCP
Transmission Control Protocol/ Internet Protocol. *Veja* TCP/IP
transmissões públicas, configurar, 162-164
Trap, mensagens, 265-266
triple DES, algoritmo de criptografia, 252
trivial file transfer protocol. *Veja* TFTP

U

UDP (User Datagram Protocol), 78
UNI (User-Network Interfaces), 67
UNIX, registrar mensagens em estações de trabalho, 263
username, comando, 143, 150
UTC (Coordinated Universal Time), 268
utilitários syslog, 262-263

V

VC (circuito virtual), 57
VCI (identificador do canal virtual), 67
VDSL (Very High Data Rate DSL), 70
verificar
  conectividade, 153
  configuração do endereço IP, 95-97
  configuração do roteamento IP, 109-111
  configuração do roteamento IPX, 231-232
  configuração SSH, 253-254
  endereços AppleTalk, 197-202
  endereços IPX, 228-230
  operação da lista de acesso, 138
vetor da distância, configurar protocolos de roteamento
  IGRP, 117
  RIP, 115-116
VIP (Virtual Interface Processor), placas, 44
VLSM (mascaramento da sub-rede com comprimento variável), 112
VPI (identificador do caminho virtual), números, 67
vty, assegurar linhas, 253-255

W

WAN, interfaces
  AppleTalk, 195
  ATM, 66-67
  comutação de pacotes, 57-58
  configuração do endereço IP com diversos pontos, 91-95
  configuração do endereço IP, 89
  configurar IPX, 227-228

DSL, 69-71
Frame Relay, 63-64
HDLC, 56-58
ISDN, 67
LEDs de status, 16
ponto a ponto, 90
relé da célula, 57
X.25, 60
warmStart, Trap, 266

X

X.121, 61
X.25, 60
 endereçar, 61
 fazer uma chamada, 61
 subcomandos de configuração da interface, 61-62
X.25, 60-61
x25 address, subcomando, 61
x25 map appletalk, subcomando, 196
x25 map ipx, subcomando, 228

Z

ZIP (Zone Information Protocol), filtrar solicitações GetZoneList, 209
ZIP, rede
 comandos da configuração, 277-278
zonas, 190

Roteadores e Switches - Guia para Certificação CCNA e CCENT Exames 640-802 CCNA 640-822 ICND1 640-816 ICND2 - 2ª Edição Revisada e Ampliada

Autores: Marcelo Brenzink do Nascimento
Alexei Correa Tavares

416 páginas
2ª edição - 2012
Formato: 16 x 23
ISBN: 978-85-399-0211-8

Durante nossa experiência com treinamentos na área de redes, mais especificamente com equipamentos da Cisco, sentimos a necessidade de um material mais simples e didático, focado na parte prática, com comandos e configurações. Por esse motivo, nessa segunda edição seguimos a mesma filosofia, planejando e escrevendo um livro extremante prático, voltado às configurações e troubleshooting (manutenção) de roteadores e switches, suas interfaces e as principais tecnologias cobradas na prova de certificação CCNA.

Outro diferencial é que este livro não se aplica apenas a quem deseja a certificação CCNA, mas também aos profissionais que desejam aprender a configurar e dar manutenção em roteadores e switches Cisco de uma maneira simples e direta, porém com a teoria necessária para o entendimento dos comandos. Os leitores encontrarão mais de 200 exercícios práticos e exemplos de configurações com as mais variadas topologias de ensino, favorecendo o aprendizado e dando a oportunidade para que seus conhecimentos sejam testados.

À venda nas melhores livrarias.

EDITORA CIÊNCIA MODERNA

Impressão e Acabamento
Gráfica Editora Ciência Moderna Ltda.
Tel.: (21) 2201-6662